中華古籍保護計劃

ZHONG HUA GU JI BAO HU JI HUA CHENG GUO

·成果·

江西省萍鄉地區古籍普查登記目録

全國古籍普查登記目録

國家圖書館出版社
National Library of China Publishing House

圖書在版編目(CIP)數據

江西省萍鄉地區古籍普查登記目録/《江西省萍鄉地區古籍普查登記目録》編委會編.
--北京:國家圖書館出版社,2018.9
(全國古籍普查登記目録)
ISBN 978-7-5013-6481-7

Ⅰ.①江… Ⅱ.①江… Ⅲ.①公共圖書館—古籍—圖書館目録—萍鄉 Ⅳ.①Z838

中國版本圖書館CIP數據核字(2018)第153962號

書　　名　江西省萍鄉地區古籍普查登記目録
著　　者　《江西省萍鄉地區古籍普查登記目録》編委會　編
責任編輯　許海燕

出　　版　國家圖書館出版社(100034　北京市西城區文津街7號)
(原書目文獻出版社　北京圖書館出版社)
發　　行　010-66114536　66126153　66151313　66175620
66121706(傳真)　66126156(門市部)
E-mail　nlcpress@nlc.cn(郵購)
Website　www.nlcpress.com→投稿中心
經　　銷　新華書店
印　　裝　河北三河弘翰印務有限公司
版　　次　2018年9月第1版　2018年9月第1次印刷

開　　本　787×1092(毫米)　1/16
印　　張　25
字　　數　500千字

書　　號　ISBN 978-7-5013-6481-7
定　　價　240.00圓

《全國古籍普查登記目録》

工作委員會

《全國古籍普查登記目録》

序　言

全國古籍普查登記工作是“中華古籍保護計劃”的首要任務，是全面開展古籍搶救、保護和利用工作的基礎，也是有史以來第一次由政府組織、參加收藏單位最多的全國性古籍普查登記工作。

2007年國務院辦公廳發布《關於進一步加强古籍保護工作的意見》（國辦發［2007］6號），明確了古籍保護工作的首要任務是對全國公共圖書館、博物館和教育、宗教、民族、文物等系統的古籍收藏和保護狀況進行全面普查，建立中華古籍聯合目録和古籍數字資源庫。2011年12月，文化部下發《文化部辦公廳關於加快推進全國古籍普查登記工作的通知》（文辦發［2011］518號），進一步落實了全國古籍普查登記工作。根據文化部2011年518號文件精神，國家古籍保護中心擬訂了《全國古籍普查登記工作方案》，進一步規範了古籍普查登記工作的範圍、内容、原則、步驟、辦法、成果和經費。目前進行的全國古籍普查登記工作的中心任務是通過每部古籍的身份證——“古籍普查登記編號”和相關信息，建立古籍總臺賬，全面瞭解全國古籍存藏情况，開展全國古籍保護的基礎性工作，加强各級政府對古籍的管理、保護和利用。

《全國古籍普查登記工作方案》規定了全國古籍普查登記工作的三個主要步驟：一、開展古籍普查登記工作；二、在古籍普查登記基礎上，編纂出版館藏古籍普查登記目録，形成《全國古籍普查登記目録》；三、在古籍普查登記工作基本完成的前提下，由省級古籍保護中心負責編纂出版本省古籍分類聯合目録《中華古籍總目》分省卷，由國家古籍保護中心負責編纂出版《中華古籍總目》統編卷。

在黨和政府領導下，在各地區、各有關部門和全社會共同努力下，古籍普查登記工作得以扎實推進。古籍普查已在除臺、港、澳之外的全國各省級行政區域開展，普查内容除漢文古籍外，還包括各少數民族文字古籍，特别是於2010年分别啓動了新疆古籍保護和西藏古籍保護專項，因地制宜，開展古籍普查登記工作；國家古籍保護中心研製的“全國古籍普查登記平臺”已覆蓋到全國各省級古籍保護中心，并進一步研發了“中華古籍索引庫”，爲及時展現古籍普查成果提供有力支持；截至目前，已有11375部古籍進入《國家珍貴古籍名録》，浙江、江蘇、山東、河北等省公布了省級《珍貴古籍名録》,古籍分級保護機制初步形成。

《全國古籍普查登記目録》是古籍普查工作的階段性成果,旨在摸清家底,揭示館藏,反映古籍的基本信息。原則上每申報單位獨立成册,館藏量少不能獨立成册者,則在本省範圍内幾個館目合并成册。無論獨立成册還是合并成册,均編製獨立的書名筆畫索引附於書後。著録的必填基本項目有:古籍普查登記編號、索書號、題名卷數、著者(含著作方式)、版本、册數及存缺卷數。其他擴展項目有:分類、批校題跋、版式、裝幀形式、叢書子目、書影、破損狀況等。有條件的收藏單位多著録的一些擴展項目,也反映在《全國古籍普查登記目録》上。目録編排按古籍普查登記編號排序,内在順序給予各古籍收藏單位較大自由度,可按分類排列古籍普查登記編號,也可按排架號、按同書名等排列古籍普查登記編號,以反映各館特色。

此次全國古籍普查登記工作,克服了古籍數量多、普查人員少、普查難度大等各種困難,也得到了全國古籍保護工作者的極大支持。在古籍普查登記過程中,國家古籍保護中心、各省古籍保護中心爲此舉辦了多期古籍普查、古籍鑒定、古籍普查目録審校等培訓班,全國共1600餘家單位參加了培訓,爲古籍普查登記工作培養了大量人才。同時在古籍普查登記工作中,也鍛煉了普查員的實踐能力,爲將來古籍保護事業發展奠定了良好的基礎。

《全國古籍普查登記目録》的出版,將摸清我國古籍家底,爲古籍保護和利用工作提供依據,也將是古籍保護長期工作的一個里程碑。

國家古籍保護中心
2013年10月

《全國古籍普查登記目録》

編纂凡例

一、收録範圍爲我國境内各收藏機構或個人所藏，産生於 1912 年以前，具有文物價值、學術價值和藝術價值的文獻典籍，包括漢文古籍和少數民族文字古籍以及甲骨、簡帛、敦煌遺書、碑帖拓本、古地圖等文獻。其中，部分文獻的收録年限適當延伸。

二、以各收藏機構爲分册依據，篇幅較小者，適當合并出版。

三、一部古籍一條款目，複本亦單獨著録。

四、著録基本要求爲客觀登記、規範描述。

五、著録款目包括古籍普查登記編號、索書號、題名卷數、著者、版本、册數、存缺卷等。古籍普查登記編號的組成方式是：省級行政區劃代碼—單位代碼—古籍普查登記順序號。

六、以古籍普查登記編號順序排序。

《江西省古籍普查登記目録》

工作委員會

主　任： 何振作

副主任： 程學軍

委　員（按姓氏筆畫排序）：

王昭勇　王　晴　文興國　何振作　周　丹

程學軍　楊豫東　漆德文　劉景會　饒恩惠

《江西省古籍普查登記目録》

序　言

古籍普查登記是“中華古籍保護計劃”的重要内容，是開展古籍保護與利用的基礎工作。

江西省歷史悠久，文化昌盛，保存在贛鄱大地上的豐厚古籍，是先賢留給我們的寶貴財富，是各地歷史文脉的重要見證。將這些珍貴典籍保護好，安全地傳給子孫後代，是我們這一代人義不容辭的責任。古籍保護的前提是開展普查登記，摸清古籍家底。自 2007 年“中華古籍保護計劃”實施以來，在江西省委、省政府的高度重視下，在國家古籍保護中心的大力支持與各古籍收藏單位的共同努力下，江西省古籍普查工作穩步推進。

古籍普查登記工作的中心任務是通過每部古籍的“身份證”——“古籍普查登記編號”和相關信息，建立古籍總臺賬，全面瞭解古籍存藏情况，加强政府對古籍的管理、保護和利用。面對我省古籍藏量豐富、收藏單位衆多、專業人才不足的實際情况，除了舉辦培訓班，加强基層古籍保護人才隊伍建設外，我省古籍保護中心還積極利用人才支持計劃等項目，組織古籍普查骨幹力量，對全省古籍收藏單位開展普查幫扶工作。截至 2017 年底，全省 92 家公立古籍收藏單位的普查工作初步完成，共有數據 8 萬餘條。

隨着普查登記工作的扎實推進，全省古籍分級保護機制也初步形成。目前，江西省圖書館、萍鄉市圖書館、贛州市圖書館、江西省博物館、樂平市圖書館、廬山圖書館、景德鎮市圖書館等 7 家單位被評爲“全國古籍重點保護單位”，全省有 125 部古籍入選第一至五批《國家珍貴古籍名録》。2012 年江西省政府公布《江西省第一批珍貴古籍名録》340 部，江西省古籍重點保護單位 15 家。

《江西省古籍普查登記目録》是我省古籍普查工作的階段性成果，旨在摸清家底，揭示館藏，反映古籍的基本信息。按照《全國古籍普查登記手册》要求，遵循簡明扼要、客觀著録原則，著録的必填項目有：古籍普查登記編號、索書號、題名卷數、著者（含著作方式）、版本、册數及存（缺）卷數。其他擴展項目有：分類號、批校題跋、版式、裝幀形式、叢書子目、書影、破損狀況等。

古籍普查登記是一項專業性和實踐性很强的工作，普查員不僅要有對古代典籍的熱愛之心、對傳統文化的敬畏之心，更要有幾十年如一日的耐心和恒心。《江西省古籍普查登記目録》即將陸續出版，不僅傾注了全省古籍普查員的大量精力和心血，也包含着國家古籍保護中心和江西省古籍保護中心諸位專家爲數據審校所付出的辛勞與汗水，在此向他們表示崇高的敬意和誠摯的感謝。

《江西省古籍普查登記目録》的陸續出版，將全面摸清江西省古籍存藏家底，爲全省古籍保護與利用奠定堅實基礎。

江西省古籍保護中心

2018 年 7 月

《江西省萍鄉地區古籍普查登記目録》

編委會

主　編: 謝　霞

副主編: 賀衛兵　謝　珊　許麗霞

編　委（按姓氏筆畫排序）:

文　莉　吕　軍　易白鴿　陳輝明　許麗霞

張水國　張春生　賀衛兵　劉　平　劉遇春

謝　珊　謝　霞　羅小珍

《江西省萍鄉地區古籍普查登記目録》

前言

江西省萍鄉地區古籍藏量以萍鄉市圖書館居首。萍鄉市圖書館前身爲萍鄉縣大成圖書館，建於民國二十五年（1936），館内設有報刊閲覽室、文史閲覽室、兒童閲覽室和普通閲覽室。建館時擠出建館經費2235.18元（法幣），購置了《叢書集成初編》《萬有文庫》《四部備要》《初中學生文庫》等大量叢書。同時，由地方士紳20餘人帶頭捐贈，并發起募捐，搜集文獻，藏書總數達7萬餘卷。特别是較系統、完整地收集了萍鄉地區的歷代地方文獻，以及清代萍鄉三學者劉鳳誥、李有棠、文廷式的著作。但由於當時戰火連綿，館藏圖書損失慘重。

1949年萍鄉解放後，縣人民政府接管了大成圖書館藏書22678册。1951年中共萍鄉縣委行文通知各區（鄉）政府、土改工作隊及各界人士保護和捐獻文物古籍，并指派專人下鄉收集遺散的古籍、字畫，珍藏於館内。1959年收集、整理地方文獻139種415册，内有萍鄉煤礦開辦以來的史料9種，清代《萍鄉縣志》4種及民間族譜等。1981年，在城關區五陂鄉（今安源區五陂鎮）等地徵集入藏近千册古籍。此後，萍鄉市圖書館更加重視保護和充實館藏，一方面投入資金改善古籍保存條件，一方面又陸續購置了影印本《四庫全書》《四部叢刊》《續修四庫全書》《影印中國家譜文獻》，極大地豐富了館藏。地方文獻更是館裏收藏的重點，收集了民國二十五年（1936）鉛印本《鳳岡彭氏七修族譜》、民國三十年（1941）木活字本《羅氏族譜》等，并采購了影印本康熙《萍鄉縣志》，複印了嘉慶《萍鄉縣志》、咸豐《萍鄉縣志》，使得該館的清代萍鄉縣志收藏基本完整，讀者查詢利用更加便利。

爲了繼承和發揚祖國的優秀傳統文化，爲各方面學術研究提供參考之便，萍鄉市圖書館按照"經、史、子、集、地理、叢書、别録、地方文獻"八大類，於1963年編印了《萍鄉市圖書館館藏古書目録》；於1984年編印了《萍鄉市圖書館館藏中國古代（1840年以前）地圖登記卡彙編》；1987年編寫了萍鄉市圖書館古籍書本目録8册；1993年編纂了《江西省萍鄉市圖書館古籍善本目録（第二稿）》，收書316部4373册。爲了讀者更加便捷地檢索古籍，於2008年進行了古籍回溯建庫，由按經、史、子、集、叢分類，加地方文獻（索書號大體依此順序排序）著録的書本目録、卡片目録，到現在的電子目録，爲讀者提供多種途徑的檢索方式。

萍鄉市圖書館古籍藏量豐富、品質較高，有稿本、套印本、寫本、稀見本等等。主要特色藏品有：清初抄本《天隱和尚語録》爲海内外孤本，300 幅清末工筆重彩畫《西游記》則屬國内罕見，此外還有碑帖拓本、扇畫、地契等。地方文獻收藏有鮮明的地域特色，内容涉及户籍制度、族譜研究、教育機構研究、民俗、煤礦史料等。形式多樣，有手稿、日記、信札原件、墨迹、别集，如陳澹然書送文芸閣詩并序附題跋，段詩園家書真迹附謝無量、葉楚傖、湯增壁、聶紺弩、王陸一、孟十還題詞及詩園自題，文星瑞手札，蕭玉銓親友來往信函等原件。入選《中國古籍善本書目》25 部 171 册，明嘉靖十六年(1537)汪克儉等刻《宋四子抄釋》入選第三批《國家珍貴古籍名録》，35 部古籍入選《江西省珍貴古籍名録》。2008 年影印出版了《西游記》畫册，既使原件得到了保護，又使之化身千百，讓更多的人能欣賞到館藏珍品。

2007 年，國家正式啓動重點文化工程——“中華古籍保護計劃”，开展古籍普查工作。古籍普查是“中華古籍保護計劃”的重要内容，是古籍保護的基礎性工作，是古籍搶救、保護與利用工作的前提，是确保國家歷史文化遺産安全的重要措施。開展古籍普查，有利於摸清家底，全面掌握古籍現存數量，瞭解保存保護的現狀，对弘揚優秀傳統文化，推動人類文明進步，具有深遠的意義。萍鄉市圖書館積極參與古籍普查工作，於 2008 年成立了古籍保護與普查工作小組，承擔萍鄉市古籍保護中心的工作職能。2009 年，萍鄉市圖書館被評選爲第二批“全國古籍重點保護單位”；2014 年被評爲“全國古籍保護工作先進單位”。

九年來，古籍工作人員辛勤付出，經清點核查，規範著録，修訂謬誤，重新排次，編成《江西省萍鄉地區古籍普查登記目録》，依據古籍普查範圍統計如下：萍鄉市圖書館收藏古籍 4528 部 50680 册，其中善本 9000 餘册；萍鄉中學圖書館收藏古籍 106 部 1838 册；蘆溪縣圖書館收藏古籍 55 部 140 册；蓮花縣圖書館收藏古籍 18 部 107 册；萍鄉博物館收藏古籍 9 部 22 册；萍鄉市檔案局收藏古籍 3 部 20 册；安源區寶積寺收藏古籍 1 部 1 册。由於基層圖書館工作人員工作時有變動，普查工作難以進行，萍鄉市圖書館在完成本館的普查任務後，還幫助基層圖書館進行古籍普查，比如萍鄉中學圖書館，收藏古籍近兩千册，但无力承擔普查任務，萍鄉市圖書館古籍室主任就在該館蹲點三个月，不管刮風下雪每天往返四次，經過仔細整理、著録數據，終於完成了萍鄉中學的古籍普查工作。蓮花縣圖書館由於距離市區較遠，該館的古籍普查就通過傳遞書影、打電話、QQ 聯繫等各種方式，反復核對題名卷數、存缺卷、册數、著者、版本、索書號等相關信息，殘本則依據書中提供的信息查找各館同種進行比對，确定題名卷數、著者、版本，從而使蓮花縣圖書館古籍普查順利完成。通過努力，萍鄉市七家公共收藏單位的古籍普查工作圓滿結束，使萍鄉市成爲江西省首批出版古籍普查登記目録的地區之一。

《江西省萍鄉地區古籍普查登記目録》的編纂，凝聚了幾代萍鄉市圖書館人的心血，亦凝聚了萍鄉中學、蘆溪縣圖書館、蓮花縣圖書館、萍鄉博物館、萍鄉市檔案局、安源區寶積寺各單位同仁的心血。在此，我們還要特别感謝萍鄉市圖書館前輩張雲南女士的大力支持。

《江西省萍鄉地區古籍普查登記目録》即將面世，然而識見有限，深盼專家學者、同行及讀者不吝指正。

本書編委會

2018 年 5 月

目　　録

江西省萍鄉市圖書館古籍普查登記目録

全國古籍普查登記目録

國家圖書館出版社
National Library of China Publishing House

360000－1902－0000001　0001
國朝漢學師承記八卷國朝經師經義目錄一卷國朝宋學淵源記二卷附記一卷　(清)江藩纂　清咸豐四年(1854)南海伍氏刻粤雅堂叢書本　四冊

360000－1902－0000002　0002
經典釋文考證三十卷　(清)盧文弨輯　清乾隆常州龍城書院刻本　二冊

360000－1902－0000003　0003
經學歷史一卷　(清)皮錫瑞撰　清光緒三十二年(1906)思賢書局刻本　一冊

360000－1902－0000004　0004
經典釋文三十卷　(唐)陸德明撰　清康熙通志堂刻通志堂經解本　十冊

360000－1902－0000005　0005
經典釋文三十卷　(唐)陸德明撰　(清)盧文弨編　清刻本　十冊

360000－1902－0000006　0006
六經圖二十四卷　(清)鄭之僑編輯　清乾隆九年(1744)述堂刻本　十二冊

360000－1902－0000007　0007
監本五經　清同治十年(1871)教忠堂刻本　二十一冊　缺一卷(禮記十)

360000－1902－0000008　0008
[五經四書]　清光緒三年(1877)永康退補齋胡氏刻本　三十八冊

360000－1902－0000009　0009
周易四卷易圖一卷卦歌一卷筮儀一卷　(宋)朱熹本義　清金谿三讓堂刻本　二冊

360000－1902－0000010　0010
周易四卷筮儀一卷圖説一卷卦歌一卷上下篇義一卷　(宋)朱熹本義　清經綸堂書屋刻本　二冊

360000－1902－0000011　0011
周易四卷圖説一卷卦歌一卷　(宋)朱熹本義　清刻本　二冊

360000－1902－0000012　0012
周易注疏校勘記九卷釋文校勘記一卷　(清)阮元撰　清同治十三年(1874)湖南書局刻本　一冊

360000－1902－0000013　0013
周易兼義九卷　(三國魏)王弼　(晉)韓康伯注　(唐)孔穎達正義　**音義一卷**　(唐)陸德明撰　**注疏校勘記九卷釋文校勘記一卷**　(清)阮元撰　(清)盧宣旬摘録　清嘉慶二十年(1815)南昌府學刻道光六年(1826)重校印重刊宋本十三經注疏本　三冊　存十一卷(周易兼義三、六至九,音義一卷,注疏校勘記三、六至九)

360000－1902－0000014　0014
周易兼義九卷　(三國魏)王弼　(晉)韓康伯注　(唐)孔穎達正義　**周易音義一卷**　(唐)陸德明撰　**周易略例一卷**　(三國魏)王弼著　(唐)邢璹注　清同治十三年(1874)湖南書局刻本　五冊

360000－1902－0000015　0015
周易兼義九卷　(三國魏)王弼　(晉)韓康伯注　(唐)孔穎達正義　**音義一卷**　(唐)陸德明撰　**略例一卷**　(三國魏)王弼著　(唐)邢璹注　清同治十三年(1874)湖南書局刻本　四冊　存六卷(周易兼義一至五、略例一卷)

360000－1902－0000016　0016
周易兼義九卷　(三國魏)王弼　(晉)韓康伯注　(唐)孔穎達正義　**略例一卷**　(三國魏)王弼著　(唐)邢璹注　(唐)陸德明音義　**音義一卷**　(唐)陸德明撰　**注疏校勘記九卷釋文校勘記一卷**　(清)阮元撰　清同治十三年(1874)湖南書局刻光緒十八年(1892)湖南思賢書局印本　七冊

360000－1902－0000017　0017
周易兼義九卷　(三國魏)王弼　(晉)韓康伯注　(唐)孔穎達正義　**注疏校勘記九卷釋文校勘記一卷**　(清)阮元撰　(清)盧宣旬摘録　**音義一卷**　(唐)陸德明撰　清嘉慶二十年(1815)南昌府學刻道光六年(1826)重校印重刊宋本十三經注疏本　六冊

360000－1902－0000018　0018
周易兼義九卷　(三國魏)王弼　(晉)韓康伯注　(唐)孔穎達正義　清刻本　三冊　存六卷(三、五至九)

360000－1902－0000019　0019
御纂周易折中二十二卷首一卷　(清)李光地等纂修　清光緒十九年(1893)湖南漱芳閣刻本　十冊　存二十卷(一至二、五至十、十二至二十二,首一卷)

360000－1902－0000020　0020
御纂周易折中二十二卷首一卷　(清)李光地等纂修　清尊經閣刻本　十二冊

360000－1902－0000021　0021
御纂周易折中二十二卷首一卷　(清)李光地等纂修　清同治十一年(1872)江西書局刻御纂七經本　十二冊

360000－1902－0000022　0022
御纂周易折中二十二卷首一卷　(清)李光地等纂修　清刻本　一冊　存二卷(二十一至二十二)

360000－1902－0000023　0023
御纂周易折中二十二卷首一卷　(清)李光地等纂修　清同治十一年(1872)江西書局刻御纂七經本　十二冊

360000－1902－0000024　0024
周易本義四卷　(宋)朱熹撰　清同治十三年(1874)湖南書局刻本　二冊

360000－1902－0000025　0025
周易本義四卷　(宋)朱熹撰　清同治十三年(1874)湖南書局刻本　二冊

360000－1902－0000026　0026
周易傳義音訓八卷首一卷末一卷　(宋)程頤傳　(宋)朱熹本義　(宋)呂祖謙音訓　**易學啟蒙一卷**　(宋)雲臺真逸輯　清咸豐六年(1856)浦城祝氏刻本　八冊

360000－1902－0000027　0027
周易心宗四卷　(明)吴惇寬注　清光緒十八年(1892)刻本　四冊

360000－1902－0000028　0028
周易經義審七卷首一卷　(清)盧浙輯注　清乾隆六十年(1795)錫環堂刻本　四冊

360000－1902－0000029　0029
周易經義審七卷首一卷　(清)盧浙輯注　清乾隆六十年(1795)錫環堂刻本　四冊

360000－1902－0000030　0030
周易審義四卷　(清)張惠言著　清咸豐七年(1857)刻本　四冊

360000－1902－0000031　0031
周易集解十七卷　(唐)李鼎祚輯　清同治十二年(1873)粵東書局刻古經解彙函本　一冊　存二卷(十六至十七)

360000－1902－0000032　0033
周易兼義九卷　(三國魏)王弼　(晉)韓康伯注　(唐)孔穎達正義　**音義一卷**　(唐)陸德明撰　**注疏校勘記九卷釋文校勘記一卷**　(清)阮元撰　(清)盧宣旬摘錄　清刻本　一冊　存二卷(周易兼義二、注疏校勘記二)

360000－1902－0000033　0034
周易臆解四卷圖說二卷　(清)楊以迴釋　清刻本　五冊

360000－1902－0000034　0035
周易口訣義六卷　(唐)史徵撰　清同治十二年(1873)粵東書局刻古經解彙函本　一冊　存四卷(一至四)

360000－1902－0000035　0036
梁山來知德先生易經集注十六卷上下經篇義一卷雜說一卷啟蒙一卷　(明)來知德撰　清康熙二十七年(1688)崔華刻本　八冊

360000－1902－0000036　0037
周易象義集成不分卷　(清)陳洪冠纂輯　清咸豐八年(1858)群玉書屋刻本　六冊

360000－1902－0000037　0038
周易本義四卷　(宋)朱熹撰　清同治十三年(1874)江西書局刻本　二冊

360000－1902－0000038　0039
易經備旨七卷　(清)鄒聖脈輯　清刻本　一冊　存一卷(二)

360000－1902－0000039　0040
寄傲山房塾課纂輯御案易經備旨七卷　(清)鄒聖脈纂輯　清嘉慶二十五年(1820)芸生堂刻五經備旨本　三冊

360000－1902－0000040　0041
新鐫增補周易備旨一見能解六卷上下篇義一卷易經圖文一卷易經筮儀一卷　(明)黃淳耀撰　(清)嚴而寬增補　清文光堂刻本　四冊

360000－1902－0000041　0042
易經體註大全合參四卷　(清)李兆賢輯著　清聚錦堂刻本　二冊

360000－1902－0000042　0043
易經體註四卷　(清)來爾繩纂輯　(清)朱采治　(清)朱之澄編訂　清乾隆五十四年(1789)令德堂刻本　二冊

360000－1902－0000043　0044
易經體註大全合參四卷　(清)李兆賢輯著　清刻本　一冊　存三卷(二至四)

360000－1902－0000044　0045
易經精華六卷首一卷末一卷　(清)薛嘉穎撰　清光緒魏氏古香閣刻本　三冊

360000－1902－0000045　0046
易經精華六卷首一卷末一卷　(清)薛嘉穎撰　清光緒二十年(1894)學庫山房刻四經精華本　四冊

360000－1902－0000046　0047
易經大全會解四卷　(清)來爾繩纂輯　清刻本　二冊

360000－1902－0000047　0048
伊川易傳四卷　(宋)程頤撰　清刻本　四冊

360000－1902－0000048　0049
伊川易傳四卷　(宋)程頤撰　清刻本　一冊　存一卷(二)

360000－1902－0000049　0050
郭氏傳家易說□□卷　(宋)郭雍著　清刻本　一冊　存一卷(五)

360000－1902－0000050　0051
易觿七卷　(清)賀貽孫撰　清咸豐二年(1852)勅書樓刻本　六冊

360000－1902－0000051　0052
易緯八種　(漢)鄭康成(鄭玄)注　清同治十二年(1873)粵東書局刻古經解彙函本　一冊　存四種六卷(易緯乾坤鑿度二卷、易緯乾鑿度二卷、易緯辨終備一卷、易緯稽覽圖上)

360000－1902－0000052　0053
易義隨記八卷楊文定公文集附刻一卷　(清)楊文定(楊名時)講授　(清)夏宗瀾記　清乾隆八年(1743)刻本　二冊　存三卷(易義隨記一、八,文集附刻一卷)

360000－1902－0000053　0054
黎氏學易五卷首一卷　(清)黎定攀注　清同治二年(1863)木活字印本　六冊

360000－1902－0000054　0056
易義萃精四卷　(清)徐有珂撰　清光緒十四年(1888)上海大同書局石印本　四冊

360000－1902－0000055　0057
易義萃精四卷　(清)徐有珂撰　清光緒十四年(1888)上海大同書局石印本　四冊

360000－1902－0000056　0058
周易本義四卷　(宋)朱熹撰　清乾隆十五年(1750)黃氏槐蔭草堂刻本　三冊

360000－1902－0000057　0059
寄傲山房塾課纂輯御案易經備旨七卷　(宋)朱熹本義　(清)鄒聖脈纂輯　清刻本　一冊　存二卷(三至四)

360000－1902－0000058　0060
復堂易貫不分卷春秋貫不分卷　(清)于大鯤著　清乾隆三十八年(1773)聽雨山房刻本　四冊

360000－1902－0000059　0061
楊誠齋先生易傳二十卷　(宋)楊萬里著　明

末文水洋邊義聞堂刻本　五冊

360000－1902－0000060　0062
新刻來瞿唐先生易註十五卷首一卷末一卷　(明)來知德撰　清朝爽堂刻本　八冊

360000－1902－0000061　0063
尚書注疏二十卷　(漢)孔安國傳　(唐)陸德明音義　(唐)孔穎達疏　清刻本　二冊　存四卷(十三至十六)

360000－1902－0000062　0064
尚書注疏二十卷　(漢)孔安國傳　(唐)陸德明音義　(唐)孔穎達疏　**校勘記二十卷**　(清)阮元撰　清同治十三年(1874)湖南書局刻本　十冊

360000－1902－0000063　0065
附釋音尚書注疏二十卷　(唐)孔安國傳　(唐)陸德明音義　(唐)孔穎達疏　**校勘記二十卷**　(清)阮元撰　(清)盧宣旬摘録　清嘉慶二十年(1815)南昌府學刻道光六年(1826)重校印重刊宋本十三經注疏本　八冊　存三十二卷(附釋音尚書注疏一至十四、十九至二十,校勘記一至十四、十九至二十)

360000－1902－0000064　0066
尚書注疏二十卷　(漢)孔安國傳　(唐)陸德明音義　(唐)孔穎達疏　**校勘記二十卷**　(清)阮元撰　清同治十三年(1874)湖南書局刻本　九冊

360000－1902－0000065　0067
尚書大傳疏證七卷　(清)皮錫瑞撰　清光緒二十二年(1896)師伏堂刻本　三冊

360000－1902－0000066　0068
尚書注疏二十卷　(漢)孔安國傳　(唐)孔穎達疏　清四友堂刻本　三冊　存十卷(四至七、十五至二十)

360000－1902－0000067　0069
尚書注疏二十卷　(漢)孔安國傳　(唐)陸德明音義　(唐)孔穎達疏　**校勘記二十卷**　(清)阮元撰　清同治十三年(1874)湖南書局刻本　九冊

360000－1902－0000068　0070
附釋音尚書注疏二十卷　(漢)孔安國傳　(唐)陸德明音義　(唐)孔穎達疏　**校勘記二十卷**　(清)阮元撰　(清)盧宣旬摘録　清嘉慶二十年(1815)南昌府學刻道光六年(1826)重校印重刊宋本十三經注疏本　十冊

360000－1902－0000069　0071
附釋音尚書注疏二十卷　(漢)孔安國傳　(唐)陸德明音義　(唐)孔穎達疏　**校勘記二十卷**　(清)阮元撰　(清)盧宣旬摘録　清嘉慶二十年(1815)南昌府學刻道光六年(1826)重校印重刊宋本十三經注疏本　十冊

360000－1902－0000070　0072
尚書大傳三卷　(漢)伏勝撰　(漢)鄭康成(鄭玄)注　(清)陳壽祺輯校　**辨譌一卷**　(清)陳壽祺撰　清同治十二年(1873)粤東書局刻古經解彙函本　一冊　存三卷(尚書大傳二至三、辨譌一卷)

360000－1902－0000071　0073
尚書大傳四卷　(漢)伏勝撰　(漢)鄭玄注　**補遺一卷　尚書大傳考異一卷續補遺一卷**　(清)盧文弨學　清嘉慶五年(1800)愛日草廬刻本　一冊

360000－1902－0000072　0074
古文尚書冤詞平議二卷　(清)皮錫瑞撰　清光緒二十二年(1896)湖南思賢書局刻本　一冊

360000－1902－0000073　0075
尚書離句六卷　(清)錢在培輯解　清刻本　二冊

360000－1902－0000074　0076
尚書離句六卷　(清)錢在培輯解　清刻本　一冊　存三卷(一至三)

360000－1902－0000075　0077
古本尚書二卷　(元)金履祥表注　清光緒十年(1884)席氏掃葉山房刻本　二冊

360000－1902－0000076　0078
尚書中侯疏證一卷　(清)皮錫瑞著　清光緒

二十五年(1899)刻本　一冊

360000－1902－0000077　0079
尚書伸孔篇一卷　(清)焦廷琥撰　**禮記天算釋一卷**　(清)孔廣牧撰　**爾雅補注殘本一卷**　(清)劉玉麐撰　清光緒十四年至十五年(1888－1889)廣雅書局刻廣雅書局叢書本　一冊

360000－1902－0000078　0080
書經六卷　(宋)蔡沈集傳　清康熙十二年(1673)朱錫旂刻本　四冊

360000－1902－0000079　0081
書經六卷　(宋)蔡沈集傳　清郁文堂刻本　四冊

360000－1902－0000080　0082
書經六卷　(宋)蔡沈集傳　清同治十三年(1874)江西書局刻本　四冊

360000－1902－0000081　0083
書經六卷　(宋)蔡沈集傳　清同治七年(1868)楚北崇文書局刻本　四冊

360000－1902－0000082　0084
書經六卷　(宋)蔡沈集傳　清光緒十二年(1886)湖北官書處刻本　四冊

360000－1902－0000083　0085
書經六卷　(宋)蔡沈集傳　清同治七年(1868)楚北崇文書局刻本　四冊

360000－1902－0000084　0086
書經六卷　(宋)蔡沈集注　清光緒二十九年(1903)經元書室刻本　四冊

360000－1902－0000085　0087
書經六卷　(宋)蔡沈集傳　清慎詒堂刻本　四冊

360000－1902－0000086　0088
書經六卷首一卷末一卷　(宋)蔡沈集傳　清同治十三年(1874)湖南書局刻本　三冊

360000－1902－0000087　0089
書經六卷　(宋)蔡沈集傳　清初刻本　一冊　存二卷(一至二)

360000－1902－0000088　0090
書經六卷　(宋)蔡沈集注　清光緒九年(1883)共賞齋刻本　四冊

360000－1902－0000089　0091
書經六卷首一卷末一卷　(宋)蔡沈集傳　清同治十三年(1874)湖南書局刻本　三冊

360000－1902－0000090　0092
書經六卷　(宋)蔡沈集傳　清刻本(卷五配清刻本)　四冊　存五卷(一至五)

360000－1902－0000091　0093
書經六卷　(宋)蔡沈集傳　清同治十三年(1874)江西書局刻本　四冊

360000－1902－0000092　0094
欽定書經傳説彙纂二十一卷首二卷書序一卷　(清)王頊齡等撰　清光緒十九年(1893)湖南潄芳閣刻本　七冊　存十五卷(一至二、十至二十一,書序一卷)

360000－1902－0000093　0095
欽定書經傳説彙纂二十一卷首二卷書序一卷　(清)王頊齡等撰　清同治十一年(1872)江西書局刻御纂七經本　十三冊

360000－1902－0000094　0096
欽定書經傳説彙纂二十一卷首二卷書序一卷　(清)王頊齡等撰　清同治十一年(1872)江西書局刻御纂七經本　十五冊

360000－1902－0000095　0097(1)
欽定書經傳説彙纂二十一卷首二卷書序一卷　(清)王頊齡等撰　清刻本　五冊　存九卷(四、九至十、十五至十八、二十一,書序一卷)

360000－1902－0000096　0097(2)
書經六卷首一卷末一卷　(宋)蔡沈集傳　清刻本　一冊　存二卷(六、末一卷)

360000－1902－0000097　0098
欽定書經傳説彙纂二十一卷首二卷書序一卷　(清)王頊齡等撰　清光緒十九年(1893)湖南潄芳閣刻本　十一冊　存二十二卷(一至五、八至二十一,首二卷,書序一卷)

360000－1902－0000098　0099
欽定書經傳説彙纂二十一卷首二卷書序一卷　(清)王頊齡等撰　清刻本　十四册

360000－1902－0000099　0100
欽定書經傳説彙纂二十一卷首二卷　(清)王頊齡等撰　清刻本　二册　存三卷(四、十三至十四)

360000－1902－0000100　0101
欽定書經傳説彙纂二十一卷首二卷書序一卷　(清)王頊齡等撰　清同治七年(1868)馬新貽、李瀚章刻本　十一册　存二十二卷(三至二十一、首二卷、書序一卷)

360000－1902－0000101　0102
寄傲山房塾課纂輯書經備旨蔡註捷録七卷　(清)鄒聖脈纂輯　清雍正八年(1730)芸生堂刻本　三册

360000－1902－0000102　0103
寄傲山房塾課纂輯書經備旨蔡注捷録七卷　(清)鄒聖脈纂輯　清刻本　一册　存三卷(五至七)

360000－1902－0000103　0104
寄傲山房塾課纂輯書經備旨蔡註捷録七卷　(清)鄒聖脈纂輯　清刻本　一册　存二卷(三至四)

360000－1902－0000104　0105
寄傲山房塾課纂輯書經備旨蔡註捷録七卷　(清)鄒聖脈纂輯　清刻本　一册　存二卷(三至四)

360000－1902－0000105　0106
寄傲山房塾課纂輯書經備旨蔡註捷録七卷　(清)鄒聖脈纂輯　清雍正八年(1730)芸生堂刻本　四册

360000－1902－0000106　0107
書古微十二卷首一卷　(清)魏源著　清光緒四年(1878)淮南書局刻本　四册

360000－1902－0000107　0108
書古微十二卷首一卷　(清)魏源著　清光緒四年(1878)淮南書局刻本　四册

360000－1902－0000108　0109
書經體註大全合參六卷　(清)錢希祥參　清周光霽刻兩儀堂印本　一册　存一卷(一)

360000－1902－0000109　0110
書經體註大全合參六卷　(清)錢希祥參　清嘉慶十六年(1811)刻本　四册

360000－1902－0000110　0111
書經體註大全合參六卷　(清)錢希祥參　清經國堂刻本　四册

360000－1902－0000111　0112
書經體註大全合參六卷　(清)錢希祥參　清三讓堂刻本　四册

360000－1902－0000112　0113
日講書經解義十三卷　(清)庫勒納等撰　清刻本　二册　存五卷(九至十三)

360000－1902－0000113　0114
日講書經解義十三卷　(清)庫勒納等撰　清康熙十九年(1680)刻本　六册

360000－1902－0000114　0116
慎詒堂書經六卷　(宋)蔡沈集注　清光緒二十九年(1903)經元書室刻本(卷五至六配清刻本)　四册

360000－1902－0000115　0117
詩經八卷　(宋)朱熹集傳　清同治十三年(1874)湖南書局刻本　四册

360000－1902－0000116　0118
詩經八卷附詩序辨説一卷　(宋)朱熹集傳　清同治十三年(1874)刻本　四册

360000－1902－0000117　0119
詩經八卷　(宋)朱熹集傳　清同治十三年(1874)江西書局刻本　四册

360000－1902－0000118　0120
詩經八卷附詩序辨説一卷　(宋)朱熹集傳　清同治五年(1866)金陵書局刻本　五册

360000－1902－0000119　0121

毛詩二十卷 (漢)鄭玄箋 清刻本 四冊

360000－1902－0000120 0122
監本詩經八卷 (宋)朱熹集傳 清咸豐三年(1853)刻本 四冊

360000－1902－0000121 0123
詩經八卷附詩序辨說一卷 (宋)朱熹集傳 清同治十三年(1874)湖南書局刻本 四冊

360000－1902－0000122 0124
詩□□卷 (宋)朱熹集傳 清初刻本 一冊 存一卷(三)

360000－1902－0000123 0126
詩經八卷 (宋)朱熹集傳 清刻本 二冊 存五卷(四至八)

360000－1902－0000124 0127
詩經八卷 (宋)朱熹集傳 清刻本 二冊 存三卷(三至五)

360000－1902－0000125 0128
慎詒堂詩經八卷 (宋)朱熹集傳 清刻本 二冊 存五卷(一至二、六至八)

360000－1902－0000126 0129
詩經體註大全合參八卷 (清)高朝瓔定 (清)沈世楷輯 清三讓堂刻本 四冊

360000－1902－0000127 0130
詩經體註大全合參八卷 (清)高朝瓔定 (清)沈世楷輯 清集古閣刻本 四冊

360000－1902－0000128 0131
詩經體註大全合參八卷 (清)高朝瓔定 (清)沈世楷輯 清康熙五十年(1711)刻本 三冊 存七卷(一至二、四至八)

360000－1902－0000129 0132
詩經精義四卷首一卷末一卷 (清)黃淦纂 清嘉慶七年(1802)刻本 二冊

360000－1902－0000130 0133
御案詩經備旨八卷 (清)鄒聖脈纂輯 清刻本 二冊 存五卷(四至八)

360000－1902－0000131 0135
御案詩經備旨八卷 (清)鄒聖脈纂輯 清初刻本 三冊 存六卷(三至八)

360000－1902－0000132 0136(1)
新增詩經補注附考備旨八卷 (清)鄒聖脈纂輯 清刻本 二冊 存四卷(三至六)

360000－1902－0000133 0136(2)
御案詩經備旨八卷 (清)鄒聖脈纂輯 清刻本 一冊 存二卷(七至八)

360000－1902－0000134 0137
新增詩經補註附考備旨八卷 (清)鄒聖脈纂輯 清乾隆二十八年(1763)刻本 四冊

360000－1902－0000135 0138
詩經精華十卷 (清)薛嘉穎輯 清刻本 三冊 存七卷(四至十)

360000－1902－0000136 0139
詩經申義十卷 (清)吳士模著 清光緒十七年(1891)澤古齋刻本 四冊

360000－1902－0000137 0140
詩義記講四卷 (清)楊文定(楊名時)講授 (清)夏宗瀾記 清乾隆閻茂溶刻本 二冊

360000－1902－0000138 0141
詩經四家異文考五卷 (清)陳喬樅學 清道光二十三年(1843)刻本 五冊

360000－1902－0000139 0145
詩古微上編三卷中編十卷下編二卷首一卷 (清)魏源撰 清光緒十一年(1885)飛青閣楊氏黃岡學署刻本 六冊 存十三卷(上編三卷,中編一至四、六至八,下編二卷、首一卷)

360000－1902－0000140 0146
詩古微上編三卷中編十卷下編二卷首一卷 (清)魏源撰 清光緒十三年(1887)席氏掃葉山房刻本 七冊 存十三卷(上編三卷,中編四至十,下編二卷、首一卷)

360000－1902－0000141 0147
附釋音毛詩注疏七十卷 (漢)毛亨傳 (漢)鄭玄箋 (唐)陸德明音義 (唐)孔穎達疏 **校勘記七十卷** (清)阮元撰 (清)盧宣旬摘

錄　清嘉慶二十年(1815)南昌府學刻重刊宋本十三經注疏本　十四册　存八十六卷(附釋音毛詩注疏二十八至七十、校勘記二十八至七十)

360000－1902－0000142　0148

毛詩注疏二十卷　(漢)鄭玄箋　(唐)陸德明音義　(唐)孔穎達疏　**校勘記二十卷**　(清)阮元撰　清同治十三年(1874)湖南書局刻十三經注疏本　十八册　存三十六卷(毛詩注疏一至十一之二、十六至二十之四,校勘記二十卷)

360000－1902－0000143　0149

附釋音毛詩注疏七十卷　(漢)毛亨傳　(漢)鄭玄箋　(唐)陸德明音義　(唐)孔穎達疏　**校勘記七十卷**　(清)阮元撰　(清)盧宣旬摘錄　清嘉慶二十年(1815)南昌府學刻重刊宋本十三經注疏本　七册　存五十四卷(附釋音毛詩注疏一至二十七、校勘記一至二十七)

360000－1902－0000144　0150

毛詩注疏校勘記二十卷　(清)阮元撰　清同治十三年(1874)湖南書局刻十三經注疏本　四册

360000－1902－0000145　0151

附釋音毛詩注疏七十卷　(漢)毛亨傳　(漢)鄭玄箋　(唐)陸德明音義　(唐)孔穎達疏　**校勘記七十卷**　(清)阮元撰　(清)盧宣旬摘錄　清嘉慶二十年(1815)江西南昌府學刻重刊宋本十三經注疏本　二十六册

360000－1902－0000146　0152

附釋音毛詩注疏七十卷　(漢)毛亨傳　(漢)鄭玄注　(唐)陸德明音義　(唐)孔穎達疏　**校勘記七十卷**　(清)阮元撰　(清)盧宣旬摘錄　清嘉慶二十年(1815)江西南昌府學刻重刊宋本十三經注疏本　十七册　存一百二卷(附釋音毛詩注疏一、九至四十、四十三至四十五、四十九至五十、五十四至五十五、五十八至六十二、六十五至七十,校勘記一、九至四十、四十三至四十五、四十九至五十、五十四至五十五、五十八至六十二、六十五至七十)

360000－1902－0000147　0153

毛詩注疏二十卷　(漢)鄭玄箋　(唐)陸德明音義　(唐)孔穎達疏　清同治十三年(1874)湖南書局刻十三經注疏本　十七册

360000－1902－0000148　0154

附釋音毛詩注疏七十卷　(漢)毛亨傳　(漢)鄭玄箋　(唐)陸德明音義　(唐)孔穎達疏　**校勘記七十卷**　(清)阮元撰　(清)盧宣旬摘錄　清嘉慶二十年(1815)南昌府學刻道光六年(1826)重校印重刊宋本十三經注疏本　二十四册

360000－1902－0000149　0168

毛詩古音攷四卷附讀詩拙言一卷　(明)陳第編輯　清同治二年(1863)長沙余氏刻明辨齋叢書本　四册

360000－1902－0000150　0190

毛詩補正二十五卷　(清)龍起濤撰　清光緒二十五年(1899)刻鵠軒刻本　九册　存二十卷(一至十八、二十四至二十五)

360000－1902－0000151　0191

毛詩補正二十五卷　(清)龍起濤撰　清光緒二十五年(1899)刻鵠軒刻本　十二册

360000－1902－0000152　0192

毛詩補正二十五卷　(清)龍起濤撰　清光緒二十五年(1899)刻鵠軒刻本　十二册

360000－1902－0000153　0195

韓詩外傳十卷　(漢)韓嬰著　(明)鍾惺評　清刻本　二册

360000－1902－0000154　0196

韓詩外傳十卷　(漢)韓嬰著　**序說一卷補逸一卷校補一卷**　(清)趙懷玉輯　清乾隆五十五年(1790)刻本　二册

360000－1902－0000155　0197

詩經體註大全□□卷　(清)高朝瓔定　(清)沈世楷輯　清刻本　三册　存六卷(三至八)

360000－1902－0000156　0198

詩地理攷略二卷圖一卷 (清)尹繼美撰 清同治十一年(1872)鼎吉堂刻本 一冊

360000－1902－0000157 0199

欽定詩經傳說彙纂二十一卷首二卷詩序二卷 (清)王鴻緒等撰 清刻本(首二卷配清同治七年閩浙總督馬新貽刻本) 十六冊

360000－1902－0000158 0200

欽定詩經傳說彙纂二十一卷首二卷詩序二卷 (清)王鴻緒等撰 清雍正五年(1727)刻本 二十二冊

360000－1902－0000159 0201

欽定詩經傳說彙纂二十一卷首二卷詩序二卷 (清)王鴻緒等撰 清雍正五年(1727)刻本 十七冊

360000－1902－0000160 0202

欽定詩經傳說彙纂二十一卷首二卷詩序二卷 (清)王鴻緒等撰 清刻本 十五冊 存十八卷(三至二十)

360000－1902－0000161 0203

欽定詩經傳說彙纂二十一卷首二卷詩序二卷 (清)王鴻緒等撰 清同治七年(1868)閩浙總督馬新貽刻本 十四冊 存二十三卷(一至十九、首二卷、詩序二卷)

360000－1902－0000162 0204

欽定詩經傳說彙纂二十一卷首二卷詩序二卷 (清)王鴻緒等撰 清刻本 七冊 存十六卷(一至十六)

360000－1902－0000163 0205

御纂詩義折中二十卷 (清)傅恒等纂 清乾隆二十年(1755)刻本 十一冊 存十八卷(三至二十)

360000－1902－0000164 0206

御纂詩義折中二十卷 (清)傅恒等纂 清道光長蘆鹽運使如山刻本 六冊

360000－1902－0000165 0208

周禮政要四卷 (清)孫詒讓著 清光緒二十八年(1902)刻本 四冊

360000－1902－0000166 0209

周禮折衷六卷 (漢)鄭玄注 (唐)賈公彥疏 (清)胡興栓重訂 清同治五年(1866)經綸堂刻本 五冊 存五卷(一至三、五至六)

360000－1902－0000167 0211

周禮六卷 (漢)鄭玄注 (唐)陸德明音義 清刻本 六冊

360000－1902－0000168 0212

周禮六卷 (漢)鄭玄注 (唐)陸德明音義 清嘉慶十一年(1806)清芬閣刻本 六冊

360000－1902－0000169 0213

周禮六卷 (漢)鄭玄注 (唐)陸德明音義 清嘉慶十一年(1806)清芬閣刻本 六冊

360000－1902－0000170 0214

周禮音訓不分卷 (清)楊國楨撰 清刻本 一冊 存天官、地官、春官

360000－1902－0000171 0215

禮記□□卷 (元)陳澔集注 清刻本 五冊 存五卷(三至七)

360000－1902－0000172 0216

周禮註釋□□卷 (清)鮑梁纂輯 清刻本 一冊 存三卷(四至六)

360000－1902－0000173 0217

周禮六卷 (漢)鄭玄注 (唐)陸德明音義 清光緒二十二年(1896)新化三味書室刻本 三冊 存三卷(二、五至六)

360000－1902－0000174 0218

周禮六卷 (漢)鄭玄注 (唐)陸德明音義 清同治十三年(1874)湖南書局刻本 六冊

360000－1902－0000175 0219

周禮六卷 (漢)鄭玄注 (唐)陸德明音義 清同治十三年(1874)湖南書局刻本 六冊

360000－1902－0000176 0220

周禮註疏四十二卷 (漢)鄭玄注 (唐)賈公彥疏 (唐)陸德明音義 明崇禎元年(1628)古虞毛氏汲古閣刻十三經註疏本 十二冊

360000－1902－0000177　0221
周禮注疏四十二卷　(漢)鄭玄注　(唐)陸德明音義　(唐)賈公彥疏　**校勘記四十二卷**　(清)阮元撰　清同治十三年(1874)湖南書局刻本　十九冊

360000－1902－0000178　0222
附釋音周禮注疏四十二卷　(漢)鄭玄注　(唐)賈公彥疏　(唐)陸德明音義　**校勘記四十二卷**　(清)阮元撰　(清)盧宣旬摘錄　清嘉慶二十年(1815)南昌府學刻道光六年(1826)重校印重刊宋本十三經注疏本　十七冊　存六十八卷(附釋音周禮注疏一至八、十二至二十一、二十四至二十七、三十一至四十二,校勘記一至八、十二至二十一、二十四至二十七、三十一至四十二)

360000－1902－0000179　0223
附釋音周禮注疏四十二卷　(漢)鄭玄注　(唐)賈公彥疏　(唐)陸德明音義　**校勘記四十二卷**　(清)阮元撰　(清)盧宣旬摘錄　清嘉慶二十年(1815)南昌府學刻道光六年(1826)重校印重刊宋本十三經注疏本　十冊　存三十六卷(附釋音周禮注疏八至二十五、校勘記八至二十五)

360000－1902－0000180　0224
周禮注疏四十二卷　(漢)鄭玄注　(唐)陸德明音義　(唐)賈公彥疏　**校勘記四十二卷**　(清)阮元撰　清同治十三年(1874)湖南書局刻本　十七冊

360000－1902－0000181　0225
附釋音周禮注疏四十二卷　(漢)鄭玄注　(唐)賈公彥疏　(唐)陸德明音義　**校勘記四十二卷**　(清)阮元撰　(清)盧宣旬摘錄　清嘉慶二十年(1815)江西南昌府學刻重刊宋本十三經注疏本　十五冊

360000－1902－0000182　0226
附釋音周禮注疏四十二卷　(漢)鄭玄注　(唐)賈公彥疏　(唐)陸德明音義　**校勘記四十二卷**　(清)阮元撰　(清)盧宣旬摘錄　清嘉慶二十年(1815)南昌府學刻道光六年(1826)重校印重刊宋本十三經注疏本　十七冊　存七十二卷(附釋音周禮注疏一至三十六、校勘記一至三十六)

360000－1902－0000183　0227
附釋音周禮注疏四十二卷　(漢)鄭玄注　(唐)賈公彥疏　(唐)陸德明音義　**校勘記四十二卷**　(清)阮元撰　(清)盧宣旬摘錄　清嘉慶二十年(1815)南昌府學刻重刊宋本十三經注疏本　十冊　存四十八卷(附釋音周禮注疏七至八、十二至十三、十九至二十一、二十四至二十八、三十一至四十二,校勘记七至八、十二至十三、十九至二十一、二十四至二十八、三十一至四十二)

360000－1902－0000184　0228
周禮註疏刪翼三十卷　(明)王志長輯　清乾隆六十年(1795)醉墨齋刻本　十六冊

360000－1902－0000185　0229
欽定周官義疏四十八卷首一卷　(清)允祿等撰　清光緒十九年(1893)湖南漱芳閣刻本　十六冊　存三十四卷(二至五、十至十一、十四至二十八、三十三至三十四、三十七至三十九、四十一至四十八)

360000－1902－0000186　0230
周官經六卷　(漢)鄭玄注　王闓運箋　清光緒二十二年(1896)東洲講舍刻本　三冊　存三卷(四至六)

360000－1902－0000187　0231
欽定周官義疏四十八卷首一卷　(清)允祿等撰　清刻本　三冊　存四卷(四十五至四十八)

360000－1902－0000188　0232
欽定周官義疏四十八卷首一卷　(清)允祿等撰　清同治十一年(1872)江西書局刻御纂七經本　二十四冊

360000－1902－0000189　0233
儀禮注疏十七卷　(漢)鄭玄注　(唐)陸德明音義　(唐)賈公彥疏　清同治十三年(1874)湖南書局刻本　十一冊

360000－1902－0000190　0234
欽定周官義疏四十八卷首一卷　(清)允祿等撰　清光緒十九年(1893)湖南漱芳閣刻本　十六册　存三十一卷(八至十四、十九至二十四、三十至四十六、四十八)

360000－1902－0000191　0235
欽定周官義疏四十八卷首一卷　(清)允祿等撰　清同治七年(1868)浙江書局刻御纂七經本　二十四册

360000－1902－0000192　0236
周官精義十二卷　(清)連斗山纂輯　清乾隆四十一年(1776)學源堂刻本　四册

360000－1902－0000193　0237
六官駢萃四卷　(清)張蔚春輯　清嘉慶九年(1804)六筍齋刻本　三册　存三卷(二至四)

360000－1902－0000194　0238
冬官旁求二卷　(清)辛紹業撰　清刻本　一册

360000－1902－0000195　0239
儀禮十七卷　(漢)鄭玄注　清道光十四年(1834)立本齋刻本　四册

360000－1902－0000196　0240
儀禮疏五十卷　(漢)鄭玄注　(唐)陸德明音義　(唐)賈公彦疏　**校勘記五十卷**　(清)阮元撰　(清)盧宣旬摘錄　清嘉慶二十年(1815)江西南昌府學刻重刊宋本十三經注疏本　十六册　存八十六卷(儀禮疏一至六、十一至三十八、四十二至五十,校勘記一至六、十一至三十八、四十二至五十)

360000－1902－0000197　0241
儀禮疏五十卷　(漢)鄭玄注　(唐)陸德明音義　(唐)賈公彦疏　**校勘記五十卷**　(清)阮元撰　(清)盧宣旬摘錄　清嘉慶二十年(1815)江西南昌府學刻重刊宋本十三經注疏本　十八册

360000－1902－0000198　0242
儀禮注疏十七卷　(漢)鄭玄注　(唐)陸德明音義　(唐)賈公彦疏　**校勘記十七卷**　(清)阮元撰　清同治十三年(1874)湖南書局刻本　十六册

360000－1902－0000199　0243
儀禮註疏十七卷　(漢)鄭玄注　(唐)陸德明音義　(唐)賈公彦疏　明崇禎九年(1636)古虞毛氏汲古閣刻十三經注疏本　十二册

360000－1902－0000200　0244
儀禮音訓不分卷　(清)楊國楨撰　清刻本　一册　存聘禮至有司徹

360000－1902－0000201　0245
儀禮注疏校勘記十七卷　(清)阮元撰　清同治十三年(1874)湖南書局刻本　四册

360000－1902－0000202　0246
欽定儀禮義疏四十八卷首二卷　(清)允祿等撰　清刻本　三十七册　存四十七卷(一至二十九、三十二至四十四、四十六至四十八,首二卷)

360000－1902－0000203　0247
欽定儀禮義疏四十八卷首二卷　(清)允祿等撰　清刻本　四十四册

360000－1902－0000204　0248
欽定三禮義疏　(清)允祿等撰　清乾隆刻本　十五册　存二種三十三卷(欽定儀禮義疏一至三十,欽定周官義疏一至二、首一卷)

360000－1902－0000205　0249
儀禮疏五十卷　(漢)鄭玄注　(唐)陸德明音義　(唐)賈公彦疏　**校勘記五十卷**　(清)阮元撰　(清)盧宣旬摘錄　清刻本　四册　存二十六卷(儀禮疏八至十一、十七至十九、三十至三十二、四十三至四十五,校勘記八至十一、十七至十九、三十至三十二、四十三至四十五)

360000－1902－0000206　0250
儀禮疏五十卷　(漢)鄭玄注　(唐)陸德明音義　(唐)賈公彦疏　**校勘記五十卷**　(清)阮元撰　(清)盧宣旬摘錄　清嘉慶二十年(1815)江西南昌府學刻重刊宋本十三經注疏本　十四册　存七十卷(儀禮疏一至五、十三至十四、十七至十八、二十一至二十二、二十五至四十一、四十四至五十,校勘記一至五、十三至十四、十七至十八、二十一至二十二、二十五至四十一、四十四至五十)

360000－1902－0000207　0251

欽定儀禮義疏四十八卷首二卷　(清)允祿等撰　清刻本　十四册　存二十七卷(一至二、七至二十、二十四至三十二,首二卷)

360000－1902－0000208　0252

欽定三禮義疏　(清)允祿等撰　清乾隆刻本　二十四册　存二種六十六卷(欽定周官義疏三至四十八,欽定儀禮義疏三十一至四十八、首二卷)

360000－1902－0000209　0253

儀禮章句十七卷　(清)吳廷華撰　清乾隆二十二年(1757)三讓堂刻本　六册

360000－1902－0000210　0254

欽定儀禮義疏四十八卷首二卷　(清)允祿等撰　清刻本　八册　存十三卷(十五至十八、三十至三十一、三十八至四十三、四十七)

360000－1902－0000211　0255

欽定儀禮義疏四十八卷首二卷　(清)允祿等撰　清光緒十九年(1893)湖南漱芳閣刻本　一册　存一卷(四十五)

360000－1902－0000212　0256

欽定儀禮義疏四十八卷首二卷　(清)允祿等撰　清同治十一年(1872)江西書局刻御纂七經本　三十册

360000－1902－0000213　0257

春秋精義四卷首一卷儀禮精義不分卷首一卷　(清)黄淦纂　清嘉慶十二年(1807)刻七經精義本　一册　缺四卷(春秋精義一至三、首一卷)

360000－1902－0000214　0259

儀禮章句十七卷　(清)吳廷華撰　清嘉慶七年(1802)嵩秀堂刻本　四册

360000－1902－0000215　0260

儀禮章句十七卷　(清)吳廷華撰　清嘉慶元年(1796)東壁書莊刻本　四册

360000－1902－0000216　0261

欽定儀禮義疏四十八卷首二卷　(清)允祿等撰　清光緒十九年(1893)湖南漱芳閣刻本　六册　存十卷(十五至二十、四十三至四十四、四十六、四十八)

360000－1902－0000217　0262

儀禮章句十七卷　(清)吳廷華撰　清乾隆二十二年(1757)三讓堂刻本　四册

360000－1902－0000218　0263

儀禮鄭註句讀十七卷　(清)張爾岐撰　**附儀禮監本正誤一卷儀禮石本誤字一卷**　(清)顧炎武訂　清同治十三年(1874)湖南書局刻本　四册

360000－1902－0000219　0264

儀禮鄭註句讀十七卷　(清)張爾岐撰　**附儀禮監本正誤一卷儀禮石本誤字一卷**　(清)顧炎武訂　清同治七年(1868)金陵書局刻本　四册

360000－1902－0000220　0265

儀禮節略二十卷　(清)朱軾輯　清康熙五十八年(1719)浙江撫署刻本　九册　存九卷(一至三、七至十、十三至十四)

360000－1902－0000221　0266

禮記集說十卷　(元)陳澔撰　清慎詒堂刻本　三册　存三卷(三、七至八)

360000－1902－0000222　0267

禮記集說十卷　(元)陳澔撰　清同治七年(1868)楚北崇文書局刻本　十册

360000－1902－0000223　0268

禮記集說十卷　(元)陳澔撰　清同治十年(1871)刻本　十册

360000－1902－0000224　0269

禮記集說十卷　(元)陳澔撰　清光緒三十年(1904)江南李氏刻本　十册

360000－1902－0000225　0270

禮記集說十卷　(元)陳澔撰　清同治十三年(1874)江西書局刻本　十冊

360000－1902－0000226　0271
禮記集說十卷　(元)陳澔撰　清同治五年(1866)金陵書局刻本　十冊

360000－1902－0000227　0272
附釋音禮記注疏六十三卷　(漢)鄭玄注　(唐)孔穎達疏　(唐)陸德明音義　**校勘記六十三卷**　(清)阮元撰　(清)盧宣旬摘錄　清嘉慶二十年(1815)江西南昌府學刻重刊宋本十三經注疏本(卷二十至二十二配清刻本)　七冊　存二十七卷(附釋音禮記注疏八至二十二、校勘記八至十九)

360000－1902－0000228　0273
禮記注疏校勘記六十三卷　(清)阮元撰　清同治十三年(1874)湖南書局刻本　七冊

360000－1902－0000229　0274
禮記集說十卷　(元)陳澔撰　清同治十三年(1874)湖南書局刻本　十冊

360000－1902－0000230　0275
禮記二十卷　(漢)鄭玄注　**撫本禮記鄭注考異二卷**　(清)張敦仁撰　清同治九年(1870)楚北崇文書局刻本　七冊　存二十卷(禮記一至六、九至二十,考異二卷)

360000－1902－0000231　0276
附釋音禮記注疏六十三卷　(漢)鄭玄注　(唐)孔穎達疏　(唐)陸德明音義　**校勘記六十三卷**　(清)阮元撰　(清)盧宣旬摘錄　清同治十二年(1873)江西書局刻重刊宋本十三經注疏本　十七冊　存六十八卷(附釋音禮記注疏一至五、十至十二、十八至二十五、三十八至四十四、五十至六十,校勘記一至五、十至十二、十八至二十五、三十八至四十四、五十至六十)

360000－1902－0000232　0277
附釋音禮記注疏六十三卷　(漢)鄭玄注　(唐)孔穎達疏　(唐)陸德明音義　**校勘記六十三卷**　(清)阮元撰　(清)盧宣旬摘錄　清嘉慶二十年(1815)南昌府學刻道光六年(1826)重校印重刊宋本十三經注疏本　二十二冊　存八十六卷(附釋音禮記注疏四至七、十至十六、二十至四十九、五十二至五十三,校勘記四至七、十至十六、二十至四十九、五十二至五十三)

360000－1902－0000233　0278
附釋音禮記注疏六十三卷　(漢)鄭玄注　(唐)孔穎達疏　(唐)陸德明音義　**校勘記六十三卷**　(清)阮元撰　(清)盧宣旬摘錄　清嘉慶二十年(1815)南昌府學刻重刊宋本十三經注疏本　二十六冊　存一百二十卷(附釋音禮記注疏一至六十、校勘記一至六十)

360000－1902－0000234　0279(1)
禮記註疏六十三卷　(漢)鄭玄注　(唐)孔穎達疏　清刻本　六冊　存十七卷(一至十七)

360000－1902－0000235　0279(2)
附釋音禮記注疏六十三卷　(漢)鄭玄注　(唐)孔穎達疏　(唐)陸德明音義　**校勘記六十三卷**　(清)阮元撰　(清)盧宣旬摘錄　清嘉慶二十年(1815)南昌府學刻重刊宋本十三經注疏本　十六冊　存九十二卷(附釋音禮記注疏十八至六十三、校勘記十八至六十三)

360000－1902－0000236　0280
禮記注疏六十三卷　(漢)鄭玄注　(唐)孔穎達疏　(唐)陸德明音義　**校勘記六十三卷**　(清)阮元撰　清同治十三年(1874)湖南書局刻本　二十八冊

360000－1902－0000237　0281
禮記註疏六十三卷　(漢)鄭玄注　(唐)孔穎達疏　清刻本　六冊　存二十二卷(二十三至四十四)

360000－1902－0000238　0282
禮記注疏六十三卷　(漢)鄭玄注　(唐)孔穎達疏　(唐)陸德明音義　清同治十三年(1874)湖南書局刻本　二十冊

360000－1902－0000239　0283
欽定禮記義疏八十二卷首一卷　(清)允祿等

撰　清刻本　六十四冊

360000－1902－0000240　0284
欽定禮記義疏八十二卷首一卷　(清)允禄等撰　清同治十一年(1872)江西書局刻御纂七經本　四十二冊

360000－1902－0000241　0285
欽定禮記義疏八十二卷首一卷　(清)允禄等撰　清光緒十九年(1893)湖南漱芳閣刻本　十四冊　存三十三卷(十至十四、二十至二十九、四十一至四十四、五十四至五十六、五十九至六十一、六十七至六十八、七十一至七十四、七十八至七十九)

360000－1902－0000242　0286
欽定儀禮義疏四十八卷首二卷　(清)允禄等撰　清光緒十九年(1893)湖南漱芳閣刻本　十一冊　存二十一卷(一至四、七至十二、十五至二十三,首二卷)

360000－1902－0000243　0287
寄傲山房塾課纂輯禮記全文備旨十一卷　(清)鄒聖脈纂輯　清末石印五經備旨本　一冊　存四卷(四至七)

360000－1902－0000244　0288
禮記集說十卷　(元)陳澔撰　清刻本　十冊

360000－1902－0000245　0289
禮記集說十卷　(元)陳澔撰　清刻本　十冊

360000－1902－0000246　0290
附釋音禮記注疏六十三卷　(漢)鄭玄注　(唐)孔穎達疏　(唐)陸德明音義　**校勘記六十三卷**　(清)阮元撰　(清)盧宣旬摘錄　清嘉慶二十年(1815)南昌府學刻重刊宋本十三經注疏本　九冊　存三十四卷(附釋音禮記注疏九、十一至十二、十四至十五、二十六至二十七、三十四至三十五、三十八至四十一、四十五至四十六、五十二至五十三,校勘記九、十一至十二、十四至十五、二十六至二十七、三十四至三十五、三十八至四十一、四十五至四十六、五十二至五十三)

360000－1902－0000247　0291
禮記集說十卷　(元)陳澔撰　清同治十一年(1872)湖南尊經閣刻本　十冊

360000－1902－0000248　0294
禮記集說十卷　(元)陳澔撰　清同治十三年(1874)湖南書局刻本　十冊

360000－1902－0000249　0295
禮記集說十卷　(元)陳澔撰　清同治十三年(1874)湖南書局刻本　十冊

360000－1902－0000250　0296
欽定禮記義疏八十二卷首一卷　(清)允禄等撰　清乾隆刻本　六十冊

360000－1902－0000251　0297
欽定禮記義疏八十二卷首一卷　(清)允禄等撰　清刻本　四十六冊　存八十卷(一至七十、七十三至八十二)

360000－1902－0000252　0298
欽定禮記義疏八十二卷首一卷　(清)允禄等撰　清光緒十九年(1893)湖南漱芳閣刻本　二十七冊　存五十一卷(一至十、十七至二十一、二十六至二十七、三十四至三十五、四十至五十二、五十五至六十一、六十四至六十五、七十一至七十二、七十五至七十七、七十九至八十二,首一卷)

360000－1902－0000253　0299
寄傲山房塾課纂輯禮記全文備旨十一卷　(清)鄒聖脈纂輯　清芸生堂刻本　五冊　存九卷(一至九)

360000－1902－0000254　0300
欽定禮記義疏八十二卷首一卷　(清)允禄等撰　清刻本　一冊　存二卷(三至四)

360000－1902－0000255　0301
欽定禮記義疏八十二卷首一卷　(清)允禄等撰　清刻本　三十四冊

360000－1902－0000256　0302
欽定禮記義疏八十二卷首一卷　(清)允禄等撰　清刻本　十三冊　存二十三卷(一至五、八、二十至二十一、三十八至三十九、四十四

至四十七、五十三至五十六、六十五至六十七、六十九至七十）

360000－1902－0000257　0303
欽定禮記義疏八十二卷首一卷　（清）允祿等撰　清末刻本　三十三册　存六十八卷（一、十至三十四、三十七至四十七、五十至六十三、六十七至八十二，首一卷）

360000－1902－0000258　0304
全本禮記體注大全合參十卷　（清）徐旦參訂（清）徐瑄補輯　清乾隆三十一年（1766）英德堂刻本　五册

360000－1902－0000259　0305
禮記精華二十八卷　（□）□□編　清光緒二十五年（1899）魏氏古香閣刻本　十二册

360000－1902－0000260　0308
潄芳軒合纂禮記體註四卷　（清）范翔參訂　清刻本　四册

360000－1902－0000261　0309
潄芳軒合纂禮記體註四卷　（清）范翔參訂　清刻本　四册

360000－1902－0000262　0310
潄芳軒合纂禮記體註四卷　（清）范翔參訂　清刻本　四册

360000－1902－0000263　0311
大戴禮記十三卷　（漢）戴德撰　（北周）盧辯注　（清）朱軾句讀　清康熙五十七年（1718）自脩齋刻朱文端公藏書本　二册

360000－1902－0000264　0312
大戴禮記解詁十三卷敘錄一卷　（清）王聘珍學　（清）謝甘棠重訂　清光緒十九年（1893）刻本　四册

360000－1902－0000265　0313
大戴禮記解詁十三卷敘錄一卷　（清）王聘珍學　清咸豐元年（1851）王嘉會刻本　四册

360000－1902－0000266　0314
全本禮記體註十卷　（清）徐旦參訂　（清）徐瑄補輯　清刻本　三册　存三卷（四至六）

360000－1902－0000267　0315
全本禮記體註大全合參十卷　（清）徐旦參訂（清）徐瑄補輯　清乾隆三十一年（1766）三讓堂刻本　十册

360000－1902－0000268　0316
禮記纂言三十六卷　（元）吴澄纂　清雍正五年（1727）刻本　五册　存十四卷（一至四、七至十、二十二至二十四、三十四至三十六）

360000－1902－0000269　0317
附釋音禮記注疏六十三卷　（漢）鄭玄注（唐）孔穎達撰　（唐）陸德明音義　**校勘記六十三卷**　（清）阮元撰　（清）盧宣旬摘錄　清嘉慶二十年（1815）南昌府學刻重刊宋本十三經注疏本　二十四册　存九十八卷（附釋音禮記注疏一至七、二十二至六十三，校勘記一至七、二十二至六十三）

360000－1902－0000270　0318
全文禮記匯參二十四卷　（清）彭頤纂　清刻朱墨套印本　十册

360000－1902－0000271　0320
禮記約編喈鳳十卷　（清）汪基撰　（清）江永校纂　清光緒三十四年（1908）上海廣益書局石印本　二册

360000－1902－0000272　0321
三禮陳數求義三十卷　（清）林喬蔭學　清刻本　八册　存十七卷（九至二十、二十五至二十九）

360000－1902－0000273　0322
三禮約編喈鳳十九卷　（清）汪基撰　（清）江永校纂　清刻本　六册

360000－1902－0000274　0323
禮記質疑四十九卷　（清）郭嵩燾著　清光緒十六年（1890）思賢講舍刻本　九册　存四十四卷（一至十三、十九至四十九）

360000－1902－0000275　0324
禮記質疑四十九卷　（清）郭嵩燾著　清光緒十六年（1890）思賢講舍刻本　六册　存二十六卷（一至九、十三至十五、三十六至四十九）

360000－1902－0000276　0325
五禮通考二百六十二卷總目二卷首四卷
(清)秦蕙田撰　清乾隆味經窩刻本　七十八冊　存二百五十七卷(六至二百六十二)

360000－1902－0000277　0326
欽定周官義疏四十八卷首一卷　(清)允祿等撰　清同治十一年(1872)江西書局刻御纂七經本　二十六冊　存四十二卷(一至六、八至十八、二十二、二十四至三十九、四十一至四十四、四十六至四十八,首一卷)

360000－1902－0000278　0327
欽定周官義疏四十八卷首一卷　(清)允祿等撰　清刻欽定三禮義疏本　二十四冊

360000－1902－0000279　0328
讀禮通考一百二十卷　(清)徐乾學著　清光緒二十四年(1898)新化三味堂刻本　四十八冊

360000－1902－0000280　0329
讀禮通考一百二十卷　(清)徐乾學撰　清康熙三十五年(1696)刻本　二十三冊　存一百十七卷(四至一百二十)

360000－1902－0000281　0330
朱子家禮八卷首一卷　(宋)朱熹撰　(明)丘濬輯　(明)楊廷筠補　**四禮初稿四卷**　(明)宋纁輯　**四禮約言四卷**　(明)呂維祺著　清康熙四十年(1701)刻本　八冊

360000－1902－0000282　0331
喪禮或問一卷　(清)方苞著　清雍正四年(1726)刻本　一冊

360000－1902－0000283　0332
王制箋一卷　(清)皮錫瑞撰　清光緒三十四年(1908)湖南思賢書局刻本　一冊

360000－1902－0000284　0333
欽定禮記義疏八十二卷首一卷　(清)允祿等撰　清刻本　十四冊　存三十卷(四至五、八至十八、二十八至二十九、三十八至三十九、四十一至四十二、六十二至六十六、六十九至七十四)

360000－1902－0000285　0334
五禮通考二百六十二卷總目二卷首四卷
(清)秦蕙田編輯　清乾隆味經窩刻本　一百六十冊

360000－1902－0000286　0335
春秋左傳五十卷　(晉)杜預　(宋)林堯叟注釋　(唐)陸德明音義　清刻本　一冊　存四卷(八至十一)

360000－1902－0000287　0337
附釋音春秋左傳注疏六十卷　(晉)杜預注　(唐)孔穎達疏　(唐)陸德明音義　**校勘記六十卷**　(清)阮元撰　(清)盧宣旬摘錄　清嘉慶二十年(1815)南昌府學刻道光六年(1826)重校印重刊宋本十三經注疏本　二十冊　存七十六卷(附釋音春秋左傳注疏一至三十八、校勘記一至三十八)

360000－1902－0000288　0338
左傳翼三十八卷　(清)周大璋輯評　清乾隆五年(1740)刻本　十三冊　存三十六卷(一至三十六)

360000－1902－0000289　0339(1)
春秋左傳註疏□□卷　(晉)杜預注　(唐)孔穎達疏　清刻本　二冊　存四卷(三十八至四十一)

360000－1902－0000290　0339(2)
附釋音春秋左傳注疏六十卷　(晉)杜預注　(唐)孔穎達疏　(唐)陸德明音義　**校勘記六十卷**　(清)阮元撰　(清)盧宣旬摘錄　清嘉慶二十年(1815)南昌府學刻重刊宋本十三經注疏本　四冊　存十卷(附釋音春秋左傳注疏四十一至四十二、五十八至六十,校勘記四十一至四十二、五十八至六十)

360000－1902－0000291　0340
附釋音春秋左傳注疏六十卷　(晉)杜預注　(唐)孔穎達疏　(唐)陸德明音義　**校勘記六十卷**　(清)阮元撰　(清)盧宣旬摘錄　清刻本　二冊　存八卷(附釋音春秋左傳注疏五十六至五十九、校勘記五十六至五十九)

360000－1902－0000292　0341

附釋音春秋左傳注疏六十卷　（漢）杜預注　（唐）孔穎達疏　（唐）陸德明音義　**校勘記六十卷**　（清）阮元撰　（清）盧宣旬摘錄　清嘉慶二十年（1815）南昌府學刻重刊宋本十三經注疏本　一册　存四卷（附釋音春秋左傳注疏四十二至四十三、校勘記四十二至四十三）

360000－1902－0000293　0342

附釋音春秋左傳注疏六十卷　（漢）杜預注　（唐）孔穎達疏　（唐）陸德明音義　**校勘記六十卷**　（清）阮元撰　（清）盧宣旬摘錄　清嘉慶二十年（1815）南昌府學刻重刊宋本十三經注疏本　六册　存三十八卷（附釋音春秋左傳注疏六至八、二十四至三十二、四十五至四十七、五十四至五十七，校勘記六至八、二十四至三十二、四十五至四十七、五十四至五十七）

360000－1902－0000294　0343

春秋經傳集解三十卷　（晉）杜預注　**春秋年表一卷**　（□）□□撰　**春秋名號歸一圖二卷**　（五代）馮繼先撰　清同治十三年（1874）江西書局刻本　十六册

360000－1902－0000295　0344

春秋左傳五十卷　（晉）杜預　（宋）林堯叟注釋　（唐）陸德明音義　清刻本　二十四册

360000－1902－0000296　0348

春秋左傳五十卷　（晉）杜預　（宋）林堯叟注釋　（唐）陸德明音義　清刻本　三册　存十卷（十八至二十、三十一至三十三、四十七至五十）

360000－1902－0000297　0349

春秋左傳五十卷　（晉）杜預　（宋）林堯叟注釋　（唐）陸德明音義　清刻本　十册　存三十卷（十五至二十九、三十三至四十四、四十八至五十）

360000－1902－0000298　0351

春秋左傳注疏校勘記六十卷　（清）阮元撰　清同治十三年（1874）湖南書局刻本　六册

360000－1902－0000299　0352

附釋音春秋左傳注疏六十卷　（晉）杜預注　（唐）孔穎達疏　（唐）陸德明音義　**校勘記六十卷**　（清）阮元撰　（清）盧宣旬摘錄　清嘉慶二十年（1815）江西南昌府學刻重刊宋本十三經注疏本　二十册　存八十七卷（附釋音春秋左傳注疏一至四十四、校勘記一至四十三）

360000－1902－0000300　0353

附釋音春秋左傳注疏六十卷　（晉）杜預注　（唐）孔穎達疏　（唐）陸德明音義　**校勘記六十卷**　（清）阮元撰　（清）盧宣旬摘錄　清同治十二年（1873）江西書局刻重刊宋本十三經注疏本　六册　存二十二卷（附釋音春秋左傳注疏一、十二至十三、二十三至二十四、三十一至三十二、三十五至三十八，校勘記一、十二至十三、二十三至二十四、三十一至三十二、三十五至三十八）

360000－1902－0000301　0354

附釋音春秋左傳注疏六十卷　（晉）杜預注　（唐）孔穎達疏　（唐）陸德明音義　**校勘記六十卷**　（清）阮元撰　（清）盧宣旬摘錄　清嘉慶二十年（1815）南昌府學刻道光六年（1826）重校印重刊宋本十三經注疏本　二十七册　存一百卷（附釋音春秋左傳注疏一至九、十二至十五、十八至三十六、三十九至四十四、四十七至四十八、五十一至六十，校勘記一至九、十二至十五、十八至三十六、三十九至四十四、四十七至四十八、五十一至六十）

360000－1902－0000302　0355

春秋左傳注疏六十卷　（晉）杜預注　（唐）孔穎達疏　（唐）陸德明音義　清同治十三年（1874）湖南書局刻本　二十册

360000－1902－0000303　0356

附釋音春秋左傳注疏六十卷　（晉）杜預注　（唐）孔穎達疏　（唐）陸德明釋文　**校勘記六十卷**　（清）阮元撰　（清）盧宣旬摘錄　清嘉慶二十年（1815）南昌府學刻道光六年（1826）重校印重刊宋本十三經注疏本　十册　存四十二卷（附釋音春秋左傳注疏一至二十一、校

勘記一至二十一）

360000－1902－0000304　0357
春秋左傳注疏六十卷　（晉）杜預注　（唐）孔穎達疏　（唐）陸德明音義　**校勘記六十卷**　（清）阮元撰　清同治十三年(1874)湖南書局刻本　二十六冊

360000－1902－0000305　0358
寄傲山房塾課纂輯春秋備旨十二卷　（清）鄒聖脈纂輯　清芸生堂刻本　三冊　存九卷(一至九)

360000－1902－0000306　0359
寄傲山房塾課纂輯春秋備旨十二卷　（清）鄒聖脈纂輯　清刻本　四冊

360000－1902－0000307　0360
春秋鈔十卷首一卷　（清）朱軾輯　清乾隆元年(1736)刻本　二冊　存八卷(一至七、首一卷)

360000－1902－0000308　0361
春秋鈔十卷首一卷　（清）朱軾輯　清乾隆刻本　五冊

360000－1902－0000309　0362
春秋十六卷　（晉）杜預等注　**陸氏三傳釋文音義十六卷**　（唐）陸德明音義　清刻本　十三冊

360000－1902－0000310　0363
春秋左傳註疏六十卷　（晉）杜預注　（唐）孔穎達疏　清刻本　七冊　存十九卷(六至十四、二十八至三十七)

360000－1902－0000311　0364
附釋音春秋左傳注疏六十卷　（晉）杜預注（唐）孔穎達疏　（唐）陸德明音義　**校勘記六十卷**　（清）阮元撰　（清）盧宣旬摘錄　清光緒十八年(1892)湖南務本書局刻重刊宋本十三經注疏本　二十三冊　存一百十六卷(附釋音春秋左傳注疏一至四十、四十三至六十，校勘記一至四十、四十三至六十)

360000－1902－0000312　0365
曲江書屋新訂批註左傳快讀十八卷首一卷（清）李紹崧選訂　清文奎堂刻本　十六冊

360000－1902－0000313　0366
曲江書屋新訂批註左傳快讀十八卷首一卷（清）李紹崧選訂　清刻本　十二冊

360000－1902－0000314　0367
曲江書屋新訂批註左傳快讀十八卷首一卷（清）李紹崧選訂　清同治八年(1869)刻本　十六冊

360000－1902－0000315　0373
如西所刻諸名家評點春秋綱目左傳句解彙雋六卷　（清）韓菼重訂　清文光堂刻本　六冊

360000－1902－0000316　0374
如西所刻諸名家評點春秋綱目左傳句解彙雋六卷　（清）韓菼重訂　清嘉慶十六年(1811)三讓堂刻本　六冊

360000－1902－0000317　0376
曲江書屋新訂批註左傳快讀十八卷首一卷（清）李紹崧選訂　清刻本　十三冊　存十五卷(一至八、十至十六)

360000－1902－0000318　0377
曲江書屋新訂批註左傳快讀十八卷首一卷（清）李紹崧選訂　清光緒二十三年(1897)大文堂刻本　十六冊

360000－1902－0000319　0378
曲江書屋新訂批註左傳快讀十八卷首一卷（清）李紹崧選訂　清乾隆五十二年(1787)刻本(卷九、十一至十八配清刻本)　十五冊　存十八卷(一至九、十一至十八，首一卷)

360000－1902－0000320　0380
曲江書屋新訂批註左傳快讀十八卷首一卷（清）李紹崧選訂　清光緒二十三年(1897)經綸元記刻本　十六冊

360000－1902－0000321　0381
春秋左傳杜注三十卷首一卷　（清）姚培謙學　清乾隆十一年(1746)刻道光增刻朱墨套印本　七冊　存二十六卷(五至三十)

360000－1902－0000322　0382
春秋左傳杜注三十卷首一卷　（清）姚培謙學　清光緒九年（1883）江南書局刻本　九冊　存二十七卷（一至二、七至三十，首一卷）

360000－1902－0000323　0383
春秋左傳杜注三十卷首一卷　（清）姚培謙學　清光緒九年（1883）江南書局刻本　十冊

360000－1902－0000324　0384
春秋左傳杜注三十卷首一卷　（清）姚培謙學　清同治十一年（1872）湖南尊經閣刻本　十二冊

360000－1902－0000325　0385
春秋左傳綱目杜林詳註十四卷首一卷　（晉）杜預等注釋　（明）張岐然編輯　清刻本　十冊

360000－1902－0000326　0386
春秋左傳綱目杜林詳註十四卷　（晉）杜預等注釋　（明）張岐然編輯　清刻本　八冊　存九卷（六至十四）

360000－1902－0000327　0387
春秋杜林左傳匯彖三十卷首一卷　（清）周正思合纂　清乾隆十三年（1748）刻本　四冊　存二十一卷（一至九、十六至二十六，首一卷）

360000－1902－0000328　0388
左繡三十卷　（清）馮李驊　（清）陸浩評輯　清乾隆二十一年（1756）刻本　十冊

360000－1902－0000329　0389
左繡三十卷首一卷　（清）馮李驊　（清）陸浩評輯　清末李光明莊刻本　十二冊　存二十四卷（一至九、十二至十三、十八至二十九，首一卷）

360000－1902－0000330　0390
春秋左傳初學讀本不分卷　（清）□□輯　清刻本　五冊　存僖公、文公、宣公、成公、昭公、襄公

360000－1902－0000331　0393
左繡三十卷　（清）馮李驊　（清）陸浩評輯　清三讓堂刻本　十五冊　存二十八卷（一至五、八至三十）

360000－1902－0000332　0394
左繡三十卷首一卷　（清）馮李驊　（清）陸浩評輯　清乾隆五十七年（1792）學源堂刻本　十二冊

360000－1902－0000333　0395
公羊注疏校勘記二十八卷　（清）阮元撰　清同治十三年（1874）湖南書局刻本　二冊

360000－1902－0000334　0396
監本附音春秋公羊注疏二十八卷　（漢）何休解詁　（唐）徐彥疏　（唐）陸德明音義　**校勘記二十八卷**　（清）阮元撰　（清）盧宣旬摘錄　清嘉慶二十年（1815）南昌府學刻道光六年（1826）重校印重刊宋本十三經注疏本　十冊

360000－1902－0000335　0397
監本附音春秋公羊注疏二十八卷　（漢）何休解詁　（唐）徐彥疏　（唐）陸德明音義　**校勘記二十八卷**　（清）阮元撰　（清）盧宣旬摘錄　清嘉慶二十年（1815）南昌府學刻重刊宋本十三經注疏本　十一冊　存五十二卷（監本附音春秋公羊注疏一、四至二十八，校勘記一、四至二十八）

360000－1902－0000336　0398
春秋公羊注疏二十八卷　（漢）何休學　（唐）徐彥疏　（唐）陸德明音義　清同治十三年（1874）湖南書局刻本　八冊

360000－1902－0000337　0399
監本附音春秋公羊注疏二十八卷　（漢）何休解詁　（唐）徐彥疏　（唐）陸德明音義　**校勘記二十八卷**　（清）阮元撰　（清）盧宣旬摘錄　清嘉慶二十年（1815）南昌府學刻重刊宋本十三經注疏本　九冊　存四十二卷（監本附音春秋公羊注疏一至四、七至二十三，校勘記一至四、七至二十三）

360000－1902－0000338　0400
春秋公羊注疏二十八卷　（漢）何休學　（唐）徐彥疏　（唐）陸德明音義　**校勘記二十八卷**

（清）阮元撰　清同治十三年（1874）湖南書局刻本　十册

360000－1902－0000339　0401
監本附音春秋公羊注疏二十八卷　（漢）何休解詁　（唐）徐彦疏　（唐）陸德明音義　**校勘記二十八卷**　（清）阮元撰　（清）盧宣旬摘錄　清嘉慶二十年（1815）南昌府學刻重刊宋本十三經注疏本　十一册

360000－1902－0000340　0402
春秋公羊傳十一卷校勘記一卷　（漢）何休學　（唐）陸德明音義　清光緒十七年（1891）湖南思賢書局刻本　五册　存十卷（春秋公羊傳一至四、七至十一，校勘記一卷）

360000－1902－0000341　0403
御案春秋左傳經解備旨十二卷　（清）鄒聖脈輯　清末刻本　一册　存三卷（十至十二）

360000－1902－0000342　0404
左傳經世鈔二十三卷　（清）魏禧評點　清光緒三十二年（1906）江西撫州府印書局鉛印本　六册

360000－1902－0000343　0405
左傳選十四卷　（清）儲欣評　清刻本　三册　存七卷（六至八、十一至十四）

360000－1902－0000344　0406
左傳事緯十二卷前書八卷　（清）馬驌編論　清刻本　九册　存十八卷（左傳事緯十二卷，前書一至四、七至八）

360000－1902－0000345　0407
穀梁注疏校勘記二十卷　（清）阮元撰　清同治十三年（1874）湖南書局刻本　一册

360000－1902－0000346　0408
春秋穀梁注疏二十卷　（晉）范甯集解　（唐）陸德明音義　（唐）楊士勛疏　清同治十三年（1874）湖南書局刻本　五册

360000－1902－0000347　0409
監本附音春秋穀梁注疏二十卷　（晉）范甯集解　（唐）陸德明音義　（唐）楊士勛疏　**校勘記二十卷**　（清）阮元撰　（清）盧宣旬摘錄　清嘉慶二十年（1815）江西南昌府學刻重刊宋本十三經注疏本　七册

360000－1902－0000348　0410
春秋穀梁傳十二卷附校刊記一卷　（晉）范甯集解　（唐）陸德明音義　清光緒十七年（1891）湖南思賢書局刻本　四册

360000－1902－0000349　0411
春秋穀梁傳音訓不分卷　（清）楊國楨撰　清刻本　一册　存宣公、成公、襄公、昭公、定公、哀公

360000－1902－0000350　0412
春秋穀梁註疏二十卷　（晉）范甯集解　（唐）楊士勛疏　清四友堂刻本　三册　存十卷（一至十）

360000－1902－0000351　0413
監本附音春秋穀梁注疏二十卷　（晉）范甯集解　（唐）陸德明音義　（唐）楊士勛疏　**校勘記二十卷**　（清）阮元撰　（清）盧宣旬摘錄　清嘉慶二十年（1815）南昌府學刻重刊宋本十三經注疏本　五册　存三十四卷（監本附音春秋穀梁注疏一至十七、校勘記一至十七）

360000－1902－0000352　0414
春秋穀梁注疏二十卷　（晉）范甯集解　（唐）楊士勛疏　**校勘記二十卷**　（清）阮元撰　清同治十三年（1874）湖南書局刻本　五册

360000－1902－0000353　0415
春秋十六卷首一卷陸氏三傳釋文音義十六卷　（唐）陸德明音義　（清）□□輯　清刻本　十二册　存二十六卷（春秋十六卷、陸氏三傳釋文音義一至十）

360000－1902－0000354　0416
春秋精義四卷首一卷　（清）黄淦纂　清嘉慶九年（1804）刻本　二册

360000－1902－0000355　0417
欽定春秋傳説彙纂三十八卷首二卷　（清）王掞等撰　清刻本　十二册　存二十六卷（九至十六、二十一至三十八）

360000－1902－0000356　0418
欽定春秋傳説彙纂三十八卷首二卷　(清)王掞等撰　清刻本　十二冊　存二十七卷(一至十三、十六至二十四、三十六至三十八,首二卷)

360000－1902－0000357　0419
欽定春秋傳説彙纂三十八卷首二卷　(清)王掞等撰　清刻本　九冊　存十五卷(七至十二、十九至二十六,首上)

360000－1902－0000358　0420
欽定春秋傳説彙纂三十八卷首二卷　(清)王掞等撰　清光緒十九年(1893)湖南漱芳閣刻本　十五冊　存三十二卷(一至三十、首二卷)

360000－1902－0000359　0421
欽定春秋傳説彙纂三十八卷首二卷　(清)王掞等撰　清光緒十九年(1893)湖南漱芳閣刻本(卷十四至十五配清刻本)　二十冊

360000－1902－0000360　0422
春秋左傳註疏六十卷　(晉)杜預注　(唐)孔穎達疏　清刻本　六冊　存十五卷(四十四至五十八)

360000－1902－0000361　0423
晏子春秋音義二卷　(清)孫星衍撰　清刻本　二冊

360000－1902－0000362　0424
春秋集註十一卷春秋綱領一卷　(宋)張洽集注　清乾隆十五年(1750)刻本　二冊

360000－1902－0000363　0425
春秋增訂旁訓四卷　(清)徐立綱撰　清匠門書屋刻本　二冊

360000－1902－0000364　0426
欽定春秋傳説彙纂三十八卷首二卷　(清)王掞等撰　清康熙六十年(1721)刻本　二十三冊

360000－1902－0000365　0427
公羊穀梁春秋合編附註疏纂十二卷　(漢)何休學　(晉)范寧集解　(唐)楊士勛疏　(明)朱泰禎纂述　清乾隆五十九年(1794)刻本　四冊

360000－1902－0000366　0428
左繡三十卷首一卷　(清)馮李驊　(清)陸浩評輯　清康熙五十九年(1720)華川書屋刻本　八冊　存十六卷(一至十五、首一卷)

360000－1902－0000367　0429
春秋三傳彙抄九卷　(清)王道興輯　清道光五年(1825)高邵堂刻本　二冊　存六卷(四至九)

360000－1902－0000368　0430
欽定春秋傳説彙纂三十八卷首二卷　(清)王掞等撰　清同治十一年(1872)江西書局刻御纂七經本　二十冊

360000－1902－0000369　0432
欽定春秋傳説彙纂三十八卷首二卷　(清)王掞等撰　清康熙六十年(1721)刻本　二十四冊

360000－1902－0000370　0433
春秋四傳三十八卷　(宋)胡安國著　**綱領一卷提要一卷列國東坡圖説一卷春秋二十國年表一卷春秋諸國興廢説一卷**　清雍正四年(1726)刻本　八冊　存三十一卷(春秋四傳一至二十六、綱領一卷、提要一卷、圖説一卷、年表一卷、興廢説一卷)

360000－1902－0000371　0434;0336
春秋五傳十七卷首一卷　(明)張岐然編　(清)張璞重編　清乾隆六年(1741)同文堂刻本　十五冊　存十六卷(一至五、八至十七,首一卷)

360000－1902－0000372　0435
春秋繁露十七卷附録一卷　(漢)董仲舒撰　清同治十二年(1873)粤東書局刻古經解彙函本　二冊

360000－1902－0000373　0436
董子春秋繁露十七卷附録一卷　(漢)董仲舒撰　清光緒二年(1876)浙江書局刻二十二子

本　二冊

360000－1902－0000374　0437
左氏始末十二卷　(明)唐順之編纂　(明)徐鑒評訓　明萬曆四十二年(1614)刻本　六冊

360000－1902－0000375　0438
左傳經世鈔二十三卷　(清)魏禧評點　清乾隆十三年(1748)刻本　十二冊

360000－1902－0000376　0439
太史張天如詳節春秋綱目句解左傳匯雋□□卷　(清)韓菼重訂　清末刻本　一冊　存一卷(三)

360000－1902－0000377　0440
春秋四傳質十二卷　(明)王介之著　清道光二十二年(1842)湘潭王氏守遺經書屋刻本　二冊

360000－1902－0000378　0441
孝經注疏九卷　(唐)玄宗李隆基注　(宋)邢昺疏　**校勘記九卷**　(清)阮元撰　(清)盧宣旬摘錄　清嘉慶二十年(1815)南昌府學刻道光六年(1826)重校印重刊宋本十三經注疏本　二冊

360000－1902－0000379　0442
孝經注疏九卷　(唐)玄宗李隆基注　(宋)邢昺疏　**校勘記九卷**　(清)阮元撰　(清)盧宣旬摘錄　清同治十二年(1873)江西書局刻重刊宋本十三經注疏本　一冊　存六卷(孝經注疏一至三、校勘记一至三)

360000－1902－0000380　0443
孝經注疏九卷　(唐)玄宗李隆基注　(宋)邢昺疏　**音義一卷**　(唐)陸德明撰　清同治十三年(1874)湖南書局刻本　一冊

360000－1902－0000381　0444
孝經注疏九卷　(唐)玄宗李隆基注　(宋)邢昺疏　**校勘記九卷**　(清)阮元撰　(清)盧宣旬摘錄　清嘉慶二十年(1815)南昌府學刻道光六年(1826)重校印重刊宋本十三經注疏本　二冊

360000－1902－0000382　0445
孝經注疏校勘記九卷　(清)阮元撰　清同治十三年(1874)湖南書局刻本　一冊

360000－1902－0000383　0446
孝經註疏九卷　(唐)玄宗李隆基注　(宋)邢昺校　清初古虞毛氏汲古閣刻本　一冊

360000－1902－0000384　0447
孝經一卷　(清)朱軾學　**孝經三本管窺一卷**　(清)吳隆元學　清康熙五十九年(1720)刻本　一冊

360000－1902－0000385　0454
鄉黨圖考十卷　(清)江永著　清刻本　二冊　存六卷(五至十)

360000－1902－0000386　0455
鄉黨圖考十卷　(清)江永著　清三讓堂刻本　四冊

360000－1902－0000387　0456
鄉黨圖考十卷　(清)江永著　清乾隆二十一年(1756)刻本　三冊　存七卷(一至七)

360000－1902－0000388　0457
論語注疏解經二十卷　(三國魏)何晏集解　(宋)邢昺疏　**音義一卷**　(唐)陸德明撰　**校勘記二十卷**　(清)阮元撰　清同治十三年(1874)湖南書局刻本　六冊

360000－1902－0000389　0458
論語注疏解經二十卷　(三國魏)何晏集解　(宋)邢昺疏　**校勘記二十卷**　(清)阮元撰　(清)盧宣旬摘錄　清嘉慶二十年(1815)南昌府學刻重刊宋本十三經注疏本　二冊　存十八卷(論語注疏解經一至四、十至十四,校勘記一至四、十至十四)

360000－1902－0000390　0459
論語注疏解經二十卷　(三國魏)何晏集解　(宋)邢昺疏　**校勘記二十卷**　(清)阮元撰　(清)盧宣旬摘錄　清刻本　四冊　存二十六卷(論語注疏解經八至二十、校勘記八至二十)

360000－1902－0000391　0460
論語注疏解經二十卷　(三國魏)何晏集解　(宋)邢昺疏　**音義一卷**　(唐)陸德明撰　**校勘記二十卷**　(清)阮元撰　清同治十三年(1874)湖南書局刻本　五冊

360000－1902－0000392　0462
讀論語劄記二卷　(清)李光地著　清康熙刻本　一冊

360000－1902－0000393　0463
論語注疏解經二十卷　(三國魏)何晏集解　(宋)邢昺疏　**校勘記二十卷**　(清)阮元撰　(清)盧宣旬摘錄　清嘉慶二十年(1815)南昌府學刻道光六年(1826)重校印重刊宋本十三經注疏本　五冊　存三十卷(論語注疏解經一至十五、校勘記一至十五)

360000－1902－0000394　0465
增訂二論詳解四卷　(清)劉忠輯　清刻本　一冊　存二卷(三至四)

360000－1902－0000395　0467
孟子注疏解經十四卷　(漢)趙岐注　(宋)孫奭疏并撰音義　**校勘記十四卷**　(清)阮元撰　(清)盧宣旬摘錄　清嘉慶二十年(1815)南昌府學刻道光六年(1826)重校印重刊宋本十三經注疏本　七冊　存二十四卷(孟子注疏解經一至七、十至十四,校勘記一至七、十至十四)

360000－1902－0000396　0468
孟子注疏解經十四卷　(漢)趙岐注　(宋)孫奭疏并撰音義　**校勘記十四卷**　(清)阮元撰　(清)盧宣旬摘錄　清嘉慶二十年(1815)南昌府學刻重刊宋本十三經注疏本　七冊

360000－1902－0000397　0469
孟子注疏解經十四卷　(漢)趙岐注　(宋)孫奭疏　**音義二卷**　(宋)孫奭撰　**校勘記十四卷**　(清)阮元撰　清同治十三年(1874)湖南書局刻本　七冊

360000－1902－0000398　0470
十三經注疏　明崇禎十二年(1639)古虞毛氏汲古閣刻本　十冊　存二種三十四卷(論語註疏解經二十卷、孟子註疏解經十四卷)

360000－1902－0000399　0471
論語集解義疏十卷　(三國魏)何晏集解　(南朝梁)皇侃義疏　清光緒十九年(1893)上海同文書局石印四書古註群義彙解本　二冊

360000－1902－0000400　0473
孟子正義三十卷首一卷　(清)焦循撰集　清光緒五年(1879)石印本　六冊

360000－1902－0000401　0476
增補蘇批孟子二卷附孟子年譜一卷　(宋)蘇洵原本　(清)趙大浣增補　清嘉慶十七年(1812)三讓堂刻朱墨套印本　二冊

360000－1902－0000402　0477
增補蘇批孟子二卷附年譜一卷　(宋)蘇洵原本　(清)趙大浣增補　清道光六年(1826)羊城五雲樓刻朱墨套印本　一冊　存二卷(孟子上、年譜一卷)

360000－1902－0000403　0478
孟子注疏解經十四卷　(漢)趙岐注　(宋)孫奭疏　**校勘記十四卷**　(清)阮元撰　(清)盧宣旬摘錄　清刻本　三冊　存十六卷(孟子注疏解經二下至四上、六下至八上、十三至十四,校勘記二下至四上、六下至八上、十三至十四)

360000－1902－0000404　0479
孟子注疏解經十四卷　(漢)趙岐注　(宋)孫奭疏并撰音義　**校勘記十四卷**　(清)阮元撰　(清)盧宣旬摘錄　清嘉慶二十年(1815)南昌府學刻道光六年(1826)重校印重刊宋本十三經注疏本　八冊

360000－1902－0000405　0480
孟子注疏解經十四卷　(漢)趙岐注　(宋)孫奭疏并撰音義　**校勘記十四卷**　(清)阮元撰　(清)盧宣旬摘錄　清同治十二年(1873)江西書局刻重刊宋本十三經注疏本　七冊　存二十三卷(孟子注疏解經一至五上、八至十四,校勘記一至四、八至十四)

360000－1902－0000406　0482
中庸意讀一卷　(清)蕭光浩述　清刻本　一冊

360000－1902－0000407　0485
四書小參一卷四書問答一卷　(明)朱斯行撰　清光緒三年(1877)姑蘇刻經處刻本　一冊

360000－1902－0000408　0486
四書章句集注十九卷　(宋)朱熹撰　清同治十三年(1874)湖南書局刻本　一冊　存二卷(大學一卷、中庸一卷)

360000－1902－0000409　0490
四書集註十九卷　(宋)朱熹撰　清光緒二十一年(1895)湖北官書處刻本　六冊

360000－1902－0000410　0491
四書集註十九卷　(宋)朱熹撰　清同治十年(1871)刻本　九冊

360000－1902－0000411　0492
四書集註十九卷　(宋)朱熹撰　清光緒八年(1882)刻本　四冊　存十二卷(論語六至十、孟子一至七)

360000－1902－0000412　0493
四書集註十九卷　(宋)朱熹撰　清光緒二十一年(1895)湖北官書處刻本　六冊

360000－1902－0000413　0494
四書解義不分卷　(清)李光地撰　清乾隆二年(1737)三易堂刻本　一冊

360000－1902－0000414　0495(1)
益志堂四書□□卷　(宋)朱熹章句　清光緒八年(1882)刻本　二冊　存四卷(大學一卷、中庸一卷、孟子四至五)

360000－1902－0000415　0495(2)
論語集註本義匯參□□卷　(清)王步青輯　(清)王士龍編　清刻本　一冊　存二卷(一至二)

360000－1902－0000416　0495(4)
四書補注備旨□□卷　清刻本　一冊　存一卷(下孟四)

360000－1902－0000417　0496
三味堂四書□□卷　(宋)朱熹章句　清光緒二十六年(1900)西畲山館刻本　一冊　存二卷(大學一卷、中庸一卷)

360000－1902－0000418　0497
四書讀本十九卷　(宋)朱熹章句　清光緒三十三年(1907)紹興明達書莊石印本　六冊

360000－1902－0000419　0498
監本四書十九卷　(宋)朱熹集注　清同治十三年(1874)江西書局刻本　六冊

360000－1902－0000420　0499
四書正本十九卷　(宋)朱熹集注　(清)童棫輯　清同治四年(1865)童氏忠恕堂刻本　十冊

360000－1902－0000421　0502
四書集註正本十二卷　(宋)朱熹集注　清光緒十七年(1891)刻本　六冊

360000－1902－0000422　0503
四書集註十九卷　(宋)朱熹撰　清末刻本　六冊

360000－1902－0000423　0504
新訂輯旨四書大全說約合參正解□□卷　(清)吳荃彙輯　清乾隆三十四年(1769)泰山堂刻本　九冊　存十五卷(大學二卷,中庸二卷,上論三至四、下論一至三,上孟一至三、下孟一至三)

360000－1902－0000424　0506
新訂四書補註備旨十卷　(明)鄧林著　(清)杜定基增訂　清刻本　二冊　存六卷(論語三至四、孟子四卷)

360000－1902－0000425　0507
新訂四書補註備旨十卷　(明)鄧林著　(清)杜定基增訂　清宣統元年(1909)湖南經元書局刻本　六冊

360000－1902－0000426　0508
新訂四書補註備旨十卷　(明)鄧林著　(清)杜定基增訂　清光緒二十五年(1899)石渠山

房刻本　四册　存七卷(大學一卷、中庸一卷、論語四卷、孟子四)

360000－1902－0000427　0509
新訂四書補註備旨十卷　(明)鄧林著　(清)杜定基增訂　清宣統二年(1910)廣州聚文堂石印本　六册

360000－1902－0000428　0511
新訂四書補註備旨十卷　(明)鄧林著　(清)杜定基增訂　清光緒二十五年(1899)石渠山房刻本　六册

360000－1902－0000429　0512
註釋校正華英四書不分卷　(英國)雷祈師譯　清光緒二十五年(1899)上海書局石印本　六册

360000－1902－0000430　0513
四書朱子或問語類不分卷　(清)陳其凝輯　清乾隆十二年(1747)刻本　六册

360000－1902－0000431　0514
三讓堂四書遵註合講十九卷　(清)翁復編次　清光緒十七年(1891)金谿三讓堂刻本　四册　存十五卷(大學一卷、中庸一卷、論語十卷、孟子一至三)

360000－1902－0000432　0515
四書體註合講十九卷　(清)翁復編次　清雍正八年(1730)刻本　六册

360000－1902－0000433　0516
芸生堂四書體註合講十九卷　(清)翁復編次　清道光十六年(1836)刻本　三册　存九卷(大學一卷、中庸一卷、論語一至五、孟子四至五)

360000－1902－0000434　0517
新刻批點四書讀本十九卷　(宋)朱熹集注　(清)高玲批點　清道光七年(1827)高玲愷元堂刻朱墨套印本　六册

360000－1902－0000435　0518
新刻批點四書讀本十九卷　(宋)朱熹集注　(清)高玲批點　清道光二十四年(1844)刻朱墨套印本　五册　存十六卷(大學一卷、中庸一卷、論語十卷、孟子四至七)

360000－1902－0000436　0519(1)
四書味根錄三十七卷首二卷　(清)金澂撰　清同治八年(1869)刻本　五册　存二十八卷(大學一卷,中庸二卷,論語十一至二十,孟子十四卷、首一卷)

360000－1902－0000437　0519(2)
四書味根錄三十七卷首二卷　(清)金澂撰　清刻本　一册　存二卷(孟子七至八)

360000－1902－0000438　0520
四書味根錄三十七卷首二卷　(清)金澂撰　清刻本(論語卷八至十三、孟子卷九至十配清刻本)　六册　存二十八卷(論語二十卷、首一卷;孟子一至四、九至十,首一卷)

360000－1902－0000439　0521(1)
四書味根錄三十七卷首二卷　(清)金澂撰　清光緒十六年(1890)刻本　十一册　存三十四卷(大學一卷;中庸二卷;論語一至五、十一至二十,首一卷;孟子十四卷、首一卷)

360000－1902－0000440　0521(2)
四書味根錄三十七卷首二卷　(清)金澂撰　清刻本　一册　存六卷(論語一至五、首一卷)

360000－1902－0000441　0522
四書味根錄三十七卷首二卷　(清)金澂撰　清咸豐十一年(1861)刻本　十册

360000－1902－0000442　0523
四書異同商不分卷增補四書異同商不分卷　(清)黄鶴學　清末刻本　七册　存下論異同商、孟子異同商、增補四書異同商

360000－1902－0000443　0524
四書朱子本義匯參四十三卷首四卷　(清)王步青輯　清刻本　十七册　存四十三卷(中庸章句本義匯叅六卷、首一卷,論語集註本義匯叅二十卷、首一卷,孟子集註本義匯叅十四卷、首一卷)

360000－1902－0000444　0525
四書朱子本義匯參四十三卷首四卷　(清)王步青輯　清刻本　十七册　存四十二卷(大學章句本義匯參三卷、首一卷;中庸章句本義匯參一至五、首一卷;論語集註本義匯參二十卷、首一卷;孟子集註本義匯參一至八、十一至十二,首一卷)

360000－1902－0000445　0526
四書朱子本義匯參四十三卷首四卷　(清)王步青輯　清刻本　十四册　存四十三卷(大學章句本義匯參三卷、首一卷,中庸章句本義匯參六卷、首一卷,論語集註本義匯參二十卷、首一卷,孟子集註本義匯參一至十、首一卷)

360000－1902－0000446　0527(1)
四書朱子本義匯參四十三卷首四卷　(清)王步青輯　清刻本　十一册　存二十六卷(大學章句本義匯參三卷、首一卷,中庸章句本義匯參六卷、首一卷,論語集註本義匯參三至五、八至十、十四至十六,孟子集註本義匯參五、八、十一至十四)

360000－1902－0000447　0527(2)
四書朱子本義匯參四十三卷首四卷　(清)王步青輯　清刻本　五册　存十二卷(大學章句本義匯參三卷、首一卷,中庸章句本義匯參一、首一卷,論語集註本義匯參三至五、八至九,孟子集註本義匯參十四)

360000－1902－0000448　0528
四書朱子本義匯參四十三卷首四卷　(清)王步青輯　清文會堂刻本　十九册　存四十卷(大學章句本義匯參三卷、首一卷;中庸章句本義匯參六卷、首一卷;論語集註本義匯參一至十二、十七至二十,首一卷;孟子集註本義匯參三至十四)

360000－1902－0000449　0529
日講四書解義二十六卷　(清)喇沙里　(清)陳廷敬等編　清初刻本　二十册　存二十卷(三至十三、十七、十九至二十六)

360000－1902－0000450　0530
四書朱子本義匯參四十三卷首四卷　(清)王步青輯　清乾隆十年(1745)刻本(論語集註本義匯參卷十三至十六配清刻本)　二十一册

360000－1902－0000451　0531
四書朱子本義匯參四十三卷首四卷　(清)王步青輯　清刻本　二十册

360000－1902－0000452　0532
四書朱子本義匯參四十三卷首四卷　(清)王步青輯　清乾隆十年(1745)刻本　二十七册　存四十二卷(大學章句本義匯參三卷、首一卷;中庸章句本義匯參一至二、四至五,首一卷;論語集註本義匯參一至十三、十五至二十,首一卷;孟子集註本義匯參一至三、六至十四,首一卷)

360000－1902－0000453　0533
四書或問三十九卷　(宋)朱熹著　清刻本　五册　存三十四卷(論語或問二十卷、孟子或問十四卷)

360000－1902－0000454　0534
四書諸儒輯要四十卷　(清)李沛霖參訂　清康熙五十七年(1718)古吳三樂齋刻本　六册　存十一卷(大學三卷,論語三至八、十一至十二)

360000－1902－0000455　0535
四書闡註□□卷　(清)謝浦泰輯　清刻本　二册　存十卷(論語一至十)

360000－1902－0000456　0536
四書便蒙十九卷　(宋)朱熹章句　清道光五年(1825)立本齋刻本　五册　存十六卷(大學一卷、中庸一卷、論語十卷、孟子四至七)

360000－1902－0000457　0537
增訂批點四書讀本十九卷　(宋)朱熹章句　清同治十一年(1872)刻本　六册

360000－1902－0000458　0538
四書典制類聯音註三十三卷　(清)閻其淵編輯　清刻本　三册　存十二卷(四至八、二十三至二十九)

360000－1902－0000459　0540

四書疏註撮言大全三十七卷　(清)胡蓉芝手輯　(清)胡守敬等編　清乾隆四十八年(1783)刻本　七册　存十四卷(論語三至七、九至十、十四至十五,孟子三至五、十一至十二)

360000－1902－0000460　0541

四書古人典林十二卷　(清)江永編　清乾隆三十九年(1774)刻本　二册　存七卷(三至九)

360000－1902－0000461　0542;7221

四書摭餘説七卷　(清)曹之升輯　清嘉慶三年(1798)蕭山曹氏家塾刻本　四册

360000－1902－0000462　0543

四書左國彙纂四卷　(清)高其名　(清)鄭師成纂　清三讓堂刻本　三册　存三卷(一、三至四)

360000－1902－0000463　0544

四書反身録八卷　(清)李顒撰　清刻本　二册　存四卷(五至八)

360000－1902－0000464　0545

四書約旨十九卷孟子考略一卷　(清)任啟運撰　清乾隆五年(1740)刻本　十册

360000－1902－0000465　0546

四書改錯二十二卷首一卷　(清)毛奇齡稿　清末石印西河合集本　三册

360000－1902－0000466　0547

四書典制匯海四十卷　(□)□□輯　**四書引經傳録委録一卷**　(□)稡經館主編輯　清末刻本　十二册　存三十四卷(四書典制匯海一至二、五至九、十二至十六、二十至四十,四書引經傳録委録一卷)

360000－1902－0000467　0548

四書題鏡三十六卷　(清)汪鯉翔纂述　清末刻本　一册　存二卷(上論一至二)

360000－1902－0000468　0549

四書題鏡三十六卷　(清)汪鯉翔纂述　清文光堂刻本　六册

360000－1902－0000469　0550

四書題鏡三十六卷　(清)汪鯉翔纂述　清乾隆九年(1744)刻本　七册　存二十八卷(中庸一卷,論語二十卷,孟子一至三、十一至十四)

360000－1902－0000470　0551

重刊宋本十三經注疏　附校勘記　(清)阮元撰　(清)盧宣旬摘録　清同治十二年(1873)江西書局刻本(校勘記識語卷一至四配清光緒三年江西書局刻本)　一百二十册

360000－1902－0000471　0552

重刊宋本十三經注疏　附校勘記　(清)阮元撰　(清)盧宣旬摘録　清光緒十八年(1892)湖南寶慶務本書局刻本　一百四十四册　存十三種七百五十卷(周易兼義一至四、七至九,校勘記一至四、七至九,音義一卷,釋文校勘記一卷;附釋音尚書注疏二十卷、校勘記二十卷;附釋音毛詩注疏七十卷、校勘記七十卷;附釋音周禮注疏一至九、十二至四十二,校勘記一至九、十二至四十二;儀禮疏一至六、十一至五十,校勘記一至六、十一至五十;附釋音禮記注疏一至二、五至二十五、二十八至三十三、三十六至三十七、四十四至五十二、六十一至六十三,校勘記一至二、五至二十五、二十八至三十三、三十六至三十七、四十四至五十二、六十一至六十三;附釋音春秋左傳注疏一至十五、十八至二十、二十五至六十,校勘記一至十五、十八至二十、二十五至六十;監本附音春秋公羊注疏一至八、十二至二十八,校勘記一至八、十二至二十八;監本附音春秋穀梁注疏二十卷、校勘記二十卷;論語注疏解經一至十一、十六至二十,校勘記一至十一、十六至二十;孝經注疏九卷、校勘記九卷;爾雅注疏十卷、校勘記十卷;孟子注疏解經十四卷、校勘記十四卷)

360000－1902－0000472　0553

十三經客難　(清)龔元玠著　清道光二十六年(1846)刻本　十七册　存八種四十八卷(周易客難一卷,書經客難三卷、首一卷,詩經

客難二卷，春秋客難二十四卷、首一卷，禮記客難四卷，周禮客難八卷，儀禮客難一卷，四書客難一至三）

360000－1902－0000473　0554(1)
大學一卷中庸一卷論語十卷孟子七卷　（宋）朱熹集傳　清光緒十八年(1892)湖北官書處刻本　六册

360000－1902－0000474　0554(2)
十三經讀本　清光緒十二年(1886)湖北官書處刻本　五十册　存九種

360000－1902－0000475　0554(4)
爾雅三卷　（晉）郭璞注　（唐）陸德明音義　清同治七年(1868)湖北崇文書局刻本　三册

360000－1902－0000476　0555(1)
重刊宋本十三經注疏　附校勘記　（清）阮元撰　（清）盧宣旬摘錄　清嘉慶二十年(1815)南昌府學刻本（周易兼義九卷、校勘記九卷、音義一卷、釋文校勘記一卷配道光六年南昌府學重修本）　一百一册　存十種六百六卷（周易兼義九卷、校勘記九卷、音義一卷、釋文校勘記一卷；附釋音毛詩注疏七十卷、校勘記七十卷；附釋音周禮注疏十至十八、二十二至二十四、三十一至三十三、三十九至四十二，校勘記十至十八、二十二至二十四、三十一至三十三、三十九至四十二；儀禮疏五十卷、校勘記五十卷；附釋音禮記注疏一至十五、六十一至六十三，校勘記一至十五、六十一至六十三；附釋音春秋左傳注疏三至六十、校勘記三至六十；監本附音春秋公羊注疏二十八卷、校勘記二十八卷；監本附音春秋穀梁注疏二十卷、校勘記二十卷；論語注疏解經二十卷、校勘記二十卷；爾雅疏十卷、校勘記十卷）

360000－1902－0000477　0555(2)
重刊宋本十三經注疏　附校勘記　（清）阮元撰　（清）盧宣旬摘錄　清同治十三年(1874)湖南書局刻本　五册　存四種五十六卷（尚書注疏校勘記十一至二十，禮記注疏校勘記三十九至五十一，孝經注疏九卷、音義一卷、校勘記九卷，孟子注疏校勘記十四卷）

360000－1902－0000478　0556
周易兼義九卷　（三國魏）王弼　（晉）韓康伯注　（唐）孔穎達正義　**音義一卷**　（唐）陸德明撰　**注疏校勘記九卷釋文校勘記一卷**　（清）阮元撰　（清）盧宣旬摘錄　清嘉慶二十年(1815)南昌府學刻道光六年(1826)重校印重刊宋本十三經注疏本　八册

360000－1902－0000479　0557(1)
重刊宋本十三經注疏　附校勘記　（清）阮元撰　（清）盧宣旬摘錄　清同治十三年(1874)湖南書局刻本　四十一册　存十一種

360000－1902－0000480　0557(2)
毛詩注疏二十卷　（清）鄭玄箋　（唐）孔穎達疏　（唐）陸德明音義　清同治十三年(1874)湖南書局刻十三經註疏本　三册　存三卷（十三至十五）

360000－1902－0000481　0558
重刊宋本十三經注疏　附校勘記　（清）阮元撰　（清）盧宣旬摘錄　清光緒二十三年(1897)上海點石齋石印本　三十二册

360000－1902－0000482　0559
重刊宋本十三經注疏　附校勘記　（清）阮元撰　（清）盧宣旬摘錄　清嘉慶二十年(1815)南昌府學刻本　四册　存二種十八卷（周易兼義四至五、周易注疏校勘記四至五；爾雅疏一至三、七至十，爾雅注疏校勘記一至三、七至十）

360000－1902－0000483　0560(1)
重刊宋本十三經注疏　附校勘記　（清）阮元撰　（清）盧宣旬摘錄　清光緒十三年(1887)上海脈望仙館石印本　十九册　存十種

360000－1902－0000484　0560(2)
重刊宋本十三經注疏　附校勘記　（清）阮元撰　（清）盧宣旬摘錄　清光緒十三年(1887)上海脈望仙館石印本　五册　存三種八十三卷（附釋音毛詩注疏七至二十，附釋音周禮注疏三十四至四十二、校勘記四十二卷，儀禮疏一至十八）

360000－1902－0000485　0561
袖珍十三經註　(清)萬青銓校　清光緒二十四年(1898)稽古樓刻本　九十九册

360000－1902－0000486　0562
遵阮本重校印十三經注疏附校勘記　(清)阮元撰校勘記　(清)盧宣旬摘錄　清光緒二十四年(1898)上海點石齋石印本　三十二册

360000－1902－0000487　0563
十三經策案二十二卷首一卷　(清)王謨彙輯　清刻本　二册　存五卷(八至十、十五至十六)

360000－1902－0000488　0564
五經類編不分卷補遺一卷　(清)周世樟編　清抄本　二册

360000－1902－0000489　0567
五經備旨　(清)鄒聖脈纂輯　清刻本　九册　存四種二十八卷(寄傲山房塾課纂輯書經備旨蔡註捷錄一至三,御案春秋左傳經解備旨一至七、十至十二,御案詩經備旨一至三、六至八,寄傲山房塾課纂輯禮記全文備旨一至六、九至十一)

360000－1902－0000490　0568
五經備旨　(清)鄒聖脈纂輯　清光緒八年(1882)刻本　十三册

360000－1902－0000491　0569
五經備旨　(清)鄒聖脈纂輯　清刻本　十五册　存三種三十一卷(御案詩經備旨三至八,寄傲山房塾課纂輯禮記全文備旨十一卷、首一卷,御案春秋左傳經解備旨十二卷、首一卷)

360000－1902－0000492　0570
五經備旨　(清)鄒聖脈纂輯　清光緒十二年(1886)上海點石齋石印本　十二册

360000－1902－0000493　0571
五經　(□)□□輯　清末上海拜石山房石印本(易經之啟蒙、附論,禮記之曾子問、喪服小記、喪大記、中庸、奔喪、問喪、服問、閒傳、三年問、大學俟補)　十册　存詩經,書經,易經,春秋,禮記之曲禮上下、檀弓上下、王制、月令、文王世子、禮運、禮器、郊特牲、內則、玉藻

360000－1902－0000494　0572
五經備旨　(清)鄒聖脈纂輯　清光緒十二年(1886)上海點石齋石印本　十二册

360000－1902－0000495　0573
五經備旨　(清)鄒聖脈纂輯　清光緒十五年(1889)上海書局石印本　十一册　存五種四十一卷(寄傲山房塾課纂輯易經備旨七卷,寄傲山房塾課纂輯書經備旨蔡註捷錄七卷,御案詩經備旨八卷,寄傲山房塾課纂輯禮記全文備旨一至三、八至十一,寄傲山房塾課纂輯春秋備旨十二卷)

360000－1902－0000496　0574
五經備旨　(清)鄒聖脈纂輯　清同治三年(1864)英德堂刻本　十二册　存五種二十八卷(寄傲山房塾課纂輯御案易經備旨一至三,寄傲山房塾課纂輯書經備旨蔡註捷錄七卷,御案詩經備旨三至四、七至八,寄傲山房塾課纂輯禮記全文備旨十一卷,御案春秋左傳經解備旨十至十二)

360000－1902－0000497　0575
五經集解三十二卷　(清)雪樵輯　清刻本　六册　存十二卷(七至十八)

360000－1902－0000498　0576
五經集解三十二卷　(清)雪樵輯　清同治十年(1871)味無味齋刻本　十三册　存二十六卷(一至五、八至九、十二至十三、十六至三十二)

360000－1902－0000499　0577
增訂五經體註大全　清光緒九年(1883)四明珍經閣刻本　十三册　存五種三十五卷(易經大全會解二至四,書經體註大全合參一至二、五至六,詩經融註大全體要八卷,全本禮記體註一至八,寄傲山房塾課纂輯春秋備旨十二卷)

360000－1902－0000500　0578

重校五經體註大全　(清)嚴氏家塾主人輯　清光緒十年(1884)上海點石齋石印本　十三冊　存四種三十六卷(易經大全會解四卷、首一卷,書經體註大全合參六卷、首一卷,寄傲山房塾課纂輯春秋左傳十二卷、首一卷,全本禮記體註十卷、首一卷)

360000－1902－0000501　0579
五經文郛□□卷　題(清)夢花主人輯　清同治九年(1870)刻本　十冊　存十五卷(一至七、九至十三、十六至十八)

360000－1902－0000502　0580
五經鴻寶　(清)秦雲輯　清光緒十三年(1887)上海積山書局石印本　十冊

360000－1902－0000503　0581
五經經解萃精五卷　(清)丁午撰　**經解萃精二集□□卷**　(清)吳承志撰　清光緒二十五年(1899)上海點石齋石印本　九冊　存十七卷(五經經解萃精五卷、經解萃精二集二至十三)

360000－1902－0000504　0582
周易精義四卷首一卷　(清)黃淦纂　清嘉慶十二年(1807)刻重訂七經精義本　一冊

360000－1902－0000505　0585
群經平議三十五卷　(清)俞樾撰　清光緒十九年(1893)味腴書屋石印本　二冊

360000－1902－0000506　0586
經義新編六卷　(清)俞樾輯　清光緒二十八年(1902)刻本　四冊

360000－1902－0000507　0587
七經孟子攷文補遺　(日本)山井鼎輯　(日本)物觀纂修　清刻本　四冊

360000－1902－0000508　0588
五經四書通解十五卷　(□)□□撰　**雜說通解外集四卷**　(□)□□撰　清刻本　四冊

360000－1902－0000509　0589
群經平議三十五卷　(清)俞樾撰　清同治十年(1871)刻光緒九年(1883)重修春在堂全書本　九冊　存二十八卷(一至二十二、三十至三十五)

360000－1902－0000510　0590
經學通論五卷　(清)皮錫瑞撰　清光緒三十三年(1907)湖南思賢書局刻本　五冊

360000－1902－0000511　0591
經解斠十二卷　(清)楊述臣等撰　清道光十一年(1831)刻本　八冊

360000－1902－0000512　0592
經義述聞三十二卷　(清)王引之著　清光緒七年(1881)上海文瑞樓鉛印本　十六冊

360000－1902－0000513　0593
經義述聞三十二卷　(清)王引之著　清光緒七年(1881)上海文瑞樓鉛印本　十六冊

360000－1902－0000514　0594
古經解彙函　(清)鍾謙鈞等輯　清光緒十四年(1888)上海蜚英館石印本　十九冊　存三十八種

360000－1902－0000515　0595
古經解彙函　(清)鍾謙鈞等輯　清同治十二年(1873)粵東書局刻本　六十七冊

360000－1902－0000516　0596
古經解彙函　(清)鍾謙鈞等輯　清光緒十五年(1889)湘南書局刻本　三十冊　存十種

360000－1902－0000517　0597
六藝論疏證一卷魯禮禘祫義疏證一卷　(清)皮錫瑞著　清光緒二十五年(1899)刻本　一冊

360000－1902－0000518　0598
六經奧論六卷總文一卷　(宋)鄭樵著　清藤花榭刻本　二冊

360000－1902－0000519　0599
群經宮室圖二卷　(清)焦循撰　清半九書塾刻本　二冊

360000－1902－0000520　0600
皇清經解一百九十卷首一卷　(清)阮元輯　清光緒十一年(1885)上海點石齋石印本　二

十四册

360000－1902－0000521　0601
皇清經解一百九十卷首一卷　(清)阮元輯　清光緒十一年(1885)上海點石齋石印本　二十册　存一百五十七卷(一至八十七、九十一至九十六、一百五至一百四十四、一百六十八至一百九十,首一卷)

360000－1902－0000522　0602
皇清經解一百九十卷首一卷　(清)阮元輯　清光緒十一年(1885)上海點石齋石印本　二十四册

360000－1902－0000523　0603
皇清經解一百八十種　(清)阮元輯　清光緒十三年(1887)上海書局石印本　四十五册　存一百三十三種

360000－1902－0000524　0604
皇清經解一百八十種　(清)阮元輯　清光緒十三年(1887)上海書局石印本　十二册　存二十八種

360000－1902－0000525　0605(1)
皇清經解一百九十卷　(清)阮元輯　**皇清經解續編二百九卷**　王先謙輯　清末石印本　二十六册　存二百二十八卷(一、五至九、十六至十七、二十、二十二至二十三、二十七至二十八、三十二、三十四、三十八至四十五、四十七、四十九、五十五至五十八、六十至六十三、六十六、六十八至七十二、七十四、七十七至七十八、八十一至八十三、八十六至八十七、九十五、九十七至一百一、一百四、一百八至一百十一、一百十五至一百二十七、一百三十五至一百三十六、一百三十八、一百四十、一百四十五至一百五十一、一百五十三、一百五十六至一百六十四、一百七十、一百七十四至一百七十七、一百七十九、一百八十二至一百八十四、一百八十九至一百九十,續編二至三、五、七至八、十一、十四至十七、十九至二十、二十二至二十三、二十六至二十七、三十二至三十三、三十八、四十至四十二、四十六至四十七、四十九至五十六、五十八至五十九、六十一、六十七至七十、七十四、七十六至七十八、八十一、八十三、八十六至八十七、八十九、九十一至九十九、一百一、一百十至一百十三、一百十五至一百十九、一百二十一、一百二十四、一百二十六至一百三十一、一百三十三至一百三十五、一百三十八、一百四十、一百四十四、一百四十七至一百四十八、一百五十、一百五十二至一百五十四、一百五十六、一百五十八至一百六十五、一百六十七、一百六十九、一百七十一、一百七十三至一百七十八、一百八十至一百八十三、一百八十九至一百九十、一百九十二至一百九十三、一百九十五至一百九十六、一百九十八至一百九十九、二百一、二百三至二百九)

360000－1902－0000526　0605(2)
皇清經解一百八十種　(清)阮元輯　清光緒十三年(1887)上海書局石印本　一册　存七種四十二卷(劉氏遺書一卷、述學二卷、經義知新記一卷、大戴禮記正誤一卷、曾子注釋四卷、周易校勘記十一卷、尚書校勘記二十二卷)

360000－1902－0000527　0606
皇清經解一千四百八卷　(清)阮元輯　清道光九年(1829)廣東學海堂刻咸豐十一年(1861)補刻本　二十册　存六十八卷(二十至四十六、四百六十八至四百九十五、五百四十至五百四十七、六百五十六至六百六十)

360000－1902－0000528　0607
皇清經解依經分訂十六卷　(清)祝松年編　清光緒十六年(1890)湖南船山書局刻本　三十九册　存二卷(十五之一至三十、三十七至四十九,十六之七十一至八十六)

360000－1902－0000529　0608
皇清經解一百八十種　(清)阮元輯　清光緒十三年(1887)上海書局石印本　六十三册　存一百七十七種

360000－1902－0000530　0609
皇清經解一千四百八卷　(清)阮元輯　清道光九年(1829)廣東學海堂刻咸豐十一年

(1861)補刻本　二百四册　存七百四十九卷(四至十九、二十二至二十六、二十八至八十、八十五至八十九、九十六至一百二、一百十二至一百三十六、一百四十一至一百五十五、一百八十四至二百二、二百五至二百六十、二百六十四至二百八十七、二百九十至三百一、三百七至四百六、四百十四至四百二十七、四百三十二至四百五十四、四百六十二至四百七十三、四百七十九至四百八十七、四百九十六至五百五、五百九至五百四十二、五百五十七至六百十九、六百三十至六百四十六、六百四十八至六百六十六、六百六十八下至六百七十六上、六百七十九至七百二十六、九百六十五至九百七十二、九百七十七至九百八十四、九百九十一至一千十五、一千二百三十四至一千二百四十、一千二百五十一至一千二百五十四、一千二百五十七、一千二百七十七至一千三百五、一千三百十二至一千三百三十五、一千三百五十八至一千三百七十九、一千三百八十三至一千四百八)

360000－1902－0000531　0610

皇清經解一千四百八卷　(清)阮元輯　清道光九年(1829)廣東學海堂刻咸豐十一年(1861)補刻本　三百六十册

360000－1902－0000532　0611

皇清經解續編二百九卷　王先謙輯　清光緒十五年(1889)上海蜚英館石印本　三十二册

360000－1902－0000533　0612

皇清經解分經合纂十六卷首一卷　(清)阮元輯　清光緒二十一年(1895)上洋鴻寶齋石印本　三十二册

360000－1902－0000534　0613

皇清經解續編二百九卷　王先謙輯　清光緒十五年(1889)上海蜚英館五彩石印十八年(1892)重印本　三十二册

360000－1902－0000535　0614

伊川經說八卷　(宋)程頤撰　清初刻本　二册

360000－1902－0000536　0615

鄭志三卷　(三國魏)鄭小同撰　清乾隆刻本　一册

360000－1902－0000537　0616

古經解彙函　(清)鍾謙鈞等輯　清同治十二年(1873)粵東書局刻本　一册　存二種十卷(鄭志三卷、補遺一卷,輶軒使者絕代語釋別國方言一至六)

360000－1902－0000538　0617

詩觸六卷易觸七卷　(清)賀貽孫著　清咸豐二年(1852)敕書樓刻水田居全集本　十一册

360000－1902－0000539　0618

國朝漢學師承記八卷附國朝經師經義目錄一卷國朝宋學淵源記二卷附記一卷　(清)江藩纂　清咸豐四年(1854)南海伍氏刻粵雅堂叢書本　五册

360000－1902－0000540　0619

漢學商兑三卷　(清)方東樹纂　清光緒十年(1884)寧鄉成氏刻本　四册

360000－1902－0000541　0621

玉海二百卷附刻十四種　(宋)王應麟撰　清光緒十年(1884)成都志古堂刻本　八册　存七種十六卷(附刻詩考一卷、周易鄭康成注一卷、踐阼篇集解一卷、周書王會補注一卷、漢制考四卷、詩地理考六卷、六經天文編二卷)

360000－1902－0000542　0624

新學僞經考十四卷　康有爲撰　清光緒石印本　四册　存八卷(三上、六至十二上)

360000－1902－0000543　0625

樂經律吕通解五卷　(清)汪烜輯　清光緒九年(1883)刻本　五册

360000－1902－0000544　0626

雪樵經解三十卷附録三卷　(清)馮世瀛輯　清光緒十一年(1885)馮氏辨齋鉛印本　七册　存三十卷(一至十一、十五至三十,附録三卷)

360000－1902－0000545　0627

十一經音訓　(清)楊國楨撰　清道光十年

(1830)大梁書院刻本　十冊　存五種(易經音訓不分卷、書經音訓不分卷、春秋左傳音訓不分卷、春秋公羊傳音訓不分卷、春秋穀梁傳音訓不分卷)

360000－1902－0000546　0628
鄭志疏證八卷鄭記考證一卷答臨孝存周禮難一卷　(清)皮錫瑞著　清光緒二十五年(1899)刻本　二冊

360000－1902－0000547　0629
聖證論補評二卷　(清)皮錫瑞著　清光緒二十五年(1899)刻本　二冊

360000－1902－0000548　0631
通志堂經解　(清)納蘭成德編　清康熙十九年(1680)通志堂刻本　五百一冊　存一百十八種

360000－1902－0000549　0632
經籍籑詁一百六卷首一卷　(清)阮元撰集　清刻本　三十七冊　存九十三卷(四下至七下、十一至十三、十七至一百二)

360000－1902－0000550　0633
經籍籑詁一百六卷首一卷　(清)阮元撰集　清嘉慶十七年(1812)揚州阮氏琅嬛仙館刻本　六十四冊

360000－1902－0000551　0634
經籍籑詁一百六卷　(清)阮元撰集　清石印本　十一冊

360000－1902－0000552　0635
經籍籑詁一百六卷首一卷　(清)阮元撰集　清光緒十四年(1888)上海鴻文書局石印本　十六冊

360000－1902－0000553　0636
吳氏遺著五卷　(清)吳夌雲撰　**附錄一卷**　(清)王宗涑撰　清光緒十七年(1891)廣雅書局刻廣雅書局叢書本　二冊

360000－1902－0000554　0637
群經字詁七十二卷附檢字一卷四書字詁七十八卷　(清)段諤廷撰　(清)黄本驥編訂　清道光二十九年(1849)刻本　十九冊　存七十九卷(群經字詁五至八、十三至二十六、三十一至三十八、五十二至五十六、六十八至七十二,檢字一卷;四書字詁八至十二、十七至二十、三十三至四十、四十五至四十八、五十四至六十二、六十七至七十八)

360000－1902－0000555　0638
群經字詁七十二卷附檢字一卷　(清)段諤廷撰　(清)黄本驥編訂　清道光五年(1825)刻本　十四冊　存五十一卷(群經字詁五至二十一、二十七至三十、三十五至五十六、六十至六十六,檢字一卷)

360000－1902－0000556　0639
爾雅音圖三卷　(晉)郭璞注　清嘉慶六年(1801)刻道光二十九年(1849)燕山德林二十四琴書屋印本　三冊

360000－1902－0000557　0640
六書例解一卷褋說一卷八分書辨一卷　(清)楊錫觀述　清乾隆刻篆學三書本　一冊

360000－1902－0000558　0641
六書辨通五卷　(清)楊錫觀編輯　清乾隆八年(1743)嘉禾瑞石軒刻本　五冊

360000－1902－0000559　0642
小學考五十卷　(清)謝啟昆撰　清光緒十四年(1888)浙江書局刻本　二十冊

360000－1902－0000560　0643
小學考五十卷　(清)謝啟昆撰　清光緒十四年(1888)浙江書局刻本　二十冊

360000－1902－0000561　0644
小學鉤沈十九卷　(清)任大椿撰　**三蒼考逸補正一卷**　(清)任大椿考逸　(清)任兆麟補正　清光緒十年(1884)刻本　二冊

360000－1902－0000562　0645
四書字詁七十八卷　(清)段諤廷撰　清道光二十九年(1849)刻咸豐七年(1857)楊基善補刻本　十九冊　存七十四卷(一至十二、十七至七十八)

360000－1902－0000563　0647
六書音韻表五卷　(清)段玉裁撰　清刻本　一册　存四卷(一至四)

360000－1902－0000564　0648
爾雅三卷　(晉)郭璞注　(唐)陸德明音釋　清光緒二十二年(1896)湖南經綸元記刻本　三册

360000－1902－0000565　0649
爾雅三卷　(晉)郭璞注　(唐)陸德明音義　清同治十三年(1874)湖南書局刻本　三册

360000－1902－0000566　0650
爾雅三卷　(晉)郭璞注　(唐)陸德明音義　清同治十三年(1874)湖南書局刻本　三册

360000－1902－0000567　0651
爾雅三卷　(晉)郭璞注　(宋)邢昺疏　(唐)陸德明音釋　清同治七年(1868)湖北崇文書局刻本　三册

360000－1902－0000568　0652
爾雅注疏十一卷　(晉)郭璞注　(宋)邢昺疏　清嘉慶十一年(1806)桂華樓刻本　四册

360000－1902－0000569　0653
爾雅注疏十一卷　(晉)郭璞注　(宋)邢昺疏　清聚錦堂刻本　二册

360000－1902－0000570　0654
爾雅注疏十一卷　(晉)郭璞注　(宋)邢昺疏　清嘉慶七年(1802)刻本　四册

360000－1902－0000571　0655
爾雅注疏十一卷　(晉)郭璞注　(宋)邢昺疏　清末刻本　四册

360000－1902－0000572　0656
爾雅疏十卷　(晉)郭璞注　(宋)邢昺校定　**校勘記十卷**　(清)阮元撰　(清)盧宣旬摘錄　清嘉慶二十年(1815)南昌府學刻重刊宋本十三經注疏本　五册　存十八卷(爾雅疏一至九、校勘記一至九)

360000－1902－0000573　0657
爾雅注疏十一卷　(晉)郭璞注　(宋)邢昺疏　**音義二卷**　(唐)陸德明撰　**校勘記十一卷**　(清)阮元撰　清同治十三年(1874)湖南書局刻本　五册　存十九卷(爾雅注疏十一卷、音義二卷、校勘記一至六)

360000－1902－0000574　0658
爾雅廣義十一卷　(晉)郭璞撰　(宋)邢昺疏　清友益堂刻本　一册

360000－1902－0000575　0659
爾雅注疏十一卷　(晉)郭璞注　(宋)邢昺疏　清乾隆十二年(1747)明經樓刻本　五册　存九卷(一、四至十一)

360000－1902－0000576　0660
爾雅疏十卷　(晉)郭璞注　(宋)邢昺校定　**校勘記十卷**　(清)阮元撰　(清)盧宣旬摘錄　清刻本　一册　存四卷(爾雅疏九至十、校勘記九至十)

360000－1902－0000577　0661
爾雅疏十卷　(晉)郭璞注　(宋)邢昺校定　**校勘記十卷**　(清)阮元撰　(清)盧宣旬摘錄　清刻本　一册　存四卷(爾雅疏五至六、校勘記五至六)

360000－1902－0000578　0662
爾雅注疏校勘記十一卷　(清)阮元撰　清同治十三年(1874)湖南書局刻本　二册

360000－1902－0000579　0663
爾雅注疏校勘記十一卷　(清)阮元撰　清同治十年(1871)湖南尊經閣刻本　二册

360000－1902－0000580　0664
爾雅注疏十一卷　(晉)郭璞注　(宋)邢昺疏　清刻本　二册

360000－1902－0000581　0665
爾雅疏十卷　(晉)郭璞注　(宋)邢昺校定　**校勘記十卷**　(清)阮元撰　(清)盧宣旬摘錄　清嘉慶二十年(1815)南昌府學刻重刊宋本十三經注疏本　七册

360000－1902－0000582　0666
爾雅郭注義疏二十卷　(清)郝懿行學　清光

緒十四年(1888)湖北官書處刻本　八冊

360000－1902－0000583　0667
爾雅蒙求二卷　(清)李拔式撰　清光緒十五年(1889)深柳書屋刻本　二冊

360000－1902－0000584　0668
爾雅蒙求二卷　(清)李拔式撰　清光緒十五年(1889)深柳書屋刻本　二冊

360000－1902－0000585　0669
爾雅注疏十一卷　(晉)郭璞注　(宋)邢昺疏　**音義二卷**　(唐)陸德明撰　清刻本　一冊　存三卷(爾雅注疏十一、音義二卷)

360000－1902－0000586　0670
廣雅疏證十卷　(清)王念孫撰　清光緒十四年(1888)上海鴻文書局石印本　三冊　存九卷(一至九)

360000－1902－0000587　0671
別雅五卷　(清)吳玉搢輯　清道光二十九年(1849)小蓬萊山館刻本　二冊

360000－1902－0000588　0672
爾雅注疏十一卷　(晉)郭璞注　(宋)邢昺疏　清刻本　四冊

360000－1902－0000589　0673
博雅十卷　(三國魏)張揖纂輯　(隋)曹憲音釋　**小爾雅一卷**　(漢)孔鮒著　清刻本　二冊

360000－1902－0000590　0675
釋名疏證補八卷續釋名一卷釋名補遺一卷疏證補附一卷　(漢)劉熙撰　王先謙撰集　清光緒二十二年(1896)刻本　三冊

360000－1902－0000591　0676
廣雅疏證十卷　(清)王念孫撰　**博雅音十卷**　(隋)曹憲撰　清光緒五年(1879)淮南書局刻本　八冊

360000－1902－0000592　0677
萬言肆雅不分卷　(清)屈曾發次韻　清同治九年(1870)刻本　六冊

360000－1902－0000593　0684
說文解字十五卷　(清)段玉裁注　**附說文部目分韻一卷**　(清)陳煥編　清嘉慶二十年(1815)刻本　十九冊　存十二卷(說文解字二至四、六至八上、十一至十五,說文部目分韻一卷)

360000－1902－0000594　0685
重刊許氏說文解字五音韻譜十二卷　(宋)李燾編　明刻本　六冊

360000－1902－0000595　0686
說文解字十五卷　(漢)許慎撰　(宋)徐鉉校定　清同治十年(1871)刻本　六冊

360000－1902－0000596　0687
說文解字十五卷　(漢)許慎撰　(宋)徐鉉校定　清同治十年(1871)刻本　八冊

360000－1902－0000597　0688(1)
說文解字十五卷　(漢)許慎撰　(清)段玉裁注　清刻本　二冊　存二卷(六、八)

360000－1902－0000598　0688(2)
說文解字十五卷　(漢)許慎撰　(宋)徐鉉校定　清刻本　一冊　存一卷(四)

360000－1902－0000599　0689
說文解字十五卷　(漢)許慎撰　(宋)徐鉉校定　清初古虞毛氏汲古閣刻本　八冊

360000－1902－0000600　0690
說文解字十五卷六書音均表五卷　(清)段玉裁注　清光緒十四年(1888)上海蜚英館石印本　四冊　存十三卷(說文解字八至十五、音均表五卷)

360000－1902－0000601　0691(1)
說文解字三十二卷　(清)段玉裁注　**附部目分韻一卷**　(清)陳煥編　**說文通檢十四卷首一卷末一卷**　(清)黎永椿編　**說文解字註匡繆八卷**　(清)徐承慶撰　清光緒三十四年(1908)上海江左書林石印本(通檢卷一至四、首一卷、末一卷,匡繆卷一至二配清光緒三十四年文盛書局石印本)　三冊　存二十三卷(說文解字一至四,部目分韻一卷,通檢十四卷、首一卷、末一卷,匡繆一至二)

360000－1902－0000602　0691(2)
說文釋例□□卷　(清)王筠撰　清末石印本　一冊　存三卷(七至九)

360000－1902－0000603　0691(4)
說文通訓定聲十八卷柬韻一卷說雅一卷韻準一卷　(清)朱駿聲撰　清末石印本　一冊　存三卷(柬韻一卷、說雅一卷、韻準一卷)

360000－1902－0000604　0692(1)
說文解字三十二卷　(清)段玉裁注　**附部目分韻一卷**　(清)陳煥編　**說文通檢十四卷首一卷末一卷**　(清)黎永椿編　**說文解字註匡繆八卷**　(清)徐承慶撰　清光緒三十四年(1908)上海江左書林石印本　七冊　存五十卷(說文解字一至十五、二十三至三十二,部目分韻一卷,通檢十四卷、首一卷、末一卷,匡繆八卷)

360000－1902－0000605　0692(2)
說文解字三十二卷　(清)段玉裁注　**附部目分韻一卷**　(清)陳煥編　**說文通檢十四卷首一卷末一卷**　(清)黎永椿編　**說文解字註匡繆八卷**　(清)徐承慶撰　清光緒三十四年(1908)上海文盛書局石印本　三冊　存二十八卷(說文解字二十九至三十二,通檢十四卷、首一卷、末一卷,匡繆八卷)

360000－1902－0000606　0693
說文解字三十二卷　(清)段玉裁注　**附部目分韻一卷**　(清)陳煥編　**說文通檢十四卷首一卷末一卷**　(清)黎永椿編　**說文解字註匡繆八卷**　(清)徐承慶撰　清光緒三十四年(1908)上海江左書林石印本　八冊

360000－1902－0000607　0694
說文解字三十二卷附汲古閣說文訂一卷　(清)段玉裁注　**附部目分韻一卷**　(清)陳煥編　清同治十一年(1872)湖北崇文書局刻本　三十二冊

360000－1902－0000608　0695
說文解字三十二卷　(清)段玉裁注　**附部目分韻一卷**　(清)陳煥編　清光緒十二年(1886)上海點石齋石印本　八冊

360000－1902－0000609　0697
說文解字三十二卷附汲古閣說文訂一卷　(清)段玉裁注　**附部目分韻一卷**　(清)陳煥編　清同治十一年(1872)湖北崇文書局刻本　十七冊　存三十二卷(說文解字一至十八、二十一至三十二,汲古閣說文訂一卷,部目分韻一卷)

360000－1902－0000610　0699
說文解字三十二卷附汲古閣說文訂一卷　(清)段玉裁注　**附部目分韻一卷**　(清)陳煥編　清同治十一年(1872)湖北崇文書局刻本　二十一冊

360000－1902－0000611　0701
說文解字十五卷　(清)段玉裁注　清刻本　二冊　存二卷(九、十四)

360000－1902－0000612　0702
說文解字十五卷　(清)段玉裁注　清刻本　一冊　存一卷(十四)

360000－1902－0000613　0703
說文解字三十二卷附汲古閣說文訂一卷　(清)段玉裁注　**附部目分韻一卷**　(清)陳煥編　清同治十一年(1872)湖北崇文書局刻本　三十一冊　存三十三卷(說文解字一至十六、十八至三十二,汲古閣說文訂一卷,部目分韻一卷)

360000－1902－0000614　0704
說文通訓定聲十八卷附補遺一卷分部柬韻一卷說雅一卷古今韻準一卷　(清)朱駿聲撰　清光緒十三年(1887)上海積山書局石印本　八冊

360000－1902－0000615　0707
說文部首讀本十四卷　(清)嘯雲主人撰　清武昌嘯雲書堂刻本　一冊

360000－1902－0000616　0708
說文部首讀本十四卷　(清)嘯雲主人撰　清武昌嘯雲書堂刻本　一冊

360000－1902－0000617　0709
說文部首讀本十四卷　(清)嘯雲主人撰　清

武昌嘯雲書堂刻本　一冊

360000－1902－0000618　0710
說文提要一卷　(清)陳建侯撰　清同治十二年(1873)湖北崇文書局刻本　一冊

360000－1902－0000619　0711
說文解字句讀三十卷　(清)王筠撰　清刻本　五冊　存十二卷(五至六、十五至二十、二十五至二十六、二十九至三十)

360000－1902－0000620　0712
說文通檢十四卷首一卷末一卷　(清)黎永椿編　清光緒二年(1876)湖北崇文書局刻本　二冊　存九卷(一至八、首一卷)

360000－1902－0000621　0713
說文聲讀表七卷　(清)苗夔纂　清同治、光緒福山王氏刻天壤閣叢書本　一冊　存三卷(五至七)

360000－1902－0000622　0714
說文通訓定聲十八卷　(清)朱駿聲撰　清刻本　五冊　存三卷(四至五、九)

360000－1902－0000623　0715
經學輯要二十四卷　(清)吳潁炎輯　清光緒上海點石齋石印本　十冊　存一卷(二十四)

360000－1902－0000624　0716
說文解字通釋四十卷附錄一卷　(五代)徐鍇傳釋　(宋)朱翺反切　清嘉慶二年(1797)大西山房刻本　七冊　存三十八卷(一至六、十至四十,附錄一卷)

360000－1902－0000625　0719
說文古籀補十四卷附錄一卷　(清)吳大澂撰　清光緒二十四年(1898)刻本　二冊

360000－1902－0000626　0720
許氏說文解字雙聲疊韻譜一卷　(清)鄧廷楨撰　清光緒七年(1881)常熟鮑氏刻後知不足齋叢書本　二冊

360000－1902－0000627　0721
段氏說文注訂八卷　(清)鈕樹玉著　清同治十三年(1874)湖北崇文書局刻本　二冊

360000－1902－0000628　0722
說文外編十六卷　(清)雷浚編　清光緒二年(1876)刻本　三冊　存十二卷(一至十二)

360000－1902－0000629　0724
唐寫本說文解字木部箋異一卷　(清)莫友芝撰　清同治二年(1863)刻本　一冊

360000－1902－0000630　0725
說文揭原二卷　(清)張行孚撰　清光緒十年(1884)常熟鮑氏刻後知不足齋叢書本　二冊

360000－1902－0000631　0727(1)
字畫辨似□□卷　(□)□□撰　清刻本　三冊　存六卷(五至十)

360000－1902－0000632　0727(2)
字畫辨似□□卷　(□)□□撰　清刻本　二冊　存五卷(五至九)

360000－1902－0000633　0729
字學舉隅一卷　(清)龍光甸撰　(清)黃本驥　(清)龍啟瑞增輯　清道光二十八年(1848)聚英堂刻本　一冊

360000－1902－0000634　0730
字學舉隅一卷　(清)龍光甸撰　(清)黃本驥　(清)龍啟瑞增輯　清道光十八年(1838)刻本　一冊

360000－1902－0000635　0731
字學舉隅一卷　(清)龍光甸撰　(清)黃本驥　(清)龍啟瑞增輯　清光緒刻本　一冊

360000－1902－0000636　0732
校增字學舉隅一卷　(清)龍光甸撰　(清)黃本驥　(清)龍啟瑞增輯　清同治十三年(1874)刻本　一冊

360000－1902－0000637　0733
正字略定本一卷　(清)王筠撰　清道光十九年(1839)刻本　一冊

360000－1902－0000638　0734
大廣益會玉篇三十卷　(宋)陳彭年等重修　清同治十二年(1873)粵東書局刻古經解彙函本　一冊　存十卷(一至十)

360000－1902－0000639　0743
經典釋文三十卷　(唐)陸德明撰　清乾隆五十六年(1791)抱經堂刻本　五冊　存十五卷(一至九、十五至二十)

360000－1902－0000640　0744
翰苑重校字學舉隅一卷　(清)龍光甸撰　(清)黄本驥　(清)龍啟瑞增輯　清同治十一年(1872)松竹齋刻本　一冊

360000－1902－0000641　0745
文字蒙求四卷　(清)王筠撰　清光緒五年(1879)會稽章氏刻本　一冊

360000－1902－0000642　0746
文字蒙求四卷　(清)王筠撰　清光緒五年(1879)會稽章氏刻本　一冊

360000－1902－0000643　0747
字學舉隅一卷　(清)龍光甸撰　(清)黄本驥　(清)龍啟瑞增輯　清光緒二年(1876)王氏京都梠草齋刻本　一冊

360000－1902－0000644　0751
辨字摘要四卷　(清)饒應召撰　清嘉慶十七年(1812)刻本　一冊

360000－1902－0000645　0752
辨字摘要□□卷　(清)饒應召撰　清刻本　一冊　存二卷(三至四)

360000－1902－0000646　0755
月令問答一卷月令章句一卷　(漢)蔡邕撰　**字林考逸八卷**　(清)任大椿撰　**倉頡篇三卷**　(清)孫星衍撰　**原本玉篇一卷**　清光緒十四年(1888)上海蜚英館石印古經解彙函本　一冊

360000－1902－0000647　0757
訂譌雜録十卷　(清)胡鳴玉述　清康熙五十八年(1719)刻本　二冊

360000－1902－0000648　0759
學林十卷　(宋)王觀國撰　清乾隆刻本　五冊

360000－1902－0000649　0760
北溪先生字義二卷附録一卷　(宋)陳淳撰　(宋)王雋集編　(清)戴嘉禧增訂　清光緒九年(1883)學海堂刻本　二冊

360000－1902－0000650　0761
北溪先生字義二卷補遺一卷　(宋)陳淳撰　(宋)王雋集編　(清)戴嘉禧增訂　清康熙五十三年(1714)愛荊堂刻本　一冊

360000－1902－0000651　0762
北溪先生字義二卷補遺一卷　(宋)陳淳撰　(宋)王雋集編　(清)戴嘉禧增訂　清康熙五十三年(1714)愛荊堂刻本　一冊

360000－1902－0000652　0763
字彙十二集首一卷末一卷韻法直圖一卷韻法横圖一卷　(明)梅膺祚音釋　清乾隆七年(1742)刻本　十二冊　存十二集(字彙十二集)

360000－1902－0000653　0764
字彙十二集首一卷末一卷韻法直圖一卷韻法横圖一卷　(明)梅膺祚音釋　清乾隆七年(1742)刻本　十二冊　存十集四卷(字彙丑、寅、卯、辰、巳、未、申、酉、戌、亥,首一卷,末一卷,韻法直圖一卷,韻法横圖一卷)

360000－1902－0000654　0774
康熙字典十二集三十六卷檢字一卷辨似一卷等韻一卷總目一卷備考一卷補遺一卷　(清)張玉書等纂　(清)奕繪等重修　清道光七年(1827)刻本　三十二冊

360000－1902－0000655　0775
康熙字典十二集三十六卷檢字一卷辨似一卷等韻一卷總目一卷備考一卷補遺一卷　(清)張玉書等纂　清康熙五十五年(1716)刻本　四十冊

360000－1902－0000656　0776
康熙字典十二集三十六卷檢字一卷辨似一卷等韻一卷總目一卷備考一卷補遺一卷　(清)張玉書等纂　清刻本　四十冊

360000－1902－0000657　0777
康熙字典十二集三十六卷檢字一卷辨似一卷

等韻一卷總目一卷備考一卷補遺一卷　（清）張玉書等纂　清光緒元年(1875)湖北崇文書局刻本　四十冊

360000－1902－0000658　0778
康熙字典十二集三十六卷檢字一卷辨似一卷等韻一卷總目一卷備考一卷補遺一卷　（清）張玉書等纂　清康熙五十五年(1716)刻本　三十七冊　存十二集三十九卷(子集中下、丑集上中下、寅集上中下、卯集上中下、辰集上中下、巳集上中下、午集上中下、未集上中下、申集上中下、酉集上中下、戌集上中下、亥集上中下,檢字一卷,辨似一卷,總目一卷,備考一卷)

360000－1902－0000659　0779
康熙字典十二集三十六卷檢字一卷辨似一卷等韻一卷總目一卷備考一卷補遺一卷　（清）張玉書等纂　清刻本　十三冊　存四十卷(康熙字典十二集三十六卷、等韻一卷、總目一卷、備考一卷、補遺一卷)

360000－1902－0000660　0780
康熙字典十二集三十六卷檢字一卷辨似一卷等韻一卷總目一卷備考一卷補遺一卷　（清）張玉書等纂　清光緒十年(1884)上海點石齋石印本　六冊

360000－1902－0000661　0781;7800
康熙字典十二集三十六卷檢字一卷辨似一卷等韻一卷總目一卷備考一卷補遺一卷　（清）張玉書等纂　（清）奕繪等重修　清刻本　二十六冊　存十一集二十六卷(子集上中下、丑集上下、卯集上中、辰集上、巳集上、午集上中下、未集上中下、申集上中下、酉集上中下、戌集上下、亥集上下,備考一卷)

360000－1902－0000662　0783
康熙字典十二集三十六卷檢字一卷辨似一卷等韻一卷總目一卷備考一卷補遺一卷　（清）張玉書等纂　（清）奕繪等重修　清刻本　十一冊　存六集十一卷(寅集下、巳集上、申集中下、酉集上中下、戌集上中下、亥集上)

360000－1902－0000663　0784
康熙字典十二集三十六卷總目一卷檢字一卷辨似一卷等韻一卷備考一卷補遺一卷　（清）張玉書等纂　清末石印本　一冊　存六集十九卷(子集上中下、丑集上中下、寅集上中下、卯集上中下、辰集上中下、巳集上中下,等韻一卷)

360000－1902－0000664　0791
增訂金壺字攷一卷古體假借字一卷　（宋）釋適之撰　（清）赫在田增訂　清同治十三年(1874)刻本　一冊

360000－1902－0000665　0792
字典攷證十二集　（清）王引之撰　清光緒二年(1876)湖北崇文書局刻本　六冊

360000－1902－0000666　0793
楷體蒙求八卷　（清）劉廷玉編輯　清同治十年(1871)刻本　五冊

360000－1902－0000667　0794
隸辨八卷　（清）顧藹吉撰　清乾隆八年(1743)天都黄晟刻本　五冊　存五卷(一至四、七)

360000－1902－0000668　0795
隸辨八卷　（清）顧藹吉撰　清康熙五十七年(1718)喻義堂刻本　八冊

360000－1902－0000669　0796
隸辨八卷　（清）顧藹吉撰　清乾隆八年(1743)天都黄晟刻本　八冊

360000－1902－0000670　0797
隸辨八卷　（清）顧藹吉撰　清同治十二年(1873)刻本　八冊

360000－1902－0000671　0799
十三經集字摹本不分卷　（清）彭玉雯纂　清道光二十九年(1849)江右彭氏刻本　十四冊

360000－1902－0000672　0800
十三經集字摹本不分卷　（清）彭玉雯纂　清道光二十九年(1849)江右彭氏刻本　七冊　存大學、中庸、論語、孟子、易經、書經、詩經、禮記、周禮、儀禮、春秋左傳、公羊、穀梁、爾

雅、孝經

360000－1902－0000673　0802

十三經集字摹本不分卷　(清)彭玉雯纂　清刻本　四册　存論語、孟子、春秋左傳、春秋公羊傳、春秋穀梁傳、易經、書經

360000－1902－0000674　0803

十三經集字摹本不分卷　(清)彭玉雯纂　清鴻文齋刻本　八册

360000－1902－0000675　0804

十三經集字摹本不分卷　(清)彭玉雯纂　清鴻文齋刻本　七册　存大學、中庸、易經、書經、周禮、儀禮、論語、爾雅、孟子

360000－1902－0000676　0805

十三經集字摹本不分卷　(清)彭玉雯纂　清道光二十九年(1849)江右彭氏刻本　四册　存孟子、禮記、周禮、儀禮、春秋左傳、春秋公羊、春秋穀梁、孝經、爾雅

360000－1902－0000677　0806

十三經集字摹本不分卷　(清)彭玉雯纂　清道光二十九年(1849)江右彭氏刻本　八册

360000－1902－0000678　0807

十三經集字摹本不分卷　(清)彭玉雯纂　清道光二十九年(1849)江右彭氏刻本　八册

360000－1902－0000679　0809

大宋重修廣韻五卷　(宋)陳彭年等修　清光緒十四年(1888)上海蜚英館石印古經解彙函本　一册

360000－1902－0000680　0813

詩韻合璧五卷　(清)湯文潞輯　(清)許時庚增輯　**虚字韻藪一卷**　(清)潘維城輯　清光緒十二年(1886)上海公興書局鉛印本　一册

360000－1902－0000681　0818

詩韻含英十八卷　(清)劉文蔚輯　清乾隆二十三年(1758)刻本　四册

360000－1902－0000682　0819(1)

詩韻集成十卷　(清)余照輯　清同治十二年(1873)刻本　二册

360000－1902－0000683　0819(2)

詩韻集成十卷　(清)余照輯　清同治十二年(1873)刻本　一册　存二卷(三至四)

360000－1902－0000684　0820

詩韻萃珍十卷　(清)黄昌瑞輯　清道光二十五年(1845)刻本　二册

360000－1902－0000685　0823

韻府群玉二十卷　(元)陰時夫編輯　(元)陰中夫編注　清刻本　六册　存十二卷(五至六、十一至二十)

360000－1902－0000686　0824

韻府萃音十二卷　(清)龍柏纂　清刻朱墨套印本　十一册　存十一卷(丑、寅、卯、辰、巳、午、未、申、酉、戌、亥)

360000－1902－0000687　0825

詞林正韻三卷發凡一卷　(清)戈載輯　清光緒十七年(1891)思賢講舍刻本　二册

360000－1902－0000688　0827

五方元音十二卷　(清)樊騰鳳撰　(清)年希堯增補　清光緒十九年(1893)上洋章福記書局石印本　一册

360000－1902－0000689　0828

韻字辨同五卷　(清)彭元瑞撰　清道光六年(1826)江西福申刻本　二册

360000－1902－0000690　0833

佩文詩韻釋要五卷　(清)周兆基輯　**佩文詩韻釋要辨正一卷**　(清)陳培之撰　清光緒八年(1882)洪鈞刻本　二册

360000－1902－0000691　0834

古音類表九卷首一卷　(清)傅壽彤學　清光緒二年(1876)大梁臬署刻本　四册

360000－1902－0000692　0835

毛詩均譜八卷補遺一卷　(清)郭師古撰　清光緒十三年(1887)郭汝特刻玉屏山房存稿本　三册

360000－1902－0000693　0836

書經音訓不分卷　(清)楊國楨撰　清刻本

一册

360000－1902－0000694　0844
六書通十卷　(清)閔齊伋撰　(清)畢宏述篆訂　清乾隆六十年(1795)刻本　八册

360000－1902－0000695　0846
説文解字篆韻譜五卷附錄一卷　(五代)徐鍇撰　**大廣益會玉篇三十卷**　(宋)陳彭年等重修　清光緒十四年(1888)上海蜚英館石印古經解彙函本　一册　存十六卷(説文解字篆韻譜五卷、附錄一卷,大廣益會玉篇一至十)

360000－1902－0000696　0848
按字摘典七卷　(□)□□撰　清末抄本　五册　存五卷(三至七)

360000－1902－0000697　0849
音學五書三十八卷　(清)顧炎武著　清光緒十六年(1890)思賢講舍刻本　十二册

360000－1902－0000698　0850
徐氏三種　(清)徐士業校　清郁文堂刻本　一册

360000－1902－0000699　0851
字學舉隅不分卷　(清)龍光甸撰　(清)黄本驥　(清)龍啟瑞增輯　清同治九年(1870)刻本　一册

360000－1902－0000700　0852
漢魏音四卷　(清)洪亮吉學　清乾隆五十年(1785)西安刻本　一册

360000－1902－0000701　0853
韻法直圖一卷韻法橫圖一卷　(明)梅膺祚撰　清刻本　一册

360000－1902－0000702　0855
輶軒使者絕代語釋別國方言十三卷首一卷　(漢)揚雄記　(晉)郭璞注　**續方言二卷**　(清)杭世駿纂輯　**續方言補一卷**　(清)程際盛補纂　清光緒十七年(1891)思賢講舍刻本　三册

360000－1902－0000703　0856
輶軒使者絕代語釋別國方言十三卷　(漢)揚雄撰　(晉)郭璞注　清乾隆刻本　二册

360000－1902－0000704　0857
二十四史　清光緒十年(1884)上海同文書局石印本　七百十一册

360000－1902－0000705　0858
二十四史　清同治至光緒五省官書局刻光緒五年(1879)湖北書局彙印本　五百三十五册　缺四十卷(隋書二十六至五十八、宋史七至十三)

360000－1902－0000706　0859(1)
二十四史　清同治至光緒五省官書局刻光緒五年(1879)湖北書局彙印本(漢書卷一至一百,後漢書卷一至九十、續漢志卷一至三十配清同治十二年岭東使署刻本;周書卷一至五十、隋書卷一至八十五配清順治琴川毛氏汲古閣刻本;舊唐書卷一至五配清末鉛印本,卷六至十九、五十一至八十五、八十九至一百四十九、一百五十九至二百配清末石印本;明史卷一至三百三十二配清刻本)　五百六十七册　缺七十八卷(史記一至二,舊唐史二十至五十、八十六至八十八、一百五十至一百五十八,附遼史拾遺二十四卷,遼史紀年表一卷,西遼紀年表一卷,元史氏族表三卷,元史藝文志四卷)

360000－1902－0000707　0859(2)
欽定遼史語解十卷　清光緒四年(1878)江蘇書局刻遼金元三史語解本　二册

360000－1902－0000708　0859(3)
唐書二百二十五卷　(宋)歐陽修　(宋)宋祁等撰　**釋音二十五卷**　(宋)董衝撰　清末鉛印本　一册　存六卷(二十三至二十八)

360000－1902－0000709　0860
史記一百三十卷　(漢)司馬遷撰　(南朝宋)裴駰集解　(唐)司馬貞索隱　(宋)張守節正義　清光緒十年(1884)上海同文書局石印二十四史本　二十八册

360000－1902－0000710　0861
前漢書一百卷　(漢)班固撰　(唐)顏師古注

清光緒十年(1884)上海同文書局石印二十四史本　三十五冊

360000－1902－0000711　0862
後漢書一百二十卷　(南朝宋)范曄撰　(唐)李賢注　(晉)司馬彪撰志　(南朝梁)劉昭注補　清光緒十年(1884)上海同文書局石印二十四史本　二十八冊

360000－1902－0000712　0863
晉書一百三十卷　(唐)房玄齡等撰　**音義三卷**　(唐)何超撰　清光緒十年(1884)上海同文書局石印二十四史本　二十七冊　存一百十八卷(一至二十四、三十七至一百三十)

360000－1902－0000713　0864
宋書一百卷　(南朝梁)沈約撰　清光緒十年(1884)上海同文書局石印二十四史本　二十三冊　存九十六卷(五至一百)

360000－1902－0000714　0865
南齊書五十九卷　(南朝梁)蕭子顯撰　清光緒十年(1884)上海同文書局石印二十四史本　七冊　存五十三卷(一至十三、二十至五十九)

360000－1902－0000715　0866
梁書五十六卷　(唐)姚思廉撰　清光緒十年(1884)上海同文書局石印二十四史本　八冊

360000－1902－0000716　0867
陳書三十六卷　(唐)姚思廉撰　清光緒十年(1884)上海同文書局石印二十四史本　六冊

360000－1902－0000717　0868
魏書一百十四卷　(北齊)魏收撰　清光緒十年(1884)上海同文書局石印二十四史本　二十四冊

360000－1902－0000718　0869
北齊書五十卷　(唐)李百藥撰　清光緒十年(1884)上海同文書局石印二十四史本　八冊

360000－1902－0000719　0870
周書五十卷　(唐)令狐德棻等撰　清光緒十年(1884)上海同文書局石印二十四史本　八冊

360000－1902－0000720　0871
隋書八十五卷　(唐)魏徵　(唐)長孫無忌等撰　清光緒十年(1884)上海同文書局石印二十四史本　二十三冊　存八十卷(一至五十六、六十二至八十五)

360000－1902－0000721　0872
南史八十卷　(唐)李延壽撰　清光緒十年(1884)上海同文書局石印二十四史本　二十冊

360000－1902－0000722　0873
北史一百卷　(唐)李延壽撰　清光緒十年(1884)上海同文書局石印二十四史本　十五冊　存六十四卷(一至十、十五至十八、二十五至三十一、五十一至五十六、六十四至一百)

360000－1902－0000723　0874
舊唐書二百卷　(五代)劉昫等撰　清光緒十年(1884)上海同文書局石印二十四史本　四十七冊　存一百九十八卷(一至三十七、四十至二百)

360000－1902－0000724　0875
唐書二百二十五卷　(宋)歐陽修　(宋)宋祁等撰　**釋音二十五卷**　(宋)董衝撰　清光緒十年(1884)上海同文書局石印二十四史本　二十九冊　存一百七十五卷(唐書七十六至二百二十五、釋音二十五卷)

360000－1902－0000725　0876
舊五代史一百五十卷目錄二卷　(宋)薛居正等撰　清光緒十年(1884)上海同文書局石印二十四史本　二十四冊

360000－1902－0000726　0877
五代史七十四卷　(宋)歐陽修撰　(宋)徐無黨注　清光緒十年(1884)上海同文書局石印二十四史本　十冊

360000－1902－0000727　0878(1)
宋史四百九十六卷目錄三卷　(元)脱脱等撰　清光緒十年(1884)上海同文書局石印二十

四史本(卷二百三十七至二百四十一配清石印本) 九十九冊 存四百九十二卷(一至二十三、三十至二百三十五、二百三十七至四百九十六,目錄三卷)

360000－1902－0000728 0878(2)

宋史四百九十六卷目錄三卷 (元)脫脫等撰 清光緒十年(1884)上海同文書局石印二十四史本 一冊 存五卷(二百九十三至二百九十七)

360000－1902－0000729 0879

遼史一百十六卷 (元)脫脫等撰 清光緒十年(1884)上海同文書局石印二十四史本 八冊

360000－1902－0000730 0880

金史一百三十五卷 (元)脫脫等撰 清光緒十四年(1888)圖書集成印書局鉛印二十四史本 十六冊

360000－1902－0000731 0881

元史二百十卷目錄二卷 (明)宋濂 (明)王禕等撰 清光緒十年(1884)上海同文書局石印二十四史本 三十六冊 存一百五十二卷(四十八至五十一、五十四至七十五、八十五至二百十)

360000－1902－0000732 0882

明史三百三十二卷目錄四卷 (清)張廷玉等撰 清光緒十年(1884)上海同文書局石印二十四史本 一百十一冊 存三百三十二卷(五至三百三十二、目錄四卷)

360000－1902－0000733 0883(1)

十七史 (明)毛晉輯 明崇禎至清順治琴川毛氏汲古閣刻本 二百九十九冊 存十六種

360000－1902－0000734 0883(2)

舊五代史一百五十卷目錄二卷 (宋)薛居正等撰 清掃葉山房刻本 二十四冊

360000－1902－0000735 0884

逸周書十卷 (晉)孔晁注 清刻本 四冊 存九卷(一至八、十)

360000－1902－0000736 0888

東都事略一百三十卷 (宋)王偁撰 清乾隆六十年(1795)南沙席氏掃葉山房刻嘉慶三年(1798)印宋遼金元別史本 八冊 存六十三卷(一至六十三)

360000－1902－0000737 0889

史記一百三十卷 (漢)司馬遷撰 (南朝宋)裴駰集解 清光緒四年(1878)金陵書局刻本 十六冊

360000－1902－0000738 0890

史記一百三十卷首一卷 (漢)司馬遷撰 (南朝宋)裴駰集解 (唐)司馬貞索隱 (唐)張守節正義 (明)徐孚遠 (明)陳子龍測議 清嘉慶十一年(1806)同人堂刻本 三十冊

360000－1902－0000739 0891

史記一百三十卷 (漢)司馬遷撰 (南朝宋)裴駰集解 (唐)司馬貞索隱 (唐)張守節正義 (明)徐孚遠 (明)陳子龍測議 **史記補一卷** (唐)司馬貞撰並注 (明)徐孚遠 (明)陳子龍測議 明末素位堂刻本 二十冊

360000－1902－0000740 0892

史記一百三十卷首一卷 (漢)司馬遷撰 (南朝宋)裴駰集解 (唐)司馬貞索隱 (唐)張守節正義 (明)徐孚遠 (明)陳子龍測議 清道光十四年(1834)三元堂刻本 三十二冊

360000－1902－0000741 0893

史記一百三十卷 (漢)司馬遷撰 (南朝宋)裴駰集解 (唐)司馬貞索隱 (唐)張守節正義 (明)徐孚遠 (明)陳子龍測議 明末刻本 十冊 存七十五卷(十至十四、十八至二十、三十五至四十五、七十五至一百三十)

360000－1902－0000742 0894

史記一百三十卷 (漢)司馬遷撰 (南朝宋)裴駰集解 清光緒四年(1878)金陵書局刻本 九冊 存六十三卷(五至十三、十五至十七、二十九至三十五、四十一至六十七、八十七至九十五、一百二十三至一百三十)

360000－1902－0000743　0895
史記評林一百三十卷　(明)凌稚隆輯　(明)李光縉增補　明末刻本　十六冊　存一百十四卷(一、十五至十七、二十一至一百三十)

360000－1902－0000744　0896
史記一百三十卷　(漢)司馬遷撰　(南朝宋)裴駰集解　(唐)司馬貞索隱　(唐)張守節正義　清末鉛印本(卷三十三至九十、一百十三至一百三十配清末石印本)　十冊　存九十八卷(十一至九十、一百十三至一百三十)

360000－1902－0000745　0898
史記一百三十卷　(漢)司馬遷撰　(南朝宋)裴駰集解　(唐)司馬貞索隱　(唐)張守節正義　清光緒十年(1884)上海同文書局石印二十四史本　三十冊

360000－1902－0000746　0900(1)
史記一百三十卷　(漢)司馬遷撰　(南朝宋)裴駰集解　(唐)司馬貞索隱　(唐)張守節正義　清光緒十年(1884)上海同文書局石印二十四史本　四十三冊　存一百二十四卷(一至六十八、七十至七十四、八十至一百三十)

360000－1902－0000747　0901
史記一百三十卷　(漢)司馬遷撰　(南朝宋)裴駰集解　(唐)司馬貞索隱　(唐)張守節正義　清光緒十年(1884)上海同文書局石印二十四史本　二十九冊　存一百二十五卷(一至一百九、一百十五至一百三十)

360000－1902－0000748　0902
史記一百三十卷　(漢)司馬遷撰　(南朝宋)裴駰集解　(唐)司馬貞索隱　(唐)張守節正義　清光緒十年(1884)上海同文書局石印二十四史本　二十冊　存九十卷(一至十四、十六至十九、二十三至三十、三十八至四十、四十四至六十、七十至九十二、一百六至一百二十六)

360000－1902－0000749　0903(1)
史記一百三十卷　(漢)司馬遷撰　(南朝宋)裴駰集解　(唐)司馬貞索隱　(唐)張守節正義　清光緒十年(1884)上海同文書局石印二十四史本(卷八至十三配民國涵芬樓影印本)　二十三冊　存一百二十九卷(一至十三、十五至一百三十)

360000－1902－0000750　0904
史記一百三十卷　(漢)司馬遷撰　(南朝宋)裴駰集解　(唐)司馬貞索隱　(唐)張守節正義　清光緒十四年(1888)圖書集成印書局鉛印二十四史本　二冊　存二十五卷(四十二至五十二、八十三至九十六)

360000－1902－0000751　0906
史記一百三十卷　(漢)司馬遷撰　(南朝宋)裴駰集解　(唐)司馬貞索隱　(唐)張守節正義　清光緒十四年(1888)圖書集成印書局鉛印二十四史本　四冊　存二十六卷(一至四、十七至十八、二十七至三十二、八十三至九十六)

360000－1902－0000752　0907
漢書一百卷　(漢)班固撰　(唐)顔師古注　清金陵書局刻本　十六冊

360000－1902－0000753　0908
漢書一百二十卷　(漢)班固撰　(唐)顔師古注　王先謙補注　清光緒二十六年(1900)長沙王氏虛受堂刻本　十三冊　存三十九卷(二十五至六十三)

360000－1902－0000754　0909
漢書一百卷　(漢)班固撰　(唐)顔師古注　清同治十二年(1873)嶺東使署刻本　十六冊

360000－1902－0000755　0910
漢書一百卷　(漢)班固撰　(唐)顔師古注　清同治八年(1869)金陵書局刻本　十六冊

360000－1902－0000756　0911
漢書一百卷首一卷　(漢)班固撰　(唐)顔師古注　王先謙補注　清光緒二十六年(1900)長沙王氏虛受堂刻本　二十一冊　存七十卷(一至十四、十六至十七、二十二至四十九、五十五至六十八、七十五至七十八、九十二至九十八,首一卷)

360000－1902－0000757　0912

前漢書一百卷　(漢)班固撰　(唐)顔師古注　清同治十年(1871)成都書局刻本　三十二册

360000－1902－0000758　0913
漢書一百卷　(漢)班固撰　(唐)顔師古注　清光緒十三年(1887)金陵書局刻本　十九册　存六十九卷(一至九、十八至二十五、二十七至三十六、五十至六十四、六十九至七十四、八十至一百)

360000－1902－0000759　0914
漢書一百卷　(漢)班固撰　(唐)顔師古注　清刻本　六册　存二十六卷(十至十四、二十九至三十二、四十五至四十九、五十七至六十五、九十七至九十九)

360000－1902－0000760　0915
漢書一百卷　(漢)班固撰　(唐)顔師古注　清韓江書局刻本　六册　存三十一卷(十五至二十、六十四至八十二、九十二至九十七)

360000－1902－0000761　0916
前漢書一百卷　(漢)班固撰　(唐)顔師古注　清光緒十年(1884)上海同文書局石印二十四史本　三十二册

360000－1902－0000762　0917
前漢書一百卷　(漢)班固撰　(唐)顔師古注　清末石印本　二十九册　存八十八卷(三至十三、十五下至十九上、二十八至九十九)

360000－1902－0000763　0918
前漢書一百卷　(漢)班固撰　(唐)顔師古注　清光緒十年(1884)上海同文書局石印二十四史本　四十册

360000－1902－0000764　0919
前漢書一百卷　(漢)班固撰　(唐)顔師古注　清光緒十年(1884)上海同文書局石印二十四史本　三十二册　存八十二卷(一至六、十五下至八十八、九十九下至一百)

360000－1902－0000765　0921
前漢書一百卷　(漢)班固撰　(唐)顔師古注　清光緒二十五年(1899)慎記書莊石印本(卷二十七至三十、四十一至五十配清末石印本,卷三十二至四十、五十一至五十六配清末鉛印本)　十六册　存九十九卷(一至二十六、二十七下至三十、三十二至一百)

360000－1902－0000766　0922
前漢書一百卷　(漢)班固撰　(唐)顔師古注　清光緒十年(1884)上海同文書局石印二十四史本　三十二册

360000－1902－0000767　0923
前漢書一百卷　(漢)班固撰　(唐)顔師古注　**後漢書一百二十卷**　(南朝宋)范曄撰　(唐)李賢注　(晉)司馬彪撰志　(南朝梁)劉昭注補　清光緒十八年(1892)武林竹簡齋石印二十四史本　二十册

360000－1902－0000768　0924
前漢書一百卷　(漢)班固撰　(唐)顔師古注　清光緒十年(1884)上海同文書局石印二十四史本(卷七至十四、五十七下至六十四、九十四至一百配清末鉛印本)　八册　存三十二卷(一上、七至十四、十九、五十七下至六十四、八十至八十六、九十四至一百)

360000－1902－0000769　0925
前漢書一百卷　(漢)班固撰　(唐)顔師古注　清末石印本　三册　存七卷(二十三至二十四、九十三至九十五、九十八至九十九)

360000－1902－0000770　0926
前漢書一百卷　(漢)班固撰　(唐)顔師古注　清末石印本　六册　存三十八卷(二十一至二十五、二十八至三十、四十一至五十、五十九至六十六、八十六至九十七)

360000－1902－0000771　0927
前漢書一百卷　(漢)班固撰　(唐)顔師古注　清末石印本　五册　存十五卷(五十八至六十五、八十五至八十七、九十七至一百)

360000－1902－0000772　0928;7769
前漢書一百卷　(漢)班固撰　(唐)顔師古注　清光緒十四年(1888)上海圖書集成局鉛印二十四史本　八册　存四十九卷(二十七中

至二十八上、三十二至四十、五十七下至七十一、七十八至一百)

360000－1902－0000773　0929
前漢書一百卷　(漢)班固撰　(唐)顔師古注　清末石印本　一册　存七卷(九十一至九十七上)

360000－1902－0000774　0930
前漢書一百卷　(漢)班固撰　(唐)顔師古注　清末石印本　六册　存二十二卷(五十八至六十二、六十六至七十五、七十九至八十五)

360000－1902－0000775　0931
後漢書九十卷　(南朝宋)范曄撰　(唐)李賢注　**續漢志三十卷**　(晉)司馬彪撰　(南朝梁)劉昭注補　清同治十二年(1873)嶺東使署刻本　十六册

360000－1902－0000776　0932
後漢書補表八卷　(清)錢大昭撰　清光緒十七年(1891)廣雅書局刻廣雅書局叢書本　三册

360000－1902－0000777　0933
後漢書一百二十卷　(南朝宋)范曄撰　(唐)李賢注　(晉)司馬彪撰志　(南朝梁)劉昭注補　清同治十年(1871)成都書局刻本　二十八册

360000－1902－0000778　0934
後漢書九十卷　(南朝宋)范曄撰　(唐)李賢注　**續漢志三十卷**　(晉)司馬彪撰　(南朝梁)劉昭注補　清同治八年(1869)金陵書局刻本　十四册　存九十卷(後漢書九十卷)

360000－1902－0000779　0935
後漢書九十卷　(南朝宋)范曄撰　(唐)李賢注　**續漢志三十卷**　(晉)司馬彪撰　(南朝梁)劉昭注補　清刻本　三册　存二十六卷(後漢書十八至三十一、續漢志一至十二)

360000－1902－0000780　0936
後漢書九十卷　(南朝宋)范曄撰　(唐)李賢注　**續漢志三十卷**　(晉)司馬彪撰　(南朝梁)劉昭注補　清同治八年(1869)金陵書局刻本　十四册　存一百十卷(後漢書十一至九十、續漢志三十卷)

360000－1902－0000781　0937
後漢書九十卷　(南朝宋)范曄撰　(唐)李賢注　**續漢志三十卷**　(晉)司馬彪撰　(南朝梁)劉昭注補　清刻本　八册　存三十二卷(五十九至九十)

360000－1902－0000782　0938
後漢書九十卷　(南朝宋)范曄撰　(唐)李賢注　**續漢志三十卷**　(晉)司馬彪撰　(南朝梁)劉昭注補　清刻本　十七册　存七十二卷(七至十八、二十八至八十四、八十八至九十)

360000－1902－0000783　0939
七家後漢書　(清)汪文臺輯　清光緒刻本　二册　存五種六卷(華嶠後漢書二卷、謝沈後漢書一卷、袁山松後漢書一卷、張璠漢記一卷、附失氏名後漢書一卷)

360000－1902－0000784　0940
續漢志三十卷　(晉)司馬彪撰　(南朝梁)劉昭注補　清刻本　三册　存二十四卷(七至三十)

360000－1902－0000785　0941
後漢書一百二十卷　(南朝宋)范曄撰　(唐)李賢注　(晉)司馬彪撰志　(南朝梁)劉昭注補　清光緒十年(1884)上海同文書局石印二十四史本　二十三册　存九十八卷(一至三十二、四十一至五十七、六十一至八十五、九十至九十二、九十七至一百七、一百十一至一百二十)

360000－1902－0000786　0942
後漢書一百二十卷　(南朝宋)范曄撰　(唐)李賢注　(晉)司馬彪撰志　(南朝梁)劉昭注補　清光緒十年(1884)上海同文書局石印二十四史本(卷二十七至二十八、一百十八至一百二十配清石印本)　三十三册

360000－1902－0000787　0943

後漢書一百二十卷　(南朝宋)范曄撰　(唐)李賢注　(晉)司馬彪撰志　(南朝梁)劉昭注補　清光緒十年(1884)上海同文書局石印二十四史本(卷十四至二十二、九十六至九十九配清鉛印本)　三十一冊

360000－1902－0000788　0944
後漢書一百二十卷　(南朝宋)范曄撰　(唐)李賢注　(晉)司馬彪撰志　(南朝梁)劉昭注補　清光緒十年(1884)上海同文書局石印二十四史本(卷十五至十九、一百十六至一百十七配清石印本,三十三至三十六配清鉛印本)　三十冊　存一百三卷(一至十、十五至十九、三十三至一百二十)

360000－1902－0000789　0945
後漢書一百二十卷　(南朝宋)范曄撰　(唐)李賢注　(晉)司馬彪撰志　(南朝梁)劉昭注補　清光緒十年(1884)上海同文書局石印二十四史本(卷九十至一百二十配清石印本)　二十八冊

360000－1902－0000790　0946
後漢書一百二十卷　(南朝宋)范曄撰　(唐)李賢注　(晉)司馬彪撰志　(南朝梁)劉昭注補　清末石印本(卷五十四至五十九、六十五至七十六配清光緒十四年上海圖書集成印書局鉛印本)　九冊　存五十五卷(二至四、七至二十、三十四至四十一、四十五至四十八、五十四至七十六、八十九至九十一)

360000－1902－0000791　0948
後漢書一百二十卷　(南朝宋)范曄撰　(唐)李賢注　(晉)司馬彪撰志　(南朝梁)劉昭注補　清光緒二十一年(1895)耕餘主人石印本　五冊　存四十三卷(一至六、五十七至八十五、一百五至一百十二)

360000－1902－0000792　0949
後漢書一百二十卷　(南朝宋)范曄撰　(唐)李賢注　(晉)司馬彪撰志　(南朝梁)劉昭注補　清光緒十年(1884)上海同文書局石印二十四史本　十八冊　存六十六卷(一至八、三十四至四十四、四十六至六十六、六十八至七十、七十二至八十二、九十一至九十三、一百一至一百九)

360000－1902－0000793　0950
後漢書一百二十卷　(南朝宋)范曄撰　(唐)李賢注　(晉)司馬彪撰志　(南朝梁)劉昭注補　清光緒石印本　五冊　存二十卷(三十四至四十、六十七至七十九)

360000－1902－0000794　0951
後漢書一百二十卷　(南朝宋)范曄撰　(唐)李賢注　(晉)司馬彪撰志　(南朝梁)劉昭注補　清光緒二十八年(1902)倏實齋石印本　六冊　存七十九卷(一至十、四十一至一百九)

360000－1902－0000795　0952
後漢書一百二十卷　(南朝宋)范曄撰　(唐)李賢注　(晉)司馬彪撰志　(南朝梁)劉昭注補　清光緒十四年(1888)上海圖書集成印書局鉛印二十四史本　五冊　存四十五卷(一至六、三十三至四十四、五十六至七十四、一百五至一百十二)

360000－1902－0000796　0953
三國志六十五卷　(晉)陳壽撰　(南朝宋)裴松之注　清同治九年(1870)金陵書局刻本　八冊

360000－1902－0000797　0954
三國志六十五卷　(晉)陳壽撰　(南朝宋)裴松之注　清同治九年(1870)金陵書局刻本　八冊

360000－1902－0000798　0955
三國志六十五卷　(晉)陳壽撰　(南朝宋)裴松之注　清光緒二十五年(1899)慎記書莊石印本　二冊　存三十三卷(一至十三、四十六至六十五)

360000－1902－0000799　0956
三國志六十五卷　(晉)陳壽撰　(南朝宋)裴松之注　清末石印本　二冊　存八卷(二至四、三十一至三十五)

360000－1902－0000800　0958

三國志六十五卷　(晉)陳壽撰　(南朝宋)裴松之注　清光緒十三年(1887)江南書局刻本　八冊

360000－1902－0000801　0959
三國志六十五卷　(晉)陳壽撰　(南朝宋)裴松之注　清刻本　一冊　存六卷(七至十二)

360000－1902－0000802　0960
三國志六十五卷　(晉)陳壽撰　(南朝宋)裴松之注　清刻本　三冊　存十七卷(七至十、三十一至三十九、五十五至五十八)

360000－1902－0000803　0961
三國志六十五卷　(晉)陳壽撰　(南朝宋)裴松之注　清末石印本　七冊　存二十七卷(三至十八、五十五至六十五)

360000－1902－0000804　0962(1)
三國志六十五卷　(晉)陳壽撰　(南朝宋)裴松之注　**附考證**　清末石印本　十冊　存三十七卷(七至九、十八至二十八、三十一至四十一、四十六至五十七)

360000－1902－0000805　0963
三國志六十五卷　(晉)陳壽撰　(南朝宋)裴松之注　清末石印本　十六冊　存四十七卷(一至十四、十九至三十五、四十二至五十三、六十二至六十五)

360000－1902－0000806　0964
晉書一百三十卷　(唐)房玄齡等撰　**音義三卷**　(唐)何超撰　清光緒十年(1884)上海同文書局石印二十四史本　十五冊　存六十八卷(一至四、三十七至四十、五十一至五十五、七十至一百二十四)

360000－1902－0000807　0965
晉書一百三十卷　(唐)房玄齡等撰　**音義三卷**　(唐)何超撰　清光緒十四年(1888)上海圖書集成局鉛印二十四史本　四冊　存三十一卷(二十至二十六、三十四至四十二、五十三至六十、八十九至九十五)

360000－1902－0000808　0966
宋書一百卷　(南朝梁)沈約撰　清末石印本　二十一冊　存八十七卷(十四至一百)

360000－1902－0000809　0967
三國志六十五卷　(晉)陳壽撰　(南朝宋)裴松之注　清光緒十四年(1888)上海圖書集成印書局鉛印二十四史本　八冊

360000－1902－0000810　0968
三國志六十五卷　(晉)陳壽撰　(南朝宋)裴松之注　清末石印本　二冊　存三十五卷(三十一至六十五)

360000－1902－0000811　0969
三國志六十五卷　(晉)陳壽撰　(南朝宋)裴松之注　清光緒十年(1884)上海同文書局石印二十四史本(卷十二至十七、二十九至三十、四十二至四十五、五十八至六十五配清末石印本)　二十冊

360000－1902－0000812　0970
三國志六十五卷　(晉)陳壽撰　(南朝宋)裴松之注　清光緒十四年(1888)上海圖書集成局鉛印二十四史本　六冊　存四十七卷(一至六、十四至二十二、三十一至三十八、四十二至六十五)

360000－1902－0000813　0971
宋書一百卷　(南朝梁)沈約撰　清光緒十四年(1888)上海圖書集成局鉛印二十四史本　四冊　存三十三卷(十一至二十、四十五至五十七、九十一至一百)

360000－1902－0000814　0972
宋書一百卷　(南朝梁)沈約撰　明崇禎七年(1634)琴川毛氏汲古閣刻十七史本　九冊　存五十七卷(十一至六十七)

360000－1902－0000815　0973
南齊書五十九卷　(南朝梁)蕭子顯撰　清同治十三年(1874)金陵書局刻本　六冊

360000－1902－0000816　0974
梁書五十六卷　(唐)姚思廉撰　清光緒十年(1884)上海同文書局石印二十四史本　八冊

360000－1902－0000817　0975

梁書五十六卷 (唐)姚思廉撰 清光緒十四年(1888)上海圖書集成印書局鉛印二十四史本 三冊 存四十卷(一至二十九、四十六至五十六)

360000－1902－0000818 0976
陳書三十六卷 (唐)姚思廉撰 清光緒十四年(1888)上海圖書集成局鉛印二十四史本 二冊 存十五卷(一至七、二十九至三十六)

360000－1902－0000819 0978
陳書三十六卷 (唐)姚思廉撰 清末石印本 五冊 存三十一卷(一至二十六、三十二至三十六)

360000－1902－0000820 0979
梁書五十六卷 (唐)姚思廉撰 清同治十三年(1874)金陵書局刻本 六冊

360000－1902－0000821 0980
陳書三十六卷 (唐)姚思廉撰 清同治十一年(1872)金陵書局刻本 四冊

360000－1902－0000822 0981
魏書一百十四卷 (北齊)魏收撰 清光緒十四年(1888)上海圖書集成印書局鉛印二十四史本 五冊 存四十四卷(一至七、三十二至四十一、五十一至五十八、七十六至九十四)

360000－1902－0000823 0982
魏書一百十四卷 (北齊)魏收撰 清光緒十年(1884)上海同文書局石印二十四史本 二十三冊 存一百九卷(一至五十九、六十五至一百十四)

360000－1902－0000824 0984
魏書一百十四卷 (北齊)魏收撰 明崇禎九年(1636)琴川毛氏汲古閣刻十七史本 十一冊 存七十五卷(一至十九、二十八至五十八、七十五至八十四、一百至一百十四)

360000－1902－0000825 0985
北齊書五十卷 (唐)李百藥撰 清光緒十年(1884)上海同文書局石印二十四史本 七冊 存四十四卷(七至五十)

360000－1902－0000826 0986
周書五十卷 (唐)令狐德棻等撰 清光緒十年(1884)上海同文書局石印二十四史本 八冊

360000－1902－0000827 0987
隋書八十五卷 (唐)魏徵等撰 清光緒十四年(1888)上海圖書集成印書局鉛印二十四史本 二冊 存十二卷(一至十二)

360000－1902－0000828 0988
南史八十卷 (唐)李延壽撰 清光緒十四年(1888)上海圖書集成印書局鉛印二十四史本 六冊 存三十八卷(一至十、十七至三十六、四十五至五十二)

360000－1902－0000829 0989
南史八十卷 (唐)李延壽撰 清光緒十年(1884)上海同文書局石印二十四史本 十五冊 存六十卷(一至十八、二十六至四十二、五十六至八十)

360000－1902－0000830 0990
南史八十卷 (唐)李延壽撰 明萬曆十八年(1590)刻清順治至康熙遞修本 十冊 存四十一卷(七至十、十一至十四、二十三至三十二、四十七至六十九)

360000－1902－0000831 0991
南史八十卷 (唐)李延壽撰 清同治十一年(1872)金陵書局刻本 十二冊

360000－1902－0000832 0992
南史八十卷 (唐)李延壽撰 明崇禎十三年(1640)琴川毛氏汲古閣刻清順治十一年(1654)補緝十七史本 八冊

360000－1902－0000833 0993
北史一百卷 (唐)李延壽撰 明崇禎十二年(1639)琴川毛氏汲古閣刻十七史本 十二冊 存七十四卷(一至二十一、四十至八十五、九十四至一百)

360000－1902－0000834 0994
北史一百卷 (唐)李延壽撰 清光緒十四年(1888)上海圖書集成印書局鉛印二十四史本

五冊　存三十二卷(六至十一、二十四至二十九、五十二至五十七、六十五至七十一、八十至八十六)

360000－1902－0000835　0995
北史一百卷　(唐)李延壽撰　清同治十一年(1872)金陵書局刻本　二十冊

360000－1902－0000836　0996
北史一百卷　(唐)李延壽撰　清光緒十四年(1888)上海圖書集成印書局鉛印二十四史本　十三冊　存八十五卷(六至二十九、三十五至四十、四十六至一百)

360000－1902－0000837　0997
舊唐書二百卷　(五代)劉昫等撰　清光緒十四年(1888)上海圖書集成印書局鉛印二十四史本　十一冊　存九十三卷(六至十六、一百五至一百八十六)

360000－1902－0000838　0998
舊唐書二百卷　(五代)劉昫等撰　清光緒十年(1884)上海同文書局石印二十四史本　二十二冊　存一百九卷(九十二至二百)

360000－1902－0000839　1000
唐書二百二十五卷　(宋)歐陽修　(宋)宋祁等撰　清刻本　二冊　存十四卷(一百一至一百七、一百八十六至一百九十二)

360000－1902－0000840　1001
唐書二百二十五卷　(宋)歐陽修　(宋)宋祁等撰　**釋音二十五卷**　(宋)董衝撰　清光緒十四年(1888)上海圖書集成印書局鉛印二十四史本　十八冊　存一百二十九卷(唐書一至二十二、二十九至七十二、一百八十八至二百二十五,釋音二十五卷)

360000－1902－0000841　1002
舊五代史一百五十卷目錄二卷　(宋)薛居正等撰　清光緒十年(1884)上海同文書局石印二十四史本(卷九十九至一百三配清石印本)　二十四冊

360000－1902－0000842　1003
舊五代史一百五十卷目錄二卷　(宋)薛居正等撰　清光緒十年(1884)上海同文書局石印二十四史本　二十四冊

360000－1902－0000843　1005
五代史七十四卷　(宋)歐陽修撰　(宋)徐無黨注　清光緒十年(1884)上海同文書局石印二十四史本　十冊

360000－1902－0000844　1006
五代史七十四卷　(宋)歐陽修撰　(宋)徐無黨注　清光緒十五年(1889)上海大同書局刻本　五冊　存二十七卷(六至十二、十九至二十四、二十九至三十四、四十至四十三、四十八至五十一)

360000－1902－0000845　1007
五代史七十四卷　(宋)歐陽修撰　(宋)徐無黨注　清光緒十四年(1888)上海圖書集成印書局鉛印二十四史本　六冊

360000－1902－0000846　1008
宋史四百九十六卷目錄三卷　(元)脫脫等撰　清光緒元年(1875)浙江書局刻本　九十三冊　存四百五十七卷(一至一百九、一百三十至二百四十一、二百四十七至四百二十九、四百三十五至四百四十、四百五十三至四百九十六,目錄三卷)

360000－1902－0000847　1009
宋史四百九十六卷　(元)脫脫等撰　清刻本　十七冊　存七十四卷(一百五至一百六十四、二百十一至二百十三、二百十九至二百二十二、二百二十五至二百三十一)

360000－1902－0000848　1010
宋史四百九十六卷　(元)脫脫等撰　清光緒十年(1884)上海同文書局石印二十四史本　六十六冊　存三百三十八卷(四十八至七十二、七十七至一百十一、一百十九至一百六十、一百六十七至二百十四、二百十八至二百二十七、二百三十一至二百三十二、二百四十二至三百十七、三百三十二至三百四十五、三百七十一至三百七十四、三百八十九至三百九十二、三百九十八至四百十二、四百十七至四百三十一、四百三十九至四百六十、四百七

十一至四百九十六)

360000－1902－0000849　1012
宋史四百九十六卷目錄三卷　(元)脫脫等撰　清光緒十四年(1888)上海圖書集成印書局鉛印二十四史本　二十六册　存二百十八卷(十三至二十五、一百二十九至一百七十、一百九十三至二百二十五、三百至四百二十六,目錄三卷)

360000－1902－0000850　1013
遼史一百十六卷　(元)脫脫等撰　清光緒十年(1884)上海同文書局石印二十四史本　八册

360000－1902－0000851　1014
欽定遼史語解十卷　清光緒四年(1878)江蘇書局刻遼金元三史語解本　二册

360000－1902－0000852　1015
金史一百三十五卷　(元)脫脫等撰　**欽定金國語解一卷**　(清)張廷玉等撰　清同治十三年(1874)江蘇書局刻本　三十一册

360000－1902－0000853　1016
欽定金史語解十二卷　清光緒四年(1878)江蘇書局刻遼金元三史語解本　二册

360000－1902－0000854　1017
欽定金史語解十二卷　清光緒四年(1878)江蘇書局刻遼金元三史語解本　二册

360000－1902－0000855　1018
元史二百十卷目錄二卷　(明)宋濂　(明)王褘等撰　清光緒十四年(1888)上海圖書集成印書局鉛印欽定二十四史本　九册　存八十五卷(十七至二十五、三十五至四十七、七十四至八十二、八十九至一百十三、一百二十四至一百三十二、一百八十至一百九十、二百二至二百十)

360000－1902－0000856　1019
欽定元史語解二十四卷　清光緒四年(1878)江蘇書局刻遼金元三史語解本　四册

360000－1902－0000857　1020(1)
明史三百三十二卷　(清)張廷玉等撰　清刻本　六十二册　存二百六十三卷(十四至一百四、一百八至一百三十、一百三十六至一百九十五、一百九十九至二百二、二百十一至二百十四、二百十九至二百五十八、二百六十二至二百六十八、二百八十二至二百八十五、二百九十四至三百二、三百六至三百十一、三百十五至三百十九、三百二十三至三百三十二)

360000－1902－0000858　1020(2)
明史三百三十二卷　(清)張廷玉等撰　清刻本　一册　存四卷(八十五至八十八)

360000－1902－0000859　1022
明史三百三十二卷　(清)張廷玉等撰　清光緒十四年(1888)上海圖書集成印書局鉛印二十四史本　十二册　存一百十二卷(十三至二十四、五十二至六十二、七十三至八十一、一百至一百二、一百十三至一百二十三、一百三十六至一百四十八、一百六十一至一百七十二、一百八十二至一百八十九、二百八至二百十五、二百四十五至二百六十、二百七十二至二百八十)

360000－1902－0000860　1023
明史三百三十二卷目錄四卷　(清)張廷玉等撰　清光緒十年(1884)上海同文書局石印二十四史本　八十九册　存二百五十七卷(五至九、十六至一百一、一百四至一百十、一百十六至一百二十九、一百五十至一百六十六、一百九十至一百九十八、二百十五至二百四十六、二百五十至三百三十二,目錄四卷)

360000－1902－0000861　1025
歷代世系紀年編一卷　(清)沈炳震撰　**歷代建元重號一卷**　(清)姚文田增輯　清同治十年(1871)安徽藩署敬義齋刻本　一册

360000－1902－0000862　1026
歷代史表五十九卷首一卷末一卷　(清)萬斯同撰　清光緒十五年(1889)廣雅書局刻廣雅書局叢書本　六册

360000－1902－0000863　1027
續漢志三十卷　(晉)司馬彪撰　(南朝梁)劉

昭注補　清金陵書局刻本　二冊

360000－1902－0000864　1028
續漢志三十卷　（晉）司馬彪撰　（南朝梁）劉昭注補　清金陵書局刻本　二冊

360000－1902－0000865　1029
續後漢書四十二卷義例一卷音義四卷　（宋）蕭常著　清刻本　三冊　存二十五卷（續後漢書十五至二十三、三十二至四十二，義例一卷，音義四卷）

360000－1902－0000866　1031
東觀漢記二十四卷　（漢）劉珍等撰　清乾隆四十二年（1777）福建刻道光十年（1830）遞修本　四冊

360000－1902－0000867　1032
弘簡錄二百五十四卷　（明）邵經邦撰　**續弘簡錄元史類編四十二卷**　（清）邵遠平撰　清康熙二十七年（1688）刻本　四十八冊

360000－1902－0000868　1033
弘簡錄二百五十四卷　（明）邵經邦撰　**續弘簡錄元史類編四十二卷**　（清）邵遠平撰　清康熙二十七年（1688）刻本　五十三冊　存二百十五卷（一至七十四、七十九至九十八、一百八至一百十、一百十九至一百三十九、一百四十五至一百八十一、一百八十八至一百九十九、二百三至二百二十三、二百二十八至二百五十四）

360000－1902－0000869　1034
續弘簡錄元史類編四十二卷　（清）邵遠平撰　清刻本　九冊　存二十一卷（一、五至十八、二十八至三十、四十至四十二）

360000－1902－0000870　1035
弘簡錄二百五十四卷　（明）邵經邦撰　**續弘簡錄元史類編四十二卷**　（清）邵遠平撰　清康熙二十七年（1688）刻本　二十一冊　存七十九卷（弘簡錄一至四、十三至二十、四十九至五十六、六十五至六十七、一百十一至一百十七、一百二十二至一百二十五、一百五十二至一百六十、一百六十五至一百七十二、一百八十二至一百八十九、二百十七至二百二十，續弘簡錄四至十、二十二至二十四、三十二至三十四、三十七至三十九）

360000－1902－0000871　1036
路史四十七卷　（宋）羅泌纂　（宋）羅苹注　明萬曆三十九年（1611）刻本　十冊

360000－1902－0000872　1037
路史四十七卷　（宋）羅泌纂　（宋）羅苹注　明萬曆三十九年（1611）刻本　十六冊

360000－1902－0000873　1038
重訂路史全本四十七卷　（宋）羅泌著　（宋）羅苹注　清乾隆元年（1736）刻本　二十四冊

360000－1902－0000874　1039
路史四十七卷　（宋）羅泌纂　（宋）羅苹注　清光緒二年（1876）紅杏山房刻本　十六冊

360000－1902－0000875　1040
路史四十七卷　（宋）羅泌纂　（宋）羅苹注　明萬曆三十九年（1611）刻本　九冊　存二十八卷（前紀九，後紀十三卷，發揮六卷，餘論一至四，國名紀丁、戊、己、信）

360000－1902－0000876　1041
南宋書六十八卷　（明）錢士升增削　（清）許重熙贊　清嘉慶二年（1797）南沙席氏掃葉山房刻宋遼金元別史本　十五冊

360000－1902－0000877　1042
半窗史略四十二卷　（清）龍體剛纂輯　清雍正四年（1726）龍圖鳳刻本　十一冊　存四十卷（一至四十）

360000－1902－0000878　1043
史略八十七卷　（清）朱坤輯　清光緒二十四年（1898）上海書局石印本　四冊　存六十三卷（一至十二、二十九至六十八、七十七至八十七）

360000－1902－0000879　1044
萬國史記二十卷　（日本）岡本監輔著　清光緒二十七年（1901）上海書局石印本　六冊

360000－1902－0000880　1046

海東逸史十八卷 題(清)翁洲老民撰 清光緒十年(1884)慈溪楊氏經畬塾刻本 二冊

360000－1902－0000881 1047

元史類編四十二卷 (清)邵遠平撰 清乾隆六十年(1795)南沙席氏掃葉山房刻宋遼金元別史本 二十四冊

360000－1902－0000882 1048

皇朝武功紀盛四卷 (清)趙翼撰 清乾隆五十七年(1792)刻甌北全集本 一冊

360000－1902－0000883 1049

聖武記十四卷 (清)魏源撰 清道光刻本 一冊 存一卷(九)

360000－1902－0000884 1050

東都事略一百三十卷 (宋)王偁撰 清乾隆六十年(1795)南沙席氏掃葉山房刻宋遼金元別史本 八冊 存六十七卷(六十四至一百三十)

360000－1902－0000885 1052

大金國志四十卷 (宋)宇文懋昭撰 清乾隆、嘉慶南沙席氏掃葉山房刻宋遼金元別史本 四冊

360000－1902－0000886 1053

契丹國志二十七卷 (宋)葉隆禮撰 清乾隆、嘉慶南沙席氏掃葉山房刻宋遼金元別史本 四冊

360000－1902－0000887 1054

南齊書五十九卷 (南朝梁)蕭子顯撰 明萬曆十六年至十七年(1588－1589)南京國子監刻本 八冊

360000－1902－0000888 1055

五代史記七十四卷 (宋)歐陽修撰 (宋)徐無黨注 明萬曆四年至五年(1576－1577)國子監刻清順治十六年(1659)康熙三十九年(1700)遞修本 八冊

360000－1902－0000889 1056

春秋三傳十六卷首一卷 (清)魏綸先輯 清同治十年(1871)刻本 一冊 存一卷(首一卷)

360000－1902－0000890 1057

漢書一百卷 (漢)班固撰 (唐)顔師古注 清虛受堂刻本 一冊 存二卷(九十九至一百)

360000－1902－0000891 1058

宋書一百卷 (南朝梁)沈約撰 明萬曆二十二年(1594)南京國子監刻本 十冊 存五十一卷(十四至二十、二十九至七十二)

360000－1902－0000892 1059

竹書紀年二卷 (南朝梁)沈約注 清刻本 一冊

360000－1902－0000893 1060

竹書紀年統箋十二卷前編一卷雜述一卷 (清)徐文靖撰 清光緒三年(1877)浙江書局刻二十二子本 四冊

360000－1902－0000894 1061

竹書紀年校正十四卷通考一卷 (清)郝懿行撰 清光緒五年(1879)東路廳署刻郝氏遺書本 二冊

360000－1902－0000895 1062

元經薛氏傳十卷 (隋)王通撰 (唐)薛收傳 (宋)阮逸注 清刻本 四冊

360000－1902－0000896 1063

校刊資治通鑑全書 (清)胡元常輯 清光緒長沙楊氏刻本 一百五冊 存七種三百八十九卷(資治通鑑一至九十四、一百四至二百九十四,目録三十卷,考異三十卷,釋例一卷,問疑一卷,釋文三十卷,釋文辯誤十二卷)

360000－1902－0000897 1064

校刊資治通鑑全書 (清)胡元常輯 清光緒長沙楊氏刻本 一百八冊 存七種三百五十一卷(資治通鑑三至四十八、六十五至七十一、七十五至八十六、九十二至一百十四、一百十九至二百九十四,目録十八至三十,考異三十卷,釋例一卷,問疑一卷,釋文三十卷,釋文辯誤十二卷)

360000－1902－0000898　1065

資治通鑑二百九十四卷　(宋)司馬光編集　(元)胡三省音注　清光緒二十五年(1899)上海蜚英館石印本　四十五册　存二百八十七卷(一至一百五十四、一百六十二至二百九十四)

360000－1902－0000899　1066

資治通鑑二百九十四卷　(宋)司馬光編集　清咸豐七年(1857)邛州伍氏刻本　八十册

360000－1902－0000900　1067

資治通鑑綱目五十九卷首一卷　(清)朱熹撰　(明)陳仁錫評閲　**前編二十五卷**　(明)南軒撰　(明)陳仁錫評閲　**續資治通鑑綱目二十七卷**　(明)商輅等撰　(明)陳仁錫評閲　明崇禎三年(1630)刻本　一百册

360000－1902－0000901　1068(1)

資治通鑑二百九十四卷　(宋)司馬光編集　(元)胡三省音注　清光緒二十五年(1899)上海蜚英館石印本　十六册　存一百五卷(七至二十、二十八至三十四、四十一至四十七、九十五至一百六、一百十四至一百二十七、一百三十五至一百四十七、一百六十八至一百七十三、二百四至二百九、二百六十九至二百九十四)

360000－1902－0000902　1068(2)

資治通鑑目録三十卷　(宋)司馬光編集　清光緒二十五年(1899)上海蜚英館石印本　二册　存十五卷(一至七、十五至二十二)

360000－1902－0000903　1069(1)

資治通鑑目録三十卷　(宋)司馬光編集　清光緒二十六年(1900)圖書集成局鉛印本(卷十五至二十二配清末石印本)　三册　存二十二卷(一至二十二)

360000－1902－0000904　1069(2)

資治通鑑二百九十四卷　(宋)司馬光編集　(元)胡三省音注　清末石印本　四册　存三十卷(二十五至三十三、七十六至八十四、二百五十九至二百七十)

360000－1902－0000905　1069(3)

續資治通鑑二百二十卷　(清)畢沅編集　清末石印本　三册　存三十三卷(四十九至六十、一百二十四至一百三十四、一百六十五至一百七十四)

360000－1902－0000906　1070

續資治通鑑二百二十卷　(清)畢沅編集　清光緒二十五年(1899)上海蜚英館石印本　十六册　存一百十七卷(十七至二十六、三十六至五十、六十六至八十七、一百九至一百四十四、一百五十二至一百六十三、一百七十八至一百九十九)

360000－1902－0000907　1071

續資治通鑑二百二十卷　(清)畢沅編集　清光緒二十五年(1899)上海蜚英館石印本　三十册

360000－1902－0000908　1072

資治通鑑目録三十卷　(宋)司馬光編集　清光緒二十五年(1899)上海蜚英館石印本　四册

360000－1902－0000909　1073

資治通鑑目録三十卷　(宋)司馬光編集　清同治八年(1869)江蘇書局刻本　十册

360000－1902－0000910　1074

資治通鑑綱目五十九卷續編一卷　(宋)朱熹撰　(明)陳仁錫評閲　**前編二十五卷**　(明)南軒撰　(明)陳仁錫評閲　**續資治通鑑綱目二十七卷**　(明)商輅等撰　(明)陳仁錫評閲　清嘉慶八年(1803)敬書堂刻本　一百六十册

360000－1902－0000911　1075

資治通鑑綱目五十九卷續編一卷　(宋)朱熹撰　(明)陳仁錫評閲　**續資治通鑑綱目二十七卷**　(明)商輅等撰　(明)陳仁錫評閲　清嘉慶十三年(1808)忠信堂刻本　一百十册

360000－1902－0000912　1076

資治通鑑綱目五十九卷　(宋)朱熹撰　(明)陳仁錫評閲　**前編二十五卷**　(明)南軒撰

(明)陳仁錫評閲　清嘉慶十三年(1808)刻本　九十冊　存八十三卷(綱目一至五十五、五十七至五十九,前編二十五卷)

360000－1902－0000913　1077
資治通鑑綱目五十九卷續編一卷　(宋)朱熹撰　(明)陳仁錫評閲　**前編二十五卷**　(明)南軒撰　(明)陳仁錫評閲　**續資治通鑑綱目二十七卷**　(明)商輅等撰　(明)陳仁錫評閲　清康熙六十一年(1722)四喜堂刻本　五十四冊　存九十六卷(綱目一至三十八、四十至五十九,續編一卷,前編二十五卷,續綱目一至六、二十二至二十七)

360000－1902－0000914　1078
資治通鑑綱目五十九卷續編一卷　(宋)朱熹撰　(明)陳仁錫評閲　**前編二十五卷**　(明)南軒撰　(明)陳仁錫評閲　**續資治通鑑綱目二十七卷**　(明)商輅等撰　(明)陳仁錫評閲　**御撰資治通鑑綱目三編二十卷**　(清)張廷玉等撰　清刻本　八十九冊　存一百十一卷(綱目一至十四、十七至二十六、三十七至三十八、四十至五十二、五十六至五十九,續編一卷,前編二十五卷,續綱目一至十四、二十至二十七,三編二十卷)

360000－1902－0000915　1079
資治通鑑綱目續編一卷續資治通鑑綱目二十七卷　(明)商輅等撰　清嘉慶十三年(1808)同人堂刻本　二十八冊　存二十七卷(續編一卷,續綱目一至二、四至二十七)

360000－1902－0000916　1081
御撰資治通鑑綱目三編二十卷　(清)張廷玉等撰　清刻本　一冊　存四卷(一至四)

360000－1902－0000917　1082
鑑畧妥注五卷　(明)李廷機著　(清)鄒聖脈訂　清乾隆十三年(1748)聚盛堂刻本　二冊

360000－1902－0000918　1083
鑑畧妥注五卷　(明)李廷機著　(清)鄒聖脈訂　清道光二十四年(1844)文德堂刻本　二冊

360000－1902－0000919　1084
文德堂增定課兒善本鑑畧妥注四卷　(明)李廷機著　(清)鄒聖脈訂　清乾隆十三年(1748)刻本　一冊　存二卷(一至二)

360000－1902－0000920　1085
續資治通鑑綱目二十七卷　(明)商輅等撰　清嘉慶八年(1803)刻本　九冊　存十五卷(七至二十一)

360000－1902－0000921　1086
綱鑑正史約三十六卷附記一卷　(明)顧錫疇編　(清)陳宏謀(陳弘謀)增訂　清乾隆二年(1737)培遠堂刻本　二十冊

360000－1902－0000922　1087
通鑑釋文辯誤十二卷　(元)胡三省撰　清刻本　二冊　存六卷(四至六、十至十二)

360000－1902－0000923　1088(1)
通鑑擥要前編二卷附錄一卷正編十九卷續編八卷　(清)姚培謙　(清)張景星錄　清乾隆二十六年(1761)刻本　八冊

360000－1902－0000924　1088(2)
明史擥要八卷　(清)姚培謙　(清)張景星錄　清乾隆二十四年(1759)刻本　二冊

360000－1902－0000925　1089
通鑑擥要前編二卷附錄一卷正編十九卷續編八卷附明史擥要八卷　(清)姚培謙　(清)張景星錄　清乾隆六十年(1795)刻本　十五冊

360000－1902－0000926　1090
通鑑擥要正編十九卷　(清)姚培謙　(清)張景星錄　清乾隆二十六年(1761)刻本　五冊　存十八卷(二至十九)

360000－1902－0000927　1091
通鑑擥要續編八卷　(清)姚培謙　(清)張景星錄　清乾隆二十六年(1761)刻本　二冊

360000－1902－0000928　1092
通鑑答問五卷　(宋)王應麟撰　清光緒十年(1884)成都志古堂刻玉海本　二冊

360000－1902－0000929　1093

御批歷代通鑑輯覽一百二十卷　(清)傅恒等撰　清光緒石印本　十二册　存七十二卷(十五至三十三、四十七至五十二、六十三至六十七、七十三至一百六、一百十三至一百二十)

360000－1902－0000930　1094
御批歷代通鑑輯覽一百二十卷　(清)傅恒等撰　清光緒石印本(卷六十一至六十五、一百一至一百五配清鉛印本)　六册　存四十九卷(二十八至四十、六十一至六十五、八十五至九十五、一百一至一百二十)

360000－1902－0000931　1095
御批歷代通鑑輯覽一百二十卷　(清)傅恒等撰　清光緒三十年(1904)上海商務印書館鉛印本　二十四册

360000－1902－0000932　1096
通鑑地理通釋十四卷　(宋)王應麟撰　清光緒刻本　一册　存五卷(五至九)

360000－1902－0000933　1097
資治通鑑地理今釋十六卷　(清)吴熙載撰　清光緒八年(1882)江蘇書局刻本　三册

360000－1902－0000934　1098
御批歷代通鑑輯覽一百二十卷　(清)傅恒等撰　清同治十年(1871)浙江書局刻朱墨套印本　八十七册　存一百七卷(一至二十八、三十二至三十六、三十八至三十九、四十二至五十一、五十三至七十七、七十九至八十、八十五至九十、九十二至一百二十)

360000－1902－0000935　1099
御批歷代通鑑輯覽一百二十卷　(清)傅恒等撰　清同治十年(1871)浙江書局刻朱墨套印本　四十三册　存一百七卷(一至八、十二至十四、二十一至五十、五十三至九十一、九十四至一百二十)

360000－1902－0000936　1100
御批歷代通鑑輯覽一百二十卷　(清)傅恒等撰　清同治十三年(1874)湖南書局刻本　六十册

360000－1902－0000937　1101
御批歷代通鑑輯覽一百二十卷　(清)傅恒等撰　清光緒二十年(1894)湖南澹雅書局刻本　六十册

360000－1902－0000938　1102
御批歷代通鑑輯覽一百二十卷　(清)傅恒等撰　清同治十三年(1874)湖南書局刻本　五十六册

360000－1902－0000939　1103(1)
御批歷代通鑑輯覽一百二十卷　(清)傅恒等撰　清刻本　二十四册　存四十七卷(二十三至二十六、三十三至三十八、四十一至四十二、四十五至五十四、五十七至五十八、六十一、六十七至六十八、七十三至八十四、八十九至九十二、一百七至一百八、一百十三至一百十四)

360000－1902－0000940　1103(2)
御批歷代通鑑輯覽一百二十卷　(清)傅恒等撰　清刻本　四册　存六卷(三十三至三十四、四十五至四十六、五十四、七十七)

360000－1902－0000941　1105
御批歷代通鑑輯覽一百二十卷　(清)傅恒等撰　清光緒十三年(1887)上海同文書局石印本　二十册

360000－1902－0000942　1106
御批歷代通鑑輯覽一百二十卷　(清)傅恒等撰　清光緒二十五年(1899)新化三味堂刻本　五十五册　存一百五卷(一、六至二十三、二十六至三十一、三十三至三十四、三十六至三十九、四十四至五十一、五十三至五十五、五十七至七十、七十二至一百二十)

360000－1902－0000943　1107
御批歷代通鑑輯覽一百二十卷　(清)傅恒等撰　清光緒二十四年(1898)湖北書局刻本　五十四册　存一百七卷(一至四、八至十七、二十至二十七、三十至三十五、三十八至五十五、五十八至八十六、八十九至一百二十)

360000－1902－0000944　1108

御批歷代通鑑輯覽一百二十卷　（清）傅恒等撰　清光緒三十年（1904）經光書局刻本　五十一冊　存一百一卷（一至三十、三十五至九十四、一百二至一百七、一百十至一百十三、一百十六）

360000－1902－0000945　1109
御批歷代通鑑輯覽一百二十卷　（清）傅恒等撰　清光緒二十五年（1899）新化三味堂刻本　四十一冊　存八十一卷（一至十五、十八至二十三、二十六至二十七、三十至三十九、四十二至四十五、四十八至四十九、五十二至五十九、六十二至六十三、六十六至七十七、八十至八十三、九十二至九十九、一百二至一百七、一百十至一百十一）

360000－1902－0000946　1110
御批歷代通鑑輯覽一百二十卷　（清）傅恒等撰　清光緒二十年（1894）湖南澹雅書局刻本　四十六冊　存一百十二卷（一至五十四、五十七至九十四、九十七至九十八、一百三至一百二十）

360000－1902－0000947　1111
御批歷代通鑑輯覽一百二十卷　（清）傅恒等撰　清光緒二十四年（1898）湖北書局刻本　三十九冊　存七十八卷（一至二十、二十三至二十六、二十八至二十九、五十一至五十四、五十八至五十九、六十九至九十、九十三至九十八、一百一至一百二、一百五至一百二十）

360000－1902－0000948　1112
御批歷代通鑑輯覽一百二十卷　（清）傅恒等撰　清刻本　三十八冊　存六十五卷（十至十一、三十四至四十七、五十四至六十二、六十六至七十九、八十一至八十三、八十六至八十七、八十九至九十三、九十五、一百二至一百七、一百十至一百十八）

360000－1902－0000949　1113
御批歷代通鑑輯覽一百二十卷　（清）傅恒等撰　清光緒二十五年（1899）新化三味堂刻本　三十六冊　存七十二卷（三至八、十一至三十、三十九至四十四、四十七至八十、九十五至九十八、一百三至一百四）

360000－1902－0000950　1114（1）
御批歷代通鑑輯覽一百二十卷　（清）傅恒等撰　清刻本　三十三冊　存六十五卷（九至二十三、四十四至四十七、五十至五十三、六十二至六十七、七十二至七十三、七十六至七十七、七十九至八十二、八十五至九十、九十三至九十六、九十九至一百五、一百七至一百十、一百十二至一百十四、一百十七至一百二十）

360000－1902－0000951　1114（2）
御批歷代通鑑輯覽一百二十卷　（清）傅恒等撰　清刻本　一冊　存二卷（七十六至七十七）

360000－1902－0000952　1115
御批歷代通鑑輯覽一百二十卷　（清）傅恒等撰　清末刻本　十三冊　存二十六卷（九十五至一百二十）

360000－1902－0000953　1116
御批歷代通鑑輯覽一百二十卷　（清）傅恒等撰　清刻本　四十三冊　存八十五卷（六至八、二十四至三十四、三十七至七十、七十三至七十七、八十五至九十二、九十五至一百六、一百九至一百二十）

360000－1902－0000954　1118
御批歷代通鑑輯覽一百二十卷　（清）傅恒等撰　清光緒二十四年（1898）上海圖書集成局鉛印本　四冊　存二十卷（十一至二十五、五十一至五十五）

360000－1902－0000955　1124（1）
支那通史七卷　（日本）那珂通世編　清光緒二十五年（1899）東文學社石印本　五冊　存四卷（一至四）

360000－1902－0000956　1124（2）
續支那通史二卷　（日本）山峰畯藏著　漢陽青年編　清光緒三十二年（1906）會文堂書局石印本　三冊　存二卷（一、二下）

360000－1902－0000957　1126

御批歷代通鑑輯覽一百二十卷　(清)傅恒等撰　清光緒二十八年(1902)上海經香閣石印本　七册　存五十五卷(一至十一、二十一至五十、九十九至一百十二)

360000－1902－0000958　1127
御批歷代通鑑輯覽一百二十卷　(清)傅恒等撰　清光緒刻本　七册　存十六卷(十一至十六、三十五至三十六、九十九至一百、一百七至一百八、一百十七至一百二十)

360000－1902－0000959　1128
御批資治通鑑綱目五十九卷首一卷　(宋)朱熹撰　清嘉慶八年(1803)刻本　五十一册

360000－1902－0000960　1129
御批資治通鑑綱目五十九卷首一卷　(宋)朱熹撰　清康熙四十六年(1707)刻御批資治通鑑綱目全書本　二十六册　存五十一卷(四至二十九、三十三至四十四、四十七至五十九)

360000－1902－0000961　1130
御批資治通鑑綱目前編十八卷首一卷舉要三卷　(元)金履祥撰　清康熙宋犖刻本　八册

360000－1902－0000962　1131
御批資治通鑑綱目五十九卷首一卷　(宋)朱熹撰　清康熙宋犖刻本　三册　存六卷(一至三、四十五至四十六,首一卷)

360000－1902－0000963　1132
御批續資治通鑑綱目二十七卷　(明)商輅等撰　清嘉慶八年(1803)刻本　十九册　存二十六卷(一至二、四至二十七)

360000－1902－0000964　1133
御撰資治通鑑綱目三編二十卷　(清)張廷玉等編　清刻本　三册　存十六卷(一至五、十至二十)

360000－1902－0000965　1134
尺木堂綱鑑易知錄九十二卷　(清)吳乘權等輯　清刻本　八册　存十五卷(十八至十九、二十三至二十四、三十一至三十四、八十二至八十八)

360000－1902－0000966　1135
尺木堂綱鑑易知錄九十二卷　(清)吳乘權等輯　清刻本　三十七册　存七十六卷(一至三十九、五十至五十一、五十六至六十九、七十二至九十二)

360000－1902－0000967　1136
尺木堂綱鑑易知錄九十二卷　(清)吳乘權等輯　清末刻本　十七册　存四十二卷(十四至三十七、四十七至五十、五十六至五十七、六十至六十四、七十一至七十三、七十八至八十一)

360000－1902－0000968　1137
御批續資治通鑑綱目二十七卷　(明)商輅等撰　清康熙刻本　十二册

360000－1902－0000969　1138
御撰資治通鑑綱目三編二十卷　(清)張廷玉等編　清刻本　六册

360000－1902－0000970　1139
鼎鍥趙田了凡袁先生編纂古本歷史大方綱鑑補三十九卷首一卷　(明)袁黄編纂　**御撰資治通鑑綱目三編二十卷**　(清)張廷玉等編　清光緒三十年(1904)維新書局刻本　三十六册

360000－1902－0000971　1140
鼎鍥趙田了凡袁先生編纂古本歷史大方綱鑑補三十九卷首一卷　(明)袁黄編纂　**御撰資治通鑑綱目三編二十卷**　(清)張廷玉等編　清末刻本　二十四册

360000－1902－0000972　1141
鼎鍥趙田了凡袁先生編纂古本歷史大方綱鑑補三十九卷首一卷　(明)袁黄編纂　**御撰資治通鑑綱目三編二十卷**　(清)張廷玉等編　清末刻本　二十四册

360000－1902－0000973　1142
鼎鍥趙田了凡袁先生編纂古本歷史大方綱鑑補三十九卷首一卷　(明)袁黄編纂　清刻本　十一册　存十五卷(二至四、七至十三、十九至二十、二十二、三十一、三十八)

360000－1902－0000974　1143
增補綱鑑輯要四十卷首一卷末一卷　（明）袁黄編纂　**御撰資治通鑑綱目三編二十卷**　（清）張廷玉等編　清光緒十三年（1887）玉尺山房刻本　四十册

360000－1902－0000975　1144
鼎鍥趙田了凡袁先生編纂古本歷史大方綱鑑補三十九卷首一卷　（明）袁黄編纂　清經綸堂刻本　二十八册

360000－1902－0000976　1145
增補綱鑑輯要四十卷首一卷　（明）袁黄編集　清光緒三十年（1904）維新書局刻本　二十七册　存三十九卷（一至二十五、二十七至二十九、三十一至四十，首一卷）

360000－1902－0000977　1147
增補綱鑑輯要四十卷首一卷末一卷　（明）袁黄編纂　**御撰資治通鑑綱目三編二十卷**　（清）張廷玉等編　清光緒二十五年（1899）澹雅山房刻本　二十四册　存五十八卷（輯要一至四、六至九、十二、十四至四十，首一卷，末一卷；綱目三編二十卷）

360000－1902－0000978　1148
鼎鍥趙田了凡袁先生編纂古本歷史大方綱鑑補三十九卷首一卷末一卷　（明）袁黄編纂　**御撰資治通鑑綱目四卷**　（清）張廷玉等編　清光緒二十九年（1903）經綸森寶刻本　三十六册

360000－1902－0000979　1150
綱鑑補注三十九卷首一卷　（明）王世貞編　**御撰資治通鑑綱目六卷**　（清）張廷玉等編　清宣統元年（1909）美華書局石印本　十二册

360000－1902－0000980　1151
鼎鍥趙田了凡袁先生編纂古本歷史大方綱鑑補三十九卷首一卷　（明）袁黄編纂　清光緒刻本　十一册　存十三卷（四至六、十五、十七、二十一、二十三、二十九、三十一至三十三、三十七至三十八）

360000－1902－0000981　1152
鼎鍥趙田了凡袁先生編纂古本歷史大方綱鑑補三十九卷首一卷　（明）袁黄編纂　**御撰資治通鑑綱目三編二十卷**　（清）張廷玉等編　清刻本　三十五册

360000－1902－0000982　1154
鼎鍥趙田了凡袁先生編纂古本歷史大方綱鑑補三十九卷首一卷　（明）袁黄編纂　清光緒刻本　二十一册　存二十七卷（二至十二、十四至十八、二十至二十六、三十三、三十七至三十九）

360000－1902－0000983　1156
鼎鍥趙田了凡袁先生編纂古本歷史大方綱鑑補三十九卷首一卷　（明）袁黄編纂　**御撰資治通鑑綱目三編二十卷**　（清）張廷玉等編　清經綸堂刻本　二十八册　存四十一卷（綱鑑補三十九卷、首一卷，三編一）

360000－1902－0000984　1157
鼎鍥趙田了凡袁先生編纂古本歷史大方綱鑑補三十九卷首一卷末一卷　（明）袁黄編纂　**御撰資治通鑑綱目三編二十卷**　（清）張廷玉等編　清末刻本　二十四册　存五十卷（綱鑑補一至三、六至九、十二至十三、十五至十六、十九至二十、二十二至二十四、二十七至三十七、三十九，首一卷，末一卷；三編二十卷）

360000－1902－0000985　1158
袁王綱鑑合編三十九卷首一卷　（明）袁黄輯　（明）王世貞編　清宣統三年（1911）育文書局石印本　十册　存二十九卷（三至十五、十九至二十七、三十三至三十九）

360000－1902－0000986　1161
增補綱鑑輯要四十卷首一卷　（明）袁黄編纂　**御撰資治通鑑綱目三編二十卷**　（清）張廷玉等編　清光緒十三年（1887）玉尺山房刻本　二十五册　存四十六卷（綱鑑輯要一至十四、十七至四十，首一卷；綱目三編一至七）

360000－1902－0000987　1165（1）
俄史輯譯四卷　（清）徐景羅譯　**繙譯米利堅志四卷**　（日本）岡千仞　（日本）河野通之撰

法蘭西志六卷　（日本）高橋二郎譯述　（日本）岡千仞刪定　清光緒二十三年(1897)湖南新學書局刻西史匯函本　七冊　存八卷(俄史輯譯一、三至四,緬譯米利堅志一至二,法蘭西志四至六)

360000－1902－0000988　1165(2)
俄史輯譯四卷　(清)徐景羅譯　清光緒二十三年(1897)湖南新學書局刻西史匯函本　二冊　存一卷(三)

360000－1902－0000989　1166
泰西新史攬要二十四卷　(英國)馬懇西撰　(英國)李提摩太譯　蔡爾康述稿　清末刻本　四冊　存十一卷(五至十二、二十二至二十四)

360000－1902－0000990　1167
大英國志八卷　(英國)慕維廉譯　清光緒二十三年(1897)湖南新學書局刻西史匯函本　四冊　存七卷(一至四、六至八)

360000－1902－0000991　1168
中國歷史六卷　(清)陳慶年編　清光緒三十二年(1906)武昌刻本　六冊

360000－1902－0000992　1169
鼎鍥趙田了凡袁先生編纂古本歷史大方綱鑑補三十九卷首一卷　(明)袁黃編纂　清怡谷堂刻本　十七冊　存二十卷(一至三、八至十一、十三至十四、十六、十八至二十一、三十、三十五至三十八,首一卷)

360000－1902－0000993　1170
東華續錄乾隆朝一百二十卷　王先謙編輯　清刻本　四十八冊

360000－1902－0000994　1171
明大政纂要六十三卷首一卷　(明)譚希思編輯　清光緒二十一年(1895)湖南思賢書局刻本　二十八冊

360000－1902－0000995　1173
明史擥要八卷　(清)姚培謙　(清)張景星錄　清嘉慶二十三年(1818)刻本　二冊

360000－1902－0000996　1174
尺木堂明鑑易知錄十五卷　(清)吳乘權等編輯　清刻本　二冊　存六卷(一至三、十三至十五)

360000－1902－0000997　1175
御撰資治通鑑綱目三編六卷　(清)張廷玉等撰　清光緒二十八年(1902)上海富強齋石印本　二冊

360000－1902－0000998　1176
歷代帝王年表十四卷　(清)齊召南編　(清)阮福續編　**帝王廟謚年諱譜一卷**　(清)陸費墀撰　清道光四年(1824)小琅嬛仙館刻本　二冊　存八卷(歷代帝王年表八至十四、帝王廟謚年諱譜一卷)

360000－1902－0000999　1177
歷代帝王年表十四卷　(清)齊召南編　(清)阮福續編　清道光四年(1824)小琅嬛仙館刻本　三冊

360000－1902－0001000　1178
歷代帝王年表十四卷　(清)齊召南編　(清)阮福續編　**帝王廟謚年諱譜一卷**　(清)陸費墀撰　清道光四年(1824)小琅嬛仙館刻本　三冊

360000－1902－0001001　1179
中興小紀四十卷　(宋)熊克撰　清光緒十七年(1891)廣雅書局刻廣雅書局叢書本　六冊

360000－1902－0001002　1180
三國志旁證三十卷　(清)梁章鉅撰　清光緒十五年(1889)廣雅書局刻廣雅書局叢書本　六冊

360000－1902－0001003　1181
歷代政要表二卷　(清)胡子清編輯　清光緒二十九年(1903)長沙刻本　二冊

360000－1902－0001004　1184
東華錄一百九十五卷東華續錄四百三十卷　王先謙編　清光緒十三年(1887)上海廣百宋齋鉛印本(咸豐卷十至十三、二十五至三十四、三十七至四十二、五十七至六十九配清石印本） 四十六册 存二百四十七卷（東華錄天聰朝六至十，順治朝八至二十五，康熙朝一至八、十五至十九、三十二至八十、九十一至九十九；續錄乾隆朝五至十、十六至四十六、五十九至六十八、七十三至七十五、七十九至八十六、九十六至一百十三，嘉慶朝一至七、二十五至三十五，道光朝八至十八、三十六至四十四、五十四至五十九，咸豐朝十至十三、二十五至三十四、三十七至四十二、五十七至六十九）

360000－1902－0001005 1185
東華錄一百九十五卷 王先謙編 清光緒十三年（1887）上海廣百宋齋鉛印本 五册 存四十卷（天聰朝七至十、順治朝三十六卷）

360000－1902－0001006 1186
東華錄康熙朝一百十卷 王先謙編 清光緒十三年（1887）上海廣百宋齋鉛印本 十四册

360000－1902－0001007 1187
東華錄雍正朝二十六卷 王先謙編 清光緒十三年（1887）上海廣百宋齋鉛印本 六册 存十七卷（一至三、九至十、十五至二十六）

360000－1902－0001008 1188
東華錄三十二卷 （清）蔣良騏編 清刻本 十册

360000－1902－0001009 1189
東華錄三十二卷 （清）蔣良騏編 清刻本 十五册 存三十卷（三至三十二）

360000－1902－0001010 1190
十朝東華錄五百二十五卷 王先謙編 清光緒石印本 十册 存七十三卷（順治朝二十三至三十六，康熙朝九十一至一百十，雍正朝六至十一，乾隆朝二十五至三十，嘉慶朝三十至三十七，咸豐朝十六至十八、五十五至六十、七十七至八十六）

360000－1902－0001011 1191
東華錄詳節二十四卷 （清）鄔樹庭編輯 清光緒二十六年（1900）上海東文學堂石印本 十三册 存二十卷（一至十、十二至十四、十七至二十一、二十三至二十四）

360000－1902－0001012 1192
九朝東華錄一百二十卷 王先謙編 清末石印本 十册 存十九卷（康熙朝十至二十一、雍正朝一至七）

360000－1902－0001013 1193
東華錄順治朝三十六卷 王先謙編 清光緒鉛印本 一册 存十卷（八至十七）

360000－1902－0001014 1194
東華錄天命朝四卷 王先謙編 清末鉛印本 一册

360000－1902－0001015 1195
東華錄雍正朝二十六卷 王先謙編 清光緒十三年（1887）上海廣百宋齋鉛印本 七册 存十七卷（四至十、十三至二十二）

360000－1902－0001016 1196
十一朝東華約錄二百三十二卷 （清）王祖顯撰 清光緒二十七年（1901）石印本 十六册 存一百六十二卷（一至十二、二十四至四十四、六十二至一百、一百十二至一百三十二、一百五十二至二百十四、二百二十、二百二十二至二百二十六）

360000－1902－0001017 1197
東華錄三十二卷 （清）蔣良騏編 清善成堂刻本 四册

360000－1902－0001018 1198
東華續錄嘉慶朝五十卷 王先謙編 清刻本 二十册

360000－1902－0001019 1199
東華錄一百九十五卷東華續錄四百三十卷 王先謙編 清光緒刻本 一百六册 存三百九十五卷（東華錄天命朝四卷、天聰朝十一卷、崇德朝八卷、順治朝三十六卷、康熙朝一百十卷、雍正朝十二至二十六；東華續錄乾隆朝一至三十六、四十九至八十四、八十八至一百二十，嘉慶朝一至二十一、二十六至五十，道光朝六十卷）

360000－1902－0001020　1200
九朝東華録一百二十卷　王先謙編　清末石印本　二十冊　存四十一卷(乾隆朝三十五至四十八、嘉慶朝十四卷、道光朝十三卷)

360000－1902－0001021　1201
東華續録道光朝六十卷　王先謙編　清刻本　二十冊

360000－1902－0001022　1202
東華續録嘉慶朝五十卷　王先謙編　清末鉛印本　八冊

360000－1902－0001023　1203
東華續録乾隆朝一百二十卷　王先謙編　清光緒十三年(1887)上海廣百宋齋鉛印本　九冊　存三十九卷(一至十五、二十三至四十六)

360000－1902－0001024　1204
東華續録同治朝一百卷　王先謙編　清光緒石印本　二十二冊　存九十四卷(七至一百)

360000－1902－0001025　1205
十朝東華録五百二十五卷　王先謙編　清光緒石印本　八冊　存四十六卷(咸豐朝五十五至一百)

360000－1902－0001026　1206
東華續録乾隆朝一百二十卷　王先謙編　清光緒十三年(1887)上海廣百宋齋鉛印本　十六冊　存六十六卷(一至九、二十一至二十六、四十至四十二、六十二至九十一、九十六至一百五、一百十至一百十七)

360000－1902－0001027　1207
東華續録咸豐朝六十九卷　(清)潘頤福編　清光緒二十五年(1899)上海書局石印本　十四冊　存六十卷(一至九、十四至六十四)

360000－1902－0001028　1209
昭公元年至二十七年史不分卷　(□)□□著　清抄本　一冊

360000－1902－0001029　1211
西史綱目二十卷　(清)周維翰撰　清光緒二十七年(1901)石印本　八冊　存十六卷(一至二、五至十二、十五至二十)

360000－1902－0001030　1212
西史綱目三十五卷　(清)周維翰撰　清光緒二十九年(1903)常州經世文社石印本　三冊　存五卷(二十一、二十八至二十九、三十二至三十三)

360000－1902－0001031　1214
通鑑紀事本末二百三十九卷　(宋)袁樞編輯　(明)張溥論正　清同治十二年(1873)江西書局刻紀事本末五種本　八十冊

360000－1902－0001032　1215
通鑑紀事本末二百三十九卷　(宋)袁樞編輯　(明)張溥論正　清同治十二年(1873)江西書局刻紀事本末五種本　八十冊

360000－1902－0001033　1216
通鑑紀事本末二百三十九卷　(宋)袁樞編輯　(明)張溥論正　清同治十二年(1873)江西書局刻紀事本末五種本　八十冊　存二百三十七卷(一至二百十三、二百十六至二百三十九)

360000－1902－0001034　1217
通鑑紀事本末二百三十九卷　(宋)袁樞編輯　(明)張溥論正　清同治十二年(1873)江西書局刻紀事本末五種本　一冊　存五卷(五至九)

360000－1902－0001035　1218
通鑑紀事本末二百三十九卷　(宋)袁樞編輯　(明)張溥論正　清同治十二年(1873)江西書局刻紀事本末五種本　三十八冊　存一百卷(一百六至一百三十一、一百五十五至一百八十、一百九十二至二百三十九)

360000－1902－0001036　1219
左傳紀事本末五十三卷　(清)高士奇撰　清同治十二年(1873)江西書局刻紀事本末五種本　十二冊

360000－1902－0001037　1220
左傳紀事本末五十三卷　(清)高士奇撰　清

同治十二年(1873)江西書局刻紀事本末五種本　一册　存五卷(四十至四十四)

360000－1902－0001038　1221
左傳紀事本末五十三卷　(清)高士奇撰　清同治十二年(1873)江西書局刻紀事本末五種本　四册　存十四卷(四十至五十三)

360000－1902－0001039　1222
左傳紀事本末五十三卷　(清)高士奇撰　清同治十二年(1873)江西書局刻紀事本末五種本　十二册

360000－1902－0001040　1223
左傳紀事本末五十三卷　(清)高士奇撰　清同治十二年(1873)江西書局刻紀事本末五種本　十二册

360000－1902－0001041　1224
宋史紀事本末一百九卷　(明)馮琦編　(明)陳邦瞻纂輯　(明)張溥論正　清朝宗書室木活字本　二十四册

360000－1902－0001042　1225
宋史紀事本末一百九卷　(明)馮琦編　(明)陳邦瞻增訂　(明)張溥論正　清同治十三年(1874)江西書局刻紀事本末五種本　二十册

360000－1902－0001043　1226
宋史紀事本末一百九卷　(明)馮琦編　(明)陳邦瞻增訂　(明)張溥論正　清同治十三年(1874)江西書局刻紀事本末五種本　二十册

360000－1902－0001044　1227
宋史紀事本末一百九卷　(明)馮琦編　(明)陳邦瞻增訂　(明)張溥論正　清同治十三年(1874)江西書局刻紀事本末五種本　二十册

360000－1902－0001045　1228
宋史紀事本末一百九卷　(明)馮琦編　(明)陳邦瞻增訂　(明)張溥論正　清同治十三年(1874)江西書局刻紀事本末五種本　十九册　存一百六卷(一至七十一、七十五至一百九)

360000－1902－0001046　1229
元史紀事本末二十七卷　(明)陳邦瞻編輯　(明)張溥論正　清同治十三年(1874)江西書局刻紀事本末五種本　四册

360000－1902－0001047　1230
元史紀事本末二十七卷　(明)陳邦瞻編　(明)臧懋循補輯　(明)張溥論正　清朝宗書室木活字印本　六册

360000－1902－0001048　1231
元史紀事本末二十七卷　(明)陳邦瞻編輯　(明)張溥論正　清同治十三年(1874)江西書局刻紀事本末五種本　四册

360000－1902－0001049　1232
元史紀事本末二十七卷　(明)陳邦瞻編輯　(明)張溥論正　清同治十三年(1874)江西書局刻紀事本末五種本　四册

360000－1902－0001050　1233
元史紀事本末二十七卷　(明)陳邦瞻編輯　(明)張溥論正　清光緒十三年(1887)廣雅書局刻本　四册

360000－1902－0001051　1234
元史紀事本末二十七卷　(明)陳邦瞻編輯　(明)張溥論正　清同治十三年(1874)江西書局刻紀事本末五種本　四册

360000－1902－0001052　1235
明史紀事本末八十卷　(清)谷應泰編輯　清同治十三年(1874)江西書局刻紀事本末五種本　一册　存四卷(四十七至五十)

360000－1902－0001053　1236
明史紀事本末八十卷　(清)谷應泰編輯　清同治十三年(1874)江西書局刻紀事本末五種本　二十册

360000－1902－0001054　1237
明史紀事本末八十卷　(清)谷應泰編輯　清同治十三年(1874)江西書局刻紀事本末五種本　二十册

360000－1902－0001055　1238
明史紀事本末八十卷　(清)谷應泰編輯　清

刻本　十册　存四十五卷(十六至四十六、五十五至六十八)

360000－1902－0001056　1239
明史紀事本末八十卷　(清)谷應泰編輯　清同治十三年(1874)江西書局刻紀事本末五種本　二十册

360000－1902－0001057　1240
皇清開國方略三十二卷首一卷　(清)阿桂等纂　清光緒十三年(1887)上海廣百宋齋鉛印本　六册

360000－1902－0001058　1242
聖武記十四卷　(清)魏源撰　清道光二十二年(1842)刻本　六册

360000－1902－0001059　1243
聖武記十四卷　(清)魏源撰　清刻本　三册　存三卷(四、八至九)

360000－1902－0001060　1244
聖武記十四卷　(清)魏源撰　清道光二十四年(1844)京都琉璃廠刻本　八册

360000－1902－0001061　1245
聖武記十四卷　(清)魏源撰　清道光二十四年(1844)刻本　十二册

360000－1902－0001062　1248
中東戰紀本末八卷首一卷末一卷續編四卷文學興國策二卷　(美國)林樂知著譯　(清)蔡爾康纂輯　清光緒二十三年(1897)上海圖書集成局鉛印本　十三册

360000－1902－0001063　1249
平定粵匪紀略十八卷附記四卷　(清)杜文瀾撰　清同治十年(1871)京都聚珍齋木活字印本　八册

360000－1902－0001064　1250
平定粵匪紀略十八卷附記四卷　(清)杜文瀾撰　清同治十年(1871)京都聚珍齋木活字印本　十册

360000－1902－0001065　1251
通鑑紀事本末八十卷　(清)谷應泰編著　清末刻本　一册　存三卷(七十一至七十三)

360000－1902－0001066　1254
東南紀事十二卷西南紀事十二卷　(清)邵廷采撰　清光緒邵武徐氏刻邵武徐氏叢書本　四册

360000－1902－0001067　1255
兩淮戡亂記一卷附中興樂府一卷　(清)張瑞墀著　清宣統元年(1909)江都吳氏鉛印本　一册

360000－1902－0001068　1256
西夏紀事本末三十六卷年表一卷　(清)張鑒撰　清光緒十年(1884)江蘇書局刻本　四册

360000－1902－0001069　1258
金陵癸甲紀事略一卷　(清)謝介鶴撰　清咸豐七年(1857)刻本　一册

360000－1902－0001070　1263
明季稗史彙編　(清)留雲居士輯　清都城琉璃廠刻本　十七册　存十四種

360000－1902－0001071　1266
國語二十一卷　(春秋)左丘明撰　(三國吳)韋昭解　(宋)宋庠補音　**戰國策十卷**　(宋)鮑彪注　清刻本　八册

360000－1902－0001072　1267
國語二十一卷　(春秋)左丘明撰　(三國吳)韋昭解　(宋)宋庠補音　**戰國策十卷**　(宋)鮑彪校注　清乾隆二十七年(1762)刻本　十二册

360000－1902－0001073　1268
國語二十一卷　(春秋)左丘明撰　(三國吳)韋昭解　**劄記一卷**　(清)黃丕烈撰　**考異四卷**　(清)汪遠孫著　清同治八年(1869)湖北崇文書局刻本　五册

360000－1902－0001074　1269
國語二十一卷　(春秋)左丘明撰　(三國吳)韋昭解　**劄記一卷**　(清)黃丕烈撰　**考異四卷**　(清)汪遠孫著　**戰國策三十三卷**　(漢)高誘注　**劄記三卷**　(清)黃丕烈撰　清光緒

二年(1876)尊經書院刻本　十册

360000－1902－0001075　1274
戰國策三十三卷　(漢)高誘注　**劄記三卷**　(清)黄丕烈撰　清同治八年(1869)湖北崇文書局刻本　五册

360000－1902－0001076　1275
十國春秋一百十六卷　(清)吴任臣撰　清刻本　十一册　存一百六卷(八至一百十一、一百十五至一百十六)

360000－1902－0001077　1280
國語二十一卷　(春秋)左丘明撰　(三國吴)韋昭注　**劄記一卷**　(清)黄丕烈撰　**考異四卷**　(清)汪遠孫著　清刻本　四册　存二十二卷(國語五至二十一、劄記一卷、考異四卷)

360000－1902－0001078　1281
三史拾遺五卷　(清)錢大昕撰　清嘉慶十二年(1807)嘉興郡齋刻考史拾遺本　三册

360000－1902－0001079　1285
南唐書十八卷　(宋)陸游撰　清同治十三年(1874)盱南三餘書屋刻南唐書合刻本　一册

360000－1902－0001080　1286
南唐書三十卷　(宋)馬令編　清同治十三年(1874)盱南三餘書屋刻南唐書合刻本　二册

360000－1902－0001081　1287
南北史捃華八卷　(清)周嘉猷輯　清同治十一年(1872)南園寄社木活字印本　四册

360000－1902－0001082　1288
吴越春秋六卷　(漢)趙曄撰　清刻增訂漢魏叢書本　二册

360000－1902－0001083　1289
吴越春秋十卷　(漢)趙曄撰　清刻本　三册

360000－1902－0001084　1290
十六國春秋十六卷　(北魏)崔鴻撰　**鄴中記一卷**　(晉)陸翽撰　清刻本　三册

360000－1902－0001085　1291
越絕書十五卷　(漢)袁康撰　清初刻本　二册

360000－1902－0001086　1292
越絕書十五卷　(漢)袁康撰　清刻本　一册

360000－1902－0001087　1294
華陽國志十二卷　(晉)常璩撰　清乾隆六十年(1795)金谿王氏刻增訂漢魏叢書本　二册　存九卷(一至九)

360000－1902－0001088　1295
華陽國志十二卷　(晉)常璩撰　清乾隆刻本　七册　存十一卷(一至十一)

360000－1902－0001089　1297
宋稗類鈔八卷　(清)潘永因編輯　清康熙八年(1669)刻本　八册

360000－1902－0001090　1298(1)
遼史拾遺二十四卷　(清)厲鶚撰　清光緒元年(1875)江蘇書局刻本　八册

360000－1902－0001091　1298(2)
遼史拾遺補五卷　(清)楊復吉輯　清光緒三年(1877)江蘇書局刻本　二册

360000－1902－0001092　1299
遼史拾遺二十四卷　(清)厲鶚撰　清道光二年(1822)振綺堂刻本　八册

360000－1902－0001093　1300
明季稗史彙編二十七卷　(清)留雲居士輯　清光緒二十二年(1896)上海圖書集成印書局鉛印本　五册　存二十三卷(五至二十七)

360000－1902－0001094　1301
錢塘遺事十卷　(元)劉一清撰　清嘉慶四年(1799)掃葉山房刻本　二册

360000－1902－0001095　1302
明季稗史彙編　(清)留雲居士輯　清都城琉璃廠刻本　十册

360000－1902－0001096　1303
明季南略十八卷　(清)計六奇編輯　清都城琉璃廠刻本　十一册　存十七卷(一至十一、十三至十八)

360000－1902－0001097　1304
明季南略十八卷　(清)計六奇編輯　清都城

琉璃廠刻本　八冊

360000－1902－0001098　1307
明季北略二十四卷　(清)計六奇編輯　清都城琉璃廠刻本　十一冊　存二十二卷(一至十六、十九至二十四)

360000－1902－0001099　1308
明季北略二十四卷　(清)計六奇編輯　清都城琉璃廠刻本　十二冊

360000－1902－0001100　1309
勝朝遺事初編六卷二編八卷　(清)吳彌光輯　清光緒九年(1883)懺華盦刻本　二十冊

360000－1902－0001101　1311
蜀龜鑒七卷首一卷　(清)劉景伯著　清宣統三年(1911)裴氏刻本　二冊

360000－1902－0001102　1312
國朝柔遠記十八卷附編二卷　(清)王之春編　清光緒二十二年(1896)湖北書局刻本　六冊

360000－1902－0001103　1313
國朝柔遠記二十卷　(清)王之春編　清光緒十七年(1891)廣雅書局刻本　六冊

360000－1902－0001104　1314
綏寇紀略十二卷補遺三卷　(清)吳偉業纂輯　清嘉慶十四年(1809)刻本　九冊

360000－1902－0001105　1315
綏寇紀略十二卷補遺三卷　(清)吳偉業纂輯　清刻本　六冊　存十三卷(綏寇紀略十二卷、補遺上)

360000－1902－0001106　1316
綏寇紀略十二卷補遺三卷　(清)吳偉業纂輯　清嘉慶十四年(1809)刻本　五冊　存十二卷(綏寇紀略一至二、六至十二,補遺三卷)

360000－1902－0001107　1317
綏寇紀略十二卷補遺三卷　(清)吳偉業纂輯　清嘉慶十四年(1809)刻本　六冊

360000－1902－0001108　1318
烈皇小識八卷　(明)文秉著　清刻本　一冊　存二卷(五至六)

360000－1902－0001109　1319
儒林瑣記三卷附記一卷　(清)朱克敬撰　清光緒五年(1879)長沙刻本　二冊

360000－1902－0001110　1320
東方兵事紀略五卷　(清)姚錫光撰　清光緒二十三年(1897)武昌刻本　五冊

360000－1902－0001111　1321
金陵兵事彙略四卷　(清)李圭撰　清光緒十三年(1887)甬上厲齋刻本　二冊

360000－1902－0001112　1322
靖逆記六卷　(清)蘭簃外史(盛大士)撰　清嘉慶二十五年(1820)正道堂刻本　一冊　存三卷(一至三)

360000－1902－0001113　1323
半窗史略四十二卷首一卷　(清)龍體剛纂輯　清雍正刻本　八冊　存二十八卷(九至二十四、三十一至四十二)

360000－1902－0001114　1324
半窗史略四十二卷首一卷　(清)龍體剛纂輯　清雍正刻本　八冊　存三十四卷(一至六、十至三十六,首一卷)

360000－1902－0001115　1325
滇考二卷　(清)馮甦編　清道光元年(1821)臨海宋氏刻本　二冊

360000－1902－0001116　1326
史腴類編二卷　(清)周金壇輯　清光緒四年(1878)刻本　二冊

360000－1902－0001117　1327
湘軍志十六卷　王闓運撰　清光緒刻本　二冊

360000－1902－0001118　1328
湘軍記二十卷　(清)王定安撰　清光緒十五年(1889)上海書局石印本　四冊

360000－1902－0001119　1329
西征紀程四卷　(清)鄒代鈞撰　清光緒二十三年(1897)湖南新學書局刻游記彙刊本　一

册　存二卷（一至二）

360000 - 1902 - 0001120　1331
熙朝新語十六卷　（清）余金輯　清道光二年（1822）三讓堂刻本　四册

360000 - 1902 - 0001121　1333
津西毖記　（清）柳溪子撰　清光緒鉛印本　二册

360000 - 1902 - 0001122　1334
竹葉亭雜記八卷　（清）姚元之撰　清光緒十九年（1893）桐城姚氏刻本　二册

360000 - 1902 - 0001123　1338
從戎紀略一卷　（清）朱洪章著　清光緒十八年（1892）刻本　一册

360000 - 1902 - 0001124　1339
中西紀事二十四卷首一卷　（清）江上蹇叟（夏燮）撰　清同治四年（1865）刻本　六册

360000 - 1902 - 0001125　1340
諸史拾遺五卷　（清）錢大昕撰　清嘉慶稻香吟館刻本　二册

360000 - 1902 - 0001126　1341
平南王元功垂範二卷　（清）尹源進撰　清刻本　二册

360000 - 1902 - 0001127　1342
重刻剡川姚氏本戰國策札記三卷　（清）黄丕烈撰　清嘉慶八年（1803）吳門黄氏讀未見書齋刻本　一册

360000 - 1902 - 0001128　1344
廣列女傳二十卷附録一卷　（清）劉開纂　清光緒十年（1884）皖城刻本　八册

360000 - 1902 - 0001129　1345
晏子春秋七卷　（春秋）晏嬰撰　（清）孫星衍校　**音義二卷**　（清）孫星衍撰　**校勘記二卷**　（清）黄以周撰　清光緒元年（1875）浙江書局刻二十二子本　四册

360000 - 1902 - 0001130　1346
朱子年譜四卷　（清）王懋竑纂訂　清乾隆十七年（1752）白田草堂刻本　二册

360000 - 1902 - 0001131　1347
三國職官表三卷　（清）洪飴孫撰　清光緒十七年（1891）廣雅書局刻廣雅書局叢書本　三册

360000 - 1902 - 0001132　1348
朱子年譜四卷考異四卷附錄二卷校勘記三卷　（清）王懋竑纂訂　清光緒九年（1883）武昌書局刻本　四册

360000 - 1902 - 0001133　1350
廣卓異記二十卷　（宋）樂史撰　清道光二十七年（1847）宜黄黄氏僊屏書屋木活字遜敏堂叢書本　一册

360000 - 1902 - 0001134　1351
後漢郡國令長考一卷　（清）錢大昭撰　清光緒十七年（1891）廣雅書局刻廣雅書局叢書本　一册

360000 - 1902 - 0001135　1352
武帝全書十八卷首一卷　（清）張鎮彙輯　（清）甘雨施增輯　清同治十一年（1872）靜香草堂刻本　十二册

360000 - 1902 - 0001136　1353
李傅相壽言不分卷　（清）李鴻章輯　清光緒十八年（1892）鉛印本　三册

360000 - 1902 - 0001137　1354
大日本中興先覺志二卷　（日本）岡本監輔著　清光緒二十七年（1901）開導社刻本　二册

360000 - 1902 - 0001138　1355
碧血錄五卷　（清）莊仲方撰　清光緒八年（1882）上海同文書局石印本　四册　存四卷（二至五）

360000 - 1902 - 0001139　1356
高僧傳初集十五卷首一卷　（南朝梁）釋慧皎撰　清光緒十年（1884）金陵刻經處刻本　一册　存四卷（一至三、首一卷）

360000 - 1902 - 0001140　1357
歷代名臣言行錄二十四卷　（清）朱桓編輯　清嘉慶十二年（1807）刻本　二十一册　存二

十三卷(一至五、七至二十四)

360000－1902－0001141　1358
歷代名臣言行錄二十四卷　(清)朱桓編輯　清同治四年(1865)刻本　三十六册

360000－1902－0001142　1359
歷代名臣言行錄二十四卷　(清)朱桓編輯　清光緒十一年(1885)刻本　二十八册　存二十二卷(一至二、四至六、八至二十四)

360000－1902－0001143　1361
歷代名臣言行錄二十四卷　(清)朱桓編輯　清光緒二十八年(1902)鴻寶書局石印本　十二册

360000－1902－0001144　1364
先儒趙子言行錄二卷　(元)趙復撰　(清)陳廷鈞纂述　清咸豐五年(1855)刻本　一册　存一卷(二)

360000－1902－0001145　1365
宋儒楊龜山先生通紀五卷　(清)楊起佐編　**續通紀三卷**　(清)楊浚編　(清)楊炳奎等增訂　清光緒十四年(1888)刻本　四册

360000－1902－0001146　1366
洪文惠公[适]年譜一卷洪文敏公[邁]年譜一卷陸放翁先生[游]年譜一卷深甯先生[王應麟]年譜一卷弇州山人[王世貞]年譜一卷　(清)錢大昕編　清光緒十年(1884)長沙龍氏家塾刻嘉定錢氏潛研堂全書本　一册

360000－1902－0001147　1367
歷代名臣言行錄二十四卷　(清)朱桓編輯　清光緒刻本　七册　存六卷(三下、六、八、十一、二十一下至二十二上)

360000－1902－0001148　1370(1)
歷代名臣言行錄二十四卷首一卷　(清)朱桓編輯　清光緒三十年(1904)商務印書館鉛印本(卷十九至二十二配清末鉛印本)　四册　存十卷(十至十二、十六至二十二)

360000－1902－0001149　1370(2)
歷代名臣言行錄二十四卷　(清)朱桓編輯　清末鉛印本　二册　存四卷(十一至十二、二十一至二十二)

360000－1902－0001150　1371
歷代名臣言行錄二十四卷　(清)朱桓編輯　清末鉛印本　六册　存十二卷(九至十二、十五至二十二)

360000－1902－0001151　1373
歷代名臣言行錄二十四卷　(清)朱桓編輯　清光緒二十六年(1900)湖南書局刻本　七册　存九卷(十六下至二十四)

360000－1902－0001152　1374
咸豐以來功臣別傳三十卷　(清)朱孔彰撰　清光緒二十四年(1898)元和胡氏漸學廬石印漸學廬叢書第一集本　六册

360000－1902－0001153　1375
歷代名儒傳八卷　(清)朱軾　(清)蔡世遠訂　(清)李清植分纂　清古唐朱氏古懽齋刻重刻朱文端公三傳本　四册

360000－1902－0001154　1376
歷代名儒傳八卷　(清)朱軾　(清)蔡世遠訂　(清)李清植分纂　清古唐朱氏古懽齋刻重刻朱文端公三傳本　四册

360000－1902－0001155　1377
歷代名臣傳三十五卷首一卷　(清)朱軾　(清)蔡世遠訂　(清)張江分纂　清古唐朱氏古懽齋刻重刻朱文端公三傳本　十二册

360000－1902－0001156　1378
宋名臣言行錄前集十卷後集十四卷　(宋)朱熹纂集　**續集八卷別集二十六卷外集十七卷**　(宋)李幼武纂集　清同治七年(1868)臨川桂氏刻本　十二册

360000－1902－0001157　1379
歷代循良能吏列傳彙鈔二十卷　(清)喬用遷編　清道光二十四年(1844)有恒齋刻本　三册　存十三卷(八至二十)

360000－1902－0001158　1380
歷代循吏傳八卷首一卷　(清)朱軾　(清)蔡

世遠訂　(清)張福昶分纂　清雍正七年(1729)刻本(卷四至八配清刻本)　四冊

360000－1902－0001159　1381
歷代循吏傳八卷首一卷　(清)朱軾　(清)蔡世遠訂　(清)張福昶分纂　清雍正七年(1729)古懽齋刻本　四冊

360000－1902－0001160　1383
貳臣傳十二卷　(清)國史館編　清都城琉璃廠刻本　六冊

360000－1902－0001161　1385
貳臣傳十二卷　(清)國史館編　清都城琉璃廠刻本　六冊

360000－1902－0001162　1386
逆臣傳四卷　(清)國史館編　清都城琉璃廠刻本　二冊

360000－1902－0001163　1387
勝朝殉揚錄三卷　(清)劉寶楠輯　清同治十年(1871)淮南書局刻本　二冊

360000－1902－0001164　1388
史外八卷　(清)汪有典著　清同治三年(1864)廬陵尋樂山房刻本　八冊

360000－1902－0001165　1390
歷代儒學存真錄十卷　(清)田俽輯　清咸豐七年(1857)晚悔書屋刻本　二冊　存六卷(三至八)

360000－1902－0001166　1391
歷代升祔理學錄六卷　(清)劉振邦輯　清同治五年(1866)刻本　五冊

360000－1902－0001167　1392
史外八卷　(清)汪有典著　清同治三年(1864)廬陵尋樂山房刻本　六冊

360000－1902－0001168　1394
江表忠略二十卷　陳澹然撰　清光緒刻本　六冊　存十六卷(三至十八)

360000－1902－0001169　1395
廣陵儲王趙朱景蔣曾桑朱宗列傳一卷　(明)歐大任撰　清道光、咸豐宜黃黃氏木活字印遜敏堂叢書本　一冊

360000－1902－0001170　1396
人表考九卷　(清)梁玉繩撰　清光緒十四年(1888)廣雅書局刻廣雅書局叢書本　四冊

360000－1902－0001171　1397
先聖生卒年月日考二卷　(清)孔廣牧述　清光緒十五年(1889)廣雅書局刻廣雅書局叢書本　一冊

360000－1902－0001172　1398
國朝先正事略六十卷　(清)李元度纂　清末石印本　一冊　存十卷(三十四至四十三)

360000－1902－0001173　1399
國朝先正事略六十卷首一卷　(清)李元度纂　**續編四卷**　(清)朱孔彰撰　清光緒二十八年(1902)石印本　八冊

360000－1902－0001174　1400
國朝先正事略六十卷　(清)李元度纂　清同治五年(1866)循陔草堂刻本　二十四冊

360000－1902－0001175　1401
國朝先正事略六十卷　(清)李元度纂　清同治五年(1866)循陔草堂刻本　二十四冊　存五十二卷(一至五十二)

360000－1902－0001176　1402
國朝先正事略六十卷　(清)李元度纂　清同治五年(1866)循陔草堂刻本　二十四冊

360000－1902－0001177　1403
國朝先正事略六十卷　(清)李元度纂　清星沙小嫏環館刻本　三十九冊　存五十六卷(一至四十四、四十九至六十)

360000－1902－0001178　1404
國朝先正事略六十卷　(清)李元度纂　清白下康錫動石印本(卷四十一至四十三配清刻本)　四冊　存三十三卷(十一至四十三)

360000－1902－0001179　1405
國朝先正事略六十卷　(清)李元度纂　清石印本　七冊　存五十六卷(五至六十)

360000－1902－0001180　1406

道光二十五年乙巳恩科會試官銜不分卷 (清)□□編　清刻本　四冊

360000－1902－0001181　1407
辛卯科十八省正副榜同年全錄(清光緒十七年)不分卷　清光緒十七年(1891)刻本　二冊

360000－1902－0001182　1408
癸酉科選十八省拔貢同年全錄(清同治十二年)不分卷　清同治十二年(1873)刻本　一冊

360000－1902－0001183　1409
楚寶四十卷　(明)周聖楷輯纂　清末刻本　四冊　存九卷(一至三、九至十、二十五至二十六、三十二至三十三)

360000－1902－0001184　1410
求闕齋日記類鈔二卷　(清)曾國藩隨筆　(清)王啟原校編　清光緒二年(1876)傳忠書局刻曾文正公全集本　二冊

360000－1902－0001185　1412
國朝歷科題名碑錄初集(清順治三年至十八年)不分卷附明洪武至崇禎各科不分卷 (清)李周望輯　清乾隆十一年(1746)刻本　七冊　存順治三年至十八年,明洪武十八年至三十年、建文二年、永樂二年至十九年、成化二年至二十三年、弘治三年至十八年、正德三年至十六年、嘉靖二年至四十四年、隆慶二年至五年、萬曆二年至四十七年、天啟二年至五年、崇禎元年至十六年

360000－1902－0001186　1413
國朝六科漢給事中題名錄(清順治元年至同治三年)一卷　(清)戴璐輯　(清)王家相重訂　(清)李恩慶　(清)劉毓楠補訂　清同治四年(1865)刻本　一冊

360000－1902－0001187　1414
帝王廟謚年諱譜一卷　(清)陸費墀編　清刻本　一冊

360000－1902－0001188　1415
西輶日記(清光緒四年至六年)四卷遊歷芻言一卷　(清)黄楙材撰　清光緒十二年(1886)刻得一齋雜著四種本　二冊

360000－1902－0001189　1416
姚氏先德傳六卷　(清)姚瑩撰　清刻本　一冊

360000－1902－0001190　1417
沈文節公事實不分卷　(清)沈守廉輯　清光緒八年(1882)京師刻本　一冊

360000－1902－0001191　1421
曾文正公榮哀錄四卷　(清)□□輯　清同治十二年(1873)刻本　四冊

360000－1902－0001192　1422
曾文正公榮哀錄四卷　(清)□□輯　清同治十二年(1873)湖南黄信友堂刻本　四冊

360000－1902－0001193　1423
曾文正公[國藩]年譜十二卷　(清)黎庶昌　(清)曹耀湘編輯　清光緒二年(1876)傳忠書局刻曾文正公全集本　五冊　存十一卷(一至十一)

360000－1902－0001194　1424
曾文正公[國藩]年譜十二卷　(清)黎庶昌編輯　清光緒二年(1876)傳忠書局刻曾文正公全集本　四冊

360000－1902－0001195　1427
陳文恭公[宏謀]年譜十二卷　(清)陳鍾珂輯　清乾隆刻本　四冊

360000－1902－0001196　1428
忠武誌十卷　(清)張鵬翮纂輯　清刻本　六冊

360000－1902－0001197　1429
忠武誌十卷　(清)張鵬翮纂輯　清刻本　三冊　存六卷(二至三、七至十)

360000－1902－0001198　1431
袁督師事跡一卷　(清)□□撰　清道光三十年(1850)南海伍氏粤雅堂刻嶺南遺書本　一冊

360000－1902－0001199　1438

楊遇春行狀不分卷　(清)楊鄂山撰　清刻本　一冊

360000－1902－0001200　1441
玉池老人自敘一卷　(清)郭嵩燾撰　清光緒十九年(1893)養知書屋刻本　一冊

360000－1902－0001201　1443
江西同年譜不分卷　(清)馮譽驥編輯　清同治元年(1862)刻本　一冊

360000－1902－0001202　1444
江西同年譜不分卷　(清)馮譽驥編輯　清同治元年(1862)刻本　一冊

360000－1902－0001203　1445
國朝歷科館選録不分卷　(清)沈廷芳原輯　(清)陸費墀　(清)沈世煒重訂　清乾隆三十一年(1766)刻本　一冊

360000－1902－0001204　1446
國朝館選録不分卷　(清)沈廷芳原輯　(清)陸費墀　(清)沈世煒重訂　清光緒二十年(1894)刻本　二冊

360000－1902－0001205　1447
歷科小題澄原不分卷　(明)姚襄周等編　清末刻本　一冊　存下論

360000－1902－0001206　1448
姚氏先德傳六卷　(清)姚瑩撰　清刻本　一冊

360000－1902－0001207　1449
國朝歷科題名碑録初集(清順治三年至光緒二十年)不分卷明洪武至崇禎各科題名不分卷　(清)李周望輯　清光緒刻本　十二冊　存國朝順治三年至十八年、康熙三年至光緒二十年,明洪武四年至三十年、建文二年、永樂二年至二十二年、宣德二年至八年、正統元年至十三年、景泰二年至五年、天順、成化二年至二十三年、弘治三年至十八年、嘉靖二十六年至四十四年、隆慶二年至五年、萬曆二年至至二十三年

360000－1902－0001208　1451
史緯三百三十卷　(清)陳允錫刪修　清同治九年(1870)刻本　一百五十六冊　存三百二十一卷(一至七、十至八十六、八十九至一百七十九、一百八十二至二百五十二、二百五十四至二百七十二、二百七十五至三百三十)

360000－1902－0001209　1456
史記菁華録六卷　(清)姚苧田輯　清道光四年(1824)刻本　五冊　存五卷(二至六)

360000－1902－0001210　1457
史記菁華録六卷　(清)姚苧田輯　清道光二十三年(1843)刻本　三冊　存三卷(一至三)

360000－1902－0001211　1458
史記菁華録六卷　(清)姚苧田輯　清道光四年(1824)刻本　四冊　存四卷(二至四、六)

360000－1902－0001212　1459
史記菁華録六卷　(清)姚苧田輯　清光緒九年(1883)廣州翰墨園刻朱墨套印本　六冊

360000－1902－0001213　1460
史記菁華録六卷　(清)姚苧田輯　清刻朱墨套印本　五冊　存五卷(二至六)

360000－1902－0001214　1461
讀史探驪録五卷　(清)姚芝生輯　清光緒申報館鉛印申報館叢書本　五冊

360000－1902－0001215　1462
元明清史略五卷　(日本)石村貞一編次　清末石印本　一冊　存一卷(三)

360000－1902－0001216　1463
鑑撮四卷附讀史論略一卷　(清)曠敏本編　清刻本　五冊　存四卷(鑑撮四卷)

360000－1902－0001217　1464
南史識小録十四卷北史識小録十四卷　(清)沈名蓀　(清)朱昆田輯　(清)張應昌補正　清同治十年(1871)武林吳氏清來堂刻本　十二冊

360000－1902－0001218　1465
歷代紀年便覽一卷附歷朝割據諸國一卷　(清)陳鍾軻輯　清乾隆十九年(1754)刻本

一冊

360000－1902－0001219　1466
史鑑節要便讀六卷　(清)鮑東里編輯　清光緒二十三年(1897)藝芸山館刻本　二冊

360000－1902－0001220　1467
綱鑒擇語十卷　(清)司徒修輯　清同治六年(1867)品蓮書屋刻本　四冊

360000－1902－0001221　1468
二十二史纂略六卷　(清)郭衷恒纂輯　清乾隆十四年(1749)源汾堂刻本　二冊

360000－1902－0001222　1470
東萊博議四卷　(宋)呂祖謙撰　(清)張文炳評點　清湖南積經堂刻本　二冊

360000－1902－0001223　1471
東萊博議四卷　(宋)呂祖謙撰　清光緒七年(1881)崇明馮氏刻本　四冊

360000－1902－0001224　1472
東萊博議四卷　(宋)呂祖謙撰　(清)馮泰松點定　清光緒十八年(1892)務本書局刻本　四冊

360000－1902－0001225　1473
東萊博議四卷　(宋)呂祖謙撰　(清)孫執升評選　清光緒三十年(1904)古香閣墨耕堂刻本　四冊

360000－1902－0001226　1474
東萊博議四卷　(宋)呂祖謙撰　(清)孫執升評選　清光緒三十年(1904)古香閣墨耕堂刻本　四冊

360000－1902－0001227　1475
東萊博議四卷　(宋)呂祖謙撰　(清)孫執升評選　清光緒三十年(1904)古香閣墨耕堂刻本　四冊

360000－1902－0001228　1476
東萊博議四卷　(宋)呂祖謙撰　(清)孫執升評選　清光緒三十年(1904)古香閣墨耕堂刻本　四冊

360000－1902－0001229　1477
東萊博議四卷　(宋)呂祖謙撰　(清)孫執升評選　清光緒三十年(1904)古香閣墨耕堂刻本　四冊

360000－1902－0001230　1478
新舊唐書互證二十卷　(清)趙紹祖撰　清光緒十七年(1891)廣雅書局刻廣雅書局叢書本　四冊

360000－1902－0001231　1479
史通通釋二十卷　(唐)劉知幾撰　(清)浦起龍釋　清光緒十九年(1893)上海文瑞樓石印本　八冊

360000－1902－0001232　1480
史通通釋二十卷　(唐)劉知幾撰　(清)浦起龍釋　清光緒十九年(1893)上海文瑞樓石印本　八冊

360000－1902－0001233　1481
史通通釋二十卷附錄一卷　(唐)劉知幾撰　(清)浦起龍釋　清乾隆十七年(1752)梁溪浦氏求放心齋刻本　四冊

360000－1902－0001234　1483
後漢書辨疑十一卷　(清)錢大昭撰　清光緒十四年(1888)廣雅書局刻廣雅書局叢書本　二冊

360000－1902－0001235　1484
漢書辨疑二十二卷　(清)錢大昭撰　清光緒十三年(1887)廣雅書局刻廣雅書局叢書本　五冊

360000－1902－0001236　1485
三國志考證八卷　(清)潘眉撰　清光緒十五年(1889)廣雅書局刻廣雅書局叢書本　二冊

360000－1902－0001237　1486
三國志辨微二卷續三卷雜詠一卷　(清)尚鎔撰　清嘉慶二十三年(1818)瑤湖草堂刻本　二冊

360000－1902－0001238　1487
百五十名家評注史記一百三十卷　(漢)司馬遷撰　(南朝宋)裴駰集解　(唐)司馬貞索隱

（唐）張守節正義　清末鴻章書局石印本　八冊　存三十八卷（一至十二、二十八至三十九、七十九至八十五、一百十二至一百十八）

360000－1902－0001239　1488
四史勦説十六卷　（清）史珥撰　清乾隆二十九年（1764）刻本　七冊　存十四卷（一至二、五至十六）

360000－1902－0001240　1489
晉書校勘記三卷　（清）勞格撰　清光緒十八年（1892）廣雅書局刻廣雅書局叢書本　一冊

360000－1902－0001241　1490
魏書校勘記一卷　王先謙輯　清光緒十七年（1891）廣雅書局刻廣雅書局叢書本　一冊

360000－1902－0001242　1491
史記正譌三卷　（清）王元啟撰　清光緒十六年（1890）廣雅書局刻廣雅書局叢書本　一冊

360000－1902－0001243　1492
史記志疑三十六卷　（清）梁玉繩撰　清光緒十三年（1887）廣雅書局刻廣雅書局叢書本　十四冊

360000－1902－0001244　1494
唐書直筆四卷　（宋）呂夏卿撰　**涉史隨筆一卷附録一卷**　（宋）葛洪撰　清光緒二十六年（1900）粵雅堂刻兩湖書院重校史論叢編本　二冊

360000－1902－0001245　1495
唐史論斷三卷　（宋）孫甫撰　**三國雜事二卷**　（宋）唐庚撰　清光緒二十六年（1900）粵雅堂刻兩湖書院重校史論叢編本　二冊

360000－1902－0001246　1496
司馬溫公通鑑論一卷　（宋）司馬光撰　清光緒二十七年（1901）長沙扶輪書局刻本　二冊

360000－1902－0001247　1497
古今治統二十卷　（明）徐奮鵬撰　清雍正二年（1724）刻本　六冊

360000－1902－0001248　1498
宋論十五卷　（清）王夫之撰　清木活字印本　五冊

360000－1902－0001249　1499
宋史藝文志補一卷　（清）黄虞稷　（清）倪燦撰　（清）盧文弨錄　清光緒十七年（1891）廣雅書局刻廣雅書局叢書本　一冊

360000－1902－0001250　1500
何博士備論二卷　（宋）何去非撰　（清）余肇鈞訂　**宋簽判龍川陳先生文鈔二卷**　（宋）陳亮撰　（清）余肇鈞編訂　清光緒二十八年（1902）集經書局刻本　二冊

360000－1902－0001251　1502
史懷十七卷　（明）鍾惺撰　明末刻本　十冊

360000－1902－0001252　1503
歷代史論十二卷宋史論三卷元史論一卷　（明）張溥論正　清光緒刻朱墨套印本　四冊　存九卷（歷代史論五至九、宋史論三卷、元史論一卷）

360000－1902－0001253　1504
歷代史論十二卷宋史論三卷元史論一卷　（明）張溥論正　**明史論四卷**　（清）谷應泰論正　**左傳史論二卷**　（清）高士奇論正　清光緒十三年（1887）文盛堂刻朱墨套印本　八冊

360000－1902－0001254　1505
歷代史論十二卷宋史論三卷元史論一卷　（明）張溥論正　清刻本　五冊　存十卷（歷代史論四至九、宋史論三卷、元史論一卷）

360000－1902－0001255　1506
歷代史論十二卷宋史論三卷元史論一卷　（明）張溥論正　**明史論四卷**　（清）谷應泰論正　**左傳史論二卷**　（清）高士奇論正　清光緒十二年（1886）兩儀堂刻本　八冊

360000－1902－0001256　1507
歷代史論十二卷宋史論三卷元史論一卷　（明）張溥論正　**明史論四卷**　（清）谷應泰論正　**左傳史論二卷**　（清）高士奇論正　清光緒十二年（1886）兩儀堂刻本　七冊　存二十卷（歷代史論十二卷、宋史論三卷、元史論一卷、明史論四卷）

360000－1902－0001257　1508

王船山經史論十二種　(清)王夫之撰　清光緒二十九年(1903)通文書局石印本　三册　存三種十四卷(宋論一至六、讀四書大全說八至十、讀通鑑論二十一至二十五)

360000－1902－0001258　1509

王船山經史論八種　(清)王夫之撰　清光緒二十五年(1899)公記書莊石印本　九册　存七種四十三卷(周易外傳七卷、尚書引義六卷、詩廣傳五卷、春秋家說三卷、春秋世論五卷、續春秋左氏傳博議二卷、宋論十五卷)

360000－1902－0001259　1511

歷代史論十二卷宋史論三卷元史論一卷　(明)張溥論正　**明史論四卷**　(清)谷應泰論正　**左傳史論二卷**　(清)高士奇論正　清光緒五年(1879)西江裴氏刻本　六册

360000－1902－0001260　1512

二十二史劄記三十六卷補遺一卷　(清)趙翼撰　清刻本　六册　存三十五卷(三至三十六、補遺一卷)

360000－1902－0001261　1513

二十二史劄記三十六卷補遺一卷　(清)趙翼撰　清光緒二十四年(1898)集益學社刻本　九册　存二十五卷(一至二、六至二十八)

360000－1902－0001262　1514

二十四史劄記三十六卷補遺一卷　(清)趙翼撰　清光緒二十七年(1901)文盛書局石印本　八册

360000－1902－0001263　1515

二十二史劄記三十六卷補遺一卷　(清)趙翼撰　清光緒二十六年(1900)上海書局石印本　八册

360000－1902－0001264　1516

二十二史劄記三十六卷補遺一卷　(清)趙翼撰　清光緒二十七年(1901)長沙扶輪書局刻本　十册　存二十二卷(一至四、八至十二、十八至二十七、三十三至三十五)

360000－1902－0001265　1517(1)

二十二史劄記三十六卷補遺一卷　(清)趙翼撰　清光緒二十五年(1899)湖南書局刻本　十四册

360000－1902－0001266　1517(2)

二十二史劄記三十六卷　(清)趙翼撰　清抄本　一册　存三卷(二十三至二十五)

360000－1902－0001267　1518

二十二史劄記三十六卷首一卷補遺一卷　(清)趙翼撰　清光緒二十五年(1899)上海千頃堂石印本　五册　存三十一卷(一至十三、二十一至三十六,首一卷,補遺一卷)

360000－1902－0001268　1519

二十二史劄記三十六卷　(清)趙翼撰　清刻本　八册　存十八卷(七至十六、二十七至三十四)

360000－1902－0001269　1520

綱鑑總論二卷　(清)□□輯　清光緒二十七年(1901)新化三味書屋刻本　二册

360000－1902－0001270　1521

綱鑑總論不分卷　(清)□□輯　清光緒十年(1884)刻本　二册

360000－1902－0001271　1522

綱鑑總論二卷　(清)□□輯　清光緒二十八年(1902)古餘書局刻本　二册

360000－1902－0001272　1523

綱鑑總論不分卷　(清)□□輯　清同治十一年(1872)小嵋山房刻本　二册

360000－1902－0001273　1524

十七史商榷一百卷　(清)王鳴盛述　清乾隆五十二年(1787)洞涇草堂刻本　十六册

360000－1902－0001274　1525

文史通義八卷校讐通義三卷　(清)章學誠著　清道光十二年至十三年(1832－1833)章華紱刻清末浙江書局補刻章氏遺書本　三册

360000－1902－0001275　1526

司馬溫公通鑑論一卷　(宋)司馬光撰　清光緒二十七年(1901)長沙扶輪書局刻本　二册

360000－1902－0001276　1529

文史通義内篇五卷外篇三卷　(清)章學誠著　清光緒二十四年(1898)長沙經文書局刻本　七冊

360000－1902－0001277　1531

讀史論略一卷　(清)杜詔著　(清)王孫芸　(清)莫健箋　清刻本　一冊

360000－1902－0001278　1532

讀史大略六十卷首一卷　(清)沙張白著　**小沙子史略一卷**　(清)沙晉撰　清咸豐七年(1857)刻本　十二冊

360000－1902－0001279　1533

御批歷代通鑑輯覽原本一百二十卷首一卷　(清)李凝輯　清光緒二十九年(1903)上海鴻寶齋石印本　三十五冊

360000－1902－0001280　1534

御批歷代通鑑輯覽原本一百二十卷首一卷　(清)李凝輯　清光緒二十九年(1903)上海鴻寶齋石印本　六冊　存十五卷(七至九、十二至十六、五十九至六十五)

360000－1902－0001281　1535

歷代編年大事表□□卷　(清)李凝輯　清光緒上海鴻寶齋石印本　四冊　存十一卷(六至十六)

360000－1902－0001282　1536

御批歷代通鑑輯覽原本一百二十卷首一卷歷代編年大事表□□卷　(清)李凝輯　清光緒二十九年(1903)上海鴻寶齋石印本　二十九冊　存九十六卷(御批歷代通鑑輯覽原本三至二十三、四十二至五十五、五十九至七十四、八十三至一百十九,首一卷,大事表一至四、十二至十四)

360000－1902－0001283　1537

御批歷代通鑑輯覽原本一百二十卷首一卷　(清)李凝輯　清光緒二十九年(1903)上海鴻寶齋石印本　三十五冊　存一百二十卷(一至一百十九、首一卷)

360000－1902－0001284　1538

御批歷代通鑑輯覽原本一百二十卷首一卷　(清)李凝輯　清光緒二十九年(1903)上海鴻寶齋石印本　三十五冊　存一百二十卷(一至一百十九、首一卷)

360000－1902－0001285　1539

御批歷代通鑑輯覽原本一百二十卷首一卷歷代編年大事表□□卷　(清)李凝輯　清光緒二十九年(1903)上海鴻寶齋石印本　十冊　存三十二卷(御批歷代通鑑輯覽原本五至六、十三至十七、五十九至六十八、七十二至七十四、八十七至九十、九十五至九十六,大事表六至十一)

360000－1902－0001286　1540

王船山經史論十二種　(清)王夫之撰　清光緒二十九年(1903)通文書局石印本　十七冊　存九種六十四卷(周易外傳七卷;讀通鑑論五至二十、二十六至三十,末一卷;尚書引義六卷;春秋家說三卷;讀四書大全說三至七;周易內傳一至五;宋論七至十五;春秋世論五卷;續春秋左氏傳博議二卷)

360000－1902－0001287　1542

船山史論　(清)王船山(王夫之)撰　清光緒二十六年(1900)湖南澹雅書局刻本　二十冊

360000－1902－0001288　1543

船山史論　(清)王夫之撰　清光緒二十七年(1901)湖南書局刻本　十八冊

360000－1902－0001289　1544

讀通鑑論三十卷末一卷　(清)王夫之撰　清木活字印本　十八冊

360000－1902－0001290　1545

讀通鑑論三十卷末一卷　(清)王夫之撰　清光緒二十六年(1900)湖南澹雅書局刻船山史論本　一冊　存二卷(一至二)

360000－1902－0001291　1546

讀通鑑論三十卷　(清)王夫之撰　清光緒二十七年(1901)簡青書局石印本　四冊　存四卷(一至四)

360000－1902－0001292　1547

讀通鑑論三十卷末一卷　（清）王夫之撰　清光緒二十四年（1898）公記書莊石印本　七冊

360000－1902－0001293　1550
全謝山先生經史問答十卷　（清）全祖望撰　清乾隆三十年（1765）刻本　二冊

360000－1902－0001294　1551
史通削繁四卷　（清）紀昀撰　清光緒八年（1882）善化章氏刻本　四冊

360000－1902－0001295　1552
讀史瑣言八卷　（清）盛慶紱著　清光緒二十四年（1898）刻本　四冊

360000－1902－0001296　1554
諸史考異十八卷　（清）洪頤煊撰　清光緒十五年（1889）廣雅書局刻廣雅書局叢書本　三冊

360000－1902－0001297　1555
評鑑闡要十二卷　（清）劉統勲等纂　清光緒十一年（1885）明遠書局刻本　四冊

360000－1902－0001298　1556
史通通釋二十卷附錄一卷　（唐）劉知幾撰（清）浦起龍釋　清乾隆十七年（1752）梁溪浦氏求放心齋刻本　十冊

360000－1902－0001299　1557
通志二百卷附考證三卷　（宋）鄭樵撰　清光緒二十七年（1901）上海圖書集成局鉛印九通本　三十四冊　存一百十二卷（五十八至七十二、八十三至八十七、九十一至九十三、一百至一百四十一、一百四十六至一百五十六、一百六十至一百八十七、一百九十一至一百九十四、二百，考證三卷）

360000－1902－0001300　1558
皇朝通志一百二十六卷　（清）嵇璜等纂修　清光緒二十八年（1902）石印本　五冊

360000－1902－0001301　1559
皇朝通志一百二十六卷　（清）嵇璜等纂修　清光緒二十七年（1901）上海圖書集成局鉛印九通本　七冊　存七十八卷（十一至三十五、五十六至九十六、一百十五至一百二十六）

360000－1902－0001302　1560
通志二百卷　（宋）鄭樵撰　清光緒二十八年（1902）貫吾齋石印九通全書本　二十四冊

360000－1902－0001303　1561
通志二百卷　（宋）鄭樵撰　清咸豐九年（1859）崇仁謝氏刻三通本　二十冊　存二十二卷（一百十至一百十七、一百三十九至一百四十、一百五十、一百五十二至一百五十五、一百五十七至一百六十三）

360000－1902－0001304　1562
通志二百卷　（宋）鄭樵撰　清光緒二十八年（1902）貫吾齋石印九通全書本　八冊　存五十九卷（一至七、十五至二十、八十四至九十、一百六至一百十一、一百四十三至一百四十九、一百五十七至一百七十四、一百八十四至一百九十一）

360000－1902－0001305　1563
欽定續通志六百四十卷　（清）嵇璜等纂修　清光緒二十八年（1902）石印本　二十四冊

360000－1902－0001306　1564
欽定續通志六百四十卷　（清）嵇璜等纂修　清光緒二十七年（1901）上海圖書集成局鉛印九通本　十五冊　存一百七十三卷（二百一至二百三十、二百六十三至二百七十二、二百九十七至三百六、三百二十六至三百四十八、三百九十八至四百六、四百十七至四百三十、四百四十七至四百六十五、五百一至五百二十六、五百五十四至五百六十七、五百八十九至六百六）

360000－1902－0001307　1565
欽定續通志六百四十卷　（清）嵇璜等纂修　清光緒二十七年（1901）上海圖書集成局鉛印九通本　五冊　存四十一卷（一至十、二十五至三十二、四十一至六十三）

360000－1902－0001308　1566
欽定續通志六百四十卷　（清）嵇璜等纂修　清光緒二十七年（1901）上海圖書集成局鉛印

九通本　三十八冊　存四百十六卷(七十一至八十、九十三至九十六、一百十至一百五十一、一百五十九至一百六十二、一百八十一至一百九十、二百一至二百三十、二百四十一至二百四十五、二百五十一至三百六、三百八至三百六十四、三百七十三至三百八十、三百九十八至四百六十四、四百八十五至五百六十七、五百八十七至六百二十六)

360000－1902－0001309　1567
欽定續通志六百四十卷　(清)嵇璜等纂修　清光緒二十八年(1902)石印本　十五冊　存三百九十九卷(一至六十五、一百十六至一百三十六、一百六十三至二百八、二百三十六至二百九十八、三百二十四至三百六十、四百二十九至五百九十五)

360000－1902－0001310　1568
通典二百卷附考證一卷　(唐)杜佑纂　清光緒二十七年(1901)上海圖書集成局鉛印九通本　五冊　存六十五卷(十三至四十、五十三至六十五、八十一至九十三、一百四十八至一百五十八)

360000－1902－0001311　1569
通典二百卷　(唐)杜佑纂　清光緒二十七年(1901)貫吾齋石印九通全書本　七冊　存一百八十卷(一至一百八十)

360000－1902－0001312　1570
欽定續通典一百五十卷　(清)嵇璜等纂修　清光緒二十七年(1901)上海圖書集成局鉛印九通本　五冊　存六十五卷(十三至二十二、六十八至一百六、一百三十五至一百五十)

360000－1902－0001313　1571
欽定續通典一百五十卷　(清)嵇璜等纂修　清光緒二十八年(1902)貫吾齋石印九通全書本　五冊　存一百二十四卷(一至二十二、四十九至一百五十)

360000－1902－0001314　1572
欽定續通典一百五十卷　(清)嵇璜等纂修　清光緒二十八年(1902)貫吾齋石印九通全書本　六冊

360000－1902－0001315　1573
皇朝通典一百卷　(清)嵇璜等纂修　清光緒二十七年(1901)上海圖書集成局鉛印九通本　八冊　存七十九卷(一至九、十八至七十一、八十五至一百)

360000－1902－0001316　1574
通典二百卷　(唐)杜佑纂　清咸豐九年(1859)崇仁謝氏刻三通本　二十六冊　存一百二十八卷(一至二十三、二十八至三十二、四十一至四十九、六十一至六十七、一百七至一百十二、一百十九至一百六十六、一百七十一至二百)

360000－1902－0001317　1575
皇朝通典一百卷　(清)嵇璜等纂修　清光緒貫吾齋石印本　六冊

360000－1902－0001318　1576
東漢會要四十卷　(宋)徐天麟撰　清道光二年(1822)刻本　六冊　存二十六卷(四至十九、二十七至三十、三十五至四十)

360000－1902－0001319　1577
東漢會要四十卷　(宋)徐天麟撰　清末刻本　七冊　存三十六卷(五至四十)

360000－1902－0001320　1578
東漢會要四十卷　(宋)徐天麟撰　清光緒十年(1884)江蘇書局刻本　八冊

360000－1902－0001321　1580
西漢會要七十卷　(宋)徐天麟撰　清光緒十年(1884)江蘇書局刻本　十冊

360000－1902－0001322　1581
西漢會要七十卷　(宋)徐天麟撰　清光緒十年(1884)江蘇書局刻本　七冊　存四十五卷(一至五、十四至二十、二十九至四十九、五十九至七十)

360000－1902－0001323　1582
西漢會要七十卷　(宋)徐天麟撰　清乾隆武英殿木活字印武英殿聚珍版書本　二十四冊

360000－1902－0001324　1583

五代會要三十卷　(宋)王溥撰　清光緒十二年(1886)江蘇書局刻本　六冊

360000－1902－0001325　1585
麟臺故事五卷首一卷　(宋)程俱撰　清光緒刻本　一冊

360000－1902－0001326　1586
五代會要三十卷　(宋)王溥撰　清光緒十二年(1886)江蘇書局刻本　一冊　存五卷(十五至十九)

360000－1902－0001327　1587
東漢會要四十卷　(宋)徐天麟撰　清末刻本　二冊　存十一卷(十一至十六、二十一至二十五)

360000－1902－0001328　1588
唐會要一百卷　(宋)王溥撰　清光緒十年(1884)江蘇書局刻本　二十四冊

360000－1902－0001329　1589
唐會要一百卷　(宋)王溥撰　清光緒十年(1884)江蘇書局刻本　十六冊　存六十六卷(一至二十五、三十一至五十五、七十二至八十七)

360000－1902－0001330　1590
大元聖政國朝典章前集六十卷附新集至治條例不分卷　(元)□□撰　清光緒三十四年(1908)修訂法律館刻本　二十二冊　缺六卷(十八至十九、五十四至五十七)

360000－1902－0001331　1591
大唐六典三十卷　(唐)玄宗李隆基撰　(唐)李林甫注　清光緒二十一年(1895)廣雅書局刻本　五冊

360000－1902－0001332　1592
文獻通考三百四十八卷　(元)馬端臨著　清咸豐九年(1859)崇仁謝氏刻三通本　六十九冊　存一百九十七卷(三十至三十三、三十八至三十九、四十三至六十七、七十一至九十、九十六至一百七、一百十至一百二十四、一百四十二至一百四十八、一百五十二至一百六十六、二百三十五至二百六十九、二百七十六至二百七十九、二百八十四至二百八十六、二百九十至三百四十四)

360000－1902－0001333　1593
文獻通考三百四十八卷附欽定通考考證三卷　(元)馬端臨著　清光緒二十七年(1901)上海圖書集成局鉛印九通本　四十四冊

360000－1902－0001334　1594
文獻通考三百四十八卷　(元)馬端臨著　清末石印本　七冊　存七卷(十二上、十四至十五、十九至二十一、二十三)

360000－1902－0001335　1595
文獻通考三百四十八卷附欽定三通考證三卷　(元)馬端臨著　清光緒二十八年(1902)貫吾齋石印九通全書本　二十一冊

360000－1902－0001336　1596
文獻通考輯要二十四卷　(元)馬端臨撰　湯壽潛輯　清光緒二十五年(1899)圖書集成局鉛印三通考輯要本　一冊　存四卷(十九至二十二)

360000－1902－0001337　1597
文獻通考輯要二十四卷　(元)馬端臨撰　湯壽潛編輯　清光緒刻本　七冊　存十九卷(一至八、十至十二、十七至二十四)

360000－1902－0001338　1598
三通序目不分卷　(清)陳弘謀錄　清刻本　二冊

360000－1902－0001339　1599
三通序目不分卷　(清)陳弘謀錄　清刻本　二冊

360000－1902－0001340　1600
三通序不分卷　(清)蔣德鈞錄　清光緒十四年(1888)蔣氏求實齋刻求實齋叢書本　二冊

360000－1902－0001341　1601
文獻通考輯要二十四卷　(元)馬端臨撰　湯壽潛編輯　清光緒二十五年(1899)圖書集成局鉛印三通考輯要本　十冊

360000－1902－0001342　1602

文獻通考輯要二十四卷　(元)馬端臨撰　湯壽潛編輯　清光緒二十五年(1899)圖書集成局鉛印三通考輯要本　七册　存十六卷(五至十二、十七至二十四)

360000－1902－0001343　1603
文獻通考輯要二十四卷　(元)馬端臨撰　湯壽潛編輯　清光緒二十五年(1899)圖書集成局鉛印三通考輯要本　八册　存十八卷(一至四、九至二十二)

360000－1902－0001344　1604
文獻通考輯要二十四卷　(元)馬端臨撰　湯壽潛編輯　清光緒二十五年(1899)圖書集成局鉛印三通考輯要本　十册

360000－1902－0001345　1605
文獻通考輯要二十四卷　(元)馬端臨撰　湯壽潛編輯　清光緒成都三合山房刻本　四册　存十二卷(十一下至十三、十六至二十四)

360000－1902－0001346　1606
文獻通考輯要二十四卷　(元)馬端臨撰　湯壽潛編輯　清光緒刻本　七册　存二十一卷(一至二十一)

360000－1902－0001347　1607
文獻通考輯要二十四卷　(元)馬端臨撰　湯壽潛編輯　清光緒刻本　十册

360000－1902－0001348　1608
九通序不分卷　(□)□□撰　清光緒石印本　二册

360000－1902－0001349　1609
九通分類總纂二百四十卷　(清)汪鍾霖纂　清光緒二十八年(1902)上海文瀾書局石印本　七十五册　存二百二十七卷(一至三十一、四十二至一百六十六、一百七十至二百四十)

360000－1902－0001350　1610
九通　(清)□□輯　清光緒浙江書局刻本　一千册

360000－1902－0001351　1611
欽定續文獻通考二百五十卷　(清)嵇璜等纂修　清光緒二十八年(1902)石印本　十四册

360000－1902－0001352　1612
皇朝文獻通考三百卷　(清)嵇璜等纂修　清光緒二十八年(1902)貫吾齋石印九通全書本　二十册

360000－1902－0001353　1613
皇朝文獻通考輯要二十六卷　(清)嵇璜等纂　湯壽潛輯　清光緒刻本　十一册

360000－1902－0001354　1614
欽定續文獻通考二百五十卷　(清)嵇璜等纂修　清光緒二十七年(1901)上海圖書集成局鉛印九通本　十册　存七十六卷(一至六、二十五至二十九、六十五至七十九、八十七至一百、一百十四至一百二十、一百七十六至一百九十八、二百十六至二百二十一)

360000－1902－0001355　1615
皇朝文獻通考輯要二十六卷　(清)嵇璜等纂　湯壽潛輯　清光緒二十五年(1899)圖書集成局鉛印三通考輯要本　九册　存二十一卷(一至十一、十七至二十六)

360000－1902－0001356　1616
皇朝文獻通考輯要二十六卷　(清)嵇璜等纂　湯壽潛輯　清光緒二十五年(1899)圖書集成局鉛印三通考輯要本　十册

360000－1902－0001357　1617
皇朝文獻通考輯要二十六卷　(清)嵇璜等纂　湯壽潛輯　清光緒二十五年(1899)圖書集成局鉛印三通考輯要本　十册

360000－1902－0001358　1618
皇朝文獻通考輯要二十六卷　(清)嵇璜等纂　湯壽潛輯　清光緒二十五年(1899)圖書集成局鉛印三通考輯要本　十册

360000－1902－0001359　1619
皇朝文獻通考輯要二十六卷　(清)嵇璜等纂　湯壽潛輯　清光緒刻本　十册

360000－1902－0001360　1620
皇朝文獻通考輯要二十六卷　(清)嵇璜等纂

湯壽潛輯　清光緒刻本　十冊

360000－1902－0001361　1621
文獻通考正續合編三十二卷首一卷　(清)盧宣旬編　清略識字齋刻本　九冊　存九卷(十三至十四、十六、十八、二十二、二十六至二十九)

360000－1902－0001362　1622
皇朝文獻通考輯要二十六卷　(清)嵇璜等纂　湯壽潛輯　清光緒二十七年(1901)成都三合山房刻本　三冊　存九卷(一至二、十二至十六、十九至二十上)

360000－1902－0001363　1623
皇朝文獻通考輯要二十六卷　(清)嵇璜等纂　湯壽潛輯　清光緒二十五年(1899)圖書集成局鉛印三通考輯要本　七冊　存二十卷(五下至二十四)

360000－1902－0001364　1624
欽定續文獻通考輯要二十六卷　湯壽潛輯　清光緒二十五年(1899)上海圖書集成局鉛印三通考輯要本　六冊　存十五卷(二至十一上、十五至十九)

360000－1902－0001365　1625
欽定續文獻通考輯要二十六卷　湯壽潛輯　清光緒刻本　八冊　存二十四卷(二至十六、十八至二十六)

360000－1902－0001366　1626
欽定續文獻通考輯要二十六卷　湯壽潛輯　清光緒二十七年(1901)成都三合山房刻本　四冊　存十六卷(一至四、十二至十七、二十一至二十六)

360000－1902－0001367　1627
文獻通考纂二十二卷　(元)馬端臨著　(清)朗星等定　清末心遠堂刻本　二冊　存三卷(十至十一、十九)

360000－1902－0001368　1628
文獻通考纂二十二卷　(元)馬端臨著　(清)郎星等定　清石印本　二冊　存六卷(十二下至十七)

360000－1902－0001369　1629
皇朝文獻通考纂□□卷　(清)戴衢亨纂　清光緒二十八年(1902)石印本　四冊　存十四卷(三至六、十至十九)

360000－1902－0001370　1630
皇朝文獻通考三百卷　(清)嵇璜等纂修　清光緒二十七年(1901)上海圖書集成局鉛印本　五冊　存三十五卷(一百二十五至一百四十、一百六十七至一百七十八、一百八十四至一百八十七、一百九十二至一百九十四)

360000－1902－0001371　1631
欽定續文獻通考輯要二十六卷　湯壽潛輯　清光緒二十五年(1899)上海圖書集成局鉛印三通考輯要本(卷五配清刻本)　十冊

360000－1902－0001372　1632
欽定續文獻通考輯要二十六卷　湯壽潛輯　清光緒刻本(卷五、十一下至十四、十六至十七、二十至二十四配清光緒二十五年圖書集成局鉛印本)　七冊　存二十卷(二至五、七至九、十一下至十四、十六至十七、二十至二十六)

360000－1902－0001373　1633
欽定續文獻通考輯要二十六卷　湯壽潛輯　清光緒二十五年(1899)上海圖書集成局鉛印三通考輯要本　十冊

360000－1902－0001374　1634
續文獻通考纂二十二卷　(明)王圻著　(清)郎星等纂定　清光緒二十八年(1902)上海鴻文書局石印本　二冊

360000－1902－0001375　1635
欽定續文獻通考輯要二十六卷　湯壽潛輯　清光緒二十五年(1899)上海圖書集成局鉛印三通考輯要本　十冊

360000－1902－0001376　1636
欽定續文獻通考輯要二十六卷　湯壽潛輯　清光緒刻本(卷一至四配清光緒二十五年圖書集成局鉛印本)　十一冊

360000－1902－0001377　1637

欽定續文獻通考輯要二十六卷 湯壽潛輯 清光緒刻本 十冊

360000－1902－0001378 1638
欽定大清會典一百卷首一卷 (清)崑岡等纂修 清宣統元年(1909)上海商務印書館石印本 十冊

360000－1902－0001379 1639
文獻通考詳節二十四卷 (元)馬端臨著 (清)嚴虞惇錄 清乾隆二十九年(1764)繩武堂刻本 四冊 存十五卷(一至十二、十六至十八)

360000－1902－0001380 1640
欽定學政全書八十六卷首一卷 (清)童璜等撰 清刻本 十五冊 存六十七卷(七至十二、二十二至八十二)

360000－1902－0001381 1641
欽定學政全書八十二卷 (清)王傑等修 (清)廣興等纂 清刻本 十四冊 存四十五卷(三至十三、二十四至二十五、二十九至三十一、四十至六十三、七十三至七十六、八十二)

360000－1902－0001382 1642
欽定大清會典事例一千二百二十卷目錄八卷 (清)崑岡等撰 清宣統元年(1909)上海商務印書館石印本 一百二十七冊 存一千六十二卷(一至五十五、七十至三百六十五、四百十六至四百二十二、四百二十九至四百三十四、五百二至一千四十二、一千七十二至一千二百二十,目錄八卷)

360000－1902－0001383 7815
浙江試牘立誠編一卷 (清)汪廷珍手訂 清嘉慶十九年(1814)刻本 一冊

360000－1902－0001384 1644
約章分類輯要三十八卷首一卷 (清)蔡乃煌等編 清末石印本 二十五冊 存三十四卷(三至六中、七至十一、十三至三十四、三十五下至三十七)

360000－1902－0001385 1645
欽定大清會典一百卷 (清)允祹等纂修 清刻本 二十四冊

360000－1902－0001386 1646
約章分類輯要三十八卷首一卷 (清)蔡乃煌等編 清光緒二十六年(1900)湖南商務局刻本 三十冊

360000－1902－0001387 1647
約章成案匯覽甲篇十卷乙篇四十二卷 (清)北洋洋務局纂輯 清光緒三十一年(1905)上海點石齋石印本 四十五冊 存五十一卷(甲篇二至十、乙篇四十二卷)

360000－1902－0001388 1648
約章成案匯覽甲篇十卷乙篇四十二卷 (清)北洋洋務局纂輯 清光緒三十一年(1905)上海點石齋石印本 四十六冊

360000－1902－0001389 1649
大清通禮五十卷 (清)來保等編纂 清乾隆二十一年(1756)刻本 八冊

360000－1902－0001390 1650
大清通禮五十四卷 (清)穆克登額等續纂 清道光四年(1824)刻本 四冊 存十六卷(三十九至五十四)

360000－1902－0001391 1651
通商約章類纂三十五卷首一卷 (清)徐宗亮輯 清光緒十二年(1886)天津官書局刻本 二十冊

360000－1902－0001392 1652
時務通攷三十一卷 (清)陳驤編 清光緒二十三年(1897)湖南求賢書院刻本 二十四冊

360000－1902－0001393 1654
鄉黨應酬六卷 (清)鄧炳震編輯 清刻本 二冊 存二卷(一至二)

360000－1902－0001394 1655
應酬彙選二集四卷 (清)潘文光編輯 (清)姚時勉注 清刻本 二冊 存二卷(一至二)

360000－1902－0001395 1656(1)

增正禮文備錄十三卷首一卷 (清)管窺居士編輯 清宣統元年(1909)漢文局刻本 六冊 存十一卷(一至八、十至十一,首一卷)

360000－1902－0001396 1656(2)
禮文備錄□□卷 (清)管窺居士編輯 清刻本 一冊 存二卷(十至十一)

360000－1902－0001397 1657
籌洋芻議一卷 (清)薛福成著 清光緒二十三年(1897)湖南新學書局刻庸庵三種本 一冊

360000－1902－0001398 1659
十九世紀外交史十七章 (日本)平田久著 (清)張相譯 清光緒二十八年(1902)史學齋刻本 一冊 存四章(一至四)

360000－1902－0001399 1660
文廟丁祭譜四卷 (清)藍鍾瑞等撰 清道光二十五年(1845)醴陵尊經閣刻本 八冊

360000－1902－0001400 1661
文廟丁祭譜四卷 (清)藍鍾瑞等撰 清道光二十五年(1845)醴陵尊經閣刻本 八冊

360000－1902－0001401 1662
文廟丁祭譜四卷 (清)藍鍾瑞等撰 清道光二十五年(1845)醴陵尊經閣刻本 八冊

360000－1902－0001402 1663
文廟丁祭譜四卷 (清)藍鍾瑞等撰 清道光二十五年(1845)醴陵尊經閣刻本 八冊

360000－1902－0001403 1664
文廟丁祭譜十卷首一卷 (清)藍鍾瑞等撰 清同治七年(1868)醴陵尊經閣刻本 十冊

360000－1902－0001404 1665
文廟上丁禮樂備考四卷 (清)吳祖昌等編 清同治九年(1870)江右乙藜齋刻本 四冊

360000－1902－0001405 1666
直省釋奠禮樂記六卷首一卷末一卷 (清)應寶時等輯 清同治十二年(1873)刻本 六冊

360000－1902－0001406 1667
各國約章纂要六卷首一卷附錄一卷 勞乃宣輯 清光緒十八年(1892)上海圖書集成印書局鉛印本 四冊

360000－1902－0001407 1668
皇朝政典挈要八卷 (日本)增田貢著 (清)毛淦補編 清光緒二十八年(1902)鉛印本 一冊 存六卷(一至六)

360000－1902－0001408 1669
荒政輯要九卷首一卷 (清)汪志伊纂 清嘉慶十一年(1806)蘇州節署刻本 三冊

360000－1902－0001409 1670
欽定康濟錄四卷 (清)陸曾禹撰 (清)倪國璉釐正 清同治八年(1869)楚北崇文書局刻本 四冊

360000－1902－0001410 1671
淮鹾駁案類編八卷 (清)陳方坦編輯 清光緒十八年(1892)金陵刻本 八冊

360000－1902－0001411 1672
錢穀備要十卷 (清)王又槐編輯 清光緒十九年(1893)上海古香閣石印本 二冊

360000－1902－0001412 1673
光緒財政通纂五十四卷 (清)杜翰藩編 清光緒三十一年(1905)蓉城文倫書局鉛印本 二十冊

360000－1902－0001413 1674
資治新書初集十四卷首一卷二集二十卷 (清)李漁輯 清光緒二十年(1894)上海圖書集成印書局鉛印本 十二冊

360000－1902－0001414 1675
資治新書初集十四卷首一卷二集二十卷 (清)李漁輯 清經綸堂刻本 十九冊 存三十三卷(初集十四卷、首一卷,二集一至十四、十七至二十)

360000－1902－0001415 1676
資治新書初集十四卷首一卷二集二十卷 (清)李漁輯 清康熙芥子園刻本 十八冊

360000－1902－0001416 1677
皇朝經世文約編一百二十卷姓名總目二卷

(清)賀長齡編輯　(清)樂一齋主人重輯　清光緒九年(1883)同文書院刻本　四十冊

360000－1902－0001417　1678
皇朝經世文編一百二十卷姓名總目二卷
(清)賀長齡輯　清道光六年(1826)刻本　六十冊

360000－1902－0001418　1679
皇朝經世文編一百二十卷　(清)賀長齡輯　清刻本　五十一冊　存九十九卷(五至十八、二十二至二十六、二十九至四十、四十三至四十九、五十三至七十五、七十八至一百十一、一百十四至一百十七)

360000－1902－0001419　1680
皇朝經世文編一百二十卷　(清)賀長齡輯　清刻本　十二冊　存二十卷(二十六至三十三、四十九至五十三、一百十四至一百二十)

360000－1902－0001420　1681
皇朝經世文編一百二十卷　(清)賀長齡輯　清刻本　二十四冊　存四十六卷(七十五至一百二十)

360000－1902－0001421　1682
皇朝經世文編一百二十卷姓名總目二卷
(清)賀長齡輯　清光緒十三年(1887)上海廣百宋齋鉛印本　十四冊　存七十卷(一至三、十至四十九、五十四至六十四、六十六至七十四、八十至八十四,姓名總目二卷)

360000－1902－0001422　1683
皇朝經世文編一百二十卷姓名總目二卷
(清)賀長齡輯　清光緒十三年(1887)上海廣百宋齋鉛印本　七冊　存三十六卷(八十五至一百二十)

360000－1902－0001423　1684
皇朝經世文編一百二十卷　(清)賀長齡輯　清光緒鉛印本(卷一百至一百二十配清石印本)　五冊　存三十三卷(五十三至六十一、九十七至一百二十)

360000－1902－0001424　1685
皇朝經世文編一百二十卷　(清)賀長齡輯　清光緒二十八年(1902)石印本　八冊　存四十卷(六至十五、三十一至四十五、五十一至六十、八十六至九十)

360000－1902－0001425　1686
皇朝經世文編一百二十卷姓名總目二卷
(清)賀長齡輯　清同治十二年(1873)撫州饒玉成刻本　四十一冊　存六十卷(一至五十八、姓名總目二卷)

360000－1902－0001426　1687(1)
皇朝經世文新編□□卷　(清)麦仲華輯　清光緒石印本(卷十三、十五至十六上中配清末石印本)　九冊　存九卷(五下、十上、十三至十七、二十至二十一)

360000－1902－0001427　1687(2)
皇朝經世文新編□□卷　(清)麦仲華輯　清末石印本　三冊　存四卷(十三至十四、十六下至十七)

360000－1902－0001428　1687(3)
皇朝經世文新編□□卷　(清)麦仲華輯　清末石印本　一冊　存一卷(十四)

360000－1902－0001429　1688
皇朝經世文新編二十一卷首三卷　(清)麥仲華輯　清光緒二十八年(1902)上海鍊石書局石印本　十四冊　存二十二卷(一至十二、十四至十八、二十下至二十一,首三卷)

360000－1902－0001430　1689
皇朝經世文新編二十一卷　(清)麥仲華輯　清光緒二十四年(1898)上海書局石印本　十六冊

360000－1902－0001431　1690
皇朝經世文編續集一百二十卷　(清)饒玉成輯　清光緒七年(1881)撫州雙峰書室刻本　三十四冊　存一百十卷(一至二十、二十六至五十七、六十三至一百二十)

360000－1902－0001432　1691
皇朝經世文新編二十一卷　(清)麥仲華輯　清光緒二十四年(1898)上海書局石印本　十五冊　存二十卷(一至八、十下至二十一)

360000－1902－0001433　1692

皇朝經世文新編二十一卷　(清)麥仲華輯　清光緒二十四年(1898)上海譯書局石印本　二十四冊

360000－1902－0001434　1693

皇朝經世文續編一百二十卷　(清)葛士濬輯　清光緒二十四年(1898)石印本　十二冊　存七十四卷(四十三至七十七、七十九至一百二、一百六至一百二十)

360000－1902－0001435　1694

皇朝經世文續編一百二十卷　(清)葛士濬輯　清光緒十四年(1888)圖書集成局鉛印本　二十四冊　存九十卷(一至三十一、三十六至四十七、六十五至六十八、七十二至一百六、一百十三至一百二十)

360000－1902－0001436　1695

皇朝經世文續編一百二十卷　(清)葛士濬輯　清光緒十四年(1888)圖書集成局鉛印本　四冊　存十八卷(十九至二十三、五十二至五十六、七十九至八十六)

360000－1902－0001437　1696

皇朝經世文續編一百二十卷　(清)葛士濬輯　清光緒石印本　五冊　存二十九卷(七至十、十八至四十二)

360000－1902－0001438　1697

皇朝經世文續編一百二十卷　(清)葛士濬輯　清光緒二十四年(1898)上海宏文閣鉛印本　二十四冊

360000－1902－0001439　1698

皇朝經世文編初續一百二十卷　(清)饒玉成輯　清光緒刻本　二十四冊　存六十九卷(四十七至五十、五十四至七十二、七十五至一百二十)

360000－1902－0001440　1699

皇朝經世文續編一百二十卷　(清)葛士濬輯　清光緒石印本　九冊　存五十二卷(七至四十四、九十五至一百八)

360000－1902－0001441　1700(1)

皇朝經世文三編八十卷　(清)陳忠倚輯　清光緒二十八年(1902)上海書局石印本(卷六至十、四十六至五十配清石印本)　七冊　存三十五卷(一至十、四十六至五十、六十一至八十)

360000－1902－0001442　1700(2)

皇朝經世文三編八十卷　(清)陳忠倚輯　清光緒石印本　二冊　存十卷(六十六至七十、七十六至八十)

360000－1902－0001443　1701

皇朝經世文三編八十卷　(清)陳忠倚輯　清光緒二十八年(1902)上海書局石印本　十六冊

360000－1902－0001444　1702

皇朝經世文三編八十卷　(清)陳忠倚輯　清光緒二十四年(1898)寶文書局石印本　十三冊　存六十五卷(一至十、十六至三十、三十六至四十、四十六至八十)

360000－1902－0001445　1703

皇朝經世文三編八十卷　(清)陳忠倚輯　清光緒二十八年(1902)上海書局石印本　十六冊

360000－1902－0001446　1704

皇朝經世文編補一百二十卷　(清)賀長齡輯　清來鹿堂刻本　二十一冊　存三十卷(十五至二十、二十三、二十九、三十一至三十六、七十八、一百五至一百七、一百九至一百二十)

360000－1902－0001447　1705

皇朝經世論鈔四卷　(清)顧炎武等撰　清光緒二十四年(1898)頤齋刻本　四冊

360000－1902－0001448　1706

皇朝經世文四編五十二卷　(清)何良棟輯　清光緒二十八年(1902)鴻寶書局石印本　六冊　存二十八卷(一至十九、二十三至二十七、四十六至四十九)

360000－1902－0001449　1707(1)

皇朝經世文四編五十二卷　(清)何良棟輯

清光緒二十八年(1902)鴻寶書局石印本　十冊　存四十二卷(一至三、九至十四、二十至五十二)

360000－1902－0001450　1707(2)
皇朝經世文四編五十二卷　(清)何良棟輯　清光緒二十八年(1902)鴻寶書局石印本　二冊　存九卷(三十七至四十一、四十六至四十九)

360000－1902－0001451　1708
欽定科場條例六十卷首一卷續增科場條例不分卷　(清)英匯等纂修　清同治刻本　四十四冊

360000－1902－0001452　1709
廣治平略正集三十六卷續集八卷　(清)蔡方炳撰　清光緒八年(1882)四明茹古齋鉛印本　二冊　存九卷(正集一至五、續集一至四)

360000－1902－0001453　1710
廣治平略正集三十六卷補編八卷　(清)蔡方炳撰　清光緒十三年(1887)上海大同書局石印本　四冊

360000－1902－0001454　1711
廣治平略三十六卷　(清)蔡方炳輯　清末刻本　四冊　存十八卷(十至十三、十八至二十二、二十八至三十六)

360000－1902－0001455　1712
熙朝紀政六卷　(清)王慶雲述　清光緒二十七年(1901)上海天章書局石印本　三冊

360000－1902－0001456　1713(1)
熙朝紀政六卷　(清)王慶雲述　清光緒二十七年(1901)上海天章書局石印本　三冊　存五卷(一至五)

360000－1902－0001457　1713(2)
熙朝紀政八卷　(清)王慶雲述　清光緒鉛印本　一冊　存四卷(五至八)

360000－1902－0001458　1715
資治新書初集十四卷首一卷二集二十卷　(清)李漁輯　清末刻本　二冊　存四卷(初集十至十一、二集十三至十四)

360000－1902－0001459　1716
牧令書二十三卷　(清)徐棟輯　清道光二十八年(1848)刻本　十八冊

360000－1902－0001460　1717
奏定學堂章程不分卷　(清)張百熙等纂　清光緒三十年(1904)兩廣學務處鉛印本　五冊

360000－1902－0001461　1718
歷代職官表六卷　(清)黄本驥纂　清光緒八年(1882)上海王氏刻本　三冊

360000－1902－0001462　1719
歷代邊事彙鈔十二卷　(清)朱克敬編輯　清光緒二十八年(1902)上海捷記書局石印本　三冊　存九卷(一至九)

360000－1902－0001463　1720
邊事彙鈔十二卷　(清)朱克敬編輯　清光緒六年(1880)長沙刻本　五冊　存十卷(一至十)

360000－1902－0001464　1721
皇朝政典挈要八卷　(日本)增田貢著　(清)毛淦補編　清光緒二十七年(1901)新知書局石印本　三冊　存四卷(一至二、七至八)

360000－1902－0001465　1722
皇朝政典挈要八卷　(日本)增田貢著　(清)毛淦補編　清光緒二十八年(1902)上海書局石印本　四冊

360000－1902－0001466　1723
吾學錄初編二十四卷　(清)吳榮光述　清同治九年(1870)江蘇書局刻本　五冊　存二十卷(一至十六、二十一至二十四)

360000－1902－0001467　1724
吾學錄初編二十四卷　(清)吳榮光述　清道光十二年(1832)南海吳氏筠清館刻本　八冊

360000－1902－0001468　1725
洪江育嬰小識四卷首一卷　(清)潘清等纂修　清光緒十三年(1887)刻本　四冊

360000－1902－0001469　1726

保甲書四卷　(清)徐棟輯　清道光二十八年(1848)刻本　三册

360000－1902－0001470　1727

輶車雜錄二卷　(清)朱軾撰　清嘉慶刻本　一册

360000－1902－0001471　1728

時務論一卷采風記五卷附紀程感事詩一卷　宋育仁撰　清刻本　四册

360000－1902－0001472　1729

官書局彙報不分卷　(清)官書局編輯　清光緒二十四年(1898)鉛印本　一册

360000－1902－0001473　1731

貴州釐金總局詳定新章一卷　(清)□□編　清光緒三十年(1904)刻本　一册

360000－1902－0001474　1732

更定貴州通省釐金章程一卷　(清)□□編　清末刻本　一册

360000－1902－0001475　1733

商務官報己酉第一期　(清)商務官報局編　清宣統元年(1909)鉛印本　一册

360000－1902－0001476　1734

廣西統稅則例不分卷　(清)□□編　清末刻本　一册

360000－1902－0001477　1735(1)

廣西官報　孔昭焱編輯　清宣統元年(1909)鉛印本　十四册　存一百七十七期(軍政一、五至六、八至十二、十四至二十一、二十三至二十七、三十至三十二、三十四至三十九、四十二、四十四至四十五、四十七至五十六、五十八至六十二,憲政一至十四、二十四至二十七,吏政二十三、二十六至二十九、三十三、三十七至四十一、四十六至四十七、四十九至五十、五十二至五十三、五十七至五十八,民政四十二至五十八,財政一至七、九、十一至十三、十五、十八、二十至二十一、二十四至二十五、二十八至三十二、三十四、三十六、三十八、四十至四十五,教育五十二至五十五,名法一、四至六、八、十至二十、二十二至二十三、二十八、三十至三十一、三十三、三十六至三十九、四十一、四十六、四十八、五十至五十五、五十八至六十二)

360000－1902－0001478　1735(2)

廣西官報　孔昭焱編輯　清光緒三十三年至三十四年(1907－1908)鉛印本　二册　存二期(六、二十三)

360000－1902－0001479　1735(3)

廣西官報星期報　孔昭焱編輯　清宣統元年(1909)鉛印本　三册　存二十三期(四、六、三十八至五十八)

360000－1902－0001480　1735(4)

廣西官報星期報　孔昭焱編輯　清宣統元年(1909)鉛印本　一册　存一期(六)

360000－1902－0001481　1737

入幕須知　(清)張廷驤輯　清光緒十一年(1885)刻本　五册　存四種八卷(刑幕要略一卷,佐治藥言一卷、續一卷,學治臆說二卷、續說一卷、說贅一卷,辦案要略一卷)

360000－1902－0001482　1738

學務摘要初集二卷　(清)學部商報輯　清光緒木活字印本　二册

360000－1902－0001483　1740

題減瑞袁浮賦疏一卷　(清)辛鼎卿撰　清嘉慶刻本　一册

360000－1902－0001484　1741

教務輯要四卷　(清)徐家幹編　清光緒二十四年(1898)湖北官書局刻本　四册

360000－1902－0001485　1743

武軍紀略二卷　(清)周達武撰　清光緒十八年(1892)蛻園刻本　一册

360000－1902－0001486　1744

民約通義不分卷　(法國)戎雅屈婁騷著　(日本)中江篤介譯解　清光緒二十四年(1898)上海大同譯書局石印本　一册

360000－1902－0001487　1745

增修籌餉事例條款不分卷籌餉事例一卷增修

現行常例一卷　(清)戶部編　清同治刻本　四冊

360000－1902－0001488　1750

庸書内篇二卷外篇二卷　(清)陳熾撰　清光緒二十三年(1897)刻本　二冊　存二卷(外篇二卷)

360000－1902－0001489　1751

庸書内篇二卷外篇二卷　(清)陳熾撰　清光緒二十四年(1898)徐宗師示刻本　四冊

360000－1902－0001490　1752

庸書内篇二卷外篇二卷　(清)陳熾撰　清光緒二十二年(1896)刻本　四冊

360000－1902－0001491　1753

采風記五卷附紀程感事詩一卷時務論一卷　宋育仁撰　清光緒二十二年(1896)袖海山房石印本　四冊

360000－1902－0001492　1754

泰西新史攬要二十四卷　(英國)馬懇西撰　(英國)李提摩太譯　蔡爾康述稿　清光緒二十二年(1896)三味堂刻本(卷十一至十四配清刻本)　六冊　存十八卷(一至四、十一至二十四)

360000－1902－0001493　1755

泰西新史攬要二十四卷　(英國)馬懇西撰　(英國)李提摩太譯　蔡爾康述稿　清光緒二十二年(1896)三味堂刻本　三冊　存四卷(十三至十六)

360000－1902－0001494　1756

泰西新史攬要二十四卷　(英國)馬懇西撰　(英國)李提摩太譯　蔡爾康述稿　清光緒二十二年(1896)三味堂刻本　六冊

360000－1902－0001495　1757

佐治芻言一卷　(英國)傅蘭雅口譯　(清)應祖錫筆述　清光緒二十四年(1898)湖南實學書局刻本　二冊

360000－1902－0001496　1758

欽定五軍道里表十八卷　(清)尹繼善等纂　**三流道里表不分卷**　(清)徐本等纂　清刻本　十冊

360000－1902－0001497　1759

盛世危言續編□□卷　(清)杞憂生輯著　清光緒石印本　一冊　存二卷(一至二)

360000－1902－0001498　1762

西政叢書　梁啟超輯　清光緒二十三年(1897)慎記書莊石印本　八冊　存八種

360000－1902－0001499　1763

西政叢書　梁啟超輯　清光緒二十三年(1897)慎記書莊石印本　三十一冊　存三十一種

360000－1902－0001500　1764

光緒乙巳年交涉要覽上篇二卷下篇三卷　(清)北洋洋務局纂輯　清光緒三十一年(1905)鉛印本　一冊　存一卷(下篇三)

360000－1902－0001501　1765

光緒乙巳年交涉要覽上篇二卷下篇三卷　(清)北洋洋務局纂輯　清光緒三十一年(1905)北洋官報局鉛印本　二冊　存二卷(上篇一、下篇二)

360000－1902－0001502　1767

節本泰西新史攬要八卷　(英國)馬懇西撰　(英國)李提摩太譯　(清)周慶雲節錄　清光緒二十七年(1901)夢坡室刻本　二冊

360000－1902－0001503　1768

東方時局論略一卷　(朝鮮)鄧鏗著　清光緒十五年(1889)鉛印本　一冊

360000－1902－0001504　1769

分類史事政治論海不分卷　(清)王樹劼編輯　清光緒三十年(1904)海陵鑑古齋石印本　十九冊

360000－1902－0001505　1770

中國宜改革新政論議二卷　(清)何啟　(清)胡禮垣撰　清光緒二十一年(1895)石印本　一冊

360000－1902－0001506　1771

皇朝詞林典故六十四卷 (清)朱珪等撰 清嘉慶十年(1805)武英殿刻本 二十四册 存四十六卷(一至六、十一至十二、十七至二十四、二十七至三十、三十三至四十二、四十五至四十六、四十九至六十二)

360000－1902－0001507 1772
詞林典故八卷 (清)張廷玉等纂修 清乾隆十三年(1748)刻本 三册 存六卷(一至六)

360000－1902－0001508 1773
皇朝詞林典故六十四卷 (清)朱珪等撰 清嘉慶十年(1805)刻本 十八册

360000－1902－0001509 1774
大清太宗應天興國弘德彰武寬溫仁聖睿孝敬敏昭定隆道顯功文皇帝聖訓六卷首一卷 (清)太宗皇太極撰 清光緒刻十朝聖訓本 一册

360000－1902－0001510 1775
大清太祖承天廣運聖德神功肇紀立極仁孝睿武端毅欽安弘文定業高皇帝聖訓四卷首一卷 (清)太祖努爾哈赤撰 清光緒刻十朝聖訓本 一册

360000－1902－0001511 1776
大清高宗法天隆運至誠先覺體元立極敷文奮武孝慈神聖純皇帝聖訓三百卷首一卷 (清)高宗弘曆撰 清光緒刻十朝聖訓本 七十二册

360000－1902－0001512 1777
大清世祖體天隆運定統建極英睿欽文顯武大德弘功至仁純孝章皇帝聖訓六卷首一卷 (清)世祖福臨撰 清光緒刻十朝聖訓本 一册

360000－1902－0001513 1778
大清聖祖合天弘運文武睿哲恭儉寬裕孝敬誠信中和功德大成仁皇帝聖訓六十卷首一卷 (清)聖祖玄燁撰 清光緒刻十朝聖訓本 十二册

360000－1902－0001514 1779
硃批諭旨三百六十卷 (清)鄂爾泰 (清)張廷玉編次 清光緒十三年(1887)上海點石齋石印朱墨套印本 六十册

360000－1902－0001515 1780
大清世宗敬天昌運建中表正文武英明寬仁信毅大孝至誠憲皇帝聖訓三十六卷首一卷 (清)世宗胤禛撰 清光緒刻十朝聖訓本 十册

360000－1902－0001516 1781
硃批諭旨三百六十卷 (清)鄂爾泰 (清)張廷玉編次 清光緒十三年(1887)上海點石齋石印朱墨套印本 五十三册 存二百五卷(一至三十三、四十三至一百十四、一百二十五至一百二十八、一百三十至一百三十九、一百四十六至一百八十、一百八十三至一百八十六、一百八十八至二百三十四)

360000－1902－0001517 1782
唐陸宣公集二十二卷 (唐)陸贄撰 清雍正元年(1723)年義堯刻本 五册 存十九卷(一至十九)

360000－1902－0001518 1783
世宗憲皇帝上諭内閣一百五十九卷 (清)允祿等編 (清)弘晝等續編 清雍正九年(1731)刻乾隆六年(1741)增修本 三十二册

360000－1902－0001519 1784
大清仁宗受天興運敷化綏猷崇文經武孝恭勤儉端敏英哲睿皇帝聖訓一百十卷 (清)仁宗顒琰撰 清光緒刻十朝聖訓本 四十册

360000－1902－0001520 1785
大清宣宗效天符運立中體正至文聖武智勇仁慈儉勤孝敏成皇帝聖訓一百三十卷首一卷 (清)宣宗旻寧撰 清光緒刻十朝聖訓本 三十六册

360000－1902－0001521 1786
大清文宗協天翊運執中垂謨懋德振武聖孝淵恭端仁寬敏顯皇帝聖訓一百十卷首一卷 (清)文宗奕詝撰 清光緒刻十朝聖訓本 二十四册

360000－1902－0001522 1787

大清穆宗繼天開運受中居正保大定功聖智誠孝信敏恭寬毅皇帝聖訓一百六十卷首一卷 (清)穆宗載淳撰　清光緒刻十朝聖訓本　四十八册

360000－1902－0001523　1788
諭旨彙存一卷 (清)撫部院署編輯所輯　清光緒三十四年(1908)鉛印本　一册

360000－1902－0001524　1789
陸忠宣公奏議四卷 (唐)陸贄撰　清康熙四十九年(1710)刻本　二册

360000－1902－0001525　1790
廬陽三賢集三種 (清)張樹聲輯　清光緒元年(1875)合肥張氏毓秀堂刻本　四册

360000－1902－0001526　1791
孝肅奏議十卷 (宋)包拯撰　清同治二年(1863)李瀚章刻本　四册

360000－1902－0001527　1792
爲政忠告不分卷 (元)張養浩著　清光緒七年(1881)刻本　二册

360000－1902－0001528　1793
歷代名臣奏議三百十九卷 (明)黄淮　(明)楊士奇纂　(明)張溥删正　明崇禎八年(1635)文德堂刻清初重修本　六十册　存三百七卷(一至十、二十三至三百十九)

360000－1902－0001529　1794
歷代名臣奏議三百二十卷 (明)黄淮　(明)楊士奇纂　(明)張溥删正　清刻本　七十八册　存三百十三卷(一至九十五、一百一至二百九十五、二百九十八至三百二十)

360000－1902－0001530　1795
朱少師奏疏鈔八卷 (明)朱燮元撰　清雍正十一年(1733)朱源星刻本　二册　存二卷(一至二)

360000－1902－0001531　1796
曾文正公奏稿三十六卷 (清)曾國藩撰　(清)李瀚章編録　清光緒二年(1876)傳忠書局刻曾文正公全集本　十八册

360000－1902－0001532　1797(1)
曾文正公奏議十卷首一卷末一卷 (清)曾國藩撰　(清)薛福成編次　清同治十三年(1874)上海醉六堂刻本　十册

360000－1902－0001533　1797(2)
曾文正公奏議補編四卷 (清)曾國藩撰　(清)薛福成編次　清同治十三年(1874)蘇郡刻本　二册

360000－1902－0001534　1798(1)
曾文正公奏議十卷首一卷末一卷 (清)曾國藩撰　(清)薛福成編次　清同治十三年(1874)寶慶經訓堂刻本　十册

360000－1902－0001535　1798(2)
曾文正公奏議補編四卷 (清)曾國藩撰　(清)薛福成編次　清同治十三年(1874)蘇郡刻本　二册

360000－1902－0001536　1799
曾文正公奏稿三十卷 (清)曾國藩撰　(清)李瀚章編録　清光緒二年(1876)傳忠書局刻曾文正公全集本　十册　存十卷(一至十)

360000－1902－0001537　1800
曾文正公奏稿三十卷 (清)曾國藩撰　(清)李瀚章編録　清光緒二年(1876)傳忠書局刻曾文正公全集本　三十册

360000－1902－0001538　1801
曾文正公奏議十卷首一卷末一卷 (清)曾國藩撰　(清)薛福成編次　清光緒二十二年(1896)上海圖書集成印書局鉛印本　四册

360000－1902－0001539　1802
曾文正公奏議十卷首一卷末一卷 (清)曾國藩撰　(清)薛福成編次　清同治十三年(1874)上海醉六堂刻本　八册

360000－1902－0001540　1803
左恪靖侯奏稿初編三十八卷續編七十六卷三編六卷 (清)左宗棠撰　清光緒刻本　五十六册　存一百十一卷(初編三十八卷,續編一至十七、二十三至四十八、五十三至七十六,三編六卷)

360000－1902－0001541　1804

左文襄公奏疏初編三十八卷續編七十六卷三編六卷　(清)左宗棠撰　清光緒十六年(1890)上海圖書集成印書局鉛印本　二十册

360000－1902－0001542　1805

胡文忠公遺集八十六卷首一卷　(清)胡林翼撰　清同治六年(1867)黄鶴樓刻本　三十二册

360000－1902－0001543　1806

胡文忠公遺集八十六卷首一卷　(清)胡林翼撰　清光緒二十七年(1901)上海圖書集成印書局鉛印本　三册　存三十八卷(六至三十二、七十六至八十六)

360000－1902－0001544　1807

胡文忠公遺集十卷首一卷　(清)胡林翼撰　(清)厲雲官等編輯　清同治七年(1868)醉六堂刻本　七册　存十卷(胡文忠公遺集十卷)

360000－1902－0001545　1808

胡文忠公政書十四卷　(清)胡林翼撰　(清)但湘良輯　清光緒二十五年(1899)湖南糧儲道署刻本　十五册

360000－1902－0001546　1809

胡文忠公遺集八十六卷首一卷　(清)胡林翼撰　清同治六年(1867)黄鶴樓刻本　三十二册

360000－1902－0001547　1810

胡文忠公遺集十卷首一卷　(清)胡林翼撰　(清)厲雲官等編輯　清同治五年(1866)山左刻本　三册　存九卷(二至十)

360000－1902－0001548　1811

胡文忠公遺集八十六卷首一卷　(清)胡林翼撰　清同治六年(1867)黄鶴樓刻本　二十六册　存七十五卷(一至十九、二十四至三十三、三十七至四十一、四十四至六十二、六十六至八十六,首一卷)

360000－1902－0001549　1812

胡文忠公政書十四卷　(清)胡林翼撰　(清)但湘良編輯　清光緒二十五年(1899)湖南糧儲道署刻本　十册　存九卷(三至六、八至十、十三至十四)

360000－1902－0001550　1813

胡文忠公遺集八十六卷首一卷　(清)胡林翼撰　清刻本　五册　存十六卷(四十九至五十五、六十二至七十)

360000－1902－0001551　1814

胡文忠公遺集八十六卷首一卷　(清)胡林翼撰　清光緒元年(1875)湖北崇文書局刻本　三十二册

360000－1902－0001552　1815

胡文忠公遺集八十六卷首一卷　(清)胡林翼撰　清刻本　二册　存三卷(四、七至八)

360000－1902－0001553　1816

胡文忠公遺集八十六卷首一卷　(清)胡林翼撰　清刻本　四册　存十二卷(五十至五十八、六十一至六十三)

360000－1902－0001554　1817

胡文忠公遺集八十六卷首一卷　(清)胡林翼撰　清刻本　二十三册　存五十九卷(二十八至八十六)

360000－1902－0001555　1818

胡文忠公遺集八十六卷首一卷　(清)胡林翼撰　清同治六年(1867)黄鶴樓刻本　三十二册

360000－1902－0001556　1819

胡文忠公遺集八十六卷首一卷　(清)胡林翼撰　清光緒元年(1875)湖北崇文書局刻本　八册　存二十三卷(一至三、十六至十八、二十三至二十七、四十七至五十、六十一至六十二、七十三至七十四、七十八至八十,首一卷)

360000－1902－0001557　1820

彭剛直公奏稿八卷　(清)彭玉麟撰　清末鉛印本　一册　存二卷(五至六)

360000－1902－0001558　1821

彭剛直公奏稿八卷　(清)彭玉麟撰　清光緒十七年(1891)吴下刻本　七册

360000－1902－0001559　1822
彭剛直公奏稿八卷　(清)彭玉麟撰　清末刻本　七册

360000－1902－0001560　1823
彭剛直公奏稿八卷　(清)彭玉麟撰　清光緒十七年(1891)吳下刻本　六册

360000－1902－0001561　1824
郭侍郎奏疏十二卷　(清)郭嵩燾撰　清光緒十八年(1892)刻本　七册　存七卷(一、三、八至十二)

360000－1902－0001562　1825
郭侍郎奏疏十二卷　(清)郭嵩燾撰　清光緒十八年(1892)刻本　十二册

360000－1902－0001563　1826
郭侍郎奏疏十二卷　(清)郭嵩燾撰　清光緒十八年(1892)刻本　十二册

360000－1902－0001564　1827
沈文肅公政書七卷首一卷　(清)沈葆楨撰　清光緒六年(1880)吳門節署刻本　七册

360000－1902－0001565　1828
沈文肅公政書七卷首一卷　(清)沈葆楨撰　清光緒七年(1881)精一閣鉛印本　十四册

360000－1902－0001566　1829
撫吳公牘五十卷　(清)丁禹生(丁日昌)撰　(清)沈幼丹評選　清光緒鉛印本　六册

360000－1902－0001567　1830
撫吳公牘五十卷　(清)丁禹生(丁日昌)撰　(清)沈幼丹評選　清光緒三年(1877)刻華英書局印本　十册

360000－1902－0001568　1831
撫吳公牘五十卷　(清)丁禹生(丁日昌)撰　(清)沈幼丹評選　清光緒三年(1877)刻本　十册

360000－1902－0001569　1832
丁文誠公奏稿二十六卷首一卷　(清)丁寶楨撰　清光緒二十二年(1896)南海羅氏成都刻本　二十六册

360000－1902－0001570　1833
成規拾遺不分卷　(清)萬維翰輯　清乾隆三十九年(1774)刻本　二册

360000－1902－0001571　1834
出山草譜八卷　(清)湯肇熙著　清光緒十年(1884)昆陽縣署刻本　四册

360000－1902－0001572　1835
李忠武公書牘二卷附録一卷李忠武公奏疏一卷　(清)李續賓撰　清光緒十七年(1891)甌江巡署刻本　三册

360000－1902－0001573　1836
張文毅公奏稿八卷　(清)張芾撰　清光緒二年(1876)刻本　四册

360000－1902－0001574　1837
江楚會奏變法三摺不分卷　(清)劉坤一　(清)張之洞撰　清光緒二十七年(1901)湖南書局刻本　二册

360000－1902－0001575　1838
江楚會奏變法三摺不分卷　(清)劉坤一　(清)張之洞撰　清光緒二十七年(1901)兩湖書院刻本　一册

360000－1902－0001576　1839
四此堂稿十卷　(清)魏際瑞纂修　清末刻本　六册

360000－1902－0001577　1842
校邠廬抗議二卷　(清)馮桂芬著　清光緒二十三年(1897)聚豐坊刻本　二册

360000－1902－0001578　1843
校邠廬抗議二卷　(清)馮桂芬著　清光緒十年(1884)豫章刻本　二册

360000－1902－0001579　1844
奏議初編十二卷　(清)張之洞撰　清光緒二十七年(1901)上海圖書集成印書局鉛印本　六册

360000－1902－0001580　1845
奏議初編十二卷　(清)張之洞撰　清光緒二十七年(1901)上海圖書集成印書局鉛印本

四册

360000－1902－0001581　1846
奏議初編十二卷　（清）張之洞撰　清光緒二十七年（1901）上海圖書集成印書局鉛印本　六册

360000－1902－0001582　1848
庸庵海外文編四卷　（清）薛福成撰　清光緒二十三年（1897）湖南新學書局刻本　四册

360000－1902－0001583　1849
樊山政書二十卷　（清）樊增祥撰　清宣統二年（1910）金陵湯明林聚珍書局鉛印本　十册

360000－1902－0001584　1850
林文忠公政書三十七卷　（清）林則徐撰　清光緒十一年（1885）刻本　十四册

360000－1902－0001585　1851
李文忠公奏議二十卷　（清）李鴻章撰　清末蓮池書院石印本　十九册　存十九卷（一至十九）

360000－1902－0001586　1853
大清律例彙輯便覽四十卷督捕則例二卷五軍道里表一卷三流道里表一卷秋審實緩比較一卷　（清）刑部制訂　清光緒十四年（1888）京都刻本　三十一册

360000－1902－0001587　1854
大清律例彙輯便覽四十卷督捕則例二卷五軍道里表一卷三流道里表一卷　（清）刑部制訂　（清）湖北讞局輯　清同治十一年（1872）湖北讞局刻本　三十二册

360000－1902－0001588　1855
定例全編五十卷續增新例六卷　（清）李珍輯　清康熙五十四年（1715）京都瑠璃廠榮錦堂書坊刻本　三十五册　存五十四卷（定例全編一至三十三、三十六至五十，續增新例六卷）

360000－1902－0001589　1856
增訂刑部說帖八卷通行條例二卷　（清）國英等編　清光緒九年（1883）廣西臬署刻本　十册

360000－1902－0001590　1857
大清律例刑案彙纂集成四十卷　（清）姚潤輯　（清）胡璋增修　清刻本　十一册　存十八卷（二至四、六至九、十二至十三、二十至二十三、二十五、二十九至三十、三十六至三十七）

360000－1902－0001591　1858
大清律例刑案彙纂集成四十卷　（清）姚潤輯　（清）胡璋增修　清刻本　十六册　存二十五卷（四、十一至三十四）

360000－1902－0001592　1859
大清法規大全一百六十八卷續編一百三十五卷　（清）北京政學社編　清光緒二十七年至宣統元年（1901－1909）北京政學社石印本　五十六册　存二百八十五卷（吏政部二十三卷、首一卷，憲政部七卷、首一卷，軍政部十二卷、首一卷，實業部十五卷、首一卷，交通部五卷、首一卷，禮制部九卷、首一卷，財政部十四卷、首一卷，法律部十三卷、首一卷，民政部十五卷、首一卷，外交部十三卷、首一卷，教育部三十一卷、首一卷；續編吏政部十七卷、首一卷，憲政部六卷、首一卷，軍政部九卷、首一卷，實業部十一卷、首一卷，交通部五卷、首一卷，旗藩部二卷，財政部十三卷、首一卷，法律部一至二、首一卷，民政部十一卷、首一卷，外交部十卷，教育部二十卷，禮制部三卷）

360000－1902－0001593　1860
大清律例統纂集成四十卷末一卷督捕則例附纂二卷　（清）姚潤輯　清道光十七年（1837）浙江岑峰書院刻本　二十四册

360000－1902－0001594　1862
大清宣統新法令　（清）上海商務印書館編譯所編　清宣統二年（1910）上海商務印書館鉛印本　十六册　存十六册（一至六、八、十至十三、十六至二十）

360000－1902－0001595　1863
核定現行刑律不分卷　沈家本編　清宣統元年（1909）鉛印本　四册

360000－1902－0001596　1864

大清現行刑律案語不分卷　沈家本編　清宣統元年(1909)北京法律館鉛印本　九冊　存鬬毆上、訴訟、受贓、犯姦、雜犯、捕亡、斷獄、營造、河防

360000－1902－0001597　1865

大清現行刑律三十六卷首一卷附録二卷　沈家本編　清宣統二年(1910)鉛印本　五冊　存三十卷(一至二十九、首一卷)

360000－1902－0001598　1866

刪除律例一卷　沈家本等編　清光緒三十一年(1905)刻本　一冊

360000－1902－0001599　1867

大清律例增修統纂集成四十卷附督捕則例附纂二卷　(清)姚潤輯　(清)陶駿　(清)陶念霖增修　清光緒十七年(1891)刻本　二十四冊

360000－1902－0001600　1868

大清新法令十三類附録三種　(清)商務印書館編譯所編纂　清宣統二年(1910)商務印書館鉛印本　十五冊　缺二類(五、十)

360000－1902－0001601　1869

律表三十六卷首一卷　(清)曹沂編　清嘉慶二十一年(1816)京都金東書行刻本　五冊

360000－1902－0001602　1870

通行條例(光緒元年至十四年)不分卷　清光緒十四年(1888)江蘇書局刻本　四冊

360000－1902－0001603　1872

玉定金科例賞輯要十卷首一卷末一卷　(清)都劫司　(清)武昌侯輯　清刻本　二冊　存七卷(一至二、八至十,首一卷,末一卷)

360000－1902－0001604　1873

纂修條例表一卷　(清)曹沂編　清嘉慶二十一年(1816)京都金東書行刻本　一冊

360000－1902－0001605　1874

督捕則例表二卷　(清)曹沂編　清嘉慶二十一年(1816)京都金東書行刻本　一冊

360000－1902－0001606　1877

鹽稅章程不分卷　(清)□□撰　清光緒三十一年(1905)刻本　一冊

360000－1902－0001607　1878

兩淮鹽法志五十六卷首四卷　(清)佶山修　(清)單渠等纂　(清)方濬頤續纂　清同治九年(1870)揚州書局刻本　二十四冊

360000－1902－0001608　1879

兩淮鹽法志五十六卷首四卷　(清)佶山修　(清)單渠等纂　(清)方濬頤等續纂　清同治九年(1870)揚州書局刻本　二十冊

360000－1902－0001609　1884

審看擬式四卷首一卷末一卷　(清)剛毅輯　清光緒十五年(1889)江蘇書局刻本　二冊

360000－1902－0001610　1885

秋審實緩比較條款不分卷　(清)謝誠鈞撰　清光緒四年(1878)江蘇書局刻本　二冊

360000－1902－0001611　1886

秋讞輯要六卷首一卷　(清)剛毅輯　清光緒十五年(1889)江蘇書局刻本　八冊

360000－1902－0001612　1890

洗冤錄表四卷　(清)曾恒德編次　清刻本　一冊

360000－1902－0001613　1891

重刊補註洗冤錄集證五卷　(宋)宋慈撰　(清)王又槐增輯　(清)李觀瀾補輯　(清)阮其新補注　**附刊洗冤錄解一卷**　(清)姚德豫著　清道光二十四年(1844)醉文堂、大雅堂刻四色套印本　三冊　存五卷(洗冤錄集證二至五、附刊洗冤錄解一卷)

360000－1902－0001614　1892

重刊補註洗冤錄集證五卷　(宋)宋慈撰　(清)王又槐增輯　(清)李觀瀾補輯　(清)阮其新補注　**附刊洗冤錄解一卷**　(清)姚德豫著　清道光二十四年(1844)醉文堂、大雅堂刻四色套印本　四冊

360000－1902－0001615　1893

重刊補註洗冤錄集證五卷 （宋）宋慈撰 （清）王又槐增輯 （清）李觀瀾補輯 （清）阮其新補注 **附刊洗冤錄解一卷** （清）姚德豫著 清道光二十四年（1844）醉文堂、大雅堂刻四色套印本 四冊

360000－1902－0001616 1894
補註洗冤錄集證四卷附檢骨圖格一卷 （宋）宋慈撰 （清）王又槐增輯 （清）阮其新補注 **作吏要言一卷** （清）葉玉屏著 （清）朱性齋增 清道光二十三年（1843）鍾淮刻三色套印本 四冊

360000－1902－0001617 1895
補註洗冤錄集證四卷附檢骨圖格一卷 （宋）宋慈撰 （清）王又槐增輯 （清）阮其新補注 **作吏要言一卷** （清）葉玉屏著 （清）朱性齋增 清道光二十三年（1843）鍾淮刻三色套印本 四冊

360000－1902－0001618 1896
洗冤錄詳義四卷首一卷 （清）許槤編校 清光緒四年（1878）冀州程永江刻本 三冊 存四卷（洗冤錄詳義四卷）

360000－1902－0001619 1897
洗冤錄詳義四卷首一卷 （清）許槤編校 **洗冤錄摭遺二卷** （清）葛元煦編 **摭遺補一卷** （清）張開運編 清光緒十六年（1890）湖北官書處刻本 六冊

360000－1902－0001620 1900
洗冤錄集證彙纂五卷 （清）王又槐增輯 （清）李觀瀾補輯 清道光三年（1823）刻本 二冊

360000－1902－0001621 1901
法律名辭通釋十卷 （清）劉天佑編 清光緒三十四年（1908）四川紳班法政學堂編輯社鉛印本 一冊

360000－1902－0001622 1902（1）
重刊補註洗冤錄集證五卷附刊檢骨圖格一卷檢骨圖一卷檢骨格一卷附刊寶鑑編一卷附刊急救方一卷 （清）王又槐增輯 （清）李觀瀾補輯 （清）阮其新補注 **附石香秘錄一卷** （清）仲振履校訂 （清）張錫蕃重訂 **附洗冤錄解一卷** （清）姚德豫著 （清）文晟校訂 清同治四年（1865）刻三色套印本 五冊

360000－1902－0001623 1902（2）
重刊補註洗冤錄集證五卷 （宋）宋慈撰 （清）王又槐增輯 （清）李觀瀾補輯 （清）阮其新補注 清刻四色套印本 一冊 存二卷（三至四）

360000－1902－0001624 1905
折獄龜鑑八卷首一卷 （宋）鄭克輯 清道光十七年（1837）刻本 二冊

360000－1902－0001625 1906
折獄龜鑑八卷首一卷 （宋）鄭克輯 清光緒八年（1882）刻本 二冊

360000－1902－0001626 1907
西比利亞鐵路考一卷 （美國）勒芬邇著 （清）徐兆熊等譯 清光緒二十八年（1902）南洋公學鉛印本 一冊

360000－1902－0001627 1908
外國師船圖表十二卷 （清）許景澄輯 清光緒十四年（1888）上海蜚英館石印本 三冊 存十卷（一至十）

360000－1902－0001628 1910
製火藥法三卷 （英國）利稼孫 （英國）華得斯輯 （英國）傅蘭雅口譯 （清）丁樹棠筆述 清刻本 一冊

360000－1902－0001629 1911
御風要術三卷 （英國）白爾特撰 （德國）金楷理口譯 （清）華衡芳筆述 清刻本 二冊

360000－1902－0001630 1912
汽機發軔九卷 （英國）美以納 （英國）白勞那撰 （英國）偉烈口譯 （清）徐壽筆述 清刻本 三冊

360000－1902－0001631 1913
開煤要法十二卷 （英國）士密德輯 （英國）傅蘭雅口譯 （清）王德均筆述 清末刻本

二册

360000－1902－0001632　1914

後漢書朔閏考五卷　(清)徐紹楨學　清光緒十七年(1891)刻本　二册

360000－1902－0001633　1916

歷代地理沿革圖不分卷　(清)六嚴撰　(清)馬徵麟增輯　清光緒二十四年(1898)上海掃葉山房石印朱墨套印李氏五種本　一册　存禹貢、殷九、職方、爾雅、春秋、戰國、秦、漢、三國、晉、南宋、南齊、明地理志圖

360000－1902－0001634　1917

中國江海險要圖志二十二卷首一卷補編五卷圖五卷　(英國)海軍海圖官局編　(清)陳壽彭譯　清光緒三十三年(1907)廣雅書局石印本　二册　存二卷(圖志一、四)

360000－1902－0001635　1918

元豐九域志十卷　(宋)王存等撰　清末刻本　三册　存四卷(六至九)

360000－1902－0001636　1919

太平寰宇記二百卷目錄二卷　(宋)樂史撰　清刻本　二十册　存九十六卷(一至九十四、目錄二卷)

360000－1902－0001637　1920

太平寰宇記二百卷目錄二卷　(宋)樂史撰　清嘉慶八年(1803)刻本　四十册

360000－1902－0001638　1921

元和郡縣圖志四十卷闕卷逸文一卷　(唐)李吉甫撰　**補志九卷**　(清)嚴觀輯　清光緒六年(1880)金陵書局刻本(卷十九至二十、二十三至二十四、三十五至三十六原缺)　十册

360000－1902－0001639　1922

[清同治分省圖十六幅]　(清)佚名繪　清末刻本　一册

360000－1902－0001640　1923

戰國策釋地二卷　(清)張琦撰　清光緒二十六年(1900)廣雅書局刻廣雅書局叢書本　一册

360000－1902－0001641　1924

歷代沿革表三卷　(清)段長基編輯　(清)段搢書參注　清刻本　四册

360000－1902－0001642　1925

歷代疆域表三卷　(清)段長基編輯　清刻本　四册

360000－1902－0001643　1926

天下郡國利病書一百二十卷　(清)顧炎武輯　清道光十年(1830)敷文閣木活字印本　五十二册

360000－1902－0001644　1928

天下郡國利病書一百二十卷　(清)顧炎武輯　清末石印本(卷一至六配清光緒二十七年圖書集成局鉛印本)　十八册　存九十二卷(一至六、十一至十四、二十七至五十五、六十三至七十二、七十八至一百二十)

360000－1902－0001645　1929

天下郡國利病書一百二十卷　(清)顧炎武輯　清光緒二十七年(1901)圖書集成局鉛印本　二十七册　存一百十六卷(一至十四、十九至一百二十)

360000－1902－0001646　1930

天下郡國利病書一百二十卷　(清)顧炎武輯　清光緒慎記書莊石印本　二十四册

360000－1902－0001647　1931

天下郡國利病書一百二十卷　(清)顧炎武輯　清光緒二十七年(1901)圖書集成局鉛印本(卷三十七至四十九配清石印本)　六册　存二十八卷(三十七至四十九、六十五至六十八、九十七至一百二、一百五至一百九)

360000－1902－0001648　1932

天下郡國利病書一百二十卷　(清)顧炎武輯　清刻本　六十四册

360000－1902－0001649　1933

輿地廣記三十八卷　(宋)歐陽忞撰　清乾隆四十二年(1777)福建刻道光十年(1830)修武英殿聚珍版書本　六册

360000－1902－0001650　1934

乾隆府廳州縣圖志五十卷　(清)洪亮吉撰　清乾隆五十三年至嘉慶八年(1788－1803)刻本　十二册

360000－1902－0001651　1935

東晉疆域志四卷　(清)洪亮吉學　清刻本　二册

360000－1902－0001652　1936

補三國疆域志二卷　(清)洪亮吉撰　清乾隆四十六年(1781)西安刻本　一册

360000－1902－0001653　1937

補三國疆域志二卷　(清)洪亮吉撰　清光緒十七年(1891)廣雅書局刻廣雅書局叢書本　一册

360000－1902－0001654　1938

讀史方輿紀要一百三十卷附輿圖要覽四卷　(清)顧祖禹輯著　清敷文閣刻本　六十四册

360000－1902－0001655　1939

讀史方輿紀要十卷　(清)顧祖禹著　清光緒二十二年(1896)湖南澹雅書局刻本　八册

360000－1902－0001656　1940

讀史方輿紀要十卷　(清)顧祖禹著　清道光三十年(1850)長沙黄氏刻本　八册

360000－1902－0001657　1941

讀史方輿紀要一百三十卷附輿圖要覽四卷　(清)顧祖禹輯著　清刻本　六十七册　存一百三十三卷(讀史方輿紀要一百三十卷,輿圖要覽一、三至四)

360000－1902－0001658　1942

讀史方輿紀要一百三十卷　(清)顧祖禹輯著　清光緒二十七年(1901)圖書集成局鉛印本(卷一至四、二十二至二十五配清光緒二十九年上海益吾齋石印本)　十九册　存八十九卷(一至九、十九至二十五、三十至三十八、四十六至七十四、八十三至九十九、一百六至一百十二、一百二十至一百三十)

360000－1902－0001659　1943

方輿紀要簡覽三十四卷　(清)顧祖禹撰　(清)潘鐸輯錄　清光緒二十八年(1902)經元書室刻本　十六册

360000－1902－0001660　1944

讀史方輿紀要一百三十卷附方輿全圖總說五卷　(清)顧祖禹輯著　清光緒二十七年(1901)圖書集成局鉛印本　三十册　存一百三十二卷(讀史方輿紀要一百三十卷,方輿全圖總說一、三)

360000－1902－0001661　1945

讀史方輿紀要一百三十卷附輿圖要覽四卷　(清)顧祖禹輯著　清光緒二十五年(1899)慎記書莊石印本　三十二册

360000－1902－0001662　1946

讀史方輿紀要一百三十卷附方輿全圖總說五卷　(清)顧祖禹輯著　清光緒二十七年(1901)圖書集成局鉛印本　四册　存十七卷(讀史方輿紀要十九至二十五、六十六至六十九、八十九至九十四)

360000－1902－0001663　1947

讀史方輿紀要一百三十卷附輿圖要覽四卷　(清)顧祖禹輯著　清光緒二十五年(1899)慎記書莊石印本　二十七册　存一百二十七卷(讀史方輿紀要五至一百三十、輿圖要覽三)

360000－1902－0001664　1948

地文學問答十一章　(清)邵羲譯述　清光緒三十一年(1905)上海商務印書館鉛印普通學問答全書本　一册

360000－1902－0001665　1950

地球韻言四卷　(清)張士瀛撰　清光緒二十四年(1898)湘省益衆學會刻本　二册

360000－1902－0001666　1951

經世學引初編一卷　(清)陳鴻文編輯　清光緒二十二年(1896)菱湖精舍刻望龍閣啟蒙本　一册

360000－1902－0001667　1952

地理初桄一卷　(美國)卜舫濟譯著　清光緒二十三年(1897)鉛印本　一册

360000－1902－0001668　1953

地勢略解不分卷　(美國)李安德著　清光緒十九年(1893)京都匯文書院鉛印本　一册

360000－1902－0001669　1954

十六國疆域志十六卷　(清)洪亮吉學　清嘉慶三年(1798)京師刻本　三册

360000－1902－0001670　1955

皇清地理圖不分卷　(清)董祐誠繪　清咸豐六年(1856)長沙胡錫燕刻本　一册

360000－1902－0001671　1956

大清一統志輯要五十卷　(清)洪亮吉撰　清光緒二十八年(1902)山左輿圖局石印本　十二册

360000－1902－0001672　1957

大清一統志表不分卷附朝代紀元表　(清)徐午輯校　清乾隆五十八年(1793)刻本　七册　存山西、山東、河南、陝西、甘肅、浙江、江西、湖北、湖南、四川、福建、廣東、廣西、雲南、貴州,附朝代紀元表

360000－1902－0001673　1961

宸垣識略十六卷　(清)吳長元輯　清乾隆五十三年(1788)池北草堂刻本　六册

360000－1902－0001674　1962

朔方備乘六十八卷首十二卷　(清)何秋濤撰　清光緒七年(1881)刻本　二十四册

360000－1902－0001675　1963

廣輿記二十四卷　(明)陸應陽纂　(清)蔡方炳增輯　清初刻本　三册　存五卷(二、十六至十九)

360000－1902－0001676　1964

廣輿記二十四卷　(明)陸應陽纂　(清)蔡方炳增輯　清嘉慶七年(1802)刻本　十三册

360000－1902－0001677　1965

廣輿記二十四卷　(明)陸應陽纂　(清)蔡方炳增輯　清嘉慶七年(1802)刻本　十二册

360000－1902－0001678　1966

廣輿記二十四卷　(明)陸應陽纂　(清)蔡方炳增輯　清乾隆十五年(1750)刻本　八册　存十四卷(一、四至九、十四至十八、二十一至二十二)

360000－1902－0001679　1967

廣輿記二十四卷　(明)陸應陽纂　(清)蔡方炳增輯　清康熙刻本　十册

360000－1902－0001680　1968

李氏五種合刊　(清)李兆洛輯　清光緒十四年(1888)上海掃葉山房刻本(歷代地理沿革圖、皇朝一統輿圖配清同治十一年金陵懷寧刻朱墨套印本,歷代紀元編卷一至三、末編配清同治十年合肥李氏刻本)　十二册

360000－1902－0001681　1969

李氏五種合刊　(清)李兆洛輯　清光緒十八年(1892)長沙竹素書局刻本　十六册

360000－1902－0001682　1970

乾隆府廳州縣圖志五十卷　(清)洪亮吉撰　清光緒五年(1879)刻洪北江全集本　十二册　存四十五卷(一至四、十至五十)

360000－1902－0001683　1972

[光緒]江西通志一百八十卷首五卷　(清)劉坤一等修　(清)劉鐸　(清)趙之謙纂　清光緒六年至七年(1880－1881)刻本　一百二十册

360000－1902－0001684　1973

[雍正]江西通志一百六十二卷首三卷　(清)謝旻等修　(清)陶成　(清)惲鶴生纂　清雍正十年(1732)刻本　九十八册

360000－1902－0001685　1974

[雍正]江西通志一百六十二卷首三卷　(清)謝旻等修　(清)陶成　(清)惲鶴生纂　清雍正十年(1732)刻本　二十九册　存七十二卷(二十四至二十九、三十四至四十一、四十六至四十八、五十七至五十八、六十八至七十一、八十八至九十四、一百一至一百二、一百七至一百十三、一百十八至一百二十三、一百二十六至一百三十七、一百四十三至一百五十二、一百五十八至一百五十九,首三卷)

360000－1902－0001686　1975

［光緒］江西通志一百八十卷首五卷　（清）劉坤一等修　（清）劉鐸　（清）趙之謙等纂　清光緒六年至七年（1880－1881）刻本　六十四冊　存一百一卷（一至五、十二至十五、十八至十九、二十三至二十六、二十八至三十、四十三至四十九、五十三至五十九、六十七、七十、七十二、七十五至七十六、七十八、九十二、九十九至一百、一百三至一百四、一百九至一百十八、一百二十四至一百二十五、一百二十八、一百三十一、一百三十三至一百三十七、一百四十至一百四十一、一百四十四至一百五十三、一百五十七至一百八十，首一、四至五）

360000－1902－0001687　1976

［光緒］江西通志一百八十卷首五卷　（清）劉坤一等修　（清）劉鐸　（清）趙之謙等纂　清光緒六年至七年（1880－1881）刻本　五十八冊　存九十卷（三至十一、十三、二十至二十四、二十六、二十九至三十、三十二至三十七、四十至四十二、四十八至六十八、七十一、七十三至七十五、七十九至八十、八十三、九十五至九十六、九十九至一百、一百五至一百六、一百十三至一百十六、一百十九至一百二十四、一百二十六、一百三十一、一百三十六至一百三十九、一百四十一至一百四十五、一百五十四至一百五十五、一百六十三至一百六十四、一百六十七至一百六十八，首二至三）

360000－1902－0001688　1977

［雍正］江西通志一百六十二卷首三卷　（清）謝旻等修　（清）陶成　（清）惲鶴生纂　清雍正十年（1732）刻本　一冊　存二卷（一百十四至一百十五）

360000－1902－0001689　1978

［光緒］江西通志一百八十卷首五卷　（清）劉坤一等修　（清）劉鐸　（清）趙之謙等纂　清光緒六年至七年（1880－1881）刻本　六冊　存八卷（一百十七至一百十八、一百七十三、一百七十五至一百七十九）

360000－1902－0001690　1979

［光緒］江西通志一百八十卷首五卷　（清）劉坤一等修　（清）劉鐸　（清）趙之謙等纂　清光緒六年至七年（1880－1881）刻本　五冊　存七卷（一百七十一至一百七十二、一百七十四至一百七十六、一百七十八至一百七十九）

360000－1902－0001691　1980

［雍正］江西通志一百六十二卷首三卷　（清）謝旻等修　（清）陶成　（清）惲鶴生纂　清雍正十年（1732）刻本　三十一冊　存八十一卷（二十至四十七、七十三至七十五、八十至九十三、九十七至一百十、一百十四至一百二十六、一百三十一至一百三十六、一百四十八至一百四十九，首三）

360000－1902－0001692　1981

［雍正］江西通志一百六十二卷首三卷　（清）謝旻等修　（清）陶成　（清）惲鶴生纂　清雍正十年（1732）刻本　五十五冊　存一百十六卷（一至四、七至十二、十四至二十三、二十六至三十三、四十三至四十七、四十九至五十、五十四至七十九、八十三至九十、九十六至九十八、一百一至一百二、一百六至一百七、一百十一至一百三十一、一百三十三至一百三十五、一百三十八至一百三十九、一百四十二至一百四十三、一百四十九至一百五十、一百五十四至一百五十八、一百六十一至一百六十二，首三卷）

360000－1902－0001693　1982

［雍正］江西通志一百六十二卷首三卷　（清）謝旻等修　（清）陶成　（清）惲鶴生纂　清雍正十年（1732）刻本　二十一冊　存五十卷（二至五、十九至二十三、三十二至三十四、七十一至七十三、九十三至九十五、一百九至一百十、一百十四至一百十七、一百二十至一百二十八、一百三十一至一百三十二、一百三十六至一百四十二、一百四十六至一百四十八、一百五十七至一百六十一）

360000－1902－0001694　1983

光緒湖北輿地記二十四卷　（清）湖北輿圖局輯　清光緒二十年（1894）湖北輿圖局刻本

二十三册　存二十三卷(一至二十三)

360000－1902－0001695　1984
江西全省輿圖十四卷　(清)朱兆麟校　清光緒二十二年(1896)石印本　十三册　存十三卷(一至四、六至十四)

360000－1902－0001696　1985
[光緒]黑龍江述略六卷　(清)徐宗亮撰　清光緒十七年(1891)刻觀自得齋叢書本　二册

360000－1902－0001697　1986
[光緒]黑龍江述略六卷　(清)徐宗亮撰　清光緒十七年(1891)刻觀自得齋叢書本　二册

360000－1902－0001698　1987
[道光]欽定新疆識略十二卷首一卷　(清)松筠纂修　清道光元年(1821)武英殿修書處刻本　十册

360000－1902－0001699　1990
蜀中名勝記三十卷　(明)曹學佺著　清宣統二年(1910)刻本　八册

360000－1902－0001700　1991
蜀中名勝記三十卷　(明)曹學佺著　清宣統二年(1910)刻本　六册　存二十二卷(一至二十二)

360000－1902－0001701　1992
[雍正]山西通志二百三十卷　(清)覺羅石麟修　(清)儲大文纂　清雍正十二年(1734)刻本　五十一册　存一百十九卷(五至八、十二至十四、十七至三十一、三十五至四十三、四十六至五十一、五十四至五十八、六十七至六十九、七十三至八十二、八十七至八十八、九十五至九十七、一百九至一百十、一百二十八至一百三十、一百四十七至一百四十八、一百五十二至一百五十四、一百六十五至一百六十七、一百七十二至一百八十五、一百九十三至二百二十、二百二十二、二百二十七至二百二十九)

360000－1902－0001702　1993
[道光]廣東通志三百三十四卷首一卷　(清)阮元修　(清)陳昌齊等纂　清同治三年(1864)刻本　十六册　存四十五卷(十一至十三、四十三至四十五、五十一至六十、六十三至六十六、八十八至九十、一百二十四至一百二十八、一百五十五至一百五十七、一百八十至一百八十二、二百二至二百四、二百六十五至二百六十六、三百四至三百九)

360000－1902－0001703　1994
廣東海圖說一卷　(清)張之洞撰　清光緒十五年(1889)廣雅書局刻本　一册

360000－1902－0001704　1995
[嘉慶]廣西通志二百七十九卷首一卷　(清)謝啟昆修　(清)胡虔纂　清嘉慶六年(1801)刻同治四年(1865)補刻光緒十七年(1891)桂垣書局再補刻本　三十册　存一百九卷(十三至十六、二十一至二十七、三十五至三十八、四十七至五十七、六十三至六十五、六十八至七十、七十七至八十二、九十一至九十三、一百一至一百八、一百十三至一百十七、一百三十七至一百五十八、一百六十六至一百七十二、一百八十至一百八十四、二百十五至二百十九、二百三十四至二百三十七、二百四十五至二百四十八、二百五十三至二百五十六、二百六十九至二百七十二)

360000－1902－0001705　1996
[光緒]廣西通志輯要十七卷首一卷　(清)蘇宗經輯　(清)羊復禮　(清)夏敬頤增輯　**附廣西道里表一卷股匪總錄三卷堂匪總錄十二卷**　(清)蘇宗經輯　**廣西昭忠錄八卷首一卷**　(清)張凱嵩撰　**平桂紀略四卷**　(清)蘇鳳文輯　清道光二十五年(1845)刻光緒十五年至十六年(1889－1890)桂林唐九如堂增刻本　二十一册

360000－1902－0001706　1997
三省邊防備覽十八卷　(清)嚴如熤輯　清道光十年(1830)刻本　六册

360000－1902－0001707　1998
[光緒]西藏圖考八卷首一卷　(清)黃沛翹輯　清光緒二十九年(1903)石印皇朝藩屬輿地叢書本　一册　存二卷(五至六)

360000－1902－0001708　1999

［光緒］西藏圖考八卷首一卷　（清）黄沛翹輯　清光緒二十三年（1897）刻本　一册　存二卷（四至五）

360000－1902－0001709　2000

［乾隆］甘肅通志五十卷首一卷　（清）許容修　（清）李迪等纂　清乾隆元年（1736）刻本　四册　存五卷（二十二至二十三、二十八、四十四至四十五）

360000－1902－0001710　2001

［正德］朝邑縣志二卷　（明）王道修　（明）韓邦靖纂　清道光二十年（1840）刻遜敏堂叢書本　一册

360000－1902－0001711　2002

西湖志纂十五卷首一卷末一卷　（清）沈德潛　（清）傅王露輯　（清）梁詩正纂　清乾隆二十年（1755）賜經堂刻二十七年（1762）增刻本　六册

360000－1902－0001712　2003

［乾隆］盛京通志四十八卷首一卷　（清）呂耀曾等修　（清）魏樞等纂　清乾隆元年（1736）刻本　十六册

360000－1902－0001713　2004

苗防備覽二十二卷　（清）嚴如熤撰　清道光二十三年（1843）刻本　八册

360000－1902－0001714　2005

［同治］袁州府志十卷首一卷　（清）駱敏修　（清）黄恩浩修　（清）蕭玉銓等纂　清同治十三年（1874）刻本　二十册

360000－1902－0001715　2006

［同治］袁州府志十卷首一卷　（清）駱敏修　（清）黄恩浩修　（清）蕭玉銓等纂　清同治十三年（1874）刻本　二十册

360000－1902－0001716　2007

［同治］袁州府志十卷首一卷　（清）駱敏修　（清）黄恩浩修　（清）蕭玉銓等纂　清同治十三年（1874）刻本　十九册　存十卷（一之一、三至十，首一卷）

360000－1902－0001717　2008

［乾隆］袁州府志三十八卷首一卷　（清）陳廷枚修　（清）熊日華　（清）魯鴻纂　清乾隆二十五年（1760）刻嘉慶八年（1803）補刻本　十册　存二十七卷（五至十五、二十一至三十六）

360000－1902－0001718　2009

［乾隆］袁州府志三十八卷首一卷　（清）陳廷枚修　（清）熊日華　（清）魯鴻纂　清乾隆二十五年（1760）刻本　十六册

360000－1902－0001719　2010

［乾隆］袁州府志三十八卷首一卷　（清）陳廷枚修　（清）熊日華　（清）魯鴻纂　清乾隆二十五年（1760）刻嘉慶八年（1803）補刻本　十册　存三十四卷（一至十五、十九至三十六，首一卷）

360000－1902－0001720　2011

［乾隆］袁州府志三十八卷首一卷　（清）陳廷枚修　（清）熊日華　（清）魯鴻纂　清乾隆二十五年（1760）刻嘉慶八年（1803）補刻本　十三册　存三十三卷（一至二十三、二十五至二十七、三十至三十五，首一卷）

360000－1902－0001721　2012

［同治］袁州府志十卷首一卷　（清）駱敏修　（清）黄恩浩修　（清）蕭玉銓等纂　清同治十三年（1874）刻本　十八册　存九卷（一之一、三至十）

360000－1902－0001722　2013

［乾隆］袁州府志三十八卷首一卷　（清）陳廷枚修　（清）熊日華　（清）魯鴻纂　清乾隆二十五年（1760）刻嘉慶八年（1803）補刻本　十册

360000－1902－0001723　2014

［乾隆］袁州府志三十八卷首一卷　（清）陳廷枚修　（清）熊日華　（清）魯鴻纂　清乾隆二十五年（1760）刻嘉慶八年（1803）補刻本　十六册

360000－1902－0001724　2015

[同治]袁州府志十卷首一卷　(清)駱敏修　(清)黄恩浩修　(清)蕭玉銓等纂　清同治十三年(1874)刻本　十册　存四卷(三、七、八之三、九之二至六)

360000－1902－0001725　2016
[乾隆]袁州府志三十八卷首一卷　(清)陳廷枚修　(清)熊日華　(清)魯鴻纂　清乾隆二十五年(1760)刻嘉慶八年(1803)補刻本　一册　存一卷(三十三)

360000－1902－0001726　2017;2018;2019
[乾隆]袁州府志三十八卷首一卷　(清)陳廷枚輯　(清)熊日華　(清)魯鴻纂　清乾隆二十五年(1760)刻嘉慶八年(1803)補刻本(卷三十六配清刻本)　八册　存十三卷(八至九、二十二至二十四、二十七至三十三、三十六)

360000－1902－0001727　2020
[乾隆]袁州府志三十八卷首一卷　(清)陳廷枚輯　(清)熊日華　(清)魯鴻纂　清乾隆二十五年(1760)刻嘉慶八年(1803)補刻本　十四册

360000－1902－0001728　2021
[咸豐]袁州府志十五卷首一卷　(清)陳喬樅輯　清咸豐十年(1860)刻本　三册　存十一卷(一至五、十一至十五,首一卷)

360000－1902－0001729　2022
[乾隆]袁州府志三十八卷首一卷　(清)陳廷枚輯　(清)熊日華　(清)魯鴻纂　清乾隆二十五年(1760)刻嘉慶八年(1803)補刻本　四册　存六卷(二十三至二十四、三十二至三十五)

360000－1902－0001730　2023
[光緒]吉安府志五十三卷首一卷　(清)定祥　(清)特克紳布修　(清)劉繹　(清)周立瀛纂　清光緒二年(1876)刻本　四十册

360000－1902－0001731　2024
[光緒]吉安府志五十三卷首一卷　(清)定祥　(清)特克紳布修　(清)劉繹　(清)周立瀛纂　清光緒二年(1876)刻本　二十四册　存三十二卷(四至十四、十九至二十一、二十九、三十三至三十四、三十六至四十一、四十三至四十四、四十六、四十九、五十至五十三,首一卷)

360000－1902－0001732　2025
[乾隆]南昌府志七十六卷首一卷末一卷　(清)陳蘭森等修　(清)謝啟昆纂　清乾隆五十四年(1789)刻本　六册　存十二卷(一、十五至十六、二十二至二十三、二十八至二十九、四十七至四十八、六十七至六十九)

360000－1902－0001733　2028
[道光]直隸定州志二十二卷首一卷　(清)寶琳　(清)勞沅恩纂修　清道光三十年(1850)刻本　九册　存十七卷(六至二十二)

360000－1902－0001734　2029
[雍正]寧波府志三十六卷首一卷　(清)曹秉仁等修　(清)萬經等纂　清道光二十六年(1846)刻本　十六册

360000－1902－0001735　2030
[光緒]通州直隸州志十六卷首一卷末一卷　(清)梁悅馨　(清)莫祥芝修　(清)季念詒　(清)沈鍠纂　清光緒元年(1875)刻本　十六册

360000－1902－0001736　2031
[乾隆]辰州府志五十卷首一卷　(清)席紹葆等輯　(清)謝鳴謙　(清)謝鳴盛纂　清乾隆三十年(1765)刻本　二十四册

360000－1902－0001737　2032
[嘉慶]邳州志十八卷首一卷　(清)丁觀堂修　(清)陳燮纂　清嘉慶十七年(1812)刻本　一册　存三卷(十六至十八)

360000－1902－0001738　2033
[雍正]畿輔通志不分卷　(清)唐執玉　(清)李衛修　(清)陳儀　(清)田易纂　清道光三年(1823)南河節署刻本　一册　存河渠、水利營田

360000－1902－0001739　2034

[光緒]永安州志四卷首一卷 （清）李常霔 （清）鄧文淵修 （清）吳瓚周等纂 清光緒二十年（1894）刻二十四年（1898）增刻本 四册

360000－1902－0001740 2035

光緒順天府志一百三十卷附錄一卷 （清）萬青黎 （清）周家楣修 （清）張之洞 繆荃孫纂 清光緒十年至十二年（1884－1886）刻本 六十四册

360000－1902－0001741 2036

[同治]新建縣志九十九卷首一卷末一卷 （清）承霈修 （清）杜友棠 （清）楊兆崧纂 清同治十年（1871）刻本 二十四册 存七十七卷（一至五十二、七十七至九十九，首一卷，末一卷）

360000－1902－0001742 2037

[同治]分宜縣志十卷首一卷 （清）李寅清 （清）夏琮鼎修 （清）嚴升偉等纂 清同治十年（1871）刻本 五册 存四卷（一至三、首一卷）

360000－1902－0001743 2039

[同治]重修上高縣志十四卷首一卷末一卷 （清）馮蘭森修 （清）陳卿雲等纂 清同治九年（1870）刻本 十四册

360000－1902－0001744 2040

[同治]新昌縣志三十二卷首一卷末一卷 （清）朱慶萼等纂修 清同治十一年（1872）木活字印本 二十册

360000－1902－0001745 2042

[同治]高安縣志二十八卷首一卷 （清）孫家鐸修 （清）熊松之纂 清同治十年（1871）刻本 二十册

360000－1902－0001746 2043

[乾隆]弋陽縣志十三卷首一卷 （清）左方海纂修 清乾隆四十九年（1784）刻本 六册

360000－1902－0001747 2044

[同治]大庾縣志二十六卷首一卷 （清）陳蔭昌修 （清）石景芬纂 清同治十三年（1874）刻本 十二册 存二十卷（一至二、五至十三、十六、十八至二十四，首一卷）

360000－1902－0001748 2045

[同治]峽江縣志十卷首一卷 （清）暴大儒修 （清）廖其觀纂 清同治十年（1871）刻本 八册

360000－1902－0001749 2046

[同治]新喻縣志十六卷首一卷 （清）文聚奎 （清）祥安修 （清）吳增逵纂 清同治十二年（1873）刻本 十二册

360000－1902－0001750 2047

[咸豐]萬載縣土著志十八卷首一卷 （清）陳喬樅等纂修 清咸豐十年（1860）刻本 四册

360000－1902－0001751 2049

[同治]江西東鄉縣志十六卷首一卷末一卷 （清）李士棻 （清）王維新修 （清）胡業恒纂 清同治八年（1869）刻本 六册 存十一卷（一至三、九至十一、十四至十六，首一卷，末一卷）

360000－1902－0001752 2051

[同治]清江縣志十卷首一卷 （清）潘懿 （清）胡湛修 （清）朱孫詒等纂 清同治九年（1870）刻本 九册 存九卷（二至十）

360000－1902－0001753 2052(1)

[乾隆]信豐縣志十六卷 （清）游法珠修 （清）楊廷為等纂 清乾隆十六年（1751）刻本 四册

360000－1902－0001754 2052(2)

[道光]信豐縣志續編十六卷 （清）許夔修 （清）謝肇漣 （清）張伊纂 清道光四年（1824）刻本 二册

360000－1902－0001755 2053

[同治]廬陵縣志五十六卷首一卷附補編一卷 （清）陳汝楨等修 （清）匡汝諧等纂 清同治十二年（1873）刻本 三十二册

360000－1902－0001756 2054

[道光]宜春縣志三十二卷首一卷末一卷 （清）程國觀等纂修 清道光三年（1823）刻本

十二册　存二十七卷(五至三十一)

360000－1902－0001757　2055
[同治]宜春縣志十卷首一卷　(清)路青雲修　(清)李佩琳　(清)陳瑜纂　清同治十年(1871)刻本　十册　存十卷(一至六、八至十,首一卷)

360000－1902－0001758　2056
[光緒]湘陰縣圖志三十四卷首一卷末一卷　(清)郭嵩燾等纂修　清光緒六年(1880)縣志局刻本　六册　存十四卷(一至二、十三至二十三,首一卷)

360000－1902－0001759　2057
[光緒]湘陰縣圖志三十四卷首一卷末一卷　(清)郭嵩燾等纂修　清光緒六年(1880)縣志局刻本　十四册

360000－1902－0001760　2058
[嘉慶]醴陵縣志二十六卷首一卷　(清)黄應培修　(清)丁世璟纂　清嘉慶二十四年(1819)刻本　十五册

360000－1902－0001761　2059
[光緒]衡山縣志四十五卷首一卷　(清)李惟丙　(清)勞銘勳修　(清)文嶽英　(清)胡伯第纂　清光緒元年(1875)刻本　二册　存六卷(四十至四十五)

360000－1902－0001762　2060
[光緒]衡山縣志四十五卷首一卷　(清)李惟丙　(清)勞銘勳修　(清)文嶽英　(清)胡伯第纂　清光緒元年(1875)刻本　二十二册　存四十卷(一至三十九、首一卷)

360000－1902－0001763　2061
淮安藝文志十卷　(清)□□輯　清同治十二年(1873)刻本　八册

360000－1902－0001764　2062
[同治]雲和縣志十六卷首一卷　(清)伍承吉修　(清)涂冠續修　(清)王士鈖纂　清咸豐七年(1857)修同治三年(1864)續修刻本　六册

360000－1902－0001765　2063
[光緒]無錫金匱縣志四十卷首一卷附殉難紳民表二卷列女姓氏錄四卷　(清)裴大中　(清)倪咸生修　(清)秦緗業等纂　清光緒七年(1881)刻宣統二年(1910)印本　二十册

360000－1902－0001766　2064
[光緒]平樂縣志十卷　(清)全文炳修　(清)伍嘉猷　(清)羅正宗纂　清光緒十年(1884)刻本　六册

360000－1902－0001767　2065
[光緒]桃源縣志十七卷首一卷末一卷　(清)余良棟修　(清)劉鳳苞纂　清光緒十八年(1892)刻本　十二册　存十四卷(四至十七)

360000－1902－0001768　2066
[嘉慶]峨眉縣志十卷首一卷　(清)王燮修　(清)張希縉　(清)張希珝纂　清嘉慶十八年(1813)刻宣統三年(1911)李錦成補刻本　四册

360000－1902－0001769　2068
[光緒]平南縣志二十四卷首一卷　(清)裘彬　(清)江有燦修　(清)周壽祺纂　清光緒九年(1883)刻本　十册

360000－1902－0001770　2069(1)
[同治]山陽縣志二十一卷　(清)張兆棟　(清)孫雲修　(清)何紹基　(清)丁晏纂　清同治十二年(1873)刻本　八册

360000－1902－0001771　2069(2)
山陽藝文志八卷　(清)□□輯　清刻本　一册　存一卷(七)

360000－1902－0001772　2070
[同治]瀘谿縣志十四卷首一卷　(清)楊松兆　(清)孫毓秀修　(清)彭鍾華等纂　清同治九年(1870)刻本　八册

360000－1902－0001773　2071
嘉定赤城志四十卷　(宋)黄㽦　(宋)齊碩修　(宋)陳耆卿纂　清嘉慶二十三年(1818)刻台州叢書本　七册

360000－1902－0001774　2072
[光緒]麻城縣志四十卷首一卷　(清)陸祐勤　(清)朱榮春修　(清)余士珩纂　清光緒八年(1882)刻本　二十二册

360000－1902－0001775　2073
[同治]恩施縣志十二卷首一卷　(清)多壽修　(清)羅凌漢纂　清同治七年(1868)朱三恪校訂刻本　六册

360000－1902－0001776　2076
[光緒]黄梅縣志四十卷首一卷　(清)覃瀚元　(清)袁瓚修　(清)宛名昌　(清)余邦士纂　清光緒二年(1876)刻本　十一册　存四十卷(一至三十五、三十七至四十,首一卷)

360000－1902－0001777　2077
[同治]武甯縣志四十四卷首一卷末一卷　(清)何慶朝纂修　清同治九年(1870)刻本　二十册

360000－1902－0001778　2079
[光緒]石門縣志六卷　(清)閻鎮珩輯　清光緒十五年(1889)刻本　二册

360000－1902－0001779　2080
[光緒]富川縣志十二卷　(清)顧國誥　(清)柴照修　(清)劉樹賢等纂　清光緒十六年(1890)刻本　五册　存十一卷(一至十、十二)

360000－1902－0001780　2081
[同治]崇陽縣志十二卷首一卷　(清)高佐廷修　(清)傅燮鼎纂　清同治五年(1866)木活字印本　十二册

360000－1902－0001781　2082
[康熙]臨海縣志十五卷首一卷　(清)洪若皋編輯　清康熙十二年(1673)修二十二年(1683)刻同治印本　八册

360000－1902－0001782　2083
[淳熙]新安志十卷　(宋)羅願撰　清光緒十四年(1888)黟邑李氏刻本　一册　存三卷(一至三)

360000－1902－0001783　2084
四川新設爐霍屯志略不分卷　(清)李之珂撰述　清光緒三十二年(1906)蓉城鉛印本　一册

360000－1902－0001784　2085
曹谿通志八卷首一卷　(清)馬元　(清)釋真樸修　清道光十六年(1836)懷善堂劉學禮刻本　二册　存五卷(一至二、七至八,首一卷)

360000－1902－0001785　2086
白鹿書院志十九卷　(清)毛德琦重訂　清康熙刻本　十册

360000－1902－0001786　2087
説嵩三十二卷　(清)景日昣撰　清康熙六十年(1721)嶽生堂刻本　二十册

360000－1902－0001787　2089
南嶽志八卷　(清)高自位編　(清)曠敏本輯　清乾隆十八年(1753)刻本　八册

360000－1902－0001788　2090
逍遙山萬壽宫志二十二卷首一卷　(清)金桂馨　(清)漆逢源纂輯　清光緒四年(1878)刻本　十册

360000－1902－0001789　2091
逍遙山萬壽宫志二十二卷首一卷　(清)金桂馨　(清)漆逢源纂輯　清光緒四年(1878)刻本　十册

360000－1902－0001790　2093
蕉花園合編　(清)曾昭寅纂　清光緒二十一年(1895)刻本　四册

360000－1902－0001791　2094
蒙古游牧記十六卷　(清)張穆撰　清同治六年(1867)壽陽祁氏刻本　四册

360000－1902－0001792　2095
江城舊事十六卷附録一卷　(清)朱樂纂　清道光二十五年(1845)高安朱氏刻本　三册　存七卷(一至二、七至八、十五至十六,附録一卷)

360000－1902－0001793　2096

二西堂叢書(張氏叢書) (清)張澍輯 清道光元年(1821)武威張氏二酉堂刻本 一冊 存五種六卷(涼州記一卷,涼州異物志一卷,西河舊事一卷,西河記一卷,沙州記一卷、附錄一卷)

360000－1902－0001794 2097
東槎紀略五卷 (清)姚瑩撰 清道光刻中復堂全集本 二冊

360000－1902－0001795 2098
金陵待徵錄十卷 (清)金鰲輯 **金陵詩徵一卷** (清)朱緒曾輯 清光緒二年(1876)刻本 二冊

360000－1902－0001796 2099
[歷代書院祠廟名文]□□卷 (宋)呂祖謙等撰 清刻本 一冊 存四卷(一至四)

360000－1902－0001797 2100
湯陰精忠廟志十卷 (明)張應登 (明)鄭懋洵輯 (清)楊世達續輯 清乾隆十五年(1750)刻本 三冊 存三卷(一至二、十)

360000－1902－0001798 2101
鐵香室叢刻初集四種續集六種 (清)李世勖輯 清光緒刻本 十冊

360000－1902－0001799 2102
津門雜記三卷 (清)張燾輯 清光緒十年(1884)刻本 三冊

360000－1902－0001800 2104
水經四十卷 (漢)桑欽撰 (北魏)酈道元注 明萬曆十三年(1585)刻本 十四冊

360000－1902－0001801 2105
水經注四十卷首一卷 (北魏)酈道元撰 **附錄二卷** (清)趙一清錄 清光緒十八年(1892)思賢講舍刻本 九冊 存二十五卷(一至二、十八至二十、二十四至四十,首一卷,附錄二卷)

360000－1902－0001802 2106
水經注四十卷首一卷末一卷 (北魏)酈道元撰 清刻本 十四冊 存三十五卷(三至十一、十五至四十)

360000－1902－0001803 2107
水經注四十卷首一卷 (北魏)酈道元撰 **附錄二卷** (清)趙一清錄 清光緒十八年(1892)思賢講舍刻本 十二冊

360000－1902－0001804 2108
水經注四十卷首一卷 (北魏)酈道元撰 清光緒三年(1877)湖北崇文書局刻本 五冊 存十九卷(一至三、七至十三、三十一至三十八,首一卷)

360000－1902－0001805 2109
水經注四十卷首一卷 (北魏)酈道元撰 **附錄二卷** (清)趙一清錄 清光緒二十三年(1897)新化三味書室刻本 十八冊

360000－1902－0001806 2110
水經注四十卷首一卷 (北魏)酈道元撰 清光緒三年(1877)湖北崇文書局刻本 十二冊

360000－1902－0001807 2111
今水經一卷表一卷 (清)黃宗羲學 清光緒三年(1877)湖北崇文書局刻本 一冊

360000－1902－0001808 2112
水經注四十卷 (漢)桑欽撰 (北魏)酈道元注 清乾隆古閩晏湖張氏勵志書屋刻本 十六冊

360000－1902－0001809 2113
焦山志二十六卷首一卷 (清)吳雲輯 清同治十三年(1874)刻京口三山志本 八冊

360000－1902－0001810 2114
禹貢水道考異南條五卷首一卷北條五卷首一卷 (清)方堃著 清道光四年(1824)紫霞仙館刻本 二冊

360000－1902－0001811 2115
禹貢揭要一卷 (清)姜信輯錄 清嘉慶十八年(1813)刻本 一冊

360000－1902－0001812 2116
水道提綱二十八卷附天度刊誤一卷 (清)齊召南編錄 清光緒二十四年(1898)新化三味

書室刻本　八册

360000－1902－0001813　2117(1)
水道提綱二十八卷　(清)齊召南編錄　清乾隆四十一年(1776)刻本　六册　存二十二卷(四至二十一、二十五至二十八)

360000－1902－0001814　2117(2)
水道提綱二十八卷　(清)齊召南編錄　清乾隆四十一年(1776)刻本　二册　存九卷(七至十一、十五至十八)

360000－1902－0001815　2118
水道提綱二十八卷　(清)齊召南編錄　清光緒四年(1878)刻本　八册

360000－1902－0001816　2119
水道提綱二十八卷　(清)齊召南編錄　清光緒四年(1878)刻本　八册

360000－1902－0001817　2122
西徼水道二卷　(清)黄楙材著　清光緒十年(1884)撫州雙峰書室刻本　一册

360000－1902－0001818　2123
西徼水道一卷　(清)黄楙材著　清光緒二十二年(1896)刻得一齋雜著本　一册

360000－1902－0001819　2124
河防紀略四卷　(清)孫鼎臣撰　清咸豐刻蒼莨集本　二册

360000－1902－0001820　2126
廬山小志二十四卷首一卷　(清)蔡瀛纂　清道光四年(1824)嫏嬛别館刻本　四册

360000－1902－0001821　2127
廬山志十五卷首一卷　(清)毛德琦重訂　清康熙五十九年(1720)順德堂刻本　十一册　存十二卷(四至六、八至十五,首一卷)

360000－1902－0001822　2129
揚州水道記四卷　(清)劉文淇撰　清道光十七年(1837)欲寡過齋刻同治十一年(1872)淮南書局補刻本　四册

360000－1902－0001823　2130
石鐘山志十六卷首一卷　(清)李成謀　(清)丁義方輯　清光緒九年(1883)聽濤眺雨軒刻本　八册

360000－1902－0001824　2131
第四版中國地理教科書四卷　(清)王達編述　清宣統元年(1909)石印本　四册

360000－1902－0001825　2133
霞客游記十卷外編一卷　(明)徐宏祖(徐弘祖)著　**補編一卷**　(清)葉廷甲輯　清光緒七年(1881)瘦影山房木活字印本　十册

360000－1902－0001826　2134
廣西輿地全圖二卷　(清)北洋機器總局圖算學堂繪　清光緒二十四年(1898)香山黄槐森石印本　二册

360000－1902－0001827　2135;2121
游記彙刊　(清)□□輯　清光緒二十三年(1897)湖南新學書局刻本　十二册　存十一種

360000－1902－0001828　2136
湖山便覽十二卷　(清)翟灝　(清)翟瀚等輯　清光緒元年(1875)槐蔭堂王氏刻本　四册　存八卷(一至四、九至十二)

360000－1902－0001829　2137
入蜀記四卷　(宋)陸游著　清嘉慶十八年(1813)刻詒經堂藏書本　二册

360000－1902－0001830　2138
西湖志四十八卷　(清)李衛等修　(清)傅王露纂　清乾隆刻本　一册　存二卷(三至四)

360000－1902－0001831　2140
南遊記一卷　(清)孫嘉淦撰　清道光二十四年(1844)刻朱墨套印本　一册

360000－1902－0001832　2141
南遊記一卷　(清)孫嘉淦撰　清道光二十四年(1844)刻朱墨套印本　一册

360000－1902－0001833　2142
海國圖志一百卷首一卷　(清)魏源撰　**續集二十五卷首一卷**　(英國)麥高爾輯著　(美國)林樂知　(清)瞿昂來譯　清光緒二十四

年(1898)文賢閣石印本　十六册

360000－1902－0001834　2143
海國圖志一百卷首一卷　(清)魏源輯　清光緒刻本　四册　存十一卷(二十二至二十七、三十三至三十四、八十二至八十四)

360000－1902－0001835　2144
海國圖志一百卷　(清)魏源撰　清光緒六年(1880)邵陽急當務齋刻本　十六册　存四十五卷(一至二、五至七、二十七至三十二、三十八至五十、五十四至五十八、七十一至八十六)

360000－1902－0001836　2145
海國圖志五十卷　(清)魏源撰　清道光二十四年(1844)古微堂木活字印本　二十册　存四十九卷(一至二十三、二十五至五十)

360000－1902－0001837　2146
海國圖志一百卷首一卷　(清)魏源輯　清光緒刻本　十册　存三十八卷(五至八、三十三至三十五、四十三至五十四、六十三至六十八、七十五至八十七)

360000－1902－0001838　2147
海國圖志一百卷首一卷　(清)魏源撰　清光緒二年(1876)平慶涇固道署刻本　三十二册

360000－1902－0001839　2148
海國圖志一百卷　(清)魏源撰　清光緒六年(1880)邵陽急當務齋刻本　三十六册

360000－1902－0001840　2149
海國圖志一百卷首一卷　(清)魏源撰　清光緒二年(1876)平慶涇固道署刻本　三十九册　存九十八卷(一至十二、十六至一百,首一卷)

360000－1902－0001841　2150
海國圖志一百卷　(清)魏源輯　清光緒六年(1880)邵陽急當務齋刻本　五册　存十卷(四至五、二十六至二十七、三十七至三十八、五十一至五十四)

360000－1902－0001842　2151
西域聞見錄八卷首一卷　(清)七十一著　清刻本　二册

360000－1902－0001843　2152
乘槎筆記二卷　(清)斌椿纂　清同治八年(1869)刻本　一册

360000－1902－0001844　2153
出使英法義比四國日記(清光緒十六年至十七年)六卷　(清)薛福成纂著　清光緒二十二年(1896)上海圖書集成印書局鉛印本　三册

360000－1902－0001845　2154
英法俄德四國志略不分卷　沈敦和輯譯　清光緒十八年(1892)刻本　二册

360000－1902－0001846　2155
廣學會叢刻八種　(清)瀏陽質學社輯　清光緒刻本　二册

360000－1902－0001847　2156
大英國志八卷　(英國)慕維廉譯　清光緒二十三年(1897)刻西史彙函本　四册

360000－1902－0001848　2157
遊歷芻言二卷　(清)黄楙材著　清光緒十年(1884)撫州雙峰書屋刻本　一册

360000－1902－0001849　2159
大英國志八卷續刻一卷　(英國)托馬斯米爾納撰　(英國)慕維廉譯　清咸豐六年(1856)上海墨海書院刻本　四册

360000－1902－0001850　2160
越南地輿圖説六卷首一卷　(清)盛慶紱纂輯　清光緒九年(1883)永新盛氏求忠堂刻本　二册

360000－1902－0001851　2161
萬國地理志七編　(日本)中村五六編纂　(日本)頓野廣太郎修訂　(清)周起鳳譯述　清光緒二十八年(1902)上海廣智書局鉛印本　一册

360000－1902－0001852　2162
游歷古巴圖經二卷　(清)傅雲龍述　清光緒

十五年(1889)鉛印簣喜廬所著書本　一冊

360000－1902－0001853　2163
東西洋考十二卷　(明)張燮撰　明萬曆四十六年(1618)王起宗刻本　四冊

360000－1902－0001854　2164
瀛環志略十卷　(清)徐繼畬著　**附辨正一卷**　(清)何秋濤撰　清光緒二十四年(1898)新化三味書室刻本　五冊

360000－1902－0001855　2165
瀛環志略十卷　(清)徐繼畬輯著　清道光三十年(1850)刻本　三冊　存六卷(一至二、七至十)

360000－1902－0001856　2166
瀛環志略十卷　(清)徐繼畬輯著　清光緒二十年(1894)上海鴻寶齋石印本　四冊

360000－1902－0001857　2167
日本國志四十卷首一卷　(清)黄遵憲編纂　清光緒二十七年(1901)上海書局石印本　三冊　存十三卷(一至十二、首一卷)

360000－1902－0001858　2168
日本國志四十卷首一卷　(清)黄遵憲編纂　清光緒二十四年(1898)上海圖書集成印書局鉛印本　八冊

360000－1902－0001859　2169
日本國志四十卷首一卷　(清)黄遵憲編纂　清光緒二十四年(1898)上海圖書集成印書局鉛印本　八冊

360000－1902－0001860　2170
日本國志四十卷首一卷　(清)黄遵憲編纂　清光緒二十四年(1898)上海匯文書局刻本　十冊

360000－1902－0001861　2171
出使美日秘國日記(清光緒十五年至十九年)十六卷　(清)崔國因撰　清光緒二十年(1894)鉛印本　十二冊

360000－1902－0001862　2172
金索六卷石索六卷首一卷　(清)馮雲鵬　(清)馮雲鵷輯　清光緒三十二年(1906)上海文新書局石印本　二十三冊

360000－1902－0001863　2173
印度劄記二卷　(清)黄楙材述　清光緒十二年(1886)刻得一齋雜著本　一冊

360000－1902－0001864　2174
客韓筆記一卷　(清)許寅輝撰　清光緒三十二年(1906)長沙刻本　一冊

360000－1902－0001865　2175
環遊地球新錄四卷　(清)李圭撰　清光緒四年(1878)刻本　四冊

360000－1902－0001866　2176
越遊日編四卷　(清)沅上寄漁錄　清光緒十七年(1891)刻本　二冊

360000－1902－0001867　2177
海宇編一卷　(清)鄒均畹撰　清同治十一年(1872)抄本　一冊

360000－1902－0001868　2179
金石續編二十一卷首一卷　(清)陸耀遹纂　清光緒二十年(1894)上海文盛堂石印本　三冊

360000－1902－0001869　2181
石交錄一卷　(清)湯蠡仙(湯濂)著　清末刻本　一冊

360000－1902－0001870　2182
重排石鼓文音訓不分卷　(清)王杰等釋文　(清)金簡審書　(清)趙秉沖摹篆　清刻本　一冊

360000－1902－0001871　2183
平津讀碑記八卷續記一卷再續一卷三續二卷　(清)洪頤煊撰　清光緒十一年(1885)木犀軒刻本　一冊　存三卷(一至三)

360000－1902－0001872　2184
補寰宇訪碑錄五卷失編一卷　(清)趙之謙纂集　**刊誤一卷**　羅振玉撰　清光緒十二年(1886)刻槐廬叢書本　一冊　存三卷(碑錄五、失編一卷、刊誤一卷)

360000－1902－0001873　2184
圖畫精意識一卷　(清)張庚著　清光緒十四年(1888)刻槐廬叢書本　與360000－1902－0001872合册

360000－1902－0001874　2185
昭陵碑錄三卷附錄一卷　羅振玉校錄　清宣統元年(1909)刻晨風閣叢書本　一册

360000－1902－0001875　2186
重定金石契不分卷續一卷　(清)張燕昌撰　清光緒二十二年(1896)貴池劉氏聚學軒刻本　四册

360000－1902－0001876　2187
省軒考古類編十二卷　(清)柴紹炳纂　(清)姚培謙評　清雍正四年(1726)刻本　六册

360000－1902－0001877　2188
古今錢略三十二卷首一卷末一卷　(清)倪模述　清光緒三年至五年(1877－1879)望江倪氏兩彊勉齋刻本　一册　存二卷(一至二)

360000－1902－0001878　2189
潛研堂金石文跋尾又續六卷　(清)錢大昕撰　清嘉慶十年(1805)嘉定瞿中溶等刻潛研堂全書本　一册

360000－1902－0001879　2190
潛研堂金石文跋尾續七卷　(清)錢大昕撰　清嘉慶十年(1805)嘉定瞿中溶等刻潛研堂全書本　一册

360000－1902－0001880　2191
潛研堂金石文跋尾六卷　(清)錢大昕撰　清嘉慶十年(1805)嘉定瞿中溶等刻潛研堂全書本　一册

360000－1902－0001881　2192
二銘草堂金石聚十六卷首一卷　(清)張德容輯　清同治衢州張德容二銘草堂刻本　十六册

360000－1902－0001882　2194
金石索十二卷首一卷　(清)馮雲鵬　(清)馮雲鵷輯　清道光元年(1821)紫琅馮氏邃古齋嵫陽刻本　五册　存五卷(五至六、十至十二)

360000－1902－0001883　2195
關中金石文字存逸考十二卷首一卷　(清)毛鳳枝撰　清光緒二十七年(1901)會稽顧氏江西萍鄉縣署刻本　十二册

360000－1902－0001884　2199
積古齋鐘鼎彝器款識十卷　(清)阮元編　清光緒五年(1879)武昌刻本　六册

360000－1902－0001885　2202
金石識別十二卷　(美國)代那撰　(美國)瑪高溫口譯　(清)華衡芳筆述　清同治十一年(1872)江南機器製造總局刻本　六册

360000－1902－0001886　2203
兩浙金石志十八卷　(清)阮元編錄　**補遺一卷**　(清)阮福撰　清光緒十六年(1890)浙江書局刻本　六册　存九卷(三至四、九、十二至十三、十六至十八,補遺一卷)

360000－1902－0001887　2208
金石三例　(清)盧見曾輯　(清)王芑孫評點　清光緒四年(1878)南海馮氏讀有用書齋刻朱墨套印本　四册

360000－1902－0001888　2209
山右石刻叢編四十卷　(清)胡聘之撰　清光緒二十五年至二十七年(1899－1901)刻本　十二册　存二十三卷(一、五至十二、二十一至二十六、三十一至三十四、三十七至四十)

360000－1902－0001889　2210
欽定四庫全書總目二百卷首一卷　(清)紀昀等撰　清同治七年(1868)廣東書局刻本　一百七册　存二百卷(一至一百九十四、一百九十六至二百,首一卷)

360000－1902－0001890　2211
欽定四庫全書簡明目錄二十卷首一卷　(清)紀昀等撰　清同治七年(1868)廣東書局刻本　十二册

360000－1902－0001891　2212

欽定四庫全書附存目錄十卷　(清)胡虔編　清光緒十年(1884)學海堂刻本　五冊　存八卷(一至八)

360000－1902－0001892　2213
欽定四庫全書簡明目錄二十卷　(清)紀昀等撰　清乾隆刻本　八冊

360000－1902－0001893　2214
欽定四庫全書簡明目錄二十卷　(清)紀昀等撰　清乾隆刻本　九冊　存十九卷(二至二十)

360000－1902－0001894　2215
欽定四庫全書簡明目錄二十卷　(清)紀昀等撰　清乾隆刻本　一冊　存二卷(一至二)

360000－1902－0001895　2216
欽定四庫全書簡明目錄二十卷　(清)紀昀等撰　清乾隆刻本　四冊　存八卷(一、十二至十四、十七至二十)

360000－1902－0001896　2217
東西學書錄二卷附錄一卷　(清)徐維則輯　清光緒二十五年(1899)石印本　四冊

360000－1902－0001897　2244
書目答問五卷別錄一卷國朝著述諸家姓名略一卷　(清)張之洞撰　清光緒刻本　二冊

360000－1902－0001898　2245
書目答問五卷別錄一卷國朝著述諸家姓名略一卷　(清)張之洞撰　清光緒刻本　一冊　存三卷(經目一卷、史目一卷、國朝著述諸家姓名略一卷)

360000－1902－0001899　2246
書目答問五卷別錄一卷國朝著述諸家姓名略一卷　(清)張之洞撰　清光緒刻本　一冊　存三卷(經目一卷、史目一卷、國朝著述諸家姓名略一卷)

360000－1902－0001900　2247
書目答問五卷別錄一卷國朝著述諸家姓名略一卷　(清)張之洞撰　清光緒刻本　二冊

360000－1902－0001901　2248
直齋書錄解題二十二卷　(宋)陳振孫撰　清光緒九年(1883)江蘇書局刻本　六冊

360000－1902－0001902　2249
直齋書錄解題二十二卷　(宋)陳振孫撰　清光緒九年(1883)江蘇書局刻本　一冊　存三卷(一至三)

360000－1902－0001903　2250
帶經堂書目四卷附錄一卷　(清)陳樹杓編次　清宣統順德鄧氏鉛印風雨樓叢書本　三冊

360000－1902－0001904　2264
書目答問五卷別錄一卷國朝著述諸家姓名略一卷　(清)張之洞撰　清光緒二十一年(1895)上海蜚英館石印本　一冊　存五卷(子目一卷、集目一卷、叢目一卷、別錄一卷、國朝著述諸家姓名略一卷)

360000－1902－0001905　2266
宋元本行格表二卷附錄一卷補遺一卷　(清)江標輯　清光緒二十三年(1897)元和江標長沙刻本　二冊

360000－1902－0001906　2278
二十二子　(清)浙江書局輯　清光緒元年至三年(1875－1877)浙江書局刻本　七十六冊　存二十種

360000－1902－0001907　2279
崇文書局匯刻書(三十三種叢書)　(清)崇文書局輯　清光緒三年(1877)湖北崇文書局刻本　六十四冊

360000－1902－0001908　2280
二十二子　(清)浙江書局輯　清光緒元年至三年(1875－1877)浙江書局刻本　十四冊　存四種六十五卷(新書十卷,春秋繁露十七卷、附錄一卷,文子讚義七至十二,補注黄帝内經素問二十四卷、素問遺篇一卷、靈樞一至六)

360000－1902－0001909　2281
二十二子　(清)浙江書局輯　清光緒元年至三年(1875－1877)浙江書局刻本　十三冊　存七種四十二卷(列子一至四;韓非子識誤三

卷;文子讚義七至十二;墨子六至十三;晏子春秋音義上、校勘記下;呂氏春秋十一至十四、十八至二十;補注黄帝内經素問十八至十九、二十一至二十四,素問遺篇一卷,靈樞八至十二)

360000－1902－0001910　2282
增訂漢魏叢書　(清)王謨輯　清刻本　六冊　存三種二十七卷(淮南鴻烈解六至十一,論衡七至十、十八至三十,潛夫論一至四)

360000－1902－0001911　2283
子書百家一百種　(清)崇文書局輯　清光緒元年(1875)湖北崇文書局刻本　二十四冊　存四十九種

360000－1902－0001912　2284
增訂漢魏叢書　(清)王謨輯　清刻本　四十冊　存六十三種

360000－1902－0001913　2285
子書百家一百種　(清)崇文書局輯　清光緒元年(1875)湖北崇文書局刻本　二十八冊　存四十種

360000－1902－0001914　2286
子書百家一百種　(清)崇文書局輯　清光緒元年(1875)湖北崇文書局刻本　九十四冊　存九十七種

360000－1902－0001915　2287
子書百家一百種　(清)崇文書局輯　清光緒元年(1875)湖北崇文書局刻本　二十二冊　存十九種

360000－1902－0001916　2288
子書二十二種　(清)浙江書局輯　清光緒二十三年(1897)上海圖書集成局鉛印本(列子八卷配民國掃葉山房石印本)　二十八冊　存二十一種

360000－1902－0001917　2289
二十二子　(清)□□輯　清世德堂刻本　九冊　存二種三十四卷(列子五至八;補注黄帝内經素問四至十五、二十至二十四,素問遺篇一卷,靈樞十二卷)

360000－1902－0001918　2293
子書二十八種　(清)育文書局輯　清宣統元年(1909)育文書局石印本　十五冊　存十六種

360000－1902－0001919　2295
子書二十八種　(清)育文書局輯　清光緒三十年(1904)育文書局石印本　十二冊　存二十一種

360000－1902－0001920　2296
子書二十八種　(清)育文書局輯　清宣統元年(1909)育文書局石印本　十冊　存十三種

360000－1902－0001921　2297
二十五子匯函　(清)鴻文書局輯　清光緒十九年(1893)上海鴻文書局石印本　八冊

360000－1902－0001922　2298
新鐫分類百子金丹内外合編十卷　(□)□□編　清刻本　二冊　存五卷(六至十)

360000－1902－0001923　2302
十子全書　(清)王子興輯　清嘉慶九年(1804)姑蘇王氏聚文堂刻本　十五冊　存八種九十五卷(道德經評注二卷,南華真經十卷,荀子二十卷、校勘補遺一卷,沖虛至德真經八卷,韓非子二十卷,淮南子二十一卷,中説十卷,鶡冠子三卷)

360000－1902－0001924　2303
諸子平議三十五卷　(清)俞樾撰　清光緒二十一年(1895)上海鴻文書局石印本　二冊

360000－1902－0001925　2305
諸子彙函二十六卷　(明)歸有光輯　明天啟刻本　二十七冊

360000－1902－0001926　2307
孔叢四卷　(漢)孔鮒撰　(明)鍾惺評　**新語二卷**　(漢)陸賈撰　(明)鍾惺評　清乾隆刻本　二冊

360000－1902－0001927　2308(1)
孔叢二卷附詰墨一卷　(漢)孔鮒撰　清刻增訂漢魏叢書本　一冊

360000－1902－0001928　2308(2)
孔叢二卷　(漢)孔鮒撰　清刻增訂漢魏叢書本　一冊　存一卷(二)

360000－1902－0001929　2309
孔叢二卷附詰墨一卷　(漢)孔鮒撰　清刻本　二冊

360000－1902－0001930　2310
新語二卷　(漢)陸賈撰　**新書十卷**　(漢)賈誼撰　清刻增訂漢魏叢書本　二冊

360000－1902－0001931　2311
新語二卷　(漢)陸賈撰　**新論十卷**　(南朝梁)劉勰撰　清抄本　一冊

360000－1902－0001932　2312
新語二卷　(漢)陸賈撰　清刻增訂漢魏叢書本　一冊

360000－1902－0001933　2313
鹽鐵論十二卷　(漢)桓寬撰　(明)張之象注　清刻增訂漢魏叢書本　二冊

360000－1902－0001934　2314
新序十卷　(漢)劉向撰　清光緒刻本　三冊

360000－1902－0001935　2315
新序十卷　(漢)劉向撰　清光緒元年(1875)湖北崇文書局刻本　二冊

360000－1902－0001936　2316
新序十卷　(漢)劉向撰　(明)鍾惺評　清刻本　二冊

360000－1902－0001937　2317
新序十卷　(漢)劉向撰　清刻增訂漢魏叢書本　二冊

360000－1902－0001938　2318
說苑二十卷　(漢)劉向撰　清乾隆五十六年(1791)金溪王氏刻增訂漢魏叢書本　三冊

360000－1902－0001939　2319
傳文雜錄　(漢)班固等撰　清末刻本　十冊　存七種四十卷(季漢文一卷、魏文一卷、白虎通德論四卷、天禄閣外史八卷、孔叢四卷、韓詩外傳十卷、鹽鐵論十二卷)

360000－1902－0001940　2320
法言十卷　(漢)揚雄撰　清光緒刻本　一冊

360000－1902－0001941　2321
法言十卷　(漢)揚雄撰　**申鑒五卷**　(漢)荀悅撰　清刻增訂漢魏叢書本　一冊

360000－1902－0001942　2322;2338;2343;2506
六子全書　(明)顧春編　明嘉靖十二年(1533)顧春世德堂刻本　十五冊　存四種四十三卷(荀子一至六、十一至二十,中說十卷,南華真經十卷,揚子法言一至三、七至十)

360000－1902－0001943　2323
孔子家語四卷　(三國魏)王肅注　清刻本　一冊

360000－1902－0001944　2324
孔子家語八卷　(明)何孟春注　(清)盧文弨校補　清乾隆三十二年(1767)刻本　二冊

360000－1902－0001945　2325
孔子家語十卷　(三國魏)王肅纂注　明末汲古閣刻清吳郡寶翰樓印本　四冊

360000－1902－0001946　2326
孔子家語八卷　(明)何孟春注　(清)盧文弨校補　清刻本　一冊　存四卷(一至四)

360000－1902－0001947　2327
孔子集語十七卷　(清)孫星衍撰　清光緒刻本　五冊　存十卷(六至十一、十四至十七)

360000－1902－0001948　2329
顏氏家訓二卷　(北齊)顏之推撰　(清)朱軾評點　清刻本　一冊

360000－1902－0001949　2330
顏氏家訓二卷　(北齊)顏之推撰　清光緒元年(1875)湖北崇文書局刻子書百家本　一冊

360000－1902－0001950　2331
顏氏家訓二卷　(北齊)顏之推撰　清刻增訂漢魏叢書本　一冊

360000－1902－0001951　2333
新書十卷　(漢)賈誼撰　清光緒刻本　二冊

360000－1902－0001952　2334
新論十卷　（南朝梁）劉勰撰　清刻增訂漢魏叢書本　二册

360000－1902－0001953　2335
新論十卷　（南朝梁）劉勰撰　清刻增訂漢魏叢書本　一册

360000－1902－0001954　2336
中論二卷　（漢）徐幹撰　**中說二卷**　（隋）王通撰　清刻增訂漢魏叢書本　一册

360000－1902－0001955　2337
中論二卷　（漢）徐幹撰　**中說二卷**　（隋）王通撰　清末抄本　一册

360000－1902－0001956　2339
荀子二十卷附校勘補遺一卷　（唐）楊倞注　（清）盧文弨　（清）謝墉校　清光緒二年（1876）浙江書局刻二十二子本　六册

360000－1902－0001957　2340
荀子二十卷附校勘補遺一卷　（唐）楊倞注　（清）盧文弨　（清）謝墉校　清光緒二年（1876）浙江書局刻二十二子本　六册

360000－1902－0001958　2341
荀子二十卷首一卷　（唐）楊倞注　王先謙集解　清光緒十七年（1891）長沙王氏刻本　二册　存八卷（十三至二十）

360000－1902－0001959　2342
荀子二十卷附校勘補遺一卷　（唐）楊倞注　（清）謝墉校　清乾隆五十一年（1786）嘉善謝氏安雅堂刻本　四册

360000－1902－0001960　2344
荀子二十卷首一卷　（唐）楊倞注　王先謙集解　清光緒十七年（1891）長沙王氏刻本　六册

360000－1902－0001961　2345
荀子二十卷首一卷　（唐）楊倞注　王先謙集解　清光緒十七年（1891）長沙王氏刻本　六册

360000－1902－0001962　2346
荀子二十卷首一卷　（唐）楊倞注　王先謙集解　清光緒十七年（1891）長沙王氏刻本　四册　存十五卷（二至四、九至二十）

360000－1902－0001963　2347
荀子二十卷附校勘補遺一卷　（唐）楊倞注　（清）盧文弨　（清）謝墉校　清光緒二年（1876）浙江書局刻二十二子本　五册　存十七卷（一至二、六至二十）

360000－1902－0001964　2348
公是弟子記四卷　（宋）劉敞撰　清光緒刻武英殿聚珍版書本　一册

360000－1902－0001965　2349
張子全書十五卷　（宋）張載撰　清康熙五十八年（1719）高安朱軾刻本　三册　存十一卷（一至十一）

360000－1902－0001966　2350
張子全書十五卷　（宋）張載撰　清刻本　四册　存十三卷（三至十五）

360000－1902－0001967　2351
伊川文集八卷程氏經說八卷　（宋）程頤撰　清刻本　二册　存八卷（文集一至三、經說四至八）

360000－1902－0001968　2353
二程粹言二卷　（宋）程頤　（宋）程顥撰　（宋）楊時訂定　（宋）張栻編次　清光緒刻本　二册

360000－1902－0001969　2354
二程粹言二卷　（宋）程頤　（宋）程顥撰　（宋）楊時訂定　（宋）張栻編次　清刻本　二册

360000－1902－0001970　2355
二程粹言二卷　（宋）程頤　（宋）程顥撰　（宋）楊時訂定　（宋）張栻編次　清康熙刻本　一册

360000－1902－0001971　2356
河南程氏外書十二卷明道文集五卷　（宋）程頤　（宋）程顥撰　（宋）朱熹輯　清康熙刻本

一冊

360000－1902－0001972　2357
河南程氏遺書二十五卷附録一卷　（宋）程頤（宋）程顥撰　（宋）朱熹輯　清康熙刻二程全書本　二冊

360000－1902－0001973　2358
史學薪傳八卷　（宋）朱熹撰　清同治五年（1866）刻本　八冊

360000－1902－0001974　2359
淵鑒齋御纂朱子全書六十六卷　（宋）朱熹撰（清）李光地等輯　清康熙五十三年（1714）刻本　三十二冊　存五十七卷（一至二十、二十八至五十七、六十至六十六）

360000－1902－0001975　2360
晦庵先生朱文公文集一百卷續集五卷别集七卷目録二卷　（宋）朱熹撰　清康熙刻本　十八冊　存四十九卷（一至五、十一至十四、二十三至二十五、二十九至三十、三十四至五十二、六十二至六十五、七十四至八十，續集一至三，别集一至二）

360000－1902－0001976　2362
近思録十四卷　（清）江永集注　清咸豐三年（1853）刻本　四冊

360000－1902－0001977　2363
近思録十四卷　（清）江永集注　清咸豐三年（1853）刻本　四冊

360000－1902－0001978　2364
近思録十四卷　（清）江永集注　清光緒十五年（1889）金陵書局刻本　四冊

360000－1902－0001979　2365（1）
朱子原訂近思録十四卷　（清）江永集注　清光緒二十五年（1899）浙江官書局刻本（卷五至十四配清嘉慶十九年刻本）　四冊　存十三卷（一至三、五至十四）

360000－1902－0001980　2365（2）
朱子原訂近思録十四卷　（清）江永集注　清嘉慶十九年（1814）刻本　一冊　存二卷（三至四）

360000－1902－0001981　2366
朱子原訂近思録十四卷　（清）江永集注　清同治七年（1868）楚北崇文書局刻本　三冊　存八卷（一至八）

360000－1902－0001982　2367
朱子原訂近思録十四卷　（清）江永集注　清嘉慶十九年（1814）刻本　四冊

360000－1902－0001983　2368
近思録十四卷　（清）江永集注　清道光五年（1825）婺源一經堂刻本　六冊

360000－1902－0001984　2369
朱子原訂近思録十四卷　（清）江永集注　清光緒二十五年（1899）浙江官書局刻本　四冊

360000－1902－0001985　2370
近思録十四卷　（宋）朱熹撰　（宋）呂祖謙輯　清康熙御兒呂氏寶誥堂刻朱子遺書本　一冊

360000－1902－0001986　2371
朱子原訂近思録十四卷　（清）江永集注　清同治三年至四年（1864－1865）望三益齋刻本　四冊

360000－1902－0001987　2372
西山先生真文忠公讀書記四十卷　（宋）真德秀撰　清刻本　四冊　存七卷（三十四至四十）

360000－1902－0001988　2373
大學衍義四十三卷　（宋）真德秀撰　清乾隆四年（1739）刻本　十冊

360000－1902－0001989　2374
大學衍義四十三卷　（宋）真德秀輯　明崇禎刻本　一冊　存六卷（四至九）

360000－1902－0001990　2375
大學衍義四十三卷　（宋）真德秀輯　明崇禎刻本　五冊　存十九卷（一至十九）

360000－1902－0001991　2376
西山先生真文忠公心政二經二卷　（宋）真德

秀撰　清康熙五十四年(1715)真榜督刻本　一册

360000－1902－0001992　2377
群儒考略　姚永樸輯　清末鉛印本　一册

360000－1902－0001993　2378
家範十卷　(宋)司馬光撰　(清)朱軾評點　清康熙五十八年(1719)高安朱軾刻本　一册

360000－1902－0001994　2380
程氏家塾讀書分年日程三卷　(元)程端禮述　清康熙二十八年(1689)當湖陸氏刻本　二册

360000－1902－0001995　2381
上蔡謝先生語録三卷　(宋)謝良佐撰　清光緒十八年(1892)江夏陳氏刻本　一册　存一卷(一)

360000－1902－0001996　2382
慈溪黄氏日鈔分類九十七卷　(宋)黄震編輯　清乾隆二十五年(1760)刻本(卷八十一、八十九原缺)　二十三册　存九十一卷(一至三十一、三十六至八十、八十二至八十八、九十至九十七)

360000－1902－0001997　2384
性理大全書七十卷　(明)胡廣等撰　清初刻本　十四册　存三十三卷(十一至十五、十七至二十五、三十至三十四、四十至五十一、五十七至五十八)

360000－1902－0001998　2386
餘冬録六十一卷　(明)何春孟輯　清同治三年(1864)恭壽堂刻本　十册

360000－1902－0001999　2387
呻吟語六卷附呻吟語疑一卷　(明)吕坤撰　清道光刻本　六册

360000－1902－0002000　2388
呻吟語六卷附呻吟語疑一卷　(明)吕坤撰　清道光刻本　三册　存三卷(二至三、五)

360000－1902－0002001　2389
呻吟語約鈔二卷　(明)吕坤撰　(清)郭式昌校訂　清光緒三十年(1904)衢州刻本　二册

360000－1902－0002002　2391
繹志十九卷　(清)胡承諾撰　清同治十一年(1872)浙江書局刻本　八册

360000－1902－0002003　2392
人譜六卷首一卷　(明)劉宗周撰　(清)傅超　(清)傅彩輯　清光緒九年(1883)刻本　二册

360000－1902－0002004　2394
人譜一卷人譜類記二卷　(明)劉宗周撰　清光緒十六年(1890)刻本　三册

360000－1902－0002005　2396
顔氏學記十卷　(清)戴望述　清光緒二十年(1894)刻本　四册

360000－1902－0002006　2398
大學衍義補一百六十卷首一卷　(明)丘濬進呈　(明)陳仁錫評閲　明萬曆刻本　二十八册　存一百十六卷(一至十一、三十七至七十三、九十四至一百六十,首一卷)

360000－1902－0002007　2399
大學衍義補一百六十卷首一卷　(明)丘濬進呈　(明)陳仁錫評閲　明末刻本　十六册　存八十七卷(九至四十、四十六至八十五、九十二至一百六)

360000－1902－0002008　2400
朱子學的二卷　(明)丘濬編輯　清康熙四十八年(1709)正誼堂刻本　一册

360000－1902－0002009　2401
陳清瀾先生學蔀通辨前編三卷後編三卷續編三卷終編三卷　(明)陳建著　清康熙十七年(1678)正誼堂刻本　一册

360000－1902－0002010　2402
寒松堂庸言一卷　(清)魏象樞撰　清刻本　一册

360000－1902－0002011　2403
御纂性理精義十二卷　(清)李光地等纂修　清末刻本　三册

360000－1902－0002012　2404

御纂性理精義十二卷　(清)李光地等纂修　清末刻本　一册　存三卷(十至十二)

360000－1902－0002013　2405

御纂性理精義十二卷　(清)李光地等纂修　清康熙五十六年(1717)刻本　五册

360000－1902－0002014　2406

御纂性理精義十二卷　(清)李光地等纂修　清咸豐元年(1851)吉安府學刻本　三册　存九卷(一至九)

360000－1902－0002015　2407

宋元學案一百卷首一卷　(明)黄宗羲撰　(清)黄百家纂輯　(清)全祖望修定　清光緒五年(1879)長沙寄廬刻本　五册　存十二卷(五十八至六十六、八十二、八十六至八十七)

360000－1902－0002016　2408

宋元學案一百卷首一卷　(明)黄宗羲撰　(清)黄百家纂輯　(清)全祖望修定　清光緒五年(1879)長沙寄廬刻本　三十八册　存九十四卷(一至二十二、三十至一百,首一卷)

360000－1902－0002017　2409

宋元學案一百卷首一卷　(明)黄宗羲撰　(清)黄百家纂輯　(清)全祖望修定　清光緒五年(1879)長沙寄廬刻本　四十册

360000－1902－0002018　2410

洛學編六卷　(清)湯斌輯　(清)尹會一續輯　(清)郭程先補輯　清道光三十年(1850)刻本　三册

360000－1902－0002019　2411

五子近思錄十四卷　(清)汪佑編　清敦化堂刻本　三册

360000－1902－0002020　2412

敬義堂家訓三卷　(清)紀大奎撰　清嘉慶十三年(1808)刻紀慎齋先生全集本　一册

360000－1902－0002021　2413

朱子原訂近思錄十四卷　(清)江永集注　清嘉慶十九年(1814)刻本　二册　存九卷(一至二、八至十四)

360000－1902－0002022　2414

女學六卷　(清)藍鼎元編　清光緒二十三年(1897)京師刻本　二册

360000－1902－0002023　2415

小學集解六卷　(清)張伯行輯注　清同治十一年(1872)刻本　四册

360000－1902－0002024　2416

小學集解六卷　(清)張伯行輯注　清同治十一年(1872)刻本(卷四至六配清同治十年楚陵聚奎書閣刻本)　四册

360000－1902－0002025　2417

小學集解六卷　(清)張伯行輯注　清同治十年(1871)刻本　五册

360000－1902－0002026　2418

小學集解六卷　(清)張伯行輯注　清同治十年(1871)刻本　五册

360000－1902－0002027　2419

小學集解六卷　(清)張伯行輯注　清同治十年(1871)中湘文光堂刻本(卷二配清同治十年刻本)　二册　存二卷(一至二)

360000－1902－0002028　2420

道統錄二卷附錄一卷　(清)張伯行撰　清康熙四十七年(1708)正誼堂刻本　二册

360000－1902－0002029　2421

朱子為學次第考二卷　(清)童能靈撰　清光緒十九年(1893)劉傳經堂刻本　一册

360000－1902－0002030　2422

五種遺規　(清)陳宏謀(陳弘謀)編輯　清光緒二十二年(1896)經綸元記刻本　二册　存二種四卷(從政遺規二、教女遺規三卷)

360000－1902－0002031　2423

五種遺規　(清)陳宏謀(陳弘謀)編輯　清同治七年(1868)金陵書局刻本　十册

360000－1902－0002032　2424

五種遺規　(清)陳宏謀(陳弘謀)編輯　清道

光十年(1830)培遠堂刻本　八冊　存四種十六卷(從政遺規四卷,養正遺規二卷、補編一卷,教女遺規三卷,訓俗遺規四卷、補編二卷)

360000－1902－0002033　2425
五種遺規　(清)陳宏謀(陳弘謀)編輯　清乾隆七年(1742)培遠堂刻本　八冊

360000－1902－0002034　2427
學仕遺規四卷　(清)陳宏謀(陳弘謀)輯　(清)陳鍾珂等編校　清乾隆三十四年(1769)培遠堂刻本　四冊

360000－1902－0002035　2428
訓俗遺規四卷　(清)陳弘謀輯　清同治九年(1870)刻本　四冊

360000－1902－0002036　2429
河南二程全書　(宋)程顥　(宋)程頤撰　清光緒三十四年(1908)刻本　二十一冊

360000－1902－0002037　2430
河南程氏遺書二十五卷附錄一卷　(宋)程顥　(宋)程頤撰　(宋)朱熹輯　清光緒三十四年(1908)刻本　二冊　存八卷(十八至二十五)

360000－1902－0002038　2431
學治臆說二卷　(清)汪輝祖撰　清同治九年(1870)刻本　一冊

360000－1902－0002039　2432
聖祖仁皇帝庭訓格言一卷　(清)世宗胤禛撰　清刻本　一冊

360000－1902－0002040　2433
聖祖仁皇帝庭訓格言一卷　(清)世宗胤禛撰　清雍正八年(1730)刻本　一冊

360000－1902－0002041　2434
王氏四種　(清)王念孫　(清)王引之撰　清光緒二十一年(1895)上海鴻文書局石印本　十四冊

360000－1902－0002042　2436
公孫龍子注一卷　(清)辛從益撰　**辛筠谷年譜一卷**　(清)辛桂雲等輯　**吳中遺愛錄一卷**　(清)辛桂雲等輯　清道光三十年(1850)刻本　一冊

360000－1902－0002043　2437
陔餘叢考四十三卷　(清)趙翼撰　清乾隆五十五年(1790)湛貽堂刻本　九冊　存二十九卷(一至二、十四至三十、三十四至四十三)

360000－1902－0002044　2438(1)
孔子集語十七卷　(清)孫星衍撰　清光緒二十三年(1897)新化三味書局刻本　五冊

360000－1902－0002045　2441
小學六卷　(清)池生春撰　清道光十四年(1834)刻本　二冊

360000－1902－0002046　2442
孔子改制考二十一卷　康有為撰　清光緒上海大同譯書局石印本　十冊

360000－1902－0002047　2443
聖祖仁皇帝庭訓格言一卷　(清)世宗胤禛撰　清光緒三十四年(1908)鉛印格言彙編本　一冊

360000－1902－0002048　2444
[四言雜字]一卷　(清)□□編　清同治五年(1866)抄本　一冊

360000－1902－0002049　2445
續集賢文一卷再續賢文一卷　(清)張楚鍾撰　清光緒三十一年(1905)刻本　一冊

360000－1902－0002050　2446
古今長者錄八卷　(明)丁蓮侶原本　(清)彭士望評閱　**筆疇一卷**　(清)彭士望評閱　**讀書簡要一卷**　(清)蔣永撰　清同治九年(1870)刻本　二冊

360000－1902－0002051　2447
鵝湖講學會編十二卷　(清)鄭之僑編輯　清乾隆九年(1744)述堂刻本　四冊

360000－1902－0002052　2448
伊洛淵源錄十四卷　(宋)朱熹撰　**上蔡先生語錄三卷**　(宋)謝良佐撰　(宋)朱熹輯　清康熙御兒呂氏寶誥堂刻朱子遺書本　二冊

360000－1902－0002053　2449
弟子職音誼一卷　鍾廣輯　清光緒十六年(1890)刻留垞叢刻本　一册

360000－1902－0002054　2450
蔡氏九儒書九卷附録九卷首一卷　(明)蔡有鵾輯　(清)蔡重增補　清同治七年(1868)盱南蔡學蘇三餘書屋刻本　六册

360000－1902－0002055　2451
理學宗傳辨正十六卷　(清)劉廷詔原本　(清)倭仁　(清)吳廷棟校訂　清同治十一年(1872)六安求我齋刻本　六册

360000－1902－0002056　2453
省心紀一卷　(明)呂坤撰　清末抄本　一册

360000－1902－0002057　2454(1)
小學集註二卷首一卷　(明)陳選集注　清刻本　一册　存一卷(下)

360000－1902－0002058　2454(2)
小學集註二卷首一卷　(明)陳選集注　清文光堂刻本　一册　存一卷(下)

360000－1902－0002059　2456
周子全書二十二卷　(宋)周敦頤撰　(清)董榕輯　清乾隆刻本　四册　存八卷(六至十一、二十一至二十二)

360000－1902－0002060　2457
學案小識十四卷首一卷末一卷　(清)唐鑑撰　清光緒十年(1884)刻本　十二册

360000－1902－0002061　2458
習是編二卷　(清)屈成霖輯　清謝凝道刻本　六册

360000－1902－0002062　2459
家政學一卷　(日本)下田歌子撰　(清)作新社譯　清光緒二十八年(1902)鉛印本　一册

360000－1902－0002063　2460
忠經體註一卷孝經體註一卷增訂小學體註六卷　(清)沈士衡輯　清康熙三十六年(1697)刻本　五册

360000－1902－0002064　2461
古學攷一卷　(清)廖平撰　清光緒二十三年(1897)尊經書局刻本　一册

360000－1902－0002065　2462
昌江性學述筆貫珠十二卷　(清)鄧逢光撰　(清)徐謙約編　清刻本　十二册

360000－1902－0002066　2463
浮邱子十二卷　(清)湯鵬撰　清同治四年(1865)刻本　四册

360000－1902－0002067　2464
制義約鈔不分卷　(清)□□編　清刻本　一册　存上孟、下孟

360000－1902－0002068　2486
授受金鍼一卷增補一卷　(清)石成金訂集　清道光十四年(1834)刻本　一册

360000－1902－0002069　2489
藥言一卷藥言賸稿一卷　(清)拙修老人(李惺)撰　清光緒三十四年(1908)長沙刻本　二册

360000－1902－0002070　2490
格言聯璧二卷　(清)金纓輯　清同治二年(1863)刻本　二册

360000－1902－0002071　2491
座右銘贅語八卷　(清)彭世昌輯　清光緒十二年(1886)信好軒刻本　二册

360000－1902－0002072　2492
莊子十卷　(晉)郭象注　(唐)陸德明音義　清光緒二十三年(1897)圖書集成局鉛印本　一册　存六卷(一至六)

360000－1902－0002073　2497(1)
莊子十卷　(晉)郭象注　(唐)陸德明音義　清光緒二年(1876)刻本　一册　存二卷(四至五)

360000－1902－0002074　2497(2)
莊子十卷　(晉)郭象注　(唐)陸德明音義　清光緒二年(1876)刻本　一册　存二卷(五至六)

360000－1902－0002075　2498

莊子十卷　(晉)郭象注　(唐)陸德明音義　清光緒二十三年(1897)新化三味書室刻本　五冊　存九卷(一至六、八至十)

360000－1902－0002076　2499
莊子南華真經十卷　(晉)郭象注　清光緒十一年(1885)傳忠書局刻本　一冊　存二卷(一至二)

360000－1902－0002077　2500
莊子十卷　(晉)郭象注　(唐)陸德明音義　清光緒二十三年(1897)新化三味書室刻本　六冊

360000－1902－0002078　2503
南華真經評注十卷　(晉)郭象輯注　(明)歸有光批　(明)文震孟訂正　明文氏竺塢刻本　四冊

360000－1902－0002079　2504
莊子南華真經十卷　(晉)郭象注　清光緒十一年(1885)傳忠書局刻本　一冊　存二卷(一至二)

360000－1902－0002080　2505
南華經解三十三卷　(清)宣穎撰　清同治五年(1866)皖城藩署刻本　六冊

360000－1902－0002081　2512
莊子集釋十卷　(清)郭慶藩輯　清光緒二十年(1894)思賢講舍刻本　一冊　存一卷(七)

360000－1902－0002082　2513
莊子集釋十卷　(清)郭慶藩輯　清光緒二十年(1894)思賢講舍刻本　一冊　存二卷(二至三)

360000－1902－0002083　2514
莊子集解八卷　王先謙撰　清宣統元年(1909)湖南思賢書局刻本　二冊　存四卷(五至八)

360000－1902－0002084　2515
莊子集釋十卷　(清)郭慶藩輯　清光緒二十年(1894)思賢講舍刻本　八冊

360000－1902－0002085　2516
莊子集解八卷　王先謙撰　清宣統元年(1909)湖南思賢書局刻本　三冊

360000－1902－0002086　2517
莊子集解八卷　王先謙撰　清宣統元年(1909)湖南思賢書局刻本　四冊

360000－1902－0002087　2518
莊子集釋十卷　(清)郭慶藩輯　清光緒二十年(1894)思賢講舍刻本　四冊　存四卷(一至二、五至六)

360000－1902－0002088　2519
莊子解十二卷　(清)吳世尚注評　清雍正四年(1726)易老莊書屋刻本　四冊

360000－1902－0002089　2520
莊子解三十三卷　(清)王夫之撰　(清)王敔增注　清同治四年(1865)湘鄉曾氏金陵刻船山遺書本　一冊　存五卷(一至五)

360000－1902－0002090　2521
莊子解十二卷　(清)吳世尚注評　清刻本　二冊　存五卷(四至八)

360000－1902－0002091　2522
莊子因六卷　(清)林雲銘評述　清乾隆四十五年(1780)刻本　六冊

360000－1902－0002092　2523
莊子雪三卷　(清)陸樹芝輯注　清嘉慶四年(1799)刻本　四冊

360000－1902－0002093　2524
莊子故八卷　(清)馬其昶撰　清光緒三十一年(1905)集虛草堂刻本　四冊

360000－1902－0002094　2526
莊子獨見三十三卷　(清)胡文英評釋　清乾隆刻本　一冊　存二十二卷(一至二十二)

360000－1902－0002095　2529
新鍥葛稚川內篇四卷外篇四卷　(晉)葛洪撰　(明)張可大　(明)盧舜治評校　清康熙刻本　八冊

360000－1902－0002096　2530
抱朴子內篇二十卷外篇五十卷附篇十卷

(晉)葛洪撰　清光緒十一年(1885)吳縣朱記榮槐廬家塾刻平津館叢書本　七冊　存六十七卷(内篇二十卷、外篇一至三十七、附篇十卷)

360000－1902－0002097　2534
老子翼八卷首一卷　(明)焦竑輯　清光緒二十一年(1895)漸西村舍刻本　三冊　存七卷(一至六、首一卷)

360000－1902－0002098　2537
列子八卷　(晉)張湛注　清光緒二十三年(1897)新化三味書局刻本　二冊

360000－1902－0002099　2539
文子纘義十二卷　(宋)杜道堅撰　清光緒二十三年(1897)新化三味書局刻本　四冊

360000－1902－0002100　2544
韓非子二十卷　清光緒元年(1875)浙江書局刻二十二子本　一冊　存四卷(十三至十六)

360000－1902－0002101　2545
韓非子二十卷　韓非子識誤三卷　(清)顧廣圻撰　清光緒元年(1875)浙江書局刻二十二子本　六冊

360000－1902－0002102　2546
韓非子二十卷　韓非子識誤三卷　(清)顧廣圻撰　清光緒元年(1875)浙江書局刻二十二子本　五冊　存二十卷(韓非子二十卷)

360000－1902－0002103　2549
韓非子集解二十卷首一卷　(清)王先慎撰　清光緒二十二年(1896)刻本　二冊　存七卷(十至十三、十八至二十)

360000－1902－0002104　2550
韓非子集解二十卷首一卷　(清)王先慎撰　清光緒二十二年(1896)刻本　二冊　存八卷(十至十七)

360000－1902－0002105　2551
韓非子集解二十卷首一卷　(清)王先慎撰　清光緒二十二年(1896)刻本　三冊　存十一卷(一至三、十四至二十,首一卷)

360000－1902－0002106　2552
韓非子集解二十卷首一卷　(清)王先慎撰　清光緒二十二年(1896)刻本　六冊

360000－1902－0002107　2553
韓非子集解二十卷首一卷　(清)王先慎撰　清光緒二十二年(1896)刻本　六冊

360000－1902－0002108　2554
管子二十四卷　(唐)房玄齡注　(唐)劉績增注　明花齋刻本(卷一至二、二十至二十四配清光緒二十三年新化三味書局刻本)　七冊　存二十卷(一至二、七至二十四)

360000－1902－0002109　2555
管子二十四卷　(唐)房玄齡注　清光緒二十三年(1897)新化三味書局刻本　四冊　存十三卷(十二至二十四)

360000－1902－0002110　2556
管子二十四卷　清光緒元年(1875)湖北崇文書局刻本　四冊

360000－1902－0002111　2557
王安石新法論一卷　(日本)高橋作衛撰　(清)陳超譯　清光緒二十八年(1902)上海廣智書局鉛印本　一冊

360000－1902－0002112　2558
圖民錄四卷　(清)袁守定撰　清光緒十六年(1890)桂垣書局刻本　二冊

360000－1902－0002113　2559
在官法戒錄摘鈔四卷　(清)陳宏謀(陳弘謀)編輯　清道光三年(1823)刻本　二冊

360000－1902－0002114　2560
孟德斯鳩法意二十二卷　(法國)孟德斯鳩撰　嚴復譯　清光緒三十二年(1906)刻本　六冊

360000－1902－0002115　2561
武經七書　(宋)□□輯　清光緒二十四年(1898)成都志古堂刻本　三冊　存六種十七卷(魏武帝註孫子三卷,吳子二卷,司馬法三卷,六韜六卷、附逸文一卷,三略一卷,尉繚子

上）

360000－1902－0002116　2562

孫子吳子司馬法合刻三種八卷　（清）孫星衍輯　清刻本　一冊

360000－1902－0002117　2566

孫子十家注十三卷　（宋）吉天保輯　**敘錄一卷**　（清）畢以珣撰　**遺説一卷**　（清）鄭友賢撰　清光緒三年（1877）浙江書局刻二十二子本　五冊　存十一卷（一至六、九至十三）

360000－1902－0002118　2567

孫子十家注十三卷　（宋）吉天保輯　**敘錄一卷**　（清）畢以珣撰　**遺説一卷**　（清）鄭友賢撰　清刻本　二冊　存六卷（三至五、八至十）

360000－1902－0002119　2568

孫子十家注十三卷　（宋）吉天保輯　**敘錄一卷**　（清）畢以珣撰　**遺説一卷**　（清）鄭友賢撰　清刻本　四冊

360000－1902－0002120　2569

孫子十家注十三卷　（宋）吉天保輯　**敘錄一卷**　（清）畢以珣撰　**遺説一卷**　（清）鄭友賢撰　清咸豐五年（1855）淡香齋木活字印本　四冊

360000－1902－0002121　2570

武備志五種二百四十卷　（明）茅元儀輯　明天啟刻本　六十三冊　存五種二百三十五卷（總訣評十八卷，戰略考三十三卷，陣練制四十一卷，軍資乘五十三卷，占度載一至五十八、六十二至九十三）

360000－1902－0002122　2571

增訂漢魏叢書　（清）王謨輯　清刻本　一冊　存五種五卷（參同契一卷、陰符經一卷、風后握奇經一卷、素書一卷、心書一卷）

360000－1902－0002123　2572

諸葛忠武侯兵法六卷首一卷　（三國蜀）諸葛亮撰　（清）張澍編輯　清刻本　一冊　存三卷（四至六）

360000－1902－0002124　2573

苗防備覽二十二卷　（清）嚴如熤撰　清道光二十三年（1843）刻本　八冊

360000－1902－0002125　2574

紀效新書十八卷首一卷　（明）戚繼光撰　清道光京都琉璃廠刻本　五冊

360000－1902－0002126　2575

紀效新書十八卷首一卷　（明）戚繼光撰　清道光九年（1829）張鵬翂刻本　六冊

360000－1902－0002127　2576

兵鏡備考十三卷孫子集注一卷兵鏡或問二卷　（清）鄧廷羅纂輯　清桐石山房刻本　十冊

360000－1902－0002128　2577

洋防輯要二十四卷　（清）嚴如熤輯　清道光刻本　十二冊

360000－1902－0002129　2578

心略地利四卷　（清）施永圖輯　清刻本　四冊　存三卷（一至三）

360000－1902－0002130　2579

武經團鏡不分卷　（清）王瞰集注　清刻本　二冊

360000－1902－0002131　2580

洴澼百金方十四卷首一卷　（清）惠麓酒民（袁宮桂）編次　清刻本　十冊

360000－1902－0002132　2581

洴澼百金方十四卷首一卷　（清）惠麓酒民（袁宮桂）編次　清乾隆五十三年（1788）刻道光泗州陳階平印本　九冊　存十一卷（一至四、九至十四，首一卷）

360000－1902－0002133　2582

洴澼百金方十四卷首一卷　（清）惠麓酒民（袁宮桂）編次　清刻本　五冊　存九卷（二、七至十四）

360000－1902－0002134　2583

洴澼百金方十四卷首一卷　（清）惠麓酒民（袁宮桂）編次　清刻本　一冊　存二卷（十一至十二）

360000－1902－0002135　2584
讀史兵略四十六卷　(清)胡林翼纂　清咸豐十一年(1861)武昌節署刻本　二十四冊

360000－1902－0002136　2585
讀史兵略四十六卷　(清)胡林翼纂　清光緒二十一年(1895)儷峯書屋刻本　二十四冊

360000－1902－0002137　2586
讀史兵略四十六卷　(清)胡林翼纂　清光緒元年(1875)湖北崇文書局刻本　十六冊

360000－1902－0002138　2587
防海新論十八卷　(德國)希理哈撰　(英國)傅蘭雅口譯　(清)華衡芳筆述　清末刻本　四冊

360000－1902－0002139　2588
水師操練十八卷首一卷附一卷　(英國)戰船部撰　(英國)傅蘭雅口譯　(清)徐建寅筆述　清末刻本　三冊

360000－1902－0002140　2589
植物學歌略一卷　葉蘭撰　清光緒二十四年(1898)石印本　一冊

360000－1902－0002141　2594
欽定授時通考七十八卷　(清)鄂爾泰等撰　清刻本　一冊　存四卷(七十一至七十四)

360000－1902－0002142　2595
釋穀四卷　(清)劉寶楠撰　清光緒十四年(1888)刻廣雅書局叢書本　一冊

360000－1902－0002143　2595
漢碑徵經一卷　(清)朱百度撰　清光緒十五年(1889)刻廣雅書局叢書本　與360000－1902－0002142合冊

360000－1902－0002144　2597
東垣十種醫書　(清)陳璞編　清光緒三十三年(1907)上海書局石印本　六冊

360000－1902－0002145　2598
脾胃論三卷　(金)李杲撰　清刻本　一冊

360000－1902－0002146　2600
丹溪心法附餘二十四卷首一卷　(明)方廣輯　清末刻本　一冊　存二卷(十七至十八)

360000－1902－0002147　2601
易簡方便醫書六卷　(清)周茂五輯　清咸豐十一年(1861)刻本　三冊　存三卷(一、四、六)

360000－1902－0002148　2602
格致餘論一卷局方發揮一卷　(元)朱彥修(朱震亨)撰　清刻本　一冊

360000－1902－0002149　2604
古吴童氏重校醫宗必讀十卷　(明)李中梓撰　清光緒三十二年(1906)上海書局石印本　一冊

360000－1902－0002150　2605
醫宗必讀五卷首一卷　(明)李中梓撰　清經元堂刻本　二冊　存三卷(一至二、首一卷)

360000－1902－0002151　2606
醫宗必讀五卷首一卷　(明)李中梓撰　清刻本　二冊　存三卷(三至五)

360000－1902－0002152　2607
張氏類經三十二卷類經圖翼十一卷附翼四卷　(明)張介賓類注　清嘉慶四年(1799)金閶萃英堂刻本　三十冊　存四十四卷(張氏類經一至三十一、圖翼十一卷、附翼一至二)

360000－1902－0002153　2608
景岳全書二十四集六十四卷　(明)張介賓撰　清刻本　四冊　存十一卷(一至二、九至十二、五十二至五十三、六十一至六十三)

360000－1902－0002154　2609
景岳全書六十四卷　(明)張介賓撰　清刻本　二十一冊　存五十六卷(三至八、十三至五十一、五十四至六十四)

360000－1902－0002155　2612
景岳全書六十四卷　(明)張介賓撰　清初刻本　四冊　存十卷(二十二至二十七、四十至四十二、六十四)

360000－1902－0002156　2613
增補醫林狀元壽世保元十卷　(明)龔廷賢編

清宣統三年(1911)上海江東書局石印本　八冊

360000－1902－0002157　2615
新刊醫林狀元壽世保元十卷　(明)龔廷賢編　清文光堂刻本　六冊　存六卷(一、五至六、八至十)

360000－1902－0002158　2616
新刊醫林狀元壽世保元十卷　(明)龔廷賢編　清刻本(卷一、四配清大文堂刻本)　十冊

360000－1902－0002159　2617
新刊醫林狀元壽世保元十卷　(明)龔廷賢編　清刻本　一冊　存一卷(九)

360000－1902－0002160　2619
新刊萬病回春原本八卷　(明)龔廷賢編　清乾隆三十二年(1767)刻本　一冊　存一卷(一)

360000－1902－0002161　2620
新鍥雲林神瞉四卷　(明)龔廷賢編著　清古林本立堂刻本　一冊　存二卷(一至二)

360000－1902－0002162　2621
尚論張仲景傷寒論重編三百九十七法二卷首一卷　(清)喻昌撰　清刻本　一冊　存二卷(一、首一卷)

360000－1902－0002163　2622
尚論篇四卷　(清)喻昌撰　清光緒二十五年(1899)上海老掃葉山房石印本　一冊

360000－1902－0002164　2623
尚論張仲景傷寒論重編三百九十七法二卷首一卷後篇四卷　(清)喻昌撰　清乾隆五年(1740)刻本　四冊

360000－1902－0002165　2624
寓意草一卷　(清)喻昌撰　明崇禎刻本　一冊

360000－1902－0002166　2625
醫門法律六卷　(清)喻昌撰　清刻本　二冊　存二卷(一、六)

360000－1902－0002167　2627
醫門法律六卷　(清)喻昌撰　清初錫環堂刻本　六冊

360000－1902－0002168　2628
醫門法律六卷　(清)喻昌撰　清光緒三十一年(1905)新化三味書局刻本　四冊　存四卷(一、四至六)

360000－1902－0002169　2629
御纂醫宗金鑑九十卷首一卷　(清)吳謙等纂修　清刻本　二冊　存六卷(二至三、十二至十五)

360000－1902－0002170　2630
御纂醫宗金鑑九十卷首一卷　(清)吳謙等纂修　清光緒二年(1876)江西書局刻本　六十冊

360000－1902－0002171　2631
御纂醫宗金鑑内科七十四卷外科心法要訣十六卷首一卷　(清)吳謙等纂修　清刻本　三十一冊　存七十五卷(内科七十四卷、首一卷)

360000－1902－0002172　2632
御纂醫宗金鑑九十卷首一卷　(清)吳謙等纂修　清刻本　一冊　存三卷(七十四至七十六)

360000－1902－0002173　2633
御纂醫宗金鑑内科七十四卷外科十六卷　(清)吳謙等纂修　清宣統元年(1909)簡青齋書局石印本(内科卷十七至三十四配清末上海廣益書局石印本)　二冊　存三十四卷(内科十七至三十四、外科十六卷)

360000－1902－0002174　2636
徐靈胎醫學全書十六種　(清)徐大椿撰　清光緒三十三年(1907)章福記書局石印本　十六冊

360000－1902－0002175　2638
徐氏醫書八種　(清)徐大椿撰　清光緒鉛印本　六冊

360000－1902－0002176　2639

難經經釋二卷　(戰國)扁鵲撰　(清)徐大椿釋　清光緒二十二年(1896)珍藝書局鉛印徐氏醫書八種本　一冊

360000－1902－0002177　2641
本草醫方合編　(清)汪昂輯　清刻本　二冊　存九卷(醫方集解下之一至八、本草備要四至十一)

360000－1902－0002178　2642
醫方集解六卷湯頭歌括一卷　(清)汪昂輯　清刻本　一冊　存二卷(醫方集解五、湯頭歌括一卷)

360000－1902－0002179　2643
醫方集解六卷湯頭歌括一卷經絡歌訣一卷續增日食菜物一卷本草備要一卷　(清)汪昂輯　清刻本　二冊　存六卷(醫方集解四、六,湯頭歌括一卷,經絡歌訣一卷,續增日食菜物一卷,本草備要一卷)

360000－1902－0002180　2645
本草醫方合編　(清)汪昂輯　清聚秀堂刻本　一冊　存二卷(本草一、醫方集解上之一)

360000－1902－0002181　2646
本草醫方合編　(清)汪昂輯　清刻本　一冊　存二卷(本草二、醫方集解上之二至五)

360000－1902－0002182　2647
重鐫本草醫方合編附經絡歌訣一卷　(清)汪昂輯　清光緒二十六年(1900)新化三味堂刻本　四冊　存十一卷(本草一至二、四至六,醫方集解一至二、四至六,經絡歌訣一卷)

360000－1902－0002183　2648
本草醫方合編　(清)汪昂輯　清光緒二十四年(1898)益元書局刻本　六冊

360000－1902－0002184　2649
本草醫方合編　(清)汪昂輯　清三讓睦記刻本　六冊

360000－1902－0002185　2650;2651
沈氏尊生書　(清)沈金鰲撰　清宣統元年(1909)石印本　二十冊

360000－1902－0002186　2654
醫學從衆錄八卷　(清)陳念祖撰　清道光二十五年(1845)陳心典刻本　三冊　存六卷(一至二、五至八)

360000－1902－0002187　2655
陳修園醫書　(清)陳念祖撰　清光緒二十七年(1901)三味書局刻本　十冊　存八種三十卷(醫學三字經四卷、醫學實在易七至八、時方妙用三至四、金匱要略淺註一至八、張仲景傷寒論原文淺註二至五、靈素提要淺註一至三、傷寒醫訣串解六卷、十藥神書註解一卷)

360000－1902－0002188　2658
醫學從衆錄八卷　(清)陳念祖撰　清刻本　三冊　存四卷(一至四)

360000－1902－0002189　2659(1)
醫學三字經四卷　(清)陳念祖撰　清光緒二十七年(1901)新化三味書局刻本　一冊　存二卷(三至四)

360000－1902－0002190　2659(2)
醫學三字經四卷　(清)陳念祖撰　清刻本　一冊　存二卷(二至三)

360000－1902－0002191　2660
醫學實在易八卷　(清)陳念祖撰　清刻本　一冊　存一卷(三)

360000－1902－0002192　2661
醫學實在易八卷　(清)陳念祖撰　清刻本(卷七至八配清光緒刻本)　五冊　存七卷(二至八)

360000－1902－0002193　2663
溫病條辨六卷首一卷　(清)吳塘著　清光緒十九年(1893)上海圖書集成印書局鉛印本　一冊　存一卷(三)

360000－1902－0002194　2666
問心堂溫病條辨六卷首一卷　(清)吳塘著　清刻本　一冊　存二卷(一至二)

360000－1902－0002195　2667
問心堂溫病條辨六卷首一卷　(清)吳塘著

清刻本　一册　存三卷(四至六)

360000－1902－0002196　2672

增補醫方一盤珠全集十卷　(清)洪金鼎撰　清刻本　一册　存三卷(八至十)

360000－1902－0002197　2675

馮氏錦囊秘錄八種　(清)馮兆張撰　清康熙四十一年(1702)刻本　十册　存二種十卷(雜症大小合參五至六、十四至十六,痘疹全集二、十二至十五)

360000－1902－0002198　2676

黄氏醫書八種　(清)黄元御撰　清同治五年(1866)刻本　十册　存六種六十一卷(傷寒懸解一至三、九至十四,首一卷,末一卷;金匱懸解二十二卷;四聖心源六至十;長沙藥解四卷;傷寒説意十卷、首一卷;玉楸藥解八卷)

360000－1902－0002199　2677

易簡方便醫書六卷　(清)周茂五輯　清咸豐十一年(1861)刻本　五册　存五卷(一至四、六)

360000－1902－0002200　2678

易簡方便醫書六卷　(清)周茂五輯　清咸豐十一年(1861)刻本　一册　存一卷(三)

360000－1902－0002201　2679

宗聖要旨八卷　(清)尤在涇注釋　清光緒二年(1876)刻本　一册　存五卷(一至五)

360000－1902－0002202　2681(1)

醫學心悟五卷　(清)程國彭撰　清聚錦堂刻本(卷四至五配清刻本)　三册　存四卷(一至二、四至五)

360000－1902－0002203　2681(2)

醫學心悟五卷首一卷　(清)程國彭撰　清三讓堂刻本　一册　存二卷(一、首一卷)

360000－1902－0002204　2683

世補齋醫書　(清)陸懋修撰　清光緒十年(1884)刻本　二册　存三種七卷(文十五至十六、世補齋不謝方一卷、傷寒論陽明病釋四卷)

360000－1902－0002205　2684

世補齋醫書六種三十三卷　(清)陸懋修撰　清光緒十年(1884)刻十二年(1886)山左書局重印本　三册　存一種十二卷(文一至四、九至十六)

360000－1902－0002206　2685

張氏醫通十六卷　(清)張璐纂述　(日本)前田安宅重訂　清光緒二十五年(1899)浙江書局重印日本思德堂刻張氏醫書七種本　八册　存八卷(七至九、十一至十五)

360000－1902－0002207　2691

太醫院增補青囊藥性賦直解十卷　(明)太醫院編　清光緒二十年(1894)三讓堂信記刻本　一册　存七卷(一至七)

360000－1902－0002208　2692

四聖心源十卷　(清)黄元御撰　清咸豐十年(1860)長沙燮龢精舍刻黄氏醫書八種本　一册　存四卷(一至四)

360000－1902－0002209　2693

四聖懸樞五卷　(清)黄元御撰　清咸豐十年(1860)長沙燮龢精舍刻黄氏醫書八種本　一册

360000－1902－0002210　2694

同善錄六卷　(清)王藩臺輯　(清)辛樹穀增輯　清道光三十年(1850)刻本　四册　存五卷(一至三、五至六)

360000－1902－0002211　2695

温毒病論一卷女科歌訣六卷　(清)邵登瀛輯　**附經驗方一卷**　(清)邵炳楊輯　清光緒石印本　一册

360000－1902－0002212　2696

統論醫方一卷　(清)□□輯　清同治四年(1865)鍾壽山抄本　一册

360000－1902－0002213　2697

達生遂生福幼合編　(清)莊一夔撰　清光緒十五年(1889)刻本　一册

360000－1902－0002214　2698

增補醫方一盤珠全集十卷　(清)洪金鼎撰　清末刻本　一冊　存二卷(七至八)

360000－1902－0002215　2699
蘭臺軌範八卷　(清)徐大椿撰　清末刻本　一冊　存二卷(三至四)

360000－1902－0002216　2700
病機沙篆二卷　(明)李中梓撰　清末刻本　一冊　存一卷(二)

360000－1902－0002217　2701
衛濟餘編十八卷　(清)王纕堂編　清道光二十三年(1843)四教堂刻本　四冊

360000－1902－0002218　2703
醫書滙參輯成二十四卷　(清)蔡宗玉編　清嘉慶次和齋刻本　二冊　存四卷(十九至二十二)

360000－1902－0002219　2704
大陽經證治大意不分卷　(□)□□撰　清抄本　一冊

360000－1902－0002220　2705
吴氏醫學述第五種傷寒分經十卷　(漢)張機撰　(清)喻昌注　(清)吳儀洛訂　清乾隆三十一年(1766)硤川利濟堂刻本　五冊　存八卷(二至七、九至十)

360000－1902－0002221　2706
黃氏醫緒十四卷救傷集成一卷　(清)黃皖撰　清光緒經鏗家塾存幾堂刻本　五冊　存五卷(醫緒五至八、救傷集成一卷)

360000－1902－0002222　2707
太醫院增補青襄藥性賦直解二卷　(明)太醫院編　(明)羅必煒參訂　清刻醫方藥性合編本　一冊

360000－1902－0002223　2708
太醫院增補青囊藥性賦直解十卷　(明)太醫院編　清光緒十九年(1893)澹雅書局刻本　二冊　存七卷(一至七)

360000－1902－0002224　2709
太醫院增補青囊藥性賦直解十卷　(明)太醫院編　清光緒二十年(1894)三讓堂信記刻本　一冊　存六卷(一至六)

360000－1902－0002225　2713
中西匯通醫書五種　(清)唐宗海撰　清光緒三十四年(1908)上海千頃堂石印本　十冊　存四種二十七卷(血證論八卷,本草問答二卷,金匱要略淺注補正九卷,傷寒論淺注補正七卷、首一卷)

360000－1902－0002226　2714
繪圖東醫寶鑑二十二卷目錄二卷　(朝鮮)許浚輯　清光緒上海校經山房石印本　十三冊

360000－1902－0002227　2715
聿脩堂醫學叢書　(日本)丹波元簡撰　清光緒十年(1884)刻本(傷寒論輯義卷上、經穴纂要卷四至五配抄本)　八冊　存五種九卷(素問識一至三、六,黃帝八十一難經素證一,傷寒論輯義一,金匱玉函要略輯義五,經穴纂要四至五)

360000－1902－0002228　2716
西藥大成十卷首一卷　(英國)米拉　(英國)海德蘭撰　(英國)傅蘭雅口譯　(清)趙元益筆述　清光緒十年(1884)江南機器製造總局刻本　十二冊　存四卷(三之二至六、五之一至四、六、十)

360000－1902－0002229　2725
靈素集注節要十二卷　(清)陳念祖集注　清光緒元年(1875)善成堂刻本　一冊　存一卷(一)

360000－1902－0002230　2726
素問玄機原病式一卷　(金)劉完素撰　清刻本　一冊

360000－1902－0002231　2727
醫經溯洄集一卷　(元)王履撰　清刻東垣十書本　一冊

360000－1902－0002232　2728
素問靈樞類纂約注三卷　(清)汪昂纂輯　清嘉慶二十二年(1817)令德堂刻本　二冊

360000－1902－0002233　2729

素問靈樞類纂約注三卷　(清)汪昂纂輯　清嘉慶二十二年(1817)令德堂刻本　三册

360000－1902－0002234　2730

校正圖註八十一難經四卷校正圖註脈訣四卷　(明)張世賢撰　**附奇經八脈攷一卷**　(明)李時珍撰　清末鴻寶齋書局石印本　五册

360000－1902－0002235　2731

圖註八十一難經二卷　(明)張世賢撰　清刻本　一册　存一卷(下)

360000－1902－0002236　2732

圖註八十一難經辨真四卷　(明)張世賢撰　清刻本　一册

360000－1902－0002237　2733

圖註八十一難經辨真四卷　(明)張世賢撰　清刻本　一册　存二卷(三至四)

360000－1902－0002238　2734

圖註八十一難經辨真四卷　(明)張世賢撰　**刪註脈訣規正二卷**　(清)沈鏡刪注　清愛日堂刻本　二册

360000－1902－0002239　2735

金匱要略淺註十卷　(清)陳念祖撰　清光緒新化三味書局刻本(卷五至六配清刻本)　三册　存六卷(二至三、五至六、八至九)

360000－1902－0002240　2736

金匱要略淺註十卷　(清)陳念祖撰　清刻本　一册　存二卷(九至十)

360000－1902－0002241　2737

金匱要略淺註十卷　(清)陳念祖撰　清刻本　一册　存三卷(六至八)

360000－1902－0002242　2738

金匱要略淺註十卷　(清)陳念祖撰　清咸豐五年(1855)重慶閏書業堂刻本　一册　存二卷(九至十)

360000－1902－0002243　2739

金匱玉函要略輯義六卷　(日本)丹波元簡撰　清光緒十年(1884)刻聿修堂醫學叢書本　一册　存一卷(二)

360000－1902－0002244　2741

圖註脈訣辨真四卷附方一卷圖註八十一難經四卷　(明)張世賢撰　清文富堂刻本　二册

360000－1902－0002245　2742

金匱心典三卷　(清)尤怡撰　清雍正十年(1732)刻本　三册

360000－1902－0002246　2743

脈經十卷　(晉)王叔和撰　清嘉慶十七年(1812)刻本　二册　存五卷(一至四、八)

360000－1902－0002247　2747

再重訂傷寒集註十卷附五卷　(清)舒詔撰　清乾隆三十五年(1770)刻本　一册　存二卷(傷寒集註一至二)

360000－1902－0002248　2749

張仲景傷寒論貫珠集八卷　(清)尤怡輯注　清嘉慶十五年(1810)木活字印本　二册

360000－1902－0002249　2750

再重訂傷寒集註十卷外附不分卷　(清)舒詔撰　清英德堂刻本　四册

360000－1902－0002250　2751

再重訂傷寒集註十卷外附不分卷　(清)舒詔撰　清英德堂刻本　四册

360000－1902－0002251　2758

再重訂傷寒集註十卷附五卷　(清)舒詔撰　清經綸堂刻本　四册

360000－1902－0002252　2759

張仲景傷寒論原文淺註六卷　(清)陳念祖集注　清刻本　一册　存二卷(一至二)

360000－1902－0002253　2760

張仲景傷寒論原文淺註六卷　(清)陳念祖集注　清道光二十一年(1841)刻本　五册

360000－1902－0002254　2761

傷寒論大方圖解二卷　(清)何貴孚撰　清道光十三年(1833)刻本　二册

360000－1902－0002255　2762

張仲景傷寒論原文淺註六卷 （清）陳念祖集注　清光緒刻本　一冊　存一卷（六）

360000－1902－0002256　2763

再重訂傷寒集註十卷 （清）舒詔撰　清刻本（卷八至十配清乾隆刻本）　二冊　存八卷（三至十）

360000－1902－0002257　2764

傷寒論註四卷 （清）柯琴撰　清刻本　一冊　存一卷（二）

360000－1902－0002258　2765

新刻陶節庵家藏秘授傷寒六書六卷 （明）陶華撰　清尊德堂刻本　一冊　存二卷（一至二）

360000－1902－0002259　2766

新鐫陶節菴家藏秘授傷寒六書六卷 （明）陶華撰　清刻本　一冊　存三卷（四至六）

360000－1902－0002260　2767

河間劉守真傷寒論方三卷 （金）劉完素撰（金）葛雝編　**傷寒標本心法類萃二卷** （金）劉完素編　**附河間傷寒心要一卷** （金）鎦洪編　**附張子和心鏡別集一卷** （元）常德編　清刻本　一冊　存五卷（傷寒論方三、心法類萃二卷、傷寒心要一卷、心鏡別集一卷）

360000－1902－0002261　2768

傷寒論十卷 （漢）張機撰　清末抄本　一冊　存二卷（三至四）

360000－1902－0002262　2771

神農本草經百種錄一卷 （清）徐大椿撰　清刻本　一冊

360000－1902－0002263　2772

本草綱目五十二卷脈訣攷證一卷奇經八脈攷一卷瀕湖脈學一卷 （明）李時珍撰　**附本草萬方鍼綫八卷** （清）蔡烈先輯　清刻本　三十八冊

360000－1902－0002264　2773

本草綱目五十二卷圖三卷 （明）李時珍撰（清）張雲中重訂　**本草萬方鍼線八卷** （清）蔡烈先輯　清道光六年（1826）刻本　三十五冊　存五十六卷（本草綱目一至五十、圖上、本草萬方鍼線四至八）

360000－1902－0002265　2777

本草求真九卷 （清）黃宫繡撰　清嘉慶十一年（1806）綠圃齋刻本　一冊　存一卷（二）

360000－1902－0002266　2778

本草求真主治二卷 （清）黃宫繡纂　清嘉慶十一年（1806）綠圃齋刻本　二冊

360000－1902－0002267　2781

本草從新十八卷 （清）吳儀洛撰　清光緒石印本　四冊

360000－1902－0002268　2782

本草從新十八卷 （清）吳儀洛撰　清光緒二十年（1894）學庫山房刻本　一冊　存三卷（一至三）

360000－1902－0002269　2785

本草綱目五十二卷 （明）李時珍撰　清刻本　一冊　存一卷（四）

360000－1902－0002270　2786

吳氏醫學述第三種本草從新六卷 （清）吳儀洛輯　清刻本　二冊　存四卷（二至五）

360000－1902－0002271　2787

食物本草會纂十二卷 （清）沈李龍撰　清道光二十三年（1843）尊德堂刻本　一冊　存四卷（一至四）

360000－1902－0002272　2788

食物本草會纂十二卷 （清）沈李龍纂輯　清刻本　一冊　存二卷（九至十）

360000－1902－0002273　2790

同仁堂藥目不分卷 （清）同仁堂編　清宣統二年（1910）京都同仁堂刻本　一冊

360000－1902－0002274　2792

本草求真九卷 （清）黃宫繡纂　清嘉慶十一年（1806）綠圃齋刻本　三冊　存三卷（一至二、九）

360000－1902－0002275　2794

瀕湖脈學一卷脈訣攷證一卷奇經八脈攷一卷 (明)李時珍撰 清光緒二十九年(1903)芥子園刻本 一册

360000－1902－0002276 2795
删註脈訣規正二卷 (清)沈鏡删注 (清)徐良臣參補 清刻本 一册

360000－1902－0002277 2796
三指禪三卷 (清)周學霆撰 清光緒二十一年(1895)澹雅書局刻本 一册 存一卷(一)

360000－1902－0002278 2799
删註脈訣規正二卷 (清)沈鏡删注 (清)徐良臣參補 清刻本 一册 存一卷(上)

360000－1902－0002279 2800
脈要圖注四卷 (清)賀昇平輯 清嘉慶五年(1800)刻本 二册 存二卷(一、三)

360000－1902－0002280 2801
奇經八脈攷一卷脈訣攷證一卷瀕湖脈學一卷 (明)李時珍撰 清刻本 一册

360000－1902－0002281 2802
脈訣不分卷 (□)□□撰 清末抄本 一册

360000－1902－0002282 2803
丹溪脈訣不分卷 (元)朱震亨撰 清末抄本 一册

360000－1902－0002283 2804
溫熱經緯五卷 (清)王士雄纂 清光緒三十年(1904)石印本 一册 存三卷(一至三)

360000－1902－0002284 2805
抄謄傷寒秘訣不分卷 (清)□□輯 清乾隆四十年(1775)軒嚴抄本 一册

360000－1902－0002285 2807
驗方新編八卷首一卷 (清)鮑相璈編 **痧症全書三卷** (清)林森傳授 **咽喉秘集三卷** (清)海山仙館編 清同治十三年(1874)海山仙館刻本 九册 存十四卷(驗方新編一至五、七至八,首一卷;痧症全書三卷;咽喉秘集三卷)

360000－1902－0002286 2809
驗方紀略不分卷 (□)賈□□撰 清末抄本 三册

360000－1902－0002287 2810
屢驗良方不分卷 (□)□□撰 清刻本 一册

360000－1902－0002288 2811;2815
驗方新編十六卷 (清)鮑相璈編輯 清光緒四年(1878)臨清皮居仁堂刻本 三册 存四卷(九、十一、十五至十六)

360000－1902－0002289 2813;2814
同善錄六卷 (清)王藩臺輯 (清)辛樹穀增輯 清嘉慶十五年(1810)刻本(卷二至三、五配清刻本) 四册 存四卷(一至三、五)

360000－1902－0002290 2816
急救經驗良方一卷 (清)陳念祖撰 清光緒二十七年(1901)新化三味書局刻修園七種合刊本 一册

360000－1902－0002291 2817
時方妙用四卷 (清)陳念祖撰 清檀藹書屋刻本 一册 存二卷(一至二)

360000－1902－0002292 2818
時方妙用四卷 (清)陳念祖撰 清刻本 一册 存二卷(三至四)

360000－1902－0002293 2823
同善錄六卷 (清)王藩臺輯 (清)辛樹穀增輯 清道光三十年(1850)刻本(卷二、五配清刻本) 五册 存五卷(一至五)

360000－1902－0002294 2824
增補醫方一盤珠全集十卷 (清)洪金鼎撰 清經元堂刻本 一册 存三卷(一至三)

360000－1902－0002295 2825
增補醫方一盤珠全集十卷 (清)洪金鼎撰 清刻本 一册 存二卷(七至八)

360000－1902－0002296 2827
增補醫方一盤珠全集十卷 (清)洪金鼎撰 清光緒三十一年(1905)經元書室刻本 二册 存五卷(一至二、八至十)

360000－1902－0002297　2828

增補醫方一盤珠全集十卷　（清）洪金鼎撰　清刻本　一册　存二卷（七至八）

360000－1902－0002298　2829

驗方新編十六卷　（清）鮑相璈編輯　清光緒四年（1878）刻本　二册　存五卷（一、五至八）

360000－1902－0002299　2831

明吴又可先生温疫論二卷　（明）吴有性撰（清）孔毓禮（孔以立）評　清刻本　一册　存一卷（二）

360000－1902－0002300　2832

普濟應驗良方八卷末一卷　（清）德軒氏輯　清刻本　一册　存四卷（六至八、末一卷）

360000－1902－0002301　2834

太醫院增補醫方捷徑十卷　（明）太醫院編　清李光明莊刻本　一册　存四卷（六至九）

360000－1902－0002302　2835

咽喉秘集二卷　（清）海仙山館編　清清江皮存仁刻本　一册

360000－1902－0002303　2838

增補醫貫奇方一卷　（明）陰有瀾編著　清刻本　一册

360000－1902－0002304　2840

時方歌括二卷　（清）陳念祖撰　清光緒新化三味書局刻本　一册

360000－1902－0002305　2841

時方妙用四卷　（清）陳念祖撰　清嘉慶刻本　一册　存二卷（一至二）

360000－1902－0002306　2842

景岳新方砭四卷　（清）陳念祖撰　清刻本　一册

360000－1902－0002307　2844

魯氏治驗偶存二卷　（清）魯烺撰　清嘉慶二十三年（1818）刻魯氏醫學七種本　二册

360000－1902－0002308　2846

本草醫方合編　（清）汪昂輯　清刻本　二册　存四卷（本草備要二、四，醫方集解二、四）

360000－1902－0002309　2848

醫方集解三卷　（清）汪昂著輯　清刻本　一册　存一卷（中）

360000－1902－0002310　2849

金匱歌括六卷醫學實在易八卷　（清）陳念祖撰　清光緒二十七年（1901）新化三味書局刻本　一册　存二卷（金匱歌括六、醫學實在易一）

360000－1902－0002311　2850

景岳全書新方八陣不分卷　（□）□□撰　清末抄本　二册

360000－1902－0002312　2851

臨證指南醫案十卷　（清）葉桂撰　清刻本　一册　存一卷（五）

360000－1902－0002313　2857

古今醫案按十卷　（清）俞震纂輯　（清）李齡壽重輯　清宣統元年（1909）上海會文堂書局石印本　五册

360000－1902－0002314　2858

醫經原旨六卷　（清）薛雪集注　清刻本　三册　存四卷（二至四、六）

360000－1902－0002315　2859

得心集醫案六卷首一卷　（清）謝星煥著　清咸豐十一年（1861）刻本　六册

360000－1902－0002316　2861

新鐫陶節菴家藏秘授傷寒六書六卷　（明）陶華撰　清三讓堂刻本　一册　存三卷（四至六）

360000－1902－0002317　2862

痢證匯參十卷　（清）吴道源纂輯　清刻本　一册　存四卷（二至五）

360000－1902－0002318　2865

温熱論十四卷　（清）邵登瀛輯　清宣統元年（1909）江南醫學公會石印本　三册

360000－1902－0002319　2866

痧症全書三卷　（清）林森傳授　（清）王凱編

輯　清光緒刻本　一冊

360000－1902－0002320　2868
醫宗說約□□卷　(清)蔣示吉撰　清刻本　一冊　存一卷(一)

360000－1902－0002321　2869
西醫内科全書雜症總論時疫類二卷　(清)孔慶高筆譯　清光緒刻本　一冊

360000－1902－0002322　2870
解圍元藪四卷　(明)沈之問輯　清嘉慶二十一年(1816)刻本　四冊

360000－1902－0002323　2872
御纂醫宗金鑑外科心法十六卷首一卷　(清)吳謙等纂修　清刻本　八冊

360000－1902－0002324　2875
新刊外科正宗六卷　(明)陳實功纂著　清令德堂刻本(卷二配清芸生堂刻本、卷四配清文光堂刻本)　三冊　存三卷(一至二、四)

360000－1902－0002325　2877
徐評外科正宗十二卷附錄一卷　(明)陳實功著　(清)徐大椿評　清末著易堂書局鉛印本　三冊

360000－1902－0002326　2878
瘍醫大全四十卷　(清)顧世澄纂輯　清光緒二十七年(1901)上海圖書集成印書局鉛印本(卷二配清刻本)　二冊　存三卷(二、二十二至二十三)

360000－1902－0002327　2881
重訂外科正宗十二卷　(明)陳實功撰　清刻本　一冊　存三卷(十至十二)

360000－1902－0002328　2882
重訂外科正宗十二卷　(明)陳實功撰　(清)張鷟翼重訂　清同治六年(1867)隆文堂刻本　一冊　存二卷(一至二)

360000－1902－0002329　2883
御纂醫宗金鑑九十卷首一卷　(清)吳謙等纂修　清刻本　二冊　存三卷(六十三、七十二至七十三)

360000－1902－0002330　2884
王洪緒先生外科證治全生不分卷　(清)王維德撰　清咸豐十一年(1861)武昌節署刻本　一冊

360000－1902－0002331　2885
[眼藥方抄]不分卷　(清)□□撰　清道光八年(1828)袁萍、吳家理抄本　一冊

360000－1902－0002332　2887
濟陰綱目十四卷　(明)武之望輯著　(明)張志聰訂正　(清)汪淇箋釋　清刻本　八冊

360000－1902－0002333　2890
新編女科指掌五卷　(清)費伯雄編　清光緒元年(1875)上海海左書局石印本　二冊

360000－1902－0002334　2891
女科要旨四卷　(清)陳念祖著　清光緒刻本　一冊　存二卷(三至四)

360000－1902－0002335　2894
女科要訣□□卷　(清)舒詔著　清刻本　一冊　存三卷(十三至十五)

360000－1902－0002336　2895
女科要旨四卷　(清)陳念祖著　清刻本　二冊

360000－1902－0002337　2897
達生編三卷附錄一卷　(清)亟齋居士撰　(清)連氏編　清同治七年(1868)刻本　一冊

360000－1902－0002338　2899
濟陰綱目十四卷　(明)武之望輯著　(明)張志聰訂正　(清)汪淇箋釋　清崇德堂刻本　七冊　存十二卷(一至六、九至十四)

360000－1902－0002339　2900
鼎鍥幼幼集成六卷　(清)陳復正輯訂　清刻本(卷六配清永州胡安定堂書局刻本)　二冊　存二卷(三、六)

360000－1902－0002340　2901
鼎鍥幼幼集成六卷　(清)陳復正輯訂　清刻本　三冊　存三卷(一至二、四)

360000－1902－0002341　2902

鼎鍥幼幼集成六卷　(清)陳復正輯訂　清友于堂刻本　一册　存三卷(一至三)

360000－1902－0002342　2903
鼎鍥幼幼集成六卷　(清)陳復正輯訂　清刻本　六册

360000－1902－0002343　2904
鼎鍥幼幼集成六卷　(清)陳復正輯訂　清刻本　一册　存一卷(一)

360000－1902－0002344　2905
鼎鍥幼幼集成六卷　(清)陳復正輯訂　清松盛堂刻本　四册　存四卷(一、三至五)

360000－1902－0002345　2907
鼎鍥幼幼集成六卷　(清)陳復正輯訂　清菁□樓刻本　三册　存四卷(一至二、五至六)

360000－1902－0002346　2909
痘麻定論四卷　(清)朱純嘏著　(清)徐安瀾增補　清光緒刻本　一册　存二卷(三至四)

360000－1902－0002347　2910
活幼心法大全九卷　(明)聶尚恒著　清三德堂刻本　一册

360000－1902－0002348　2912
幼科三種　清宣統二年(1910)上海文元書局石印本　六册

360000－1902－0002349　2913
福幼編一卷　(清)莊一夔撰　(清)莊一鶴訂　清光緒二年(1876)萍北源溪詒穀堂朱重刻本　一册

360000－1902－0002350　2914
福幼編一卷　(清)莊一夔撰　(清)莊一鶴訂　清光緒二年(1876)萍北源溪詒穀堂朱重刻本　一册

360000－1902－0002351　2915
福幼編一卷　(清)莊一夔撰　(清)莊一鶴訂　清光緒二年(1876)萍北源溪詒穀堂朱重刻本　一册

360000－1902－0002352　2916
遂生福幼合編二卷　(清)莊一夔撰　清道光二十五年(1845)刻本　一册

360000－1902－0002353　2917
達生遂生福幼合編　(清)莊一夔撰　清同治十三年(1874)刻本　一册

360000－1902－0002354　2918
達生遂生福幼合編　(清)莊一夔撰　清光緒二十二年(1896)刻本　一册

360000－1902－0002355　2919
引痘略不分卷　(清)邱熺輯　清道光刻本　一册

360000－1902－0002356　2920
邵氏痘科一卷　(清)謝玉瓊輯　清光緒十七年(1891)刻本　一册

360000－1902－0002357　2921
邵氏痘科一卷　(清)謝玉瓊輯　清光緒十七年(1891)刻本　一册

360000－1902－0002358　2922
邵氏痘科一卷　(清)謝玉瓊輯　清光緒十七年(1891)刻本　一册

360000－1902－0002359　2923
邵氏痘科一卷　(清)謝玉瓊輯　清光緒十七年(1891)刻本　一册

360000－1902－0002360　2924
邵氏痘科一卷　(清)謝玉瓊輯　清光緒十七年(1891)刻本　一册

360000－1902－0002361　2925
邵氏痘科一卷　(清)謝玉瓊輯　清光緒十七年(1891)刻本　一册

360000－1902－0002362　2926
邵氏痘科一卷　(清)謝玉瓊輯　清光緒十七年(1891)刻本　一册

360000－1902－0002363　2927
邵氏痘科一卷　(清)謝玉瓊輯　清光緒十七年(1891)刻本　一册

360000－1902－0002364　2928
嬰童百問十卷　(明)魯伯嗣撰　明刻本　一

冊　存三卷（三至五）

360000－1902－0002365　2929
活幼心法大全九卷　（明）聶尚恒著　清刻本　一冊

360000－1902－0002366　2930
痘疹慢驚秘訣不分卷　（清）莊一夔著　清嘉慶十七年（1812）刻本　一冊

360000－1902－0002367　2939
麻科活人全書四卷邵氏痘科一卷　（清）謝玉瓊纂輯　清光緒十七年（1891）萍鄉崔文峰堂刻本　一冊

360000－1902－0002368　2940
麻科活人全書四卷　（清）謝玉瓊纂輯　清道光三年（1823）刻本（卷三配清刻本）　四冊

360000－1902－0002369　2941（1）
麻科活人全書四卷　（清）謝玉瓊纂輯　清道光三年（1823）刻本　二冊　存二卷（一至二）

360000－1902－0002370　2941（2）
麻科活人全書四卷　（清）謝玉瓊纂輯　清道光三年（1823）刻本　一冊　存一卷（一）

360000－1902－0002371　2941（3）
麻科活人全書四卷　（清）謝玉瓊纂輯　清咸豐八年（1858）石陽周茂五刻本　一冊　存一卷（一）

360000－1902－0002372　2941（4）
麻科活人全書四卷　（清）謝玉瓊纂輯　清光緒十七年（1891）萍鄉崔文峰堂刻本　一冊　存一卷（一）

360000－1902－0002373　2941（5）
麻科活人全書四卷　（清）謝玉瓊纂輯　清光緒十七年（1891）萍鄉崔文峰堂刻本　一冊　存一卷（一）

360000－1902－0002374　2944
麻科活人全書四卷　（清）謝玉瓊纂輯　清咸豐八年（1858）石陽周茂五刻本　四冊

360000－1902－0002375　2947
麻科活人全書四卷　（清）謝玉瓊纂輯　清道光三年（1823）刻本　一冊　存一卷（一）

360000－1902－0002376　2949
鍼灸大成十卷　（明）楊繼洲撰　清嘉慶二年（1797）刻本　一冊　存一卷（七）

360000－1902－0002377　2950
鍼灸大成十卷　（明）楊繼洲撰　明萬曆刻本　一冊　存一卷（七）

360000－1902－0002378　2952
鍼灸大成十卷　（明）楊繼洲撰　清刻本　十冊

360000－1902－0002379　2953
鍼灸甲乙經十二卷　（晉）皇甫謐撰　清光緒十一年（1885）四明存存軒刻本　四冊

360000－1902－0002380　2955
初學衛生編不分卷　（英國）傅蘭雅譯　清光緒二十二年（1896）上海格致書室鉛印本　一冊

360000－1902－0002381　2957
新刻傷寒六書纂要辨疑四卷　（明）童養學纂輯　清末蕭品抄本　一冊　存二卷（一至二）

360000－1902－0002382　2958
新編吏治懸鏡八卷　（清）徐文弼輯　清刻本　一冊　存一卷（四）

360000－1902－0002383　2959
［藥方雜抄］不分卷　（□）□□撰　清末抄本　四冊

360000－1902－0002384　2960（1）
元亨療馬集四卷附鐫京板要公圖像黃牛經合并大全二卷　（明）喻本元撰　（明）喻本亨撰　清刻本　五冊

360000－1902－0002385　2960（2）
新刊纂圖類方元亨療馬集六卷　（明）喻本元（明）喻本亨撰　清刻本　一冊　存一卷（六）

360000－1902－0002386　2963
管窺輯要八十卷　（清）黃鼎纂定　清順治十年（1653）刻本　三十八冊

360000－1902－0002387　2964

御製曆象考成上編十六卷下編十卷　(清)何國宗　(清)梅瑴成彙編　清光緒石印本　五冊　存七卷(上編二、四、七,下編二、四、六至七)

360000－1902－0002388　2966(2)

大清光緒拾貳年通書　(清)羅傳燁等編　清光緒十二年(1886)集福堂貴記刻本　一冊

360000－1902－0002389　2966(3)

大清光緒拾陸年通書　(清)羅傳燁等編　清光緒十六年(1890)集福堂貴記刻本　一冊

360000－1902－0002390　2966(4)

大清光緒拾柒年通書　(清)羅雍珍等編　清光緒十七年(1891)集福堂球記刻本　一冊

360000－1902－0002391　2966(5)

大清光緒貳拾陸年通書　(清)羅心田　(清)羅清田編　清光緒二十六年(1900)集福堂廣記刻本　一冊

360000－1902－0002392　2966(6)

大清同治叁年通書　(清)羅傳燁等編　清同治三年(1864)集福堂球記刻本　一冊

360000－1902－0002393　2966(7)

通書　清宣統元年(1909)佛山廣文書局石印本　一冊

360000－1902－0002394　2966(8)

大清光緒通書　(清)羅雍珍等編　清光緒集福堂球記刻本　一冊

360000－1902－0002395　2966(9)

大清光緒通書　(清)羅雍珍　(清)羅錫疇編　清光緒集福堂球記刻本　一冊

360000－1902－0002396　2970

三統術詳說四卷　(清)陳澧撰　(清)廖廷相補　清光緒刻本　一冊

360000－1902－0002397　2971

紀星韻語不分卷　(清)楊世樹編輯　清抄本　一冊

360000－1902－0002398　2972

高厚蒙求四集　(清)徐朝俊撰　清嘉慶十二年至二十年(1807－1815)華亭徐朝俊刻本　四冊

360000－1902－0002399　2973

天文算學纂要二十卷首一卷　(清)陳松撰　清光緒十三年(1887)永新陳松樹德堂刻本　一冊　存一卷(十三)

360000－1902－0002400　2975

四元玉鑑細草三卷四元細草假令之圖一卷附一卷增一卷　(元)朱世傑編述　(清)鍾煜校正　(清)羅士琳補草　清光緒十七年(1891)成都志古堂刻本　三冊　存五卷(四元玉鑑細草上之一至三門、下之五至六門,假令之圖一卷,附一卷,增一卷)

360000－1902－0002401　2976

算學啟蒙述義三卷總括一卷後記一卷望海島術一卷　(元)朱世傑編撰　(清)王鑒學　清光緒十年(1884)刻本　三冊

360000－1902－0002402　2977

梅氏叢書輯要六十二卷首一卷　(清)梅文鼎撰　(清)梅瑴成輯　清同治十三年(1874)宣城梅纘高頤園刻本　九冊　存二十卷(一至五、十至十六、四十八至五十四,首一卷)

360000－1902－0002403　2978

梅氏叢書輯要六十二卷首一卷　(清)梅文鼎撰　(清)梅瑴成輯　清同治十三年(1874)宣城梅纘高頤園刻本　二十四冊

360000－1902－0002404　2979

堯典四仲周禮分野及諸史定二十八宿與十二次掌訣不分卷　(□)□□撰　清抄本　一冊

360000－1902－0002405　2980

書義不分卷　(清)楊世樹編輯　清抄本　一冊

360000－1902－0002406　2981

學算筆談十二卷　(清)華蘅芳學　清光緒十一年(1885)金匱華氏刻行素軒算稿本　四冊

360000－1902－0002407　2982

白芙堂算學叢書　(清)丁取忠輯　清同治至光緒長沙古荷花池精舍刻本　三十二册

360000－1902－0002408　2983
御製數理精蘊二編四十五卷表八卷　(清)何國宗　(清)梅毂成彙編　清光緒石印本　十册　存四十六卷(二編四十五卷、表一)

360000－1902－0002409　2984
御製數理精蘊二編四十五卷表八卷　(清)何國宗　(清)梅毂成彙編　清光緒十四年(1888)上海慎記書局石印本　二十四册

360000－1902－0002410　2985
御製數理精蘊二編四十五卷表八卷　(清)何國宗　(清)梅毂成彙編　清刻本　四十七册　存四十五卷(上編五卷、下編九至四十,表八卷)

360000－1902－0002411　2986
新纂簡捷易明算法四卷　(清)程大位　(清)沈士桂纂輯　清咸豐二年(1852)刻本　四册

360000－1902－0002412　2990
器象顯真四卷　(英國)白力蓋輯　(英國)傅蘭雅口譯　(清)徐建寅刪述　(清)曹鍾秀摹圖　清光緒刻本　一册

360000－1902－0002413　2991
中西算學大成一百卷　(清)陳維祺纂　清光緒二十七年(1901)石印本　一册　存七卷(三十九至四十五)

360000－1902－0002414　2992
格物測算大成十卷　(美國)丁韙良撰　清光緒二十三年(1897)復古書齋鉛印本　一册　存一卷(一)

360000－1902－0002415　2993
三角數理十二卷　(英國)海麻士輯　(英國)傅蘭雅口譯　(清)華衡芳筆述　(清)曹攐亭繪圖　清光緒二十三年(1897)積山書局石印本　六册

360000－1902－0002416　2994
疇人傳四十六卷　(清)阮元撰　**續六卷**　(清)羅士琳撰　**三編七卷附著述記一卷**　(清)諸可寶撰　清光緒二十二年(1896)上海璣衡堂石印測海山房中西算學叢刻初編本　三册

360000－1902－0002417　2995
華氏算學全書　(清)華衡芳　(清)華世芳撰　清光緒二十三年(1897)上海文瑞樓石印本　八册

360000－1902－0002418　2996
若水齋古今算學書錄七卷附錄一卷　(清)劉鐸撰　清光緒二十四年(1898)算學書局石印本　二册

360000－1902－0002419　2997
代數術二十五卷首一卷　(英國)華里司輯　(英國)傅蘭雅口譯　(清)華蘅芳筆述　清光緒二十二年(1896)上海書局石印本　四册

360000－1902－0002420　2998
筆算便覽五卷　(清)紀大奎撰　(清)紀大畢等編次　清嘉慶十九年(1814)刻本　一册

360000－1902－0002421　2999
算式集要四卷　(英國)哈司韋輯　(英國)傅蘭雅口譯　(清)江衡筆述　清光緒二十三年(1897)長沙影珠山廬劉氏刻本　一册　存一卷(一)

360000－1902－0002422　3000
數學精詳十一卷首一卷末一卷　(清)屈曾發輯　清光緒八年(1882)蜀南黃氏刻本　五册

360000－1902－0002423　3001
五曹算經五卷　(北周)甄鸞撰　(唐)李淳風等注　**夏侯陽算經三卷**　(隋)夏侯陽撰　清刻武英殿聚珍版書本　一册

360000－1902－0002424　3002
學算筆談十二卷　(清)華蘅芳撰　清光緒二十三年(1897)求賢書院刻行素軒算稿本　六册

360000－1902－0002425　3003
算迪八卷　(清)何夢瑤撰　清道光二十五年

(1845)南海伍氏粵雅堂文字歡娛室刻嶺南遺書本　一冊　存一卷(八)

360000－1902－0002426　3004
形學備旨全草十卷首一卷　(美國)狄孝文選譯　(清)鄒立文筆述　(清)壽孝天衍補　清光緒三十一年(1905)石印本　五冊　存九卷(一至四、七至十,首一卷)

360000－1902－0002427　3005
筆算數學三卷　(美國)狄考文輯　(清)鄒立文譯　清光緒二十四年(1898)鉛印本　三冊

360000－1902－0002428　3006
精校增刪算法統宗十一卷首一卷末一卷　(明)程大位編集　(清)梅㲄成增刪　清末民國初上海天寶書局石印本　四冊

360000－1902－0002429　3007
增刪算法統宗十一卷首一卷　(清)程大位編集　(清)梅㲄成增刪　清光緒二十二年(1896)上海璣衡堂石印測海山房中西算學叢刻初編本　二冊

360000－1902－0002430　3008
測海山房中西算學叢刻初編　(清)測海山房主人輯　清光緒二十二年(1896)上海璣衡堂石印本(筆算便覽五卷、學算筆談十二卷、談天十八卷附一卷配清光緒二十二年上海著易堂石印本,天元一釋二卷配清光緒上海著易堂鉛印本,四元玉鑒細草三卷、四元釋例一卷配清光緒二十二年上海鴻寶齋書局石印本)　三十三冊　存二十一種

360000－1902－0002431　3010
藝舟雙楫不分卷　(清)包世臣撰　清光緒八年(1882)蒲圻但氏刻本　一冊

360000－1902－0002432　3011
佩文齋書畫譜一百卷　(清)孫岳頒等纂輯　清光緒九年(1883)上海同文書局石印本　十六冊

360000－1902－0002433　3014
庚子銷夏記八卷　(清)孫承澤撰　清刻本　三冊　存七卷(二至八)

360000－1902－0002434　3015
書畫筆談一卷　(清)湯蠹仙著　清光緒五年(1879)刻朱墨套印本　一冊

360000－1902－0002435　3016
今文房四譜一卷　(清)謝崧梁撰　清光緒十六年(1890)湘鄉孯經榭謝氏刻本　一冊

360000－1902－0002436　3017
辛丑銷夏記五卷　(清)吳榮光撰　清光緒三十一年(1905)長沙郎園刻本　二冊　存二卷(一、五)

360000－1902－0002437　3018
清河書畫舫十二卷　(明)張丑造　清乾隆二十七年至二十八年(1762－1763)池北草堂刻本　十二冊

360000－1902－0002438　3023
書法摘要善本三卷　(清)□□編　清嘉慶清照齋刻本　二冊

360000－1902－0002439　3024
書法摘要善本三卷　(清)□□編　清嘉慶清照齋刻本　二冊

360000－1902－0002440　3025
墨法集要一卷　(明)沈繼孫撰　清乾隆刻武英殿聚珍版書本　一冊

360000－1902－0002441　3026
草字彙十二卷　(清)石梁輯　清咸豐九年(1859)刻本　六冊

360000－1902－0002442　3036
端溪硯史三卷　(清)吳蘭修編　清道光三十年(1850)南海伍氏粵雅堂刻本　一冊

360000－1902－0002443　3039
董文敏公畫禪室隨筆四卷　(明)董其昌撰　清寶仁堂刻本　六冊

360000－1902－0002444　3040
國朝畫徵錄三卷續錄二卷　(清)張庚撰　清乾隆四年(1739)睢州蔣泰、湯之昱刻本　二冊

360000－1902－0002445　3041

習苦齋畫絮十卷　(清)戴熙記　清光緒十九年(1893)刻本　四册

360000－1902－0002446　3044
歷代畫史彙傳七十二卷首一卷附録二卷引證書目一卷目録三卷　(清)彭藴璨編　清道光五年(1825)吳門彭氏尚志堂刻本　三十四册　存七十四卷(一至四十三、四十七至七十,首一卷,附録二卷,引證書目一卷,目録三卷)

360000－1902－0002447　3046
芥子園畫傳二集九卷三集六卷　(清)王概輯摹　清光緒十四年(1888)上海天寶書局石印本　八册

360000－1902－0002448　3049
芥子園畫傳四集四卷附一卷　(清)丁臯撰　清嘉慶二十三年(1818)小西山房刻本　四册

360000－1902－0002449　3050
芥子園畫傳五卷　(清)王概輯摹　清刻本　一册　存一卷(一)

360000－1902－0002450　3052
芥子園畫傳初集六卷　(清)王概輯摹　清光緒十四年(1888)上海鴻寶齋石印本　一册　存二卷(一至二)

360000－1902－0002451　3053
芥子園畫傳二集九卷　(清)王概輯摹　清光緒十四年(1888)上海天寶書局石印本　四册

360000－1902－0002452　3054
芥子園畫傳初集六卷　(清)王概輯摹　清光緒十三年(1887)上海天寶書局石印本　四册

360000－1902－0002453　3055
歷代帝王法帖第一　(漢)章帝劉炟等書　拓本　一册　存二十八頁(一至三、五至二十九)

360000－1902－0002454　3056
歷代名臣法帖第二　(漢)張芝等書　拓本　一册　存二十六頁(一至九、十一至二十、二十二至二十八)

360000－1902－0002455　3057
歷代名臣法帖第三　(晉)庾元亮等書　拓本　一册

360000－1902－0002456　3058
歷代名臣法帖第四　(南朝梁)王筠等書　拓本　一册

360000－1902－0002457　3059
諸家古法帖五　蒼頡等書　拓本　一册　存二十三頁(一至九、十一至十二、十四至二十五)

360000－1902－0002458　3060
法帖第六　(晉)王羲之書　拓本　一册　存二十七頁(一至十六、十八至二十八)

360000－1902－0002459　3061
法帖第七　(晉)王羲之書　拓本　一册

360000－1902－0002460　3062
法帖第八　(晉)王羲之書　拓本　一册

360000－1902－0002461　3063
法帖第九　(晉)王獻之書　拓本　一册

360000－1902－0002462　3064
漢張遷碑　拓本　一册

360000－1902－0002463　3065
漢李翕碑　拓本　一册

360000－1902－0002464　3066
漢石門頌(楊孟文碑)　(漢)王昇撰　拓本　一册

360000－1902－0002465　3067
歷代鐘鼎彝器款識法帖二十卷　(宋)薛尚功輯　清嘉慶二年(1797)儀徵阮元小琅環仙館刻本　六册

360000－1902－0002466　3068
滎陽鄭文公碑　(北魏)鄭道昭書　清拓本　二册

360000－1902－0002467　3070
淳化閣帖十卷　(宋)王著編　拓本　十册

360000－1902－0002468　3071
淳化閣帖十卷　(宋)王著編　拓本　六册

存六卷(歷代帝王法帖一,歷代名臣法帖二、四、八至十)

360000－1902－0002469　3072
法帖第九　(晉)王獻之書　拓本　一冊　存二十三頁(二至二十四)

360000－1902－0002470　3073
漢張遷碑　拓本　一冊

360000－1902－0002471　3074
顏魯公書　(唐)顏真卿書　拓本　一冊

360000－1902－0002472　3075
鄧山人篆書　(清)鄧石如書　拓本　一冊

360000－1902－0002473　3076
山谷松風閣墨蹟　(宋)黄庭堅書　清光緒珂羅版印本　一冊

360000－1902－0002474　3081
唐本廟堂碑　(唐)虞世南作并書　(清)李宗瀚輯　清末影印本　一冊

360000－1902－0002475　7816
續古文苑二十卷　(清)孫星衍撰　清刻本　五冊　存十三卷(三至十三、十七至十八)

360000－1902－0002476　3088
[魏碑]　拓本　一冊

360000－1902－0002477　3094
書譜　(唐)孫過庭書　拓本　一冊

360000－1902－0002478　3110
張猛龍碑　清末上海求古齋書帖局影印本　一冊

360000－1902－0002479　3112
正草千字文　(元)趙孟頫書　拓本　一冊

360000－1902－0002480　3113
王僧墓誌　拓本　一冊

360000－1902－0002481　3116
初拓刁惠公墓誌　清光緒上海有正書局影印本　一冊

360000－1902－0002482　3117
宋拓皇甫君碑　清末影印本　一冊

360000－1902－0002483　3118
化度寺故僧邕禪師舍利塔銘　(唐)歐陽詢書　清抄本　一冊

360000－1902－0002484　3120
趙撝叔手札真蹟　(清)趙之謙書　稿本　一冊

360000－1902－0002485　3121
澄鑑堂石刻　(宋)蘇軾書　拓本　一冊

360000－1902－0002486　3124
秣陵旅舍送會稽章生　(明)董其昌書　拓本　一冊

360000－1902－0002487　3126
錢南園書施芳谷壽序　(清)錢灃書　拓本　一冊

360000－1902－0002488　3128
魏爨龍顏碑　(南朝宋)爨道慶作　拓本　一冊

360000－1902－0002489　3129
智永正草千字文　(隋)釋智永書　拓本　一冊

360000－1902－0002490　3149
初拓崔敬邕墓誌　清末上海有正書局影印本　一冊

360000－1902－0002491　3151
董文敏秋興八首　(明)董其昌書　拓本　一冊

360000－1902－0002492　3152
智永正草千字文　(隋)釋智永書　拓本　一冊

360000－1902－0002493　3155
碑帖　(唐)元結撰　拓本　一冊

360000－1902－0002494　3159
松禪老人遺墨　(清)翁同龢書　清光緒三十一年(1905)鄒鳳威石印本　一冊

360000－1902－0002495　3170

魏爨龍顔碑　(南朝宋)爨道慶撰　拓本　一册

360000－1902－0002496　3189

匋齋藏印全集　(清)端方輯　清末上海有正書局石印本　四册

360000－1902－0002497　3191

印典八卷　(清)朱象賢撰　清康熙六十一年(1722)吴縣朱氏就閑堂刻本　四册

360000－1902－0002498　3192

蕉庵琴譜四卷　(清)秦維瀚撰　清光緒三年(1877)刻本　四册

360000－1902－0002499　3193

琴譜六卷琴況一卷　(清)徐谼訂正　清康熙十二年(1673)大還閣刻本　四册

360000－1902－0002500　3194

自遠堂琴譜十二卷　(清)吴灴匯輯　清嘉慶六年(1801)廣陵吴灴自遠堂刻本　十二册

360000－1902－0002501　3195

五知齋琴譜八卷　(清)徐祺撰　(清)周魯封匯輯　清乾隆棲心琴社刻本　五册　存七卷(一、三至八)

360000－1902－0002502　3198

桃花泉奕譜二卷　(清)范世勳撰　清同治十二年(1873)味經堂刻本　二册

360000－1902－0002503　3204

西藝知新二十二卷　(英國)諾格德撰　(英國)傅蘭雅口譯　(清)徐壽筆述　清光緒二十二年(1896)上海璣衡堂石印本　六册

360000－1902－0002504　3205

清異編珠二卷　(清)福申輯　清嘉慶刻本　二册

360000－1902－0002505　3206

新編對聯集珍四卷　(清)鄒觀瀾輯　清刻本　一册　存二卷(一至二)

360000－1902－0002506　3208

對聯錦繡不分卷　(清)催花園丁輯　清咸豐五年(1855)刻本　一册

360000－1902－0002507　3210

邵子擊壤集摘聯六卷　(清)邵雍撰　(清)邵同珩輯　清光緒二十三年(1897)經世山房刻本　一册

360000－1902－0002508　3211

類聯集古二編十二卷　(清)劉慶觀輯　清乾隆四十七年(1782)得月樓刻本　四册

360000－1902－0002509　3212

干支偶錄二卷　(清)秦闗撰　清嘉慶十九年(1814)刻本　一册

360000－1902－0002510　3221

楹聯叢話十二卷　(清)梁章鉅編輯　清道光二十二年(1842)沐陽吕恩湛刻本　二册

360000－1902－0002511　3228

景德鎮陶錄十卷　(清)藍浦撰　(清)鄭廷桂補輯　清同治九年(1870)刻本　四册

360000－1902－0002512　3229

景德鎮陶錄十卷　(清)藍浦撰　(清)鄭廷桂補輯　清嘉慶二十年(1815)刻本　三册　存七卷(一至四、八至十)

360000－1902－0002513　3230

揚州瓊花志十一卷　(明)馬駢原本　(清)貴正辰輯　(清)吳本增校　清光緒十三年(1887)抄本　四册

360000－1902－0002514　3234(1)

二如亭群芳譜二十八卷首一卷　(明)王象晉纂輯　明汲古閣刻本　十六册

360000－1902－0002515　3234(2)

二如亭群芳譜□□卷　(明)王象晉纂輯　清刻本　一册　存一卷(藥譜一)

360000－1902－0002516　3240

墨子十六卷篇目考一卷　(清)畢沅注　清光緒二十七年(1901)新化三味書室刻本　四册

360000－1902－0002517　3245

淮南鴻烈解二十一卷　(漢)劉安撰　(漢)高誘注　清刻本　八册

360000－1902－0002518　3247

淮南子二十一卷　(漢)劉安撰　(漢)高誘注　清光緒二年(1876)浙江書局刻二十二子本　六冊

360000－1902－0002519　3248
淮南子二十一卷　(漢)劉安撰　(漢)高誘注　清光緒二年(1876)浙江書局刻二十二子本　六冊

360000－1902－0002520　3249
淮南鴻烈解二十一卷　(漢)劉安撰　(漢)高誘注　清刻本　五冊

360000－1902－0002521　3250
淮南鴻烈解二十一卷　(漢)劉安撰　(漢)高誘注　清光緒元年(1875)湖北崇文書局刻子書百家本　四冊

360000－1902－0002522　3251
白虎通二卷　(漢)班固撰　清康熙七年(1668)刻秘書廿一種本　一冊

360000－1902－0002523　3252
白虎通德論二卷　(漢)班固纂集　明尚論堂刻本　一冊

360000－1902－0002524　3253
甕牖閑評八卷　(宋)袁文撰　清刻本　二冊

360000－1902－0002525　3257
攷古質疑六卷　(宋)葉大慶撰　清乾隆刻武英殿聚珍版書本　一冊　存三卷(一至三)

360000－1902－0002526　3258
困學紀聞二十卷首一卷　(宋)王應麟撰　清嘉慶刻本　十冊

360000－1902－0002527　3259
校訂困學紀聞集證二十卷　(宋)王應麟撰　(清)屠繼序校補　清嘉慶刻本　五冊　存十四卷(二至十一、十七至二十)

360000－1902－0002528　3260
校訂困學紀聞集證二十卷　(宋)王應麟撰　(清)屠繼序校補　清嘉慶刻本　五冊　存九卷(二、十三至二十)

360000－1902－0002529　3261
校訂困學紀聞集證二十卷　(宋)王應麟撰　(清)閻若璩等箋　(清)屠繼序校補　清嘉慶十八年(1813)刻本　六冊

360000－1902－0002530　3262
校訂困學紀聞集證二十卷　(宋)王應麟撰　(清)閻若璩等箋　(清)屠繼序校補　清嘉慶十八年(1813)刻本　十冊

360000－1902－0002531　3263
困學紀聞二十卷　(宋)王應麟撰　清乾隆刻本　三冊　存六卷(十三至十八)

360000－1902－0002532　3264
日知錄集釋三十二卷刊誤二卷續刊誤二卷　(清)顧炎武撰　(清)黃汝成集釋　清同治十一年(1872)湖北崇文書局刻本　十六冊

360000－1902－0002533　3265
日知錄集釋三十二卷刊誤二卷續刊誤二卷　(清)顧炎武撰　(清)黃汝成集釋　清光緒三年(1877)刻本　二十冊

360000－1902－0002534　3266
日知錄集釋三十二卷刊誤二卷續刊誤二卷　(清)顧炎武撰　(清)黃汝成集釋　清光緒三年(1877)刻本　十六冊

360000－1902－0002535　3268
日知錄集釋三十二卷首一卷刊誤二卷續刊誤二卷　(清)顧炎武撰　(清)黃汝成集釋　清光緒二十一年(1895)上海點石齋石印本　六冊

360000－1902－0002536　3269
日知錄三十二卷　(清)顧炎武撰　清刻本　七冊　存十七卷(五至十八、二十八至三十)

360000－1902－0002537　3270
日知錄之餘四卷　(清)顧炎武撰　清長白鄂山刻本　一冊

360000－1902－0002538　3271
困學紀聞注二十卷　(宋)王應麟撰　清道光五年(1825)刻本　十六冊

360000－1902－0002539　3272

義門讀書記五十八卷 （清）何焯撰 （清）蔣維鈞編 清乾隆十六年（1751）刻光緒六年（1880）重修本 十二冊

360000－1902－0002540 3275
論衡三十卷 （漢）王充撰 清刻本 五冊 存十一卷（二十至三十）

360000－1902－0002541 3276
論衡三十卷 （漢）王充撰 清乾隆六十年（1795）金溪王氏刻增訂漢魏叢書本 八冊

360000－1902－0002542 3277
風俗通義十卷 （漢）應劭撰 **人物志三卷** （北魏）劉邵撰 清刻增訂漢魏叢書本 二冊

360000－1902－0002543 3281
樞言不分卷續樞言不分卷 （清）王柏心撰 清道光刻本 一冊

360000－1902－0002544 3282
約書十二卷 （清）謝階樹撰 清道光二十四年（1844）宜黃謝氏刻本 四冊

360000－1902－0002545 3283
約書十二卷 （清）謝階樹撰 清道光二十四年（1844）宜黃謝氏刻本 四冊

360000－1902－0002546 3288
東塾讀書記十五卷 （清）陳澧撰 清末刻本（卷十三至十四、十七至二十、二十二至二十五原注未成） 三冊 存十卷（六至十二、十五至十六、二十一）

360000－1902－0002547 3289
東塾讀書記十五卷 （清）陳澧撰 清光緒刻本（卷十三至十四、十七至二十、二十二至二十五原注未成） 四冊 存十二卷（一至三、七至十二、十五至十六、二十一）

360000－1902－0002548 3290
東塾讀書記十五卷 （清）陳澧撰 清末刻本（卷十三至十四、十七至二十、二十二至二十五原注未成） 六冊

360000－1902－0002549 3291
東塾讀書記十五卷 （清）陳澧撰 清光緒刻本（卷十三至十四、十七至二十、二十二至二十五原注未成） 五冊

360000－1902－0002550 3292
東塾讀書記十五卷 （清）陳澧撰 清光緒刻本（卷十三至十四、十七至二十、二十二至二十五原注未成） 六冊

360000－1902－0002551 3293
日下舊聞四十二卷 （清）朱彝尊輯 （清）朱昆田補遺 清康熙刻本 七冊 存十七卷（二至三、九至十、二十三至三十三、三十七至三十八）

360000－1902－0002552 3295
徐氏雜著四種 （清）徐大椿撰 清光緒著易堂書局鉛印本 一冊

360000－1902－0002553 3298
小知錄十二卷 （清）陸鳳藻輯 清同治十二年（1873）淮南書局刻本 四冊

360000－1902－0002554 3299
潛夫論十卷 （漢）王符撰 清乾隆六十年（1795）金溪王氏刻增訂漢魏叢書本 一冊 存四卷（一至四）

360000－1902－0002555 3306
十駕齋養新錄二十卷餘錄三卷 （清）錢大昕撰 清光緒十四年（1888）上海同文書局石印本 四冊

360000－1902－0002556 3307
十駕齋養新錄二十卷餘錄三卷 （清）錢大昕撰 清嘉慶刻本 五冊 存二十卷（養新錄四至二十、餘錄三卷）

360000－1902－0002557 3308
十駕齋養新錄二十卷餘錄三卷 （清）錢大昕撰 清光緒二年（1876）浙江書局刻本 八冊

360000－1902－0002558 3310
癸卯新民叢報全編不分卷知新報選編不分卷 清光緒三十年（1904）維新室石印本 八冊

360000－1902－0002559 3316
原富五部八卷 （英國）斯密亞丹撰 嚴復譯

清光緒二十七年(1901)刻本　一册　存一卷(部甲下)

360000－1902－0002560　3317
原富五部八卷　(英國)斯密亞丹撰　嚴復譯　清末刻本　七册

360000－1902－0002561　3318
原富五部八卷　(英國)斯密亞丹撰　嚴復譯　清末刻本　七册

360000－1902－0002562　3319
原富五部八卷　(英國)斯密亞丹撰　嚴復譯　清光緒南洋公學譯書院鉛印本(部戊下配清光緒二十七年刻本)　五册　存六卷(部甲下、乙、丙、丁下、戊上下)

360000－1902－0002563　3320
原富五部八卷　(英國)斯密亞丹撰　嚴復譯　清光緒二十七年(1901)刻本　七册　存七卷(部甲下、乙、丙、丁上下、戊上下)

360000－1902－0002564　3322
原富五部八卷　(英國)斯密亞丹撰　嚴復譯　清光緒二十七年(1901)刻本　六册　存七卷(部甲下、乙、丙、丁上下、戊上下)

360000－1902－0002565　3323
天演論二卷　(英國)赫胥黎造論　嚴復達恉　清光緒上海商務印書館鉛印本　一册

360000－1902－0002566　3324
體性圖説一卷重學圖説一卷　(英國)傅蘭雅撰　清光緒十一年(1885)刻本　一册

360000－1902－0002567　3325
博物新編三集　(英國)合信撰　清咸豐五年(1855)上海墨海書館刻本　一册

360000－1902－0002568　3327
群學肄言不分卷　(英國)斯賓塞爾撰　嚴復譯　清光緒二十九年(1903)上海文明編譯書局鉛印本　一册

360000－1902－0002569　3328
格物探原六卷　(英國)韋廉臣撰　清光緒六年(1880)木活字印本　四册

360000－1902－0002570　3329
智囊補二十八卷　(明)馮夢龍輯　清兩儀堂刻本　十二册

360000－1902－0002571　3330
智囊補二十八卷　(明)馮夢龍輯　清乾隆四十九年(1784)刻本　六册

360000－1902－0002572　3331
智囊補二十八卷　(明)馮夢龍輯　清刻本　八册　存二十卷(一至十、十六至二十五)

360000－1902－0002573　3332
山海經十八卷　(晋)郭璞傳　(清)郝懿行箋疏　**山海經圖讚一卷**　(晋)郭璞撰　**山海經訂譌一卷敘錄一卷**　(清)郝懿行撰　清光緒十七年(1891)五彩公司石印本　六册

360000－1902－0002574　3333
山海經詳注十八卷山海經圖五卷雜述一卷　(晋)郭璞撰　(明)吳任臣注　清刻本　四册

360000－1902－0002575　3334
世説新語補二十卷　(南朝宋)劉義慶撰　(南朝梁)劉孝標注　(宋)劉應登評　(明)何良俊增　(明)王世貞删　(明)王世懋評　(明)張文柱注　(清)黄汝琳補訂　清葛氏嘯園刻本　五册　存十七卷(一至三、七至二十)

360000－1902－0002576　3337
世説新語三卷　(南朝宋)劉義慶撰　(南朝梁)劉峻注　(明)淩濛初訂　**補四卷**　(明)何良俊撰　(明)王世貞删定　(明)張文柱校注　(明)淩濛初考訂　清康熙刻本　五册

360000－1902－0002577　3338
山海經十八卷　(晋)郭璞傳　(清)吳任臣注　清文秀堂刻本　二册　存十四卷(一至四、九至十八)

360000－1902－0002578　3339
山海經十八卷　(晋)郭璞傳　清光緒元年(1875)湖北崇文書局刻子書百家本　一册　存十四卷(五至十八)

360000－1902－0002579　3340
山海經廣注十八卷讀山海經語一卷雜述一卷圖五卷　(晉)郭璞傳　(清)吳任臣注　清乾隆五十一年(1786)刻本　四冊

360000－1902－0002580　3341
山海經圖贊一卷　(晉)郭璞撰　**山海經補注一卷**　(明)楊慎撰　清光緒元年(1875)湖北崇文書局刻子書百家本　一冊

360000－1902－0002581　3342
穆天子傳六卷　(晉)郭璞注　清刻本　一冊

360000－1902－0002582　3354
輟耕錄三十卷　(明)陶宗儀撰　明刻清初廣文堂印本　一冊　存六卷(一至六)

360000－1902－0002583　3374
稗海　(明)商濬輯　明刻本　四十四冊　存四十種

360000－1902－0002584　3376
古今注三卷　(晉)崔豹撰　**三墳一卷　風俗通義十卷**　(漢)應劭撰　清刻本　一冊　存八卷(古今注三卷、三墳一卷、風俗通義一至四)

360000－1902－0002585　3378
酉陽雜俎續集十卷　(唐)段成式撰　清刻本　二冊

360000－1902－0002586　3379
酉陽雜俎二十卷　(唐)段成式撰　清刻本　二冊　存十一卷(五至十、十六至二十)

360000－1902－0002587　3380
酉陽雜俎二十卷　(唐)段成式撰　清刻本　二冊　存十一卷(五至十、十六至二十)

360000－1902－0002588　3381
酉陽雜俎續集十卷　(唐)段成式撰　清刻本　一冊　存四卷(一至四)

360000－1902－0002589　3382
寄園寄所寄十二卷　(清)趙吉士輯　清康熙刻本　十冊

360000－1902－0002590　3383
藝苑捃華(祕書四十八種)　(清)顧之逵輯　清同治七年(1868)刻本　二十八冊　存四十七種

360000－1902－0002591　3388
豈有此理四卷更豈有此理四卷　(清)□□撰　清道光四年(1824)刻本　八冊

360000－1902－0002592　3389
十二圓覺一卷　(□)□□編　清刻本　一冊

360000－1902－0002593　3390
椒生隨筆八卷　(清)王之春撰　清光緒七年(1881)刻本　三冊　存六卷(一至四、七至八)

360000－1902－0002594　3391
説鈴前集　(清)吳震方輯　清同治七年(1868)刻本　十六冊

360000－1902－0002595　3392
説鈴後集　(清)吳震方輯　清同治七年(1868)刻本　十五冊　存十五種

360000－1902－0002596　3393
説鈴二集　(清)吳震方輯　清嘉慶五年(1800)刻本　二十冊　存四十五種

360000－1902－0002597　3394
説鈴二集　(清)吳震方輯　清嘉慶五年(1800)刻本　二十冊

360000－1902－0002598　3395
兩般秋雨盦隨筆八卷　(清)梁紹壬纂　清光緒十年(1884)錢塘許氏吉華室刻本　八冊

360000－1902－0002599　3396
情史類略二十四卷　(明)詹詹外史(馮夢龍)評輯　清道光二十八年(1848)經國堂刻本　十冊

360000－1902－0002600　3397
灤陽續錄六卷　(清)觀弈道人(紀昀)撰　清道光二十七年(1847)刻閱微草堂筆記本　二冊

360000－1902－0002601　3398
此君軒漫筆八卷　(清)李心衡著　清刻本

四冊

360000－1902－0002602　3399
熙朝新語十六卷　(清)余金輯　清道光六年(1826)刻本　四冊

360000－1902－0002603　3400
增訂一夕話新集六卷　(明)咄咄天撰　(明)咄咄子增訂　清道光二十一年(1841)刻本　二冊

360000－1902－0002604　3401
新刻暗室燈注解二卷　(□)□□撰　清道光二十九年(1849)刻本　二冊

360000－1902－0002605　3403
康輶紀行十六卷　(清)姚瑩撰　清同治六年(1867)姚濬昌安福縣署刻中復堂全集本　七冊

360000－1902－0002606　3404
中復堂遺稿五卷　(清)姚瑩撰　清同治六年(1867)姚濬昌安福縣署刻中復堂全集本　一冊

360000－1902－0002607　3405
槐西雜志四卷　(清)觀弈道人(紀昀)撰　清道光二十七年(1847)刻閱微草堂筆記本　二冊

360000－1902－0002608　3406
香祖筆記十二卷　(清)王士禛撰　清宣統三年(1911)掃葉山房石印本　四冊

360000－1902－0002609　3412
板橋雜記三卷　(清)余懷撰　**吳門畫舫錄一卷**　(清)西溪山人編　清光緒三十四年(1908)長沙葉氏刻雙楳景闇叢書本　一冊

360000－1902－0002610　3413
識小錄八卷　(清)姚瑩撰　清同治六年(1867)姚濬昌安福縣署刻中復堂全集本　三冊

360000－1902－0002611　3414
蘭雪堂古事苑定本十二卷　(清)鄧志謨編輯　清康熙二十五年(1686)蘭雪堂刻本　八冊

360000－1902－0002612　3415
寸陰叢錄四卷　(清)姚瑩撰　清同治六年(1867)姚濬昌安福縣署刻中復堂全集本　一冊

360000－1902－0002613　3416
欲寡過齋雜筆八卷　(清)張道超撰　清刻本　四冊

360000－1902－0002614　3417
居易錄三十四卷　(清)王士禛撰　清刻本　七冊　存二十九卷(一至二十六、三十二至三十四)

360000－1902－0002615　3418
右台仙館筆記十二卷　(清)曲園居士(俞樾)撰　清光緒刻本　六冊

360000－1902－0002616　3419
勸戒近錄六卷　(清)梁恭辰撰　清咸豐二年(1852)刻本　二冊

360000－1902－0002617　3420
勸戒續錄六卷　(清)梁恭辰撰　清咸豐二年(1852)刻本　二冊

360000－1902－0002618　3421
勸戒三錄六卷　(清)梁恭辰撰　清咸豐二年(1852)刻本　二冊

360000－1902－0002619　3422
勸戒四錄六卷　(清)梁恭辰撰　清咸豐二年(1852)刻本　二冊

360000－1902－0002620　3423
新齊諧二十四卷　(清)隨園(袁枚)編　清刻本　六冊　存十二卷(十三至二十四)

360000－1902－0002621　3424
新齊諧二十四卷　(清)隨園(袁枚)編　清刻本　一冊　存二卷(二十一至二十二)

360000－1902－0002622　3425
文章游戲三編八卷　(清)繆艮輯　清嘉慶刻本　三冊　存三卷(六至八)

360000－1902－0002623　3426
文章游戲四編八卷　(清)繆艮輯　清道光元

年(1821)刻本　四册　存四卷(一至二、四至五)

360000－1902－0002624　3427
西湖佳話古今遺蹟十六卷　(清)墨浪子輯　清刻本　二册　存七卷(一至七)

360000－1902－0002625　3428
姑妄聽之四卷　(清)觀弈道人(紀昀)撰　清道光二十七年(1847)刻閱微草堂筆記本　二册

360000－1902－0002626　3429
巴山七種　(清)王侃撰　清同治四年(1865)光裕堂刻本　四册

360000－1902－0002627　3430
黄孏餘話八卷　(清)陳錫路撰　清光緒二年(1876)葛氏嘯園上海刻本　二册

360000－1902－0002628　3436
諧鐸十二卷　(清)沈起鳳撰　清刻本　二册

360000－1902－0002629　3438
欽定協紀辨方書三十六卷　(清)李廷耀等纂修　清刻本　十四册

360000－1902－0002630　3440
新鐫曆法便覽象吉備要通書大全二十九卷　(清)魏鑒彙述　清嘉慶刻本　八册

360000－1902－0002631　3441
新訂崇正闢謬通書十二卷　(清)李奉來編　清刻本　二册　存四卷(四至六、八)

360000－1902－0002632　3443
新訂崇正闢謬通書十二卷　(清)李奉來編　清刻本　五册

360000－1902－0002633　3444
四秘全書十二種　(清)尹有本輯　清嘉慶刻本　十二册

360000－1902－0002634　3446
皇極經世緒言九卷首二卷　(宋)邵康節(邵雍)著　(明)黄粤洲(黄畿)注釋　(清)劉斯組述　清錢塘徐樹堂刻本　十二册

360000－1902－0002635　3447
丙丁龜鑑五卷　(宋)柴望編　(清)金長春輯　**丙丁龜鑑續録一卷**　(元)□□輯　**續丙丁龜鑑一卷**　(明)□□輯　**復續丙丁龜鑑一卷**　(□)春華子輯　清嘉慶十八年(1813)當塗金氏刻詒經堂藏書本　一册　存六卷(丙丁龜鑑三至五、續録一卷、續一卷、復續一卷)

360000－1902－0002636　3448
丙丁龜鑑五卷　(宋)柴望編　(清)金長春輯　**丙丁龜鑑續録一卷**　(元)□□輯　**續丙丁龜鑑一卷**　(明)□□輯　**復續丙丁龜鑑一卷**　(□)春華子輯　清嘉慶十八年(1813)當塗金氏刻詒經堂藏書本　二册

360000－1902－0002637　3461
奇門遁甲統宗十二卷　(三國蜀)諸葛亮撰　清刻本　六册

360000－1902－0002638　3462
新鐫許真君玉匣記增補諸家選擇日用通書六卷　題(晉)許真君增補　清文德堂刻本　一册

360000－1902－0002639　3473
重刊人子須知資孝地理心學統宗三十九卷　(明)徐善繼　(明)徐善述撰　清刻本　十四册

360000－1902－0002640　3476
地理參贊玄機仙婆集十三卷　(明)張鳴鳳編集　清刻本　一册　存三卷(十一至十三)

360000－1902－0002641　3477
新刻石函平砂玉尺經全書真機□□卷後集三卷　題(元)劉秉忠撰　(明)劉基解　**附新刊地理五經四書解義郭璞葬經□□卷**　(明)吴徵刪定　(明)鄭謚注釋　**新刻法師選擇紀一卷**　(明)胡文焕校正　**新鐫京板工師雕斫正式魯班經匠家鏡二卷**　(明)午榮編　**靈驅解法洞明真言秘書一卷**　清刻本　四册　存八卷(玉尺經一、後集一至二,郭璞葬經下,選擇紀一卷,魯班經二卷,真言秘書一卷)

360000－1902－0002642　3478

地理啖蔗錄八卷 （清）袁守定著并釋　清刻本　一冊　存二卷（三至四）

360000－1902－0002643　3479
四秘全書十二種 （清）尹有本輯　清刻成都書局印本　一冊　存一種一卷（徵驗圖考一卷）

360000－1902－0002644　3480
重刊人子須知資孝地理心學統宗三十九卷 （明）徐善繼　（明）徐善述撰　清刻本　一冊　存三卷（十三至十五）

360000－1902－0002645　3481
新刻石函平砂玉尺經全書真機□□卷後集三卷 題（元）劉秉忠撰　（明）劉基解　**附新刊地理五經四書解義郭璞葬經□□卷** （明）吳徵删定　（明）鄭謐注釋　**新刻法師選擇紀一卷** （明）胡文煥校正　**新鐫京板工師雕斫正式魯班經匠家鏡二卷** （明）午榮編　**靈驅解法洞明真言秘書一卷** 清刻本　三冊　存五卷（玉尺經一、後集一至二，郭璞葬經下，選擇紀一卷）

360000－1902－0002646　3483
新刻官板地理玉髓真經二十八卷附重刻官板玉髓真經後卷一卷 （宋）張洞玄著　（宋）劉允中注　清刻本　一冊　存十卷（二十至二十八、後卷一卷）

360000－1902－0002647　3484
地理錄要四卷 （清）蔣平階著　清嘉慶七年（1802）刻本　三冊　存三卷（一至三）

360000－1902－0002648　3485
重刊人子須知資孝地理心學統宗三十九卷 （明）徐善繼　（明）徐善述著　清刻本　三冊　存七卷（十八至十九、二十三至二十四、三十三至三十五）

360000－1902－0002649　3493
新編評注通玄先生張果星宗大全十卷 題（唐）張果撰　（明）陸位輯校　清道光三年（1823）三讓堂刻本　五冊

360000－1902－0002650　3497
諏吉寶鏡一卷附陽宅都天發用全書一卷 （清）俞榮寬編　清道光二十三年（1843）刻本　二冊

360000－1902－0002651　3498
測字法一卷 （清）葉之俊纂　**續刻謝石測字訣一卷** （宋）謝石輯　清慎修堂刻本　一冊

360000－1902－0002652　3499
淮南萬畢術二卷 （漢）劉安撰　葉德輝輯　清光緒二十年（1894）長沙葉氏郎園刻本　一冊

360000－1902－0002653　3500
大般涅槃經玄義二卷 （隋）釋灌頂撰　清光緒八年（1882）金陵刻經處刻本　一冊

360000－1902－0002654　3501
南本大般涅槃經三十六卷 （北涼）釋曇無讖譯　（南朝宋）釋慧嚴等再治　**大般涅槃經後分二卷** （唐）釋若那跋陀羅等譯　清刻本　十冊

360000－1902－0002655　3502
維摩詰所說經注八卷 （後秦）釋鳩摩羅什譯　（後秦）釋僧肇注　清光緒十三年（1887）金陵刻經處刻本　二冊

360000－1902－0002656　3503
維摩詰所說經三卷 （後秦）釋鳩摩羅什譯　清光緒三十一年（1905）湖南普照禪林刻本　一冊

360000－1902－0002657　3504
維摩詰所說經注八卷 （後秦）釋鳩摩羅什譯　（後秦）釋僧肇注　清光緒十三年（1887）金陵刻經處刻本　一冊　存四卷（一至四）

360000－1902－0002658　3506
妙法蓮華經通義二十卷 （明）釋德清述　清光緒三十四年（1908）金陵刻經處刻本　五冊

360000－1902－0002659　3524
妙法蓮華經七卷 （後秦）釋鳩摩羅什譯　清刻本　一冊　存二卷（三至四）

360000－1902－0002660　3525

妙法蓮華經七卷　(後秦)釋鳩摩羅什譯　清光緒二十五年(1899)蘇州瑪瑙經房刻本　四册

360000－1902－0002661　3526
比丘尼傳四卷　(南朝梁)釋寶唱撰　清光緒十一年(1885)金陵刻經處刻本　一册

360000－1902－0002662　3527
四分比丘尼戒本一卷　(後秦)釋佛陀耶舍(後秦)釋竺佛念譯　清光緒二十一年(1895)金陵刻經處刻本　一册

360000－1902－0002663　3528
大乘起信論纂註二卷　(明)釋真界纂注　清光緒十一年(1885)金陵刻經處刻本　一册

360000－1902－0002664　3529
大乘起信論裂網疏六卷　(明)釋智旭述　清光緒金陵書局刻本　一册

360000－1902－0002665　3530
大乘起信論疏記會本六卷　(南朝梁)釋真諦譯　(唐)釋元曉疏　清光緒二十五年(1899)金陵刻經處刻本　二册

360000－1902－0002666　3531
大乘起信論纂註二卷　(明)釋真界纂注　清光緒十一年(1885)金陵刻經處刻本　一册

360000－1902－0002667　3532
大乘起信論直解二卷　(明)釋德清撰　清光緒十六年(1890)金陵刻經處刻本　一册

360000－1902－0002668　3533
大乘起信論義記七卷別記一卷　(唐)釋法藏撰　清光緒二十四年(1898)金陵刻經處刻本　二册

360000－1902－0002669　3534
大乘起信論科注一卷　(南朝梁)釋真諦譯　(清)桂伯華注　清光緒三十年(1904)廬陵黄氏武昌刻高等佛學教科書本　一册

360000－1902－0002670　3537
弘明集十四卷　(南朝梁)釋僧祐集　清光緒二十二年(1896)刻本　二册　存七卷(一至七)

360000－1902－0002671　3538
弘明集十四卷　(南朝梁)釋僧祐集　清光緒二十二年(1896)刻本　四册

360000－1902－0002672　3539
高僧傳初集十五卷首一卷　(南朝梁)釋慧皎撰　清光緒十年(1884)金陵刻經處刻本　一册　存四卷(八至十一)

360000－1902－0002673　3540
高僧傳初集十五卷首一卷　(南朝梁)釋慧皎撰　清光緒十年(1884)金陵刻經處刻本　四册

360000－1902－0002674　3544
成唯識論觀心法要十卷　(明)釋智旭述　清光緒二十六年(1900)刻本　十册

360000－1902－0002675　3546
成唯識論述記六十卷　(唐)釋窺基撰　清光緒二十七年(1901)金陵刻經處刻本　二十册

360000－1902－0002676　3548
相宗八要解八卷　(唐)釋玄奘譯　(明)釋明昱集解　清光緒二十八年(1902)金陵刻經處刻本　三册

360000－1902－0002677　3551
中論六卷　(後秦)釋鳩摩羅什譯　清光緒三十三年(1907)刻本　二册

360000－1902－0002678　3552
大方廣圓覺經大疏十六卷首一卷　(唐)釋宗密述　清宣統元年(1909)金陵刻經處刻本　一册　存五卷(一至四、首一卷)

360000－1902－0002679　3553
大方廣圓覺經大疏十六卷首一卷　(唐)釋宗密述　清宣統元年(1909)金陵刻經處刻本　四册

360000－1902－0002680　3554
大方廣圓覺修多羅了義經直解二卷　(明)釋德清撰　清光緒十年(1884)杭州昭慶寺慧空經房刻本　二册

360000－1902－0002681　3561

大方廣佛華嚴經六十卷　(晉)釋佛陀跋陀羅譯　清光緒七年(1881)常熟刻經處刻本　十六冊

360000－1902－0002682　3562

大佛頂如來密因修證了義諸菩薩萬行首楞嚴經十卷　(唐)釋般剌密帝譯　(唐)釋彌伽釋伽譯語　(唐)房融筆受　清嘉慶二十四年(1819)刻本　二冊

360000－1902－0002683　3564

金剛經一卷　(□)圓通文尼自在光佛直解　清同治九年(1870)刻本　一冊

360000－1902－0002684　3569

金剛般若波羅密經六譯本不分卷　(後秦)釋鳩摩羅什等譯　清同治十一年(1872)金陵刻經處刻本　一冊

360000－1902－0002685　3570

金剛經注解四卷　(明)釋洪蓮纂輯　清刻本　一冊　存一卷(一)

360000－1902－0002686　3571

金剛經注解四卷　(明)釋洪蓮纂輯　**附般若波羅密多心經一卷褚呪一卷**　(唐)釋玄奘譯　清同治十三年(1874)浙江昭慶慧空經房刻本　四冊

360000－1902－0002687　3572

金剛經注講一卷　(後秦)釋鳩摩羅什譯　清同治元年(1862)楚北張述古刻本　一冊

360000－1902－0002688　3573

大佛頂如來密因修證了義諸菩薩萬行首楞嚴經纂註十卷首一卷末一卷　(唐)釋般刺密諦譯　(明)釋真界纂注　清光緒三十四年(1908)金陵刻經處刻本　五冊

360000－1902－0002689　3575

楞伽阿跋多羅寶經會譯四卷　(明)釋員珂會譯　清光緒三十四年(1908)金陵刻經處刻本　二冊　存二卷(一、三)

360000－1902－0002690　3578

大乘入楞伽經七卷　(唐)釋實叉難陀譯　清光緒三十四年(1908)金陵刻經處刻本　二冊

360000－1902－0002691　3579

翻譯名義集二十卷　(宋)釋法雲撰　清光緒四年(1878)金陵刻經處刻本　五冊

360000－1902－0002692　3583

佛說梵網經菩薩心地品合註七卷附雜集　(後秦)釋鳩摩羅什譯　(明)釋智旭注　**佛說梵網經菩薩心地品玄義一卷**　(明)釋智旭述　清同治十三年(1874)金陵刻經處刻本　五冊

360000－1902－0002693　3585

釋氏稽古略四卷　(元)釋釁岸編集　清末刻本　一冊　存一卷(四)

360000－1902－0002694　3586

佛說阿彌陀經要解一卷　(後秦)釋鳩摩羅什譯　(明)釋智旭解　清光緒十一年(1885)金陵刻經處刻本　一冊

360000－1902－0002695　3604

佛爾雅八卷　(清)周春撰　清宣統二年(1910)上海國學扶輪社鉛印本　二冊

360000－1902－0002696　3605

指月錄三十二卷　(明)瞿汝稷集　清同治十一年(1872)浙江昭慶寺慧空經房刻本　十冊

360000－1902－0002697　3607

佛說梵網經二卷　(後秦)釋鳩摩羅什譯　清光緒十年(1884)金陵刻經處刻本　一冊

360000－1902－0002698　3612

圓覺經析義疏四卷大義一卷懸示一卷　(清)釋通理述　清光緒三十三年(1907)揚州藏經院刻本　四冊

360000－1902－0002699　3613

圓覺經略疏之鈔二十五卷　(唐)釋宗密略出　清宣統三年(1911)揚州藏經院刻本　五冊

360000－1902－0002700　3615

靈峰蕅益大師選定淨土十要十卷　(清)釋成時評點節略　清光緒二十年(1894)廣陵藏經

禪院刻本　四册

360000－1902－0002701　3621

佛遺教經論疏節要一卷　(後秦)釋鳩摩羅什譯　(宋)釋淨源節要　(明)釋袾宏補注　清光緒二十四年(1898)金陵刻經處刻本　一册

360000－1902－0002702　3622

佛説四諦七經不分卷　(五代)釋安世高譯　清光緒六年(1880)金陵刻經處刻本　一册

360000－1902－0002703　3623

千手千眼大悲懺法一卷千手千眼大悲心陀羅尼像解一卷　(□)□□譯　清末金陵刻經處刻本　一册

360000－1902－0002704　3626

大寶積經一百二十卷　(唐)釋菩提流志譯　清刻本　二十四册

360000－1902－0002705　3627

大方等大集經三十卷　(北凉)釋曇無讖譯　清光緒八年(1882)常熟刻經處刻本　八册

360000－1902－0002706　3628

居士傳五十六卷　(清)彭際清撰　清刻本　四册

360000－1902－0002707　3631

大智度論一百卷　(後秦)釋鳩摩羅什譯　清光緒九年(1883)姑蘇刻經處刻本　二十五册

360000－1902－0002708　3635

御選語録十九卷　(清)世宗胤禛選　清光緒四年(1878)金陵刻經處刻本　十四册

360000－1902－0002709　3641

論語發隱一卷孟子發隱一卷　(清)楊文會注　清刻本　一册

360000－1902－0002710　3645

雜阿含經五十卷　(宋)釋求那跋陀羅譯　清光緒十四年(1888)常熟刻經處刻本　十二册

360000－1902－0002711　3647

毗尼日用切要一卷　(清)釋讀體彙集　清光緒十八年(1892)金陵刻經處刻本　一册

360000－1902－0002712　3647

沙彌尼律儀要略一卷　(清)釋讀體輯集　清光緒二十一年(1895)金陵刻經處刻本　與360000－1902－0002711合册

360000－1902－0002713　3648

觀音濟度本願真經二卷　(□)□□撰　清同治三年(1864)同德堂刻本　一册

360000－1902－0002714　3649

觀音經伖不分卷　(□)□□撰　清末民國初王聚元堂刻本　一册

360000－1902－0002715　3655

筠州黄蘗山斷際禪師傳心法要二卷　(唐)裴休輯　清光緒十年(1884)金陵刻經處刻本　一册

360000－1902－0002716　3670

金光明最勝王經十卷　(唐)釋義淨譯　清同治十年(1871)常熟刻經處刻本　二册

360000－1902－0002717　3672

仁王護國般若波羅密多經二卷　(唐)釋不空譯　清同治九年(1870)金陵刻經處刻本　一册

360000－1902－0002718　3673

佛説藥師如來本願經一卷　(隋)釋達磨笈多譯　**藥師瑠璃光如來本願功德經一卷**　(唐)釋玄奘譯　**藥師瑠璃光七佛本願功德經二卷**　(唐)釋義淨譯　清宣統元年(1909)常州刻本　一册

360000－1902－0002719　3674

佛説菩薩内戒經一卷　(南朝宋)釋求那跋摩譯　清光緒十六年(1890)江北刻經處刻本　一册

360000－1902－0002720　3676

因明入正理論疏八卷　(唐)釋窺基撰　清光緒二十二年(1896)金陵刻經處刻本　二册

360000－1902－0002721　3678

萬善同歸集三卷　(宋)釋延壽述　清同治十一年(1872)金陵刻經處刻本　三册

360000－1902－0002722　3680

菩薩戒本經箋要一卷　(北凉)釋曇無讖譯　(明)釋智旭箋　清光緒六年(1880)金陵刻經處刻本　一册

360000－1902－0002723　3682

天目中峰和尚信心銘辟義解三卷　(元)釋明本撰　(元)釋慈寂進　清同治十二年(1873)如皋刻經處刻本　一册

360000－1902－0002724　3683

解脱戒本經一卷　(北魏)釋瞿曇般若流支譯　清光緒三十四年(1908)江北刻經處刻本　一册

360000－1902－0002725　3684

佛説七俱胝佛母准提大明陀羅尼經一卷　(唐)釋金剛智譯　清同治十年(1871)金陵刻經處刻本　一册

360000－1902－0002726　3684

千手千眼觀世音菩薩廣大圓滿無礙大悲心陀羅尼經一卷　(唐)釋伽梵達摩譯　清同治八年(1869)金陵刻經處刻本　與360000－1902－0002725合册

360000－1902－0002727　3684

佛頂尊勝陀羅尼經一卷　(唐)釋佛陀波利譯　清同治九年(1870)金陵刻經處刻本　與360000－1902－0002725合册

360000－1902－0002728　3684

穢跡金剛説神通大滿陀羅尼法術靈要門經一卷　(唐)釋無能勝譯　清光緒八年(1882)金陵刻經處刻本　與360000－1902－0002725合册

360000－1902－0002729　3686

禪門三字系不分卷　(□)□□撰　清刻本　一册

360000－1902－0002730　3690

永嘉真覺大師證道歌一卷　(元)釋竺源　(元)釋法惠注　清光緒三十四年(1908)金陵刻經處刻本　一册

360000－1902－0002731　3704

一切經音義二十五卷　(唐)釋玄應撰　**附補訂新訳大方廣佛華嚴經音義二卷**　(唐)釋慧苑撰　清同治八年(1869)曹氏刻本　四册

360000－1902－0002732　3705

靈峰蕅益大師宗論十卷　(明)釋智旭撰　清光緒元年(1875)江北刻經處刻本　一册　存一卷(二)

360000－1902－0002733　3706

曉堂哲禪師語錄十卷首一卷　(清)釋曉堂哲撰　(清)釋佛桂等編　清雍正刻本　三册

360000－1902－0002734　3707

藥師瑠璃光如來本願功德經一卷　(唐)釋玄奘譯　清同治十一年(1872)如皋刻經處刻本　一册

360000－1902－0002735　3709

瑜伽焰口施食要集一卷　(清)釋定庵基刪輯　清光緒二十三年(1897)衡山行者道意刻本　一册

360000－1902－0002736　3710

醒迷要言一卷　(清)中和山人渾渾撰　清光緒二十九年(1903)羅至善、賴清修刻本　一册

360000－1902－0002737　3716

唯心五種　(宋)釋智覺等撰　清同治九年至民國三年(1870－1914)刻本　一册

360000－1902－0002738　3717

大乘理趣六波羅密多經十卷　(唐)釋般若譯　清光緒十九年(1893)金陵刻經處刻本　二册

360000－1902－0002739　3720

金陵毘盧寺印魁文祖法語一卷　(清)釋清池記錄　清宣統三年(1911)刻本　一册

360000－1902－0002740　3721

顯密圓通成佛心要集二卷　(唐)釋道殿集　清同治十一年(1872)金陵刻經處刻本　一册

360000－1902－0002741　3722

六祖大師法寶壇經一卷　(唐)釋慧能說　(唐)釋法海錄　清同治十一年(1872)如皋刻經處刻本　一冊

360000－1902－0002742　3724

志公勸世文一卷　(南朝梁)釋志公撰　清道光六年(1826)刻本　一冊

360000－1902－0002743　3728

釋迦如來應化事蹟不分卷　(清)釋永珊編　清光緒二十三年(1897)揚州藏經院石印本　四冊

360000－1902－0002744　3729

新刻黃掌綸先生評訂神仙鑒三集二十二卷　(清)徐衢述　清刻本　三十二冊

360000－1902－0002745　3730

新刻陳宏謀先生評選記史通鑑三十九卷　(清)徐衢述　清刻本　三十四冊　存三十五卷(二至十一、十三至二十五、二十七至三十三、三十五至三十九)

360000－1902－0002746　3731

返性圖十卷　(□)□□撰　清咸豐五年(1855)刻本　五冊

360000－1902－0002747　3733

呂祖度何仙姑傳一卷　(□)□□撰　清刻本　一冊

360000－1902－0002748　3734

悟真篇三卷　(清)紀大奎輯訂　清咸豐二年(1852)刻紀慎齋先生全集本　一冊　存二卷(一至二)

360000－1902－0002749　3736

彙纂功過格十二卷首一卷末一卷　(□)□□撰　清嘉慶二十三年(1818)韻香亭刻本　八冊　存十三卷(一至四、六至十二,首一卷,末一卷)

360000－1902－0002750　3737

呂祖全書三十二卷附禪宗正指三卷　(清)劉體恕彙輯　清道光三十年(1850)刻本　十冊

360000－1902－0002751　3738

呂祖全書三十二卷附禪宗正指三卷　(清)劉體恕彙輯　清刻本　九冊　存二十七卷(呂祖全書三至八、十二至十五、十九至三十二,禪宗正指三卷)

360000－1902－0002752　3741

蕊榜捷報錄四卷　(清)四香居士輯　清咸豐九年(1859)刻本　二冊

360000－1902－0002753　3743

質神錄一卷附錄一卷　(清)彭紹升編　清咸豐十一年(1861)汪藻刻本　一冊

360000－1902－0002754　3744

醒悟錄一卷　(□)□□撰　清光緒十六年(1890)刻本　一冊

360000－1902－0002755　3745

率性闡微一卷　(清)素陽子撰　清光緒二十二年(1896)刻本　一冊

360000－1902－0002756　3746

增訂敬信錄一卷　(清)周鼎臣輯　清道光三年(1823)刻本　一冊

360000－1902－0002757　3748

玉定金科例誅輯要十卷首一卷末一卷特宥輯要十卷首一卷末一卷例賞輯要十卷首一卷末一卷　(清)都劫司　(清)武昌侯輯　清進修堂刻本　九冊　存十七卷(例誅輯要五、七至八、十,末一卷;特宥輯要一至二、六至十,首一卷,末一卷;例賞輯要三、六,首一卷)

360000－1902－0002758　3749

玉定金科例誅輯要十卷首一卷末一卷特宥輯要十卷首一卷末一卷例賞輯要十卷首一卷　(清)都劫司　(清)武昌侯輯　清進修堂刻本　十七冊　存三十卷(例誅輯要二、三之一、四至八、十,首一卷,末一卷;特宥輯要十卷、首一卷、末一卷;例賞輯要一至七、首一卷)

360000－1902－0002759　3750

玉定金科例誅輯要十卷首一卷末一卷特宥輯要十卷首一卷末一卷例賞輯要十卷首一卷　(清)都劫司　(清)武昌侯輯　清進修堂刻本　二十四冊

360000－1902－0002760　3751

玉定金科例誅輯要十卷首一卷末一卷特宥輯要十卷首一卷末一卷例賞輯要十卷首一卷　(清)都劫司　(清)武昌侯輯　清咸豐八年(1858)進修堂刻本　二十二册　存三十一卷(例誅輯要一至三、五至十,首一卷,末一卷;特宥輯要三至十、末一卷;例賞輯要十卷、首一卷)

360000－1902－0002761　3752

玉定金科例誅輯要十卷首一卷末一卷特宥輯要十卷首一卷末一卷例賞輯要十卷首一卷　(清)都劫司　(清)武昌侯輯　清進修堂刻本　二十三册　存三十四卷(例誅輯要一至三、五至十,首一卷,末一卷;特宥輯要十卷、首一卷、末一卷;例賞輯要十卷、首一卷)

360000－1902－0002762　3753

丹桂籍三卷續編一卷末一卷　(明)顔正輯注　清嘉慶八年(1803)刻本　四册

360000－1902－0002763　3755

民教相安不分卷　高步瀛　陳寶泉編　清末刻本　一册

360000－1902－0002764　3756

得一録十六卷　(清)余治輯　清光緒十一年(1885)寶善堂刻本　八册

360000－1902－0002765　3758

太平御覽一千卷目録十五卷　(宋)李昉纂　清嘉慶歙縣鮑崇城刻本　四十九册　存五百七卷(一至二十八、三十七至四十四、七十一至八十九、一百七十三至一百八十四、二百十七至二百四十七、二百八十一至二百九十、三百一至四百三十七、四百五十一至四百八十八、五百一至五百二十、五百九十一至六百、六百十一至六百三十、六百四十一至六百五十、七百二十三至七百五十、七百七十一至七百八十九、八百四至八百七十一、九百二至九百十三、九百二十九至九百三十九、九百六十一至九百七十、九百九十一至一千,目録一至六)

360000－1902－0002766　3759

廣博物志五十卷　(明)董斯張纂　清乾隆二十六年(1761)吴興蔣禮高暉堂刻本　二十册

360000－1902－0002767　3760

淵鑑類函四百五十卷目録四卷　(清)張英　(清)王士禛輯　清康熙清吟堂刻本　二百册

360000－1902－0002768　3762

古香齋新刻袖珍淵鑑類函四百五十卷目録四卷　(清)張英　(清)王士正(王士禛)輯　清光緒二年(1876)刻本　一百三十六册　存三百九十一卷(一至五十二、五十五至八十六、八十九至九十、九十三至一百九、一百十二至一百二十八、一百三十一至一百九十二、一百九十七至二百、二百六至二百十三、二百十七至二百三十五、二百四十二至二百六十七、二百七十至二百七十八、二百八十二至二百九十三、二百九十八至三百四、三百十六至三百十七、三百二十一至三百二十三、三百二十六至三百三十一、三百三十五至三百四十八、三百五十二至四百五十)

360000－1902－0002769　3763

古香齋新刻袖珍淵鑑類函四百五十卷目録四卷　(清)張英　(清)王士正(王士禛)輯　清光緒二年(1876)刻本　一百四十一册　存四百卷(一至二十八、三十二至四十、四十六至一百五十六、一百六十至一百九十三、二百十七至三百四十、三百五十至三百七十一、三百七十五至四百四十六)

360000－1902－0002770　3764

事類賦三十卷　(宋)吴淑撰注　清康熙刻本　四册

360000－1902－0002771　3765

重訂事類賦三十卷　(宋)吴淑撰注　清道光二十二年(1842)刻本　四册

360000－1902－0002772　3766

重訂事類賦三十卷　(宋)吴淑撰注　清刻本　二册　存十一卷(二十至三十)

360000－1902－0002773　3767

重訂事類賦三十卷　(宋)吴淑撰注　清刻本

六冊

360000－1902－0002774　3768
事類賦補遺十四卷　(清)張均編撰　清道光五年(1825)刻本　四冊

360000－1902－0002775　3769
事類賦補遺十四卷　(清)張均編撰　清嘉慶十六年(1811)刻本　四冊

360000－1902－0002776　3770
重訂廣事類賦四十卷　(清)華希閔著　(清)華希閔重訂　清同治七年(1868)刻本　四冊　存二十三卷(一至九、二十七至四十)

360000－1902－0002777　3771
重訂事類賦三十卷　(宋)吳淑撰注　清嘉慶二十三年(1818)刻本　二冊　存十四卷(一至八、十二至十七)

360000－1902－0002778　3772
廣廣事類賦三十二卷　(清)吳世旃撰注　清嘉慶十三年(1808)文光堂刻本　六冊

360000－1902－0002779　3773
廣廣事類賦三十二卷　(清)吳世旃撰注　清刻本　四冊

360000－1902－0002780　3774
廣廣事類賦三十二卷　(清)吳世旃撰注　清嘉慶十三年(1808)刻本　八冊

360000－1902－0002781　3775
廣廣事類賦三十二卷　(清)吳世旃撰注　清刻本　一冊　存四卷(十九至二十二)

360000－1902－0002782　3776
重訂廣事類賦四十卷　(清)華希閔著　(清)華希閔重訂　清刻本　四冊　存二十二卷(八至十七、二十九至四十)

360000－1902－0002783　3777
重訂廣事類賦四十卷　(清)華希閔著　(清)華希閔重訂　清刻本　六冊　存二十二卷(三至二十四)

360000－1902－0002784　3778
續廣事類賦三十卷　(清)王鳳喈撰注　清嘉慶二十五年(1820)芸生堂刻本　十冊

360000－1902－0002785　3779
廣事類賦四十卷　(清)華希閔著　清刻本　六冊　存二十七卷(一至十七、十九至二十二、二十八至三十三)

360000－1902－0002786　3780
重訂廣事類賦四十卷　(清)華希閔著　(清)華希閔重訂　清刻本　一冊　存五卷(二十四至二十八)

360000－1902－0002787　3781
重訂廣事類賦四十卷　(清)華希閔著　(清)華希閔重訂　清刻本　四冊　存二十五卷(十二至十五、二十至四十)

360000－1902－0002788　3782
續廣事類賦三十卷　(清)王鳳喈撰注　清嘉慶文光堂刻本　十冊

360000－1902－0002789　3783
[**事類賦五種**]　(宋)吳淑等撰　清道光二十一年(1841)刻本　三十六冊

360000－1902－0002790　3784
增補事類統編九十三卷首一卷　(清)黄葆真增輯　清咸豐十年(1860)丹陽黄氏刻本　三十七冊　存八十七卷(一至三十三、三十七至四十九、五十二至八十二、八十五至九十三，首一卷)

360000－1902－0002791　3785
增補事類統編九十三卷首一卷　(清)黄葆真增輯　清刻本　三冊　存七卷(六十二至六十三、七十至七十一、七十五至七十七)

360000－1902－0002792　3788
子史精華一百六十卷　(清)允祿　(清)允禮監脩　(清)吳襄等纂脩　清刻本　七冊　存二十三卷(六十七至七十、七十三至七十五、九十八至一百、一百二十八至一百三十二、一百三十六至一百三十九、一百五十七至一百六十)

360000－1902－0002793　3789

子史精華一百六十卷 （清）允祿 （清）允禮監脩 （清）吳襄等纂脩 清刻本 五冊 存二十三卷（二十一至三十一、三十七至三十九、七十四至七十七、一百三十六至一百四十）

360000－1902－0002794 3790
子史精華一百六十卷 （清）允祿 （清）允禮監脩 （清）吳襄等纂脩 清刻本 五冊 存二十三卷（十三至二十三、四十一至四十四、六十一至六十四、一百四十三至一百四十六）

360000－1902－0002795 3791
子史精華一百六十卷 （清）允祿 （清）允禮監脩 （清）吳襄等纂脩 清刻本 六冊 存二十八卷（六十一至八十、八十七至九十、一百二十五至一百二十八）

360000－1902－0002796 3792
子史精華一百六十卷 （清）允祿 （清）允禮監脩 （清）吳襄等纂脩 清雍正刻本 二十冊 存八十一卷（一至五、十至十二、二十四至四十、四十五至六十、六十五至七十一、八十一至八十六、一百五至一百七、一百二十五至一百二十八、一百三十三至一百四十二、一百四十七至一百五十六）

360000－1902－0002797 3793
子史精華一百六十卷 （清）允祿 （清）允禮監脩 （清）吳襄等纂脩 清刻本 四十冊 存一百三十卷（三十一至一百六十）

360000－1902－0002798 3794
子史精華一百六十卷 （清）允祿 （清）允禮監脩 （清）吳襄等纂脩 清乾隆刻本 二十五冊 存一百二十一卷（六至三十一、三十七至四十、五十二至五十六、六十三至八十五、九十二至九十七、一百四至一百六十）

360000－1902－0002799 3795
記事珠十卷 （清）張以謙撰 清嘉慶二十一年（1816）刻本 十冊

360000－1902－0002800 3796
分類字錦六十四卷 （清）何焯等纂 清康熙刻本 六十四冊

360000－1902－0002801 3797
廣博物志五十卷 （明）董斯張纂 清光緒五年（1879）學海堂刻本 三十二冊

360000－1902－0002802 3798
續博物志十卷 （宋）李石撰 清刻本 一冊

360000－1902－0002803 3799
憑山閣增輯留青新集三十卷 （清）陳枚選 （清）陳德裕增輯 清經元升刻本 十六冊

360000－1902－0002804 3800
憑山閣增輯留青新集三十卷 （清）陳枚選 （清）陳德裕增輯 清三讓堂刻本 十六冊 存十九卷（一、三至四、六、十一至十四、十六、十八、二十至二十四、二十七至三十）

360000－1902－0002805 3801
重編留青新集二十四卷 （清）馮善長編 清光緒鉛印本 七冊 存十七卷（三至四、七至十三、十七至二十四）

360000－1902－0002806 3802
憑山閣增輯留青新集三十卷 （清）陳枚選 （清）陳德裕增輯 清刻本 二十四冊

360000－1902－0002807 3803
憑山閣增輯留青新集三十卷 （清）陳枚選 （清）陳德裕增輯 清刻本 二冊 存四卷（十八至二十一）

360000－1902－0002808 3804
唐詩金粉十卷 （清）沈炳震纂輯 清雍正刻本 四冊

360000－1902－0002809 3805
文家稽古編十卷首一卷 （清）劉旂錫 （清）程夢元纂定 清乾隆慎怡堂刻本 五冊

360000－1902－0002810 3806（1）
四書類典賦二十四卷 （清）甘紱著 **附年譜二卷** （清）包大爟撰 清乾隆四十四年（1779）刻本 十冊 存二十二卷（一、四至十三、十六至二十四，附年譜二卷）

360000－1902－0002811 3806（2）

四書類典賦二十四卷　(清)甘紱著　清刻本　一冊　存三卷(二十至二十二)

360000－1902－0002812　3806(3)
四書類典賦二十四卷　(清)甘紱著　清刻本　三冊　存六卷(十一至十二、二十一至二十四)

360000－1902－0002813　3807
四書類典賦二十四卷　(清)甘紱著　清刻本　三冊　存六卷(四至五、十六至十七、二十三至二十四)

360000－1902－0002814　3808
四書人物類典串珠四十卷　(清)臧志仁編輯　清刻本　四冊　存八卷(十九至二十六)

360000－1902－0002815　3809
四書人物類典串珠四十卷　(清)臧志仁編輯　清嘉慶四年(1799)刻本　八冊　存三十二卷(一至二、六至十四、二十至四十)

360000－1902－0002816　3810
增訂四書類典賦二十四卷　(清)甘紱著　清刻本　三冊　存十四卷(七至十、十五至二十四)

360000－1902－0002817　3811
四書類典賦六十六卷　(清)甘紱著　清刻本　四冊　存二十八卷(三十九至六十六)

360000－1902－0002818　3812
四書人物類典串珠四十卷　(清)臧志仁編輯　清嘉慶四年(1799)刻本　十冊

360000－1902－0002819　3813
詩學含英十四卷　(清)劉文蔚輯　清刻本　一冊

360000－1902－0002820　3814
精選黃眉故事十卷　(明)鄧百拙彙編　清乾隆七年(1742)刻本　四冊

360000－1902－0002821　3815
註釋白眉故事十卷　(明)許以忠集　清初刻本　二冊

360000－1902－0002822　3816
[十三經紺珠]　(清)胡有秩纂輯　清刻本　三冊　存易經紺珠、詩經紺珠、書經紺珠、禮記紺珠、左傳紺珠、儀禮紺珠、周禮紺珠

360000－1902－0002823　3817
格言聯璧不分卷　(清)金纓輯　清光緒十六年(1890)刻本　二冊

360000－1902－0002824　3818
尚友錄二十二卷補遺一卷　(明)廖用賢編纂　(清)張伯琮補輯　清康熙五年(1666)刻乾隆印本　十四冊　存十九卷(一至十九)

360000－1902－0002825　3820
格致鏡原一百卷　(清)陳元龍撰　清康熙五十六年(1717)刻雍正十三年(1735)印本　二十四冊

360000－1902－0002826　3821
人鏡類纂四十六卷　(清)程之楨輯　清同治十二年(1873)江夏程氏刻本　十四冊

360000－1902－0002827　3822
錦字箋四卷　(清)黃澐纂　(清)張鳳池　(清)侯文燈删定　清刻本　二冊　存二卷(二至三)

360000－1902－0002828　3823
錦字箋四卷　(清)黃澐纂　清開西堂刻本　二冊

360000－1902－0002829　3824
韻圃群芳八卷　(清)姚焜撰韻并輯注　清刻本　一冊　存三卷(六至八)

360000－1902－0002830　3826
五經類編二十八卷　(清)周世樟編輯　清雍正二年(1724)穀詒堂刻本　七冊　存二十六卷(一至二十六)

360000－1902－0002831　3827
策學纂要十六卷　(清)戴朋　(清)黃卷輯　清刻本　四冊

360000－1902－0002832　3828
新輯時務匯通一百八卷　(清)李作棟輯　清光緒二十九年(1903)上海崇新書局石印本

二十九冊　存九十七卷(一至三十五、三十九至五十三、五十七至九十六、一百二至一百八)

360000－1902－0002833　3829

時事新論十二卷附時事圖說一卷　(英國)李提摩太撰　清光緒二十年(1894)上海廣學會鉛印本　三冊

360000－1902－0002834　3830

新義錄一百卷首一卷　(清)孫璧文輯　清光緒二十七年(1901)兩湖書院刻本　四十八冊

360000－1902－0002835　3831

玉海纂二十二卷　(宋)王應麟輯　(明)劉鴻訓纂　清光緒五年(1879)八杉齋刻本　十四冊　存十七卷(一至十一、十四至十九)

360000－1902－0002836　3832

館律萃珍三十二卷續一卷　(清)謝祖源編　清光緒二年(1876)同雅堂刻本　十二冊

360000－1902－0002837　3833

時務通攷三十一卷　(清)王奇英等編　清光緒二十三年(1897)上海點石齋石印本　二十四冊

360000－1902－0002838　3834

雞跖賦續刻三十卷　(清)應泰泉等編輯　清同治十三年(1874)蘭言室刻本　八冊　存二十八卷(一至二十八)

360000－1902－0002839　3835

小嫏嬛山館彙刊類書十二種　(清)□□輯　清咸豐元年(1851)刻本　八冊

360000－1902－0002840　3836

增廣策學總纂大成四十六卷　(清)蔡壽祺輯　**蜀水攷四卷**　(清)陳登龍評述　(清)朱錫穀補注　(清)陳一津分疏　**三通序三卷**　(唐)杜佑等著　清光緒五年(1879)刻本　十二冊

360000－1902－0002841　3837

萬國分類時務大成四十卷首一卷　(清)錢豐選輯　清光緒石印本　九冊　存十四卷(十四、十六至十七、二十二、二十四至二十五、二十七至二十九、三十一至三十五)

360000－1902－0002842　3838

時務通攷三十一卷　(清)王奇英等編　清光緒二十三年(1897)上海點石齋石印本　二十一冊　存二十六卷(一至十七、二十三至三十一)

360000－1902－0002843　3839

增補策學總纂大全五十卷目錄二卷　(清)蔡壽祺著　清刻本　二十五冊　存四十八卷(一至十三、十七至五十,目錄二)

360000－1902－0002844　3840

策海全書六卷　(宋)馬貴與著　(清)瞿曾輯纂　**續四卷**　(清)王洪洲著　清刻本　九冊　存九卷(二至六、續四卷)

360000－1902－0002845　3841

策府統宗六十五卷　(清)劉昌齡輯　清光緒十五年(1889)硃藝書局鉛印本　二十三冊　存六十四卷(一至五、七至六十五)

360000－1902－0002846　3842

增補事類統編九十三卷首一卷　(清)黃葆真增輯　清光緒十四年(1888)上海積山書局石印本　十二冊

360000－1902－0002847　3843

策府統宗六十五卷　(清)劉昌齡輯　清光緒十九年(1893)上海蜚英館石印本　二十冊

360000－1902－0002848　3844

分韻詩賦題解統編一百六卷　(清)鴻文主人編　清光緒石印本　五冊　存九十七卷(十至一百六)

360000－1902－0002849　3845

駢林摘豔五十卷首一卷　(清)胡又安編　清光緒二十二年(1896)上海點石齋石印本　十冊

360000－1902－0002850　3846

策學淵萃四十六卷目錄二卷　(清)□□輯　清光緒四年(1878)刻本　八冊

360000－1902－0002851　3847

歷科策選類編不分卷　(清)張鶴齡輯　清光緒八年(1882)青選書屋刻本　十册

360000－1902－0002852　3848

進呈策不分卷　(清)郭家鏞等撰　清同治九年(1870)刻本　二册

360000－1902－0002853　3849

初學行文語類四卷　(清)孫埏編輯　清芸生堂刻本　一册

360000－1902－0002854　3850(1)

時務通攷續編三十一卷　(清)點石齋主人等編　清光緒二十七年(1901)上海點石齋石印本　十六册

360000－1902－0002855　3850(2)

時務通攷三十一卷　(清)王奇英等編　清光緒二十三年(1897)上海點石齋石印本　二册　存二卷(九、二十二)

360000－1902－0002856　3851

時務通攷八十二卷　(清)陳驥編　清光緒二十七年(1901)求賢講舍刻本　十册　存三十卷(天文算學部一、五至七,地輿部一至三、九至十二,禮部一至四,兵部三至六、十,刑部二卷,工部八卷)

360000－1902－0002857　3852

分類韻錦十二卷附録一卷　(清)郭化霖編　清道光二十三年(1843)喜雨山房刻本　七册　存十一卷(一至十、附録一卷)

360000－1902－0002858　3854

格致須知　(英國)傅蘭雅輯　清光緒二十三年(1897)時宜書室刻本　十六册

360000－1902－0002859　3855

小學紺珠十卷踐阼篇集解一卷　(宋)王應麟撰　清光緒十年(1884)成都志古堂刻玉海本　五册

360000－1902－0002860　3856

駢字摘豔五卷　(清)任科職編輯　清咸豐七年(1857)三丙堂刻本　二册　存二卷(二至三)

360000－1902－0002861　3858

李氏蒙求補注六卷　(五代)李瀚撰　(清)金三俊輯　清刻本　二册

360000－1902－0002862　3859

王先生十七史蒙求十六卷　(宋)王令輯　清道光二十八年(1848)粵東文雅齋刻本　四册

360000－1902－0002863　3860

純正蒙求三卷　(元)胡炳文撰　清光緒八年(1882)楚南劉疆善堂刻本　一册

360000－1902－0002864　3861

平津館鑒藏書籍記三卷補遺一卷續編一卷　(清)孫星衍撰　清光緒十年(1884)刻本　一册　存三卷(平津館鑒藏書籍記三、補遺一卷、續編一卷)

360000－1902－0002865　3862

李氏蒙求補注六卷　(五代)李瀚撰　(清)金三俊輯　清刻本　三册

360000－1902－0002866　3863

李氏蒙求八卷　(五代)李瀚撰　(清)楊迦懌集注　清道光十四年(1834)宜壽堂刻本　八册

360000－1902－0002867　3864

御定駢字類編二百四十卷　(清)吳士玉　(清)沈宗敬等輯　清雍正六年(1728)刻本　一百二十册

360000－1902－0002868　3865

新編古今事文類聚前集六十卷後集五十卷續集二十八卷別集三十二卷　(宋)祝穆編　**新集三十六卷外集十五卷**　(元)富大用編　**遺集十五卷**　(元)祝淵　(明)唐富春編　清乾隆二十八年(1763)刻本　五十九册

360000－1902－0002869　3866

欽定古今圖書集成一萬卷目録三十二卷　(清)陳夢雷　(清)蔣廷錫等編　清光緒十年(1884)上海圖書集成鉛版印書局鉛印本　一千六百十七册　存九千九百六十八卷(一至

五百三十七、五百四十九至五百九十六、六百二十至六百二十六、六百五十七至一萬，目錄三十二卷）

360000－1902－0002870　3867

欽定古今圖書集成一萬卷目錄三十二卷

（清）陳夢雷　（清）蔣廷錫等編　清光緒十年（1884）上海圖書集成鉛版印書局鉛印本　一千二百九十八册　存八千六十五卷（乾象典一至六十四、七十二至九十一，歲功典一至三十八、四十五至五十五、六十二至七十三、八十至一百十六，曆法典一至八十九、九十四至一百四十，庶徵典一至十一、十八至一百五十、一百五十六至一百八十八，坤輿典一至八十五、九十一至一百十九、一百二十六至一百四十，職方典一至一百九十七、二百五至六百十九、六百二十二至一千一百一、一千一百四至一千一百四十四、一千一百五十一至一千二百二十一、一千二百二十七至一千五百四十四，山川典一至五十七、六十三至六十七、七十五至九十九、一百十四至一百五十、一百五十八至三百十五，邊裔典一至一百二、一百八至一百四十，皇極典一至二百十一、二百十五至二百五十一、二百五十八至三百，宮闈典一至四十二、五十六至八十一、八十九至一百二、一百十至一百四十，官常典一至七十七、九十至一百三十四、一百四十二至三百五十九、三百六十七至三百八十七、四百一至四百十四、四百三十一至四百八十五、四百九十三至六百八十四、六百九十一至八百，家範典三至六、十三至二十四、五十至五十五、六十一至一百十，交誼典二至七、九至十三、十五至十九、二十六至三十一、四十九至五十四、六十八至七十一、七十七至八十二、八十五至九十、九十八至一百十五，氏族典一至一百七十四、一百八十一至一百九十四、二百二至二百八、二百十五至四百十一、四百十九至五百九十、六百三至六百四十，人事典一至六、十二至十六、四十至四十四、五十二至七十三、八十四至八十八，閨媛典一至六、二十三至三十九、四十六至六十四、七十一至八十、九十二至九十八、一百二十一至二百二十二、二百三十至二百五十六、二百六十四至三百三十八、三百六十二至三百七十六，藝術典一至三十九、四十一至六十五、八十至八十三、三百十一至三百二十三、四百七十二至四百七十七、五百八十九至五百九十六、六百二十至六百二十六、六百四十七至六百五十一、六百六十四至六百七十七、六百八十三至六百八十六、六百九十二至六百九十六、七百二十二至七百二十六、七百四十至七百四十三、七百四十九至八百十八，神異典一至三十八、四十四至八十六、九十二至一百十三、一百十九至一百五十九、一百七十一至一百八十八、一百九十四至二百七十四、二百八十一至三百二十，禽蟲典一至五、十二至二十三、四十一至六十六、七十三至七十八、一百十至一百十六、一百二十六至一百三十二、一百四十至一百九十二，草木典一至六、十三至三十三、三十九至四十八、五十五至五十九、六十六至七十、七十二至七十六、八十九至九十四、一百至一百六、一百六十八至一百八十一、一百八十八至二百、二百四十六至二百五十八、二百六十五至二百八十四、二百九十七至三百二十，經籍典一至六十四、七十至一百七十、一百八十至四百四十六、四百六十二至四百八十、四百八十六至五百，學行典一至六、十三至二十五、三十至四十三、五十一至七十四、八十七至九十七、一百十至一百三十五、一百四十九至三百，文學典十四至六十九、七十六至一百十七、一百三十至一百七十三、一百八十一至一百九十四，字學典六至六十四、六十九至八十、九十三至一百六十，選舉典一百三十六卷，銓衡典一百二十卷，食貨典一至二十八、三十五至五十七、六十四至七十六、八十三至一百、一百六至二百四十四、二百五十一至二百五十五、二百六十一至二百六十六、二百七十九至二百九十二、三百至三百十三、三百十五至三百二十、三百四十四至三百四十九、三百五十五至三百六十，儀禮典一至二百六十七、三百至三百四十八，樂律典一至十九、三十六至四十八、六十至八十六、九十三至九十九、一百十三至一百二十、一百二十九至一百三十六，戎政典一至一百十四、一百二十一至二百七、二百十三至二百十七、二百二十八至二百三十九、二百四十六至二百六十七、二百七十六至二百八十、二百八十二至二百九十九，祥刑典一至四十一、五十二至九十九、一百二至一百十六、一百二十七至一百五十九、一百六十六至一百八十，考工典一至五、十二至十七、二十二至四十七、五十四至五十八、八十六至一百三十五、一百四十一至一百六十九、一百七十五至一百八十七、一百九十二至一百九十八、二百六至二百十七、二百三十一至二百四十五）

360000－1902－0002871　3868(1)

欽定古今圖書集成一萬卷目錄三十二卷

（清）陳夢雷　（清）蔣廷錫等編　清光緒十年（1884）上海圖書集成鉛版印書局鉛印本　三百九十六冊　存二千四百四十一卷（曆法典一至二十九、三十六至九十三、九十八至一百三、一百十至一百十四、一百二十至一百二十四、一百二十八至一百四十，坤輿典一至十一、十七至二十一、三十八至七十九、八十六至九十八、一百九至一百四十，職方典一至四、十六至二十一、二十九至三十三、四十六至八十二、九十一至九十六、一百三十二至一百九十七、二百五至二百三十三、二百四十一至二百九十、二百九十三至二百九十四、二百九十八至三百十一、三百十九至三百五十五、四百九十二至五百二十七、五百三十五至五百四十八、五百五十九至五百六十二、六百五十八至七百三十四、七百四十三至七百七十四、八百一至八百八、八百二十六至八百四十五、八百五十九至八百六十六、九百二十二至九百二十九、九百三十七至九百四十二、九百四十九至九百七十、一千七十一至一千一百三、一千一百二十二至一千一百六十九、一千一百八十三至一千二百六十五、一千二百八十至一千三百、一千三百四十一至一千三百五十四、一千三百六十三至一千三百六十九、一千三百八十五至一千三百九十二、一千四百二十二至一千四百六十五、一千四百七十二至一千五百二十二，山川典二百七十至二百八十三、二百九十至二百九十六，皇極典一百三十八至一百五十一、二百六至二百十一，宮闈典六至十六、六十八至八十八、九十六至一百九、一百二十三至一百二十七，官常典三十七至五十九、六十六至九十五、一百八十三至二百二、二百二十四至二百四十二、六百九十七至七百三，氏族典一至七、十四至二十、五十至六十三、一百二至一百七、一百三十二至一百四十四、一百五十二至一百六十、一百九十五至二百一、二百三十至二百三十四、二百四十七至二百六十、二百六十六至二百七十三、三百二十七至三百三十三、三百三十五至三百四十六、三百七十八至三百八十四、四百六十四至四百八十四，藝術典四十五至五十、五十六至六十、七十一至七十五、八十至八十三、八十八至九十六、一百四十六至一百五十一、一百九十七至二百二、四百十七至四百三十一、四百九十三至四百九十八、五百二十八至五百三十七，閨媛典二十九至三十三、七十一至八十、九十九至一百十三、二百九至二百二十二、二百六十四至二百七十、二百七十八至二百八十四、三百三十五至三百四十七、三百五十五至三百六十一、三百六十九至三百七十一，神異典三至五、三十五至四十三、一百六十五至一百七十、二百六至二百十二、二百二十七至二百三十二、二百五十七至二百八十六、三百六至三百十二，經籍典一百十六至一百二十二、一百四十二至一百五十七、三百六十二至三百六十七、三百九十至四百一、四百十三至四百三十三、四百四十一至四百五十四、四百六十二至四百七十四，學行典一至一百五十五、一百七十至二百二十七、二百三十六至二百五十三、二百六十一至二百六十六、二百七十三至二百八十，文學典十二至二十六、三十八至七十五、九十一至一百一、一百十三至一百十七、一百五十八至一百六十三、一百八十一至一百九十四、二百四十至二百四十六，選舉典一至二十三、五十五至六十、七十八至一百三十六，食貨典七十至七十六、八十九至一百、一百十八至一百二十八、一百三十四至一百三十九、二百三十四至二百四十四，樂律典一至九、十四至四十二、六十至一百三十六，儀禮典一至二十二、五十八至一百七、二百三十六至二百四十一、二百六十八至二百七十二、二百八十一至二百八十七，戎政典三十三至三十八、四十六至五十六、六十二至七十九、一百二十一至一百三十二、一百四十五至一百五十一、一百六十四至一百六十九、一百八十二至一百九十七、二百二十三至二百三十三、二百五十一至二百六十二、二百六十八至二百八十一）

360000－1902－0002872　3868（2）
欽定古今圖書集成一萬卷目錄三十二卷（清）陳夢雷　（清）蔣廷錫等編　清光緒十年（1884）上海圖書集成鉛版印書局鉛印本　一冊　存五卷（坤輿典一百二十六至一百三十）

360000－1902－0002873　3870
佩文韻府一百六卷　（清）張玉書等編　**拾遺一百六卷**　（清）汪灝　（清）何焯等編　清光緒十二年（1886）上海同文書局石印本（佩文韻府卷一至三配清刻本）　六十一冊

360000－1902－0002874　3871
佩文韻府一百六卷　（清）張玉書等編　清刻本　七十六冊　存八十九卷（四下至七、十至二十、二十二至二十五、二十六下至四十六、四十九至六十六上、六十七至七十二、七十四至七十九、八十二至八十五、九十至九十三、九十六至九十九上、一百上、一百一至一百六）

360000－1902－0002875　3872
佩文韻府一百六卷　（清）張玉書等編　清康熙五十年（1711）刻本　七十五冊　存五十六卷（四至六、七下至十、十一下至十四、十六至十七、十九至二十上、二十一、二十二中下至二十五、二十六下至三十九、四十一至四十二、四十七、四十九、五十二、五十五之二、五十八至五十九、六十一、六十三、六十六上、六十七、七十一、七十三、七十六下、七十九、八十一、九十下、九十四、九十七、九十九、一百五）

360000－1902－0002876　3873
佩文韻府一百六卷　（清）張玉書等編　清康熙五十年（1711）刻本　九十六冊

360000－1902－0002877　3874
佩文韻府一百六卷　（清）張玉書等編　清康熙五十年（1711）刻本　九十五冊

360000－1902－0002878　3875
佩文韻府一百六卷　（清）張玉書等編　清刻本　九冊　存十卷（十六上、十七、二十六上、五十五、六十七、七十一至七十二、九十三上、一百下、一百三）

360000－1902－0002879　3876
佩文韻府一百六卷　（清）張玉書等編　清光緒十二年（1886）上海同文書局石印本　三冊　存五卷（十七至十八、六十五至六十七上）

360000－1902－0002880　3877
佩文韻府一百六卷　（清）張玉書等編　清光緒十五年（1889）上海點石齋石印本　一冊　存七卷（四十六至五十二）

360000－1902－0002881　3878
佩文韻府一百六卷　（清）張玉書等編　清刻本　十一冊　存十卷（一、四、六、十六下、二十上、二十八、四十八至四十九、六十三、七十六下）

360000－1902－0002882　3879
佩文韻府一百六卷　（清）張玉書等編　清刻本　五冊　存三卷（四上、六十三、一百下）

360000－1902－0002883　3880
韻府拾遺一百六卷　（清）汪灝　（清）何焯等編　清刻本　十四冊

360000－1902－0002884　3881
韻府拾遺一百六卷　（清）汪灝　（清）何焯等編　清石印本　十冊

360000－1902－0002885　3882（1）
韻府拾遺一百六卷　（清）汪灝　（清）何焯等編　清康熙五十九年（1720）刻本　九冊　存四十一卷（一至三十四、九十四至一百）

360000－1902－0002886　3882(2)
韻府拾遺一百六卷　(清)汪灝　(清)何焯等編　清康熙五十九年(1720)刻本　一册　存三卷(二十三至二十五)

360000－1902－0002887　3883
韻府約編二十四卷　(清)鄧愷輯　清嘉慶二十二年(1817)懋德堂刻本　十六册

360000－1902－0002888　3884
新增說文韻府群玉二十卷　(元)陰時夫編輯　(元)陰中夫編注　清乾隆二十四年(1759)刻本　五册

360000－1902－0002889　3885
類腋四部五十五卷　(清)姚培謙集　(清)張卿雲輯　**補遺一卷**　(清)張隆孫採輯　清聚業堂刻本　九册　存五十卷(天部八卷,地部十六卷,人部一至四、十一至十五,物部十六卷,補遺一卷)

360000－1902－0002890　3886
角山樓增補類腋六十七卷　(清)姚培謙輯　(清)趙克宜增輯　清光緒十二年(1886)上海文瑞樓石印本　六册

360000－1902－0002891　3887
類林新詠三十六卷　(清)姚之駰撰注　清乾隆十六年(1751)刻本　十册

360000－1902－0002892　3888
格致鏡原一百卷　(清)陳元龍編　清康熙五十六年(1717)刻本　十六册　存八十三卷(一至二十一、三十至三十二、三十七至六十一、六十七至一百)

360000－1902－0002893　3889
事物異名錄四十卷　(清)厲荃原輯　(清)關槐增纂　清乾隆五十三年(1788)粵東刻本　十二册

360000－1902－0002894　3890
藝海珠塵八集　(清)吳省蘭輯　清嘉慶南匯吳氏聽彝堂刻本　三十册

360000－1902－0002895　3891
歷代名賢齒譜九卷　(清)易宗涒輯　清雍正刻本　十五册

360000－1902－0002896　3892
歷代名媛齒譜三卷　(清)易宗涒輯　清乾隆六十年(1795)刻本　三册

360000－1902－0002897　3893
廣廣事類賦三十二卷　(清)吳世旃撰注　清嘉慶元年(1796)刻本　二册　存十八卷(一至十八)

360000－1902－0002898　3894
廣廣事類賦三十二卷　(清)吳世旃撰注　清芸生堂刻本　一册　存六卷(一至六)

360000－1902－0002899　3895
四書典制類聯音註三十三卷　(清)閻其淵編輯　清嘉慶元年(1796)刻本　五册

360000－1902－0002900　3896
博物志十卷　(晉)張華撰　**續博物志十卷**　(宋)李石撰　清末刻本　一册　存十四卷(博物志十卷、續博物志一至四)

360000－1902－0002901　3897
博物志十卷　(晉)張華撰　清末刻本　一册

360000－1902－0002902　3898
古今注三卷　(晉)崔豹著　**博物志十卷**　(晉)張華著　清末刻本　一册

360000－1902－0002903　3899
姓氏詳註四卷　(清)周魯輯　清刻本　三册　存一卷(一)

360000－1902－0002904　3900
新纂氏族箋釋八卷　(清)熊峻運著　清光緒務本堂刻本　一册　存二卷(一至二)

360000－1902－0002905　3901(1)
新纂氏族箋釋八卷　(清)熊峻運著　清宣統元年(1909)刻本　二册　存二卷(一、五)

360000－1902－0002906　3901(2)
新纂氏族箋釋八卷　(清)熊峻運著　清刻本　一册　存二卷(五至六)

360000－1902－0002907　3902
新纂氏族箋釋八卷　(清)熊峻運著　清雍正二年(1724)刻本　四册

360000－1902－0002908　3903
新纂氏族箋釋八卷　(清)熊峻運著　清刻本　四册

360000－1902－0002909　3904
新纂氏族箋釋八卷　(清)熊峻運著　清經元堂刻本　四册

360000－1902－0002910　3905
新纂氏族箋釋八卷　(清)熊峻運著　清二酉堂刻本　八册

360000－1902－0002911　3907
四忠遺集　(清)□□輯　清同治七年(1868)楚醴景萊書室刻本　二十六册

360000－1902－0002912　3908
古文未曾有集八卷　(清)王甫白評選　清嘉慶十九年(1814)大酉堂刻本　二册　存四卷(一至四)

360000－1902－0002913　3909
八家四六文註八卷首一卷　(清)許貞幹注　**補註一卷補註增訂一卷補註校勘一卷**　(清)陳衍撰　清光緒十八年(1892)上海圖書集成印書局鉛印本　八册

360000－1902－0002914　3910
玉堂試帖振采集六卷　(清)潘曾瑩編輯　清道光二十三年(1843)刻本　三册

360000－1902－0002915　3911
經史百家雜鈔二十六卷　(清)曾國藩纂　清光緒三十二年(1906)上海商務印書館鉛印本　十二册

360000－1902－0002916　3912
圖詠遺芬六卷　(清)俞旦編　清光緒二十一年(1895)婺源俞氏清蔭堂刻本　一册

360000－1902－0002917　3913
御選唐宋詩醇四十七卷目錄二卷　(清)高宗弘曆選　清刻本　十四册　存二十九卷(八至二十二、三十四至四十七)

360000－1902－0002918　3914
斯文萃英三十卷　(□)□□輯　清末刻本　三十册

360000－1902－0002919　3915
普天忠憤全集十四卷　(清)孔廣德編　清光緒二十一年(1895)石印本　十二册

360000－1902－0002920　3916
普天忠憤全集十四卷　(清)孔廣德編　清光緒二十一年(1895)石印本　十二册

360000－1902－0002921　3917
[詩選分韻]不分卷　(清)□□輯　清抄本　五册

360000－1902－0002922　3918(1)
詒經堂藏書七種　(清)金長春輯　清嘉慶十八年(1813)當塗金氏刻本　四册　存六種十一卷(還冤志一卷、正朔攷一卷、古今攷一卷、風月堂詩話二卷、文則二卷、入蜀記四卷)

360000－1902－0002923　3918(2)
詒經堂藏書七種　(清)金長春輯　清嘉慶十八年(1813)當塗金氏刻本　一册　存二種四卷(風月堂詩話二卷、文則二卷)

360000－1902－0002924　3919
新民叢報彙編(甲辰年)不分卷　梁啟超編　清光緒三十二年(1906)文會書社石印本　七册　存論說、學說、學術、歷史、科學、教育、政治、時局、宗教、傳記、雜評、談叢

360000－1902－0002925　3923
經史百家雜鈔二十六卷　(清)曾國藩纂　清光緒三十二年(1906)商務印書館鉛印本　一册　存二卷(十六至十七)

360000－1902－0002926　3924
經史百家雜鈔二十六卷　(清)曾國藩纂　清光緒三十二年(1906)商務印書館鉛印本　四册　存九卷(十三至十七、二十三至二十六)

360000－1902－0002927　3925
經史百家雜鈔二十六卷　(清)曾國藩纂　清

光緒二年(1876)傳忠書局刻曾文正公全集本　二十册

360000－1902－0002928　3926
經史鈔不分卷　(清)徐與喬輯　(清)譚尚鍾增輯　清嘉慶二十一年(1816)刻本　二十八册　存書、詩、春秋、禮記、國語、戰國策、史記、漢書

360000－1902－0002929　3927
增補五經文體二十四卷　(清)顔伯燾等撰　清光緒十四年(1888)文藝山房刻本　十三册　存二十卷(一至五、九至十六、十八至二十四)

360000－1902－0002930　3928
經史鈔不分卷　(清)徐與喬輯　(清)譚尚鍾增輯　清嘉慶二十一年(1816)刻本　四册　存易、禮記

360000－1902－0002931　3929
心齋十種　(清)任兆麟撰　清乾隆震澤任氏忠敏家塾刻本　一册　存六種十四卷(夏小正補注四卷,石鼓文集釋一卷,尸子三卷、附録一卷,四民月令一卷,襄陽耆舊記三卷,文章始一卷)

360000－1902－0002932　3930
新刻重校增補圓機活法詩學全書二十四卷　(明)王世貞校正　清蓮溪書屋刻本　八册　存二十一卷(一至十、十四至二十四)

360000－1902－0002933　3931
文選六十卷　(南朝梁)蕭統輯　(唐)李善注　清光緒十三年(1887)湖北書局刻本　十六册

360000－1902－0002934　3932
文選六十卷　(南朝梁)蕭統輯　(唐)李善注　清江右彣彬堂刻朱墨套印本　十二册

360000－1902－0002935　3933
文選六十卷　(南朝梁)蕭統輯　(唐)李善注　清乾隆三十七年(1772)葉氏海録軒刻朱墨套印本　十二册

360000－1902－0002936　3934
文選六十卷　(南朝梁)蕭統輯　(唐)李善注　清刻朱墨套印本　十二册

360000－1902－0002937　3935
文選六十卷　(南朝梁)蕭統輯　(唐)李善注　清刻朱墨套印本　十二册

360000－1902－0002938　3936
文選六十卷　(南朝梁)蕭統輯　(唐)李善注　明末海虞毛氏汲古閣刻清乾隆二十七年(1762)雲林楊氏儒纓堂重修本　十二册

360000－1902－0002939　3937
文選六十卷　(南朝梁)蕭統輯　(唐)李善注　清寶華堂刻本　十六册

360000－1902－0002940　3938
文選六十卷　(南朝梁)蕭統輯　(唐)李善注　清刻本　十四册

360000－1902－0002941　3939
文選六十卷　(南朝梁)蕭統輯　(唐)李善注　**考異十卷**　(清)胡克家撰　清同治八年(1869)湖北崇文書局刻本　二十四册

360000－1902－0002942　3940
文選五卷首一卷　(南朝梁)蕭統輯　(唐)李善注　**文選考異一卷**　(清)胡克家撰　清光緒十四年(1888)上海同文書局石印本　六册

360000－1902－0002943　3941
文選六十卷　(南朝梁)蕭統輯　(唐)李善注　**文選考異十卷**　(清)胡克家撰　清宣統三年(1911)上海會文堂粹記石印本　十六册

360000－1902－0002944　3942
文選六十卷　(南朝梁)蕭統輯　(唐)李善注　**文選考異十卷**　(清)胡克家撰　清宣統三年(1911)上海會文堂書局石印本　十六册

360000－1902－0002945　3943
文選六十卷　(南朝梁)蕭統輯　(唐)李善注　**附考異十卷**　(清)胡克家撰　清光緒十八年(1892)上海古香閣石印本　六册

360000－1902－0002946　3944

六臣註文選六十卷 （南朝梁）蕭統輯 （唐）李善注 明刻清康熙二十四年（1685）印本 二十四冊

360000－1902－0002947 3945
文選六十卷 （南朝梁）蕭統輯 （唐）李善注 清末民國初上海錦章圖書局石印本 十六冊

360000－1902－0002948 3946
文選六十卷 （南朝梁）蕭統輯 （唐）李善注 明末海虞毛氏汲古閣刻清乾隆二十七年（1762）雲林楊氏儒纓堂重修本 五冊 存三十二卷（一至十九、四十八至六十）

360000－1902－0002949 3947
文選六十卷 （南朝梁）蕭統輯 （唐）李善注 明末海虞毛氏汲古閣刻清乾隆二十七年（1762）雲林楊氏儒纓堂重修本 六冊

360000－1902－0002950 3948
文選六十卷 （南朝梁）蕭統輯 （唐）李善注 清刻本 十二冊

360000－1902－0002951 3949
文選六十卷 （南朝梁）蕭統輯 （唐）李善注 清光緒十三年（1887）湖北書局刻本 十冊 存五十卷（一至二十五、三十一至五十五）

360000－1902－0002952 3950
文選六十卷 （南朝梁）蕭統輯 （唐）李善注 **考異十卷** （清）胡克家撰 清同治八年（1869）湖北崇文書局刻本 二十二冊 存六十四卷（文選一至五十一、五十五至六十，考異一至七）

360000－1902－0002953 3951
文選六十卷 （南朝梁）蕭統輯 （唐）李善注 **文選考異十卷** （清）胡克家撰 清末石印本 三冊 存三十四卷（文選三十七至六十、考異十卷）

360000－1902－0002954 3952
文選六十卷 （南朝梁）蕭統輯 （唐）李善注 **文選考異十卷** （清）胡克家撰 清末上海鴻文書局石印本 三冊 存十七卷（文選五十四至六十、考異十卷）

360000－1902－0002955 3953
文選六十卷 （南朝梁）蕭統輯 （唐）李善注 **文選考異十卷** （清）胡克家撰 清末上海鴻文書局石印本 六冊 存四十六卷（一至二十三、三十一至三十八、四十六至六十）

360000－1902－0002956 3955
文選六十卷 （南朝梁）蕭統輯 （唐）李善注 清刻本 三冊 存十五卷（三十六至三十九、四十四至五十四）

360000－1902－0002957 3956
文選六十卷 （南朝梁）蕭統輯 （唐）李善注 清刻本 四冊 存二十二卷（三十三至三十八、四十五至六十）

360000－1902－0002958 3957
文選六十卷 （南朝梁）蕭統輯 （唐）李善注 清羊城翰墨園刻朱墨套印本 九冊 存四十四卷（一至二十三、二十九至三十三、四十至四十四、五十至六十）

360000－1902－0002959 3960
文選六十卷 （南朝梁）蕭統輯 （唐）李善注 清末學庫山房刻本 十冊

360000－1902－0002960 3961
文選六十卷 （南朝梁）蕭統輯 （唐）李善注 清乾隆三十七年（1772）葉氏海錄軒刻朱墨套印本 十六冊

360000－1902－0002961 3963
文選補遺四十卷首一卷 （宋）陳仁子輯 清道光二十五年（1845）刻本 十冊

360000－1902－0002962 3964
文選補遺四十卷首一卷 （宋）陳仁子輯 清道光二十五年（1845）刻本 十六冊

360000－1902－0002963 3965
增廣文選六種 （清）王毓俊輯 清光緒二十一年（1895）上海鴻寶齋石印本 十二冊

360000－1902－0002964 3966
昭明文選六臣匯注疏解三十九卷 （清）顧施

禎纂輯　清刻本　十八冊　存三十五卷（一至五、八至三十五、三十八至三十九）

360000－1902－0002965　3967
文選六十卷　（南朝梁）蕭統輯　（唐）李善注　**考異十卷**　（清）胡克家撰　清末石印本　七冊　存三十三卷（文選二十一至二十八、三十四至四十三、五十六至六十，考異十卷）

360000－1902－0002966　3968
重訂文選集評十五卷首一卷末一卷　（清）于光華編次　清刻本　一冊　存一卷（二）

360000－1902－0002967　3969
文選理學權輿八卷　（清）汪師韓撰　**補一卷　文選考異四卷文選李注補正四卷**　（清）孫志祖輯　清光緒十五年（1889）刻本　八冊

360000－1902－0002968　3970
玉臺新詠十卷　（南朝陳）徐陵輯　（清）吳兆宜注　（清）程際盛刪補　清乾隆刻本　三冊

360000－1902－0002969　3971
唐宋八家文讀本三十卷　（清）沈德潛評點　清刻本　四冊　存十五卷（四至六、十五至二十六）

360000－1902－0002970　3972
唐宋八家文讀本三十卷　（清）沈德潛評點　清乾隆十五年（1750）小欝林刻本　十一冊　存二十七卷（一至二十七）

360000－1902－0002971　3973
古文苑二十一卷　（宋）章樵注　清刻本　二冊　存十卷（五至十四）

360000－1902－0002972　3974
瀛奎玉律賦鈔四卷　（清）高敏編　清刻本　三冊　存三卷（一至三）

360000－1902－0002973　3975
瀛奎律髓刊誤四十九卷　（元）方回選　（清）紀昀批點　清嘉慶五年（1800）侯官李光垣刻本　十冊

360000－1902－0002974　3976
瀛奎律髓刊誤四十九卷　（元）方回選　（清）紀昀批點　清侯官李光垣刻本　六冊

360000－1902－0002975　3977
瀛奎律髓刊誤四十九卷　（元）方回選　（清）紀昀批點　清刻本　四冊　存二十二卷（五至十六、二十一至三十）

360000－1902－0002976　3980
女四書集註四卷　（清）王相箋注　清刻本　二冊

360000－1902－0002977　3981
刪補古今文致十卷　（明）劉士鏻原選　（明）王宇增刪　明天啟刻本　四冊

360000－1902－0002978　3982
國朝文才調集不分卷明文才調集不分卷　（清）許振褘編　清光緒十七年（1891）大梁東河行署刻本　五冊

360000－1902－0002979　3984
才調集十卷　（五代）韋縠集　清康熙四十三年（1704）垂雲堂刻本　四冊　存七卷（一、五至十）

360000－1902－0002980　3985
樂府詩集一百卷目錄二卷　（宋）郭茂倩編次　清光緒元年（1875）湖北崇文書局刻本　十二冊　存七十卷（一至六十八、目錄二卷）

360000－1902－0002981　3986
樂府詩集一百卷目錄二卷　（宋）郭茂倩編次　清光緒元年（1875）湖北崇文書局刻本　十六冊

360000－1902－0002982　3989
重訂七種古文選　（清）儲欣評選　清乾隆刻本　二十二冊

360000－1902－0002983　3990
詩林韶濩選二十卷　（清）顧嗣立原本　（清）周煌重選　清乾隆二十九年（1764）刻本　四冊

360000－1902－0002984　3991
古文淵鑒六十四卷　（清）徐乾學等編注　清康熙刻本　四十八冊

360000－1902－0002985　3992

楚國人文寶善集十六卷　(清)王元士纂輯　清同治十三年(1874)刻本　十六冊

360000－1902－0002986　3993

古文析義十六卷　(清)林雲銘評注　清刻本　十五冊　存十五卷(一至十一、十三至十六)

360000－1902－0002987　3994

古文析義十六卷　(清)林雲銘評注　清刻本　五冊　存五卷(三至四、六、八至九)

360000－1902－0002988　3995

古文析義六卷　(清)林雲銘評注　清刻本　四冊　存四卷(二至三、五至六)

360000－1902－0002989　3996

古文析義□□卷　(清)林雲銘評注　清刻本　二冊　存二卷(六、八)

360000－1902－0002990　3997

古文析義十六卷　(清)林雲銘評注　清刻本　二冊　存四卷(二至三、十三至十四)

360000－1902－0002991　3998

古文析義二編八卷　(清)林雲銘評注　清刻本　一冊　存一卷(二)

360000－1902－0002992　3999

古文析義六卷　(清)林雲銘評注　清經國堂刻本(卷六配清經元堂本)　四冊　存四卷(一至二、四、六)

360000－1902－0002993　4000

郁郁齋古文析義詳解十六卷　(清)林雲銘評注　清刻本　一冊　存二卷(十四至十五)

360000－1902－0002994　4001

古文析義十六卷　(清)林雲銘評注　清文光堂刻本　三冊　存三卷(一至二、五)

360000－1902－0002995　4002

郁郁齋古文析義詳解十六卷　(清)林雲銘評注　清刻本　二冊　存二卷(七、十六)

360000－1902－0002996　4003

古文析義□□卷　(清)林雲銘評注　清刻本　四冊　存四卷(二至三、六、八)

360000－1902－0002997　4004

古文析義十六卷　(清)林雲銘評注　清刻本　四冊　存四卷(二、八、十三、十六)

360000－1902－0002998　4005

古文析義合編初編六卷二編八卷　(清)林雲銘評注　清刻本　九冊　存九卷(初編三、五至六,二編二至六、八)

360000－1902－0002999　4006

古文淵鑒六十四卷　(清)徐乾學等編注　清淵鑑齋刻本　二十四冊

360000－1902－0003000　4007

古文雅正十四卷　(清)蔡世遠選評　清雍正三年(1725)念修堂刻本　六冊

360000－1902－0003001　4008

古文雅正十四卷　(清)蔡世遠選評　清雍正三年(1725)念修堂刻本　二冊　存四卷(六至九)

360000－1902－0003002　4009

續選古文雅正十四卷　(清)林有席評輯　清道光二十二年(1842)鈐陽林氏刻本　十二冊

360000－1902－0003003　4010

重訂古文雅正十四卷　(清)蔡世遠輯　(清)林有席評　清道光八年(1828)崇陽楊氏刻本　三冊　存十一卷(一至七、十一至十四)

360000－1902－0003004　4011

重訂古文雅正十四卷　(清)蔡世遠輯　(清)林有席評　清乾隆四十二年(1777)石竹山房刻本　八冊

360000－1902－0003005　4012

斯文精萃不分卷　(清)尹繼善輯　清乾隆二十九年(1764)刻本　九冊　存宋文、漢詩五言古、魏詩五言古、南北朝詩五言古、唐詩五言古、宋詩五言古、唐詩七言古、宋詩七言古、唐詩五言律、宋詩五言律、唐詩七言律、宋詩七言律、唐詩五言絕、宋詩五言絕、唐詩七言絕、宋詩七言絕、雜體、四六、賦

360000－1902－0003006　4013

斯文精萃不分卷　(清)尹繼善輯　清乾隆二十九年(1764)刻本　三册　存漢文、晉文、唐文

360000－1902－0003007　4014

斯文精萃不分卷　(清)尹繼善輯　清同治七年(1868)長沙刻本　十二册　存漢文、晉文、唐文、宋文、漢詩五言古、魏詩五言古、南北朝詩五言古、唐詩五言古、宋詩五言古、唐詩七言古、宋詩七言古、唐詩五言律、宋詩五言律、唐詩七言律、宋詩七言律、唐詩五言絶、宋詩五言絶、唐詩七言絶、宋詩七言絶、雜體、四六、賦之鵬鳥賦至前赤壁賦

360000－1902－0003008　4015

斯文精萃不分卷　(清)尹繼善輯　清乾隆二十九年(1764)刻本　十二册

360000－1902－0003009　4017

古詩源十四卷　(清)沈德潛選　清光緒刻本　二册　存七卷(四至七、十二至十四)

360000－1902－0003010　4018

古詩源十四卷　(清)沈德潛選　清光緒十七年(1891)湖南思賢書局刻本　四册

360000－1902－0003011　4019

古詩源十四卷　(清)沈德潛選　清光緒十七年(1891)湖南思賢書局刻本　四册

360000－1902－0003012　4020

古詩源十四卷　(清)沈德潛選　清光緒十七年(1891)湖南思賢書局刻本　四册

360000－1902－0003013　4021

古詩源十四卷　(清)沈德潛選　清霽月山房刻本　四册

360000－1902－0003014　4022

古詩源十四卷　(清)沈德潛選　清霽月山房刻本　四册

360000－1902－0003015　4023

古詩箋三十二卷　(清)王士禛選　(清)聞人倓箋　清松江文萃堂刻本　十二册

360000－1902－0003016　4024

古詩箋三十二卷　(清)王士禛選　(清)聞人倓箋　清乾隆三十一年(1766)芷蘭堂刻本　三册　存二十一卷(五言十七卷、七言一至四)

360000－1902－0003017　4025

漁洋山人古詩選三十二卷　(清)王士禛(王士禎)選　**惜抱軒今體詩選十八卷**　(清)姚鼐輯　清同治七年(1868)湘鄉曾氏刻本　十四册　存四十八卷(五言詩選十七卷,七言今體詩選一至七、十至十五,惜抱軒今體詩選十八卷)

360000－1902－0003018　4026

漁洋山人古詩選三十二卷　(清)王士禛(王士禎)選　**惜抱軒今體詩鈔十八卷**　(清)姚鼐輯　清同治五年(1866)金陵書局刻本　十册

360000－1902－0003019　4027

御定歷代賦彙一百四十卷外集二十卷逸句二卷補遺二十二卷目録二卷　(清)陳元龍輯　清康熙四十五年(1706)刻本　三十三册

360000－1902－0003020　4028

御定歷代賦彙一百四十卷外集二十卷逸句二卷補遺二十二卷目録二卷　(清)陳元龍輯　清康熙四十五年(1706)刻本　二十七册　存八十七卷(御定歷代賦彙一至二十二、四十三至五十二、五十七至六十、九十三至一百四、一百二十四至一百四十,外集一至五、九至十四,補遺八至十三、二十至二十二,目録二卷)

360000－1902－0003021　4030

古文辭類纂七十四卷　(清)姚鼐纂集　清光緒二十六年(1900)新化三味書室刻本　五册　存三十三卷(十六至二十一、二十八至五十四)

360000－1902－0003022　4031

古文辭類纂七十五卷　(清)姚鼐纂集　清光緒二十七年(1901)滁州李氏求要堂刻本　九册　存五十四卷(一至二十、二十六至五十九)

360000－1902－0003023　4032
古文辭類纂七十四卷　(清)姚鼐纂集　清合河康氏刻本　十二册

360000－1902－0003024　4033
古文辭類纂七十五卷　(清)姚鼐纂集　清同治八年(1869)問竹軒刻本(卷三十一至四十六配清光緒刻本,卷六十九至七十四配清光緒二十六年新化三味書室刻本)　五册　存三十七卷(二十至二十三、三十一至四十六、五十七至六十七、六十九至七十四)

360000－1902－0003025　4034
古文辭類纂七十五卷　(清)姚鼐纂集　清同治八年(1869)問竹軒刻本　十六册

360000－1902－0003026　4035
古文辭類纂七十五卷　(清)姚鼐纂集　清同治八年(1869)刻本　十六册

360000－1902－0003027　4036
古文辭類纂七十四卷　(清)姚鼐纂集　清光緒刻本(卷二十九至三十三配清刻本)　四册　存二十一卷(二十九至三十三、四十至四十九、五十六至六十一)

360000－1902－0003028　4037
古文辭類纂七十四卷　(清)姚鼐纂集　清光緒十九年(1893)思賢講舍刻本　十二册

360000－1902－0003029　4038
古文辭類纂七十四卷　(清)姚鼐纂集　清光緒十九年(1893)思賢講舍刻本　十册　存五十五卷(二十至七十四)

360000－1902－0003030　4039
古文辭類纂七十四卷　(清)姚鼐纂集　清光緒二十六年(1900)新化三味書室刻本　八册　存四十三卷(一至三、十至十七、二十一至二十三、二十八至三十一、三十六至四十三、五十至五十七、六十六至七十四)

360000－1902－0003031　4040
古文辭類纂七十四卷　(清)姚鼐纂集　清光緒刻本(卷四十五至四十八配清刻本)　二册　存十二卷(三十二至三十九、四十五至四十八)

360000－1902－0003032　4041
古文辭類纂七十五卷　(清)姚鼐纂集　清同治八年(1869)問竹軒刻本　二册　存八卷(二十五至二十八、四十三至四十六)

360000－1902－0003033　4044
古文辭類纂七十四卷　(清)姚鼐纂集　清光緒三十三年(1907)上海商務印書館鉛印本　四册　存三十七卷(二十一至四十、五十一至六十七)

360000－1902－0003034　4048
古文辭類纂七十四卷　(清)姚鼐纂集　清光緒二十年(1894)湖南書局刻本　十四册

360000－1902－0003035　4048
續古文辭類纂三十四卷　王先謙纂集　清光緒八年(1882)王氏虚受堂刻本　六册　與360000－1902－0003034合函

360000－1902－0003036　4049
御選唐宋文醇五十八卷　(清)高宗弘曆選　清刻朱墨套印本　二十四册

360000－1902－0003037　4050
國朝駢體正宗十二卷　(清)曾燠輯　清嘉慶十一年(1806)賞雨茆屋刻本　六册

360000－1902－0003038　4051
玉谿生詩箋註三卷首一卷樊南文集箋註八卷附玉谿生年譜一卷　(唐)李商隱撰　(清)馮浩編訂　清乾隆四十五年(1780)德聚堂刻嘉慶元年(1796)增刻本　八册

360000－1902－0003039　4052
忠雅堂評選四六法海八卷　(清)蔣士銓評選　清光緒十八年(1892)湖南書局刻本　八册

360000－1902－0003040　4053
詩窺二卷　(清)顧立功輯　清乾隆十九年(1754)刻本　二册

360000－1902－0003041　4054
彙纂詩法度鍼三十三卷首一卷　(清)徐文弼輯　清乾隆二十三年(1758)刻本　八册

360000－1902－0003042　4055
讀書引十二卷　(清)王謨輯　清乾隆四十八年(1783)刻本　四册

360000－1902－0003043　4056
古文釋義新編八卷　(清)余誠評注　清刻本　一册　存二卷(一至二)

360000－1902－0003044　4057
金文最六十卷　(清)張金吾輯　清光緒二十一年(1895)江蘇書局刻本　十一册　存四十卷(九至四十八)

360000－1902－0003045　4058
駢體文鈔三十一卷　(清)李兆洛輯　清合河康氏刻本　十一册　存二十九卷(三至三十一)

360000－1902－0003046　4059
駢體文鈔三十一卷　(清)李兆洛輯　清刻本　七册　存十七卷(十至十一、十七至三十一)

360000－1902－0003047　4060
駢體文鈔三十一卷　(清)李兆洛輯　清光緒八年(1882)合河康氏滬上刻本　十二册

360000－1902－0003048　4061
駢體文鈔三十一卷　(清)李兆洛輯　清合河康氏刻本　八册

360000－1902－0003049　4064(1)
續古文辭類纂三十四卷　王先謙纂集　清光緒刻本(卷一至六配清光緒二十六年三味書室刻本、卷七至十四配清光緒八年虚受堂刻本)　六册　存三十二卷(一至十四、十七至三十四)

360000－1902－0003050　4064(2)
續古文辭類纂三十四卷　王先謙纂集　清光緒刻本　一册　存六卷(十二至十七)

360000－1902－0003051　4065
續古文辭類纂二十八卷　(清)黎庶昌編　清光緒十六年(1890)金陵書局刻本　十四册

360000－1902－0003052　4067
續古文辭類纂三十四卷　王先謙纂集　清光緒三十三年(1907)上海商務印書館鉛印本　三册　存二十八卷(一至七、十四至三十四)

360000－1902－0003053　4068(1)
續古文辭類纂三十四卷　王先謙纂集　清光緒八年(1882)長沙王氏虚受堂刻本(卷十至十二配清光緒刻本)　七册　存三十二卷(三至三十四)

360000－1902－0003054　4068(2)
續古文辭類纂三十四卷　王先謙纂集　清光緒刻本　一册　存三卷(一至三)

360000－1902－0003055　4069
續古文辭類纂三十四卷　王先謙纂集　清光緒八年(1882)王氏虚受堂刻本　九册　存二十八卷(一至二十八)

360000－1902－0003056　4070
續古文辭類纂三十四卷　王先謙纂集　清光緒刻本　一册　存三卷(七至九)

360000－1902－0003057　4071
續古文辭類纂三十四卷　王先謙纂集　清光緒刻本　五册　存二十一卷(四至十一、十八至二十二、二十七至三十四)

360000－1902－0003058　4072
續古文辭類纂三十四卷　王先謙纂集　清光緒二十六年(1900)新化三味書室刻本　五册　存二十一卷(一至十三、二十七至三十四)

360000－1902－0003059　4073
續古文辭類纂三十四卷　王先謙纂集　清光緒二十六年(1900)新化三味書室刻本(卷四至六配清光緒刻本)　三册　存十一卷(四至十四)

360000－1902－0003060　4074
經餘必讀八卷續編八卷三集四卷　(清)雷琳等輯　清嘉慶十二年(1807)刻本　八册

360000－1902－0003061　4075
經餘必讀八卷續編八卷三集四卷　(清)雷琳等輯　清光緒二年(1876)汲綆齋刻本　九册

存十八卷(經餘必讀一至二、五至八,續編八卷,三集四卷)

360000－1902－0003062　4076
經餘必讀八卷續編八卷　(清)雷琳等輯　清道光二十年(1840)刻本　七冊　存十三卷(經餘必讀四至八、續編八卷)

360000－1902－0003063　4076
經餘必讀三集四卷　(清)雷琳等輯　清嘉慶十六年(1811)刻本　二冊　與360000－1902－0003062合函

360000－1902－0003064　4077
經餘必讀八卷續編八卷三集四卷　(清)雷琳等輯　清嘉慶十一年(1806)刻本　六冊　存十一卷(經餘必讀一至二、七至八,續編三至八,三集一)

360000－1902－0003065　4078
讀詩類編十八卷　(清)張映漢輯　清嘉慶十九年(1814)刻本　八冊

360000－1902－0003066　4079
桂芳齋重訂古文釋義新編八卷　(清)余誠評注　清嘉慶二十五年(1820)刻本　三冊　存六卷(一至四、七至八)

360000－1902－0003067　4080
八代詩選二十卷　王闓運撰　清光緒七年(1881)四川尊經書局刻本　六冊

360000－1902－0003068　4081
善卷堂四六十卷　(清)陸繁弨撰　(清)吳自高注　清道光二年(1822)刻本　二冊

360000－1902－0003069　4082
渝水詩觀三十二卷　(清)黃之晉輯　清道光二十九年(1849)刻本　十冊

360000－1902－0003070　4083
考古必要賦四卷附試賦分論一卷擬題分類備覽一卷　(清)江家春　(清)邱景岳選注　清道光七年(1827)刻本　四冊

360000－1902－0003071　4084
詠物詩選注釋八卷　(清)易開縉等輯注　清道光元年(1821)稽古堂刻本　二冊　存四卷(一至四)

360000－1902－0003072　4085
六朝文絜四卷　(清)許槤評選　清光緒三年(1877)白下刻朱墨套印本　一冊

360000－1902－0003073　4086
六朝文絜四卷　(清)許槤評選　清道光五年(1825)刻本　二冊

360000－1902－0003074　4095(1)
古文筆法百篇二十卷首一卷　(清)李扶九選　(清)黃仁黼纂　清光緒八年(1882)滇南書局刻本　一冊　存四卷(一至三、首一卷)

360000－1902－0003075　4095(2)
古文筆法百篇二十卷首一卷　(清)李扶九選　(清)黃仁黼纂　清光緒刻本　二冊　存八卷(三至四、九至十四)

360000－1902－0003076　4096
古文觀止十二卷　(清)吳乘權　(清)吳大職手錄　清光緒李光明莊刻本　一冊　存二卷(九至十)

360000－1902－0003077　4097
駢體文略二十九卷　(清)鍾廣輯　清光緒二十年(1894)刻本　一冊　存十七卷(一至十七)

360000－1902－0003078　4098
增補重訂千家詩注解二卷　(清)謝枋得選
新鐫五言千家詩箋注二卷　(清)王相選注
清英德堂刻本　一冊

360000－1902－0003079　4099
同館賦鈔□□卷　(清)法式善編　清刻本　八冊　存十一卷(十二至二十二)

360000－1902－0003080　4100
六朝四家全集　(清)胡鳳丹輯　清刻本　六冊　存五種十二卷(謝宣城集五卷、鮑參軍集二卷、庾開府集二卷、附採輯歷朝詩話一卷、辨訛考異一至二)

360000－1902－0003081　4102

歷代名稿彙選續集不分卷　(□)□□編　清石印本　十冊

360000－1902－0003082　4110
御定歷代賦彙一百四十卷外集二十卷逸句二卷補遺二十二卷目錄二卷　(清)陳元龍輯　清康熙四十五年(1706)刻本　七十二冊

360000－1902－0003083　4111
文則二卷附錄一卷　(宋)陳騤撰　清嘉慶二十二年(1817)臨海宋氏刻台州叢書本　一冊

360000－1902－0003084　4114
十八家詩鈔二十八卷　(清)曾國藩纂　清同治十三年(1874)傳忠書局刻曾文正公全集本　十冊　存十卷(一、三、五、七至九、二十三至二十五、二十八)

360000－1902－0003085　4115
西漢文　(明)張運泰等彙評　清刻漢魏六十名家本　九冊

360000－1902－0003086　4116
季漢文　(明)張運泰等彙評　清刻漢魏六十名家本　二冊

360000－1902－0003087　4117
魏文　(明)張運泰等彙評　清刻漢魏六十名家本　一冊

360000－1902－0003088　4119
南北朝文鈔二卷　(清)彭兆蓀輯　清嘉慶四年(1799)刻本　二冊

360000－1902－0003089　4121
全上古三代秦漢三國六朝文七百四十六卷　(清)嚴可均輯　清光緒二十年(1894)黄岡王氏刻本　一百冊

360000－1902－0003090　4122
唐詩選六卷　王闓運輯　清光緒二年(1876)成都尊經書局刻本　六冊

360000－1902－0003091　4123
全唐詩鈔八十卷補遺十六卷　(清)吳成儀輯　清乾隆二十四年(1759)刻本　二十冊　存五十八卷(全唐詩鈔一至六、十四至二十二、三十三至四十二、四十七至五十、五十六至六十、七十至七十二、七十六至八十,補遺十六卷)

360000－1902－0003092　4124
唐詩貫珠六十卷　(清)胡以梅箋　清康熙五十四年(1715)素心堂刻本　七冊　存二十三卷(四至十一、十八至二十七、五十六至六十)

360000－1902－0003093　4125
唐詩貫珠六十卷　(清)胡以梅箋　清康熙五十四年(1715)素心堂刻本　十二冊　存三十四卷(十二至十七、二十八至五十五)

360000－1902－0003094　4126
唐賢三昧集三卷　(清)王士禛選　(清)吳煊　(清)胡棠輯注　清乾隆五十二年(1787)聽雨齋刻本　三冊

360000－1902－0003095　4127
初唐四傑集三十七卷　(清)項家達輯　清乾隆四十六年(1781)星渚項氏刻本　十冊

360000－1902－0003096　4128
初唐四傑文集二十一卷　(清)項家達輯　清光緒五年(1879)淮南書局刻本　三冊

360000－1902－0003097　4129
唐人長律彙編不分卷　(□)易莊原本　清抄本　五冊　存五冊(一、三至四、六、八)

360000－1902－0003098　4131
唐人萬首絕句選七卷　(宋)洪邁原本　(清)王士禛選　清同治十二年(1873)刻本　二冊

360000－1902－0003099　4132
唐人萬首絕句選七卷　(宋)洪邁原本　(清)王士禛選　清同治退補齋刻本　二冊

360000－1902－0003100　4133
全唐詩九百卷目錄十二卷　(清)曹寅輯　清光緒元年(1875)撫州雙峰書屋刻本　一百十九冊　存九百一卷(一至八百八十九、目錄十二卷)

360000－1902－0003101　4134
重訂唐詩別裁集二十卷　(清)沈德潛選　清

學源堂刻本　一册　存三卷(一至三)

360000－1902－0003102　4135
中晚唐詩叩彈集十二卷　(清)杜詔　(清)杜庭珠集　清刻本　三册　存八卷(一至七、十二)

360000－1902－0003103　4137
唐四家詩集　(清)胡鳳丹輯　清光緒十三年(1887)湖北官書處刻本　五册

360000－1902－0003104　4138
唐四家詩集　(清)胡鳳丹輯　清光緒十三年(1887)湖北官書處刻本　五册

360000－1902－0003105　4139
唐駢體文鈔十七卷　(清)陳均輯　清同治十二年(1873)刻本　五册

360000－1902－0003106　4140
唐文粹一百卷　(宋)姚鉉撰　清光緒九年(1883)江蘇書局刻本　一册　存七卷(八十至八十六)

360000－1902－0003107　4141
唐詩歸三十六卷　(明)鍾惺　(明)譚元春編　明末刻本　一册　存六卷(十七至二十二)

360000－1902－0003108　4143
唐詩三百首注疏六卷　(清)蘅塘退士(孫洙)編　(清)章燮注　清道光十四年(1834)刻本　四册　存四卷(三至六)

360000－1902－0003109　4144
唐詩三百首注疏六卷　(清)蘅塘退士(孫洙)編　(清)章燮注　清道光十四年(1834)刻民國十三年(1924)奉新宋氏卷雨樓印本　六册

360000－1902－0003110　4147
古唐詩合解唐詩十二卷古詩四卷　(清)王堯衢注　清刻本　四册　存十二卷(唐詩五至十二、古詩四卷)

360000－1902－0003111　4148
古唐詩合解唐詩十二卷古詩四卷　(清)王堯衢注　清刻本　一册　存四卷(古詩四卷)

360000－1902－0003112　4149
古唐詩合解唐詩十二卷古詩四卷　(清)王堯衢注　清光緒十八年(1892)江西兩儀堂刻本　一册　存二卷(唐詩一至二)

360000－1902－0003113　4150
古唐詩合解唐詩十二卷古詩四卷　(清)王堯衢注　清刻本　一册　存四卷(古詩四卷)

360000－1902－0003114　4151
古唐詩合解十二卷　(清)王堯衢注　清刻本　二册　存四卷(一至四)

360000－1902－0003115　4152
古唐詩合解十二卷　(清)王堯衢注　清刻本(卷三至四、八至九配清刻本)　四册　存九卷(一至九)

360000－1902－0003116　4153
古唐詩合解十二卷　(清)王堯衢注　清刻本　四册

360000－1902－0003117　4154
古唐詩合解十二卷　(清)王堯衢注　清刻本　四册

360000－1902－0003118　4155
古唐詩合解十二卷　(清)王堯衢注　清刻本　三册

360000－1902－0003119　4156
古唐詩合解十二卷　(清)王堯衢注　清刻本(卷八至十二配清鳴盛堂刻本)　五册

360000－1902－0003120　4157
欽定全唐文一千卷目錄三卷　(清)董誥等輯　清光緒二十七年(1901)廣雅書局刻本　二百册

360000－1902－0003121　4158
古文正鉅□□卷　(唐)柳宗元等撰　清刻本　三册　存三卷(二至四)

360000－1902－0003122　4159
御選唐宋詩醇四十七卷目錄二卷　(清)高宗弘曆選　清宣統二年(1910)上海書局石印本　六册　存三十三卷(一至三十一、目錄二卷)

360000 - 1902 - 0003123　4161
御選唐宋文醇五十八卷　(清)高宗弘曆選　清光緒三年(1877)浙江書局刻本　二十册

360000 - 1902 - 0003124　4162
御選唐宋詩醇四十七卷目録二卷　(清)高宗弘曆選　清刻本　十二册　存二十三卷(一至三、七至十、三十一至三十二、三十五至四十七,目録二)

360000 - 1902 - 0003125　4163
宋詩鈔四集　(清)吕留良等輯　清康熙十年(1671)吴氏鑑古堂刻本　十九册

360000 - 1902 - 0003126　4164
御選唐宋文醇五十八卷　(清)高宗弘曆選　清光緒十年(1884)刻本　十六册

360000 - 1902 - 0003127　4165
宋詩鈔四集　(清)吕留良等輯　清康熙十年(1671)吴氏鑑古堂刻本　十八册

360000 - 1902 - 0003128　4166
御選唐宋詩醇四十七卷目録二卷　(清)高宗弘曆選　清乾隆二十五年(1760)刻本　十册　存二十九卷(六至二十、二十五至二十七、三十二至三十三、三十八至四十、四十四至四十七,目録二卷)

360000 - 1902 - 0003129　4167
御選唐宋詩醇四十七卷目録二卷　(清)高宗弘曆選　清光緒十八年(1892)湖南書局刻本　二十四册

360000 - 1902 - 0003130　4168
明詩别裁集十二卷　(清)沈德潛　(清)周準輯　清刻本　二册　存七卷(四至十)

360000 - 1902 - 0003131　4169
明文小題貫不分卷　(清)□□輯　清刻本　一册

360000 - 1902 - 0003132　4170
宋四六選二十四卷　(清)曹振鏞編　清同治四年(1865)刻本　八册

360000 - 1902 - 0003133　4171
南宋雜事詩七卷　(清)沈嘉轍等撰　清刻本　二册

360000 - 1902 - 0003134　4172
南宋雜事詩七卷　(清)沈嘉轍等撰　清同治十一年(1872)淮南書局刻本　四册

360000 - 1902 - 0003135　4173
南宋雜事詩七卷　(清)沈嘉轍等撰　清雍正武林芹香齋刻本　二册

360000 - 1902 - 0003136　4174
絶妙好詞箋七卷　(宋)周密輯　(清)查爲仁　(清)厲鶚箋　**續鈔一卷**　(清)余集鈔攝　**又續一卷**　(清)徐楙補録　清道光刻本　三册　存七卷(絶妙好詞箋一、四至七,續鈔一卷,又續一卷)

360000 - 1902 - 0003137　4175
續文章正宗復刻十二卷　(清)真德秀輯　清乾隆三十三年(1768)刻本　八册　存九卷(一至九)

360000 - 1902 - 0003138　4176
本事詩十二卷　(清)徐釚編輯　清乾隆二十二年(1757)刻本　一册　存二卷(三至四)

360000 - 1902 - 0003139　4177
欽定國朝詩别裁集三十二卷　(清)沈德潛纂評　清刻本　四册　存十二卷(一至七、十七至十九、二十六至二十七)

360000 - 1902 - 0003140　4178
欽定國朝詩别裁集三十二卷　(清)沈德潛纂評　清乾隆二十六年(1761)刻本　六册

360000 - 1902 - 0003141　4179
欽定國朝詩别裁集三十二卷　(清)沈德潛纂評　清乾隆二十六年(1761)刻本　十二册

360000 - 1902 - 0003142　4180
八銘堂塾鈔二集不分卷　(清)吴懋政編次　清光緒二十年(1894)湖南書局刻本　七册

360000 - 1902 - 0003143　4181
古文約編十卷　(清)倪承茂訂　清乾隆五年(1740)清芬書屋刻本　六册

360000－1902－0003144　4182
七子詩選十四卷　(清)沈德潛編　清乾隆十八年(1753)刻本　二冊

360000－1902－0003145　4183
八銘堂塾鈔初集不分卷　(清)吴懋政編　清乾隆四十八年(1783)刻本　三冊

360000－1902－0003146　4184
五言排律依永集八卷　(清)張九鉞箋釋　清乾隆二十六年(1761)文陞齋刻本　四冊

360000－1902－0003147　4185
庚辰集五卷　(清)紀昀編　清乾隆二十七年(1762)刻本　五冊

360000－1902－0003148　4186
湖海詩傳四十六卷　(清)王昶輯　清嘉慶八年(1803)三泖漁莊刻本　十冊

360000－1902－0003149　4187
切問齋文鈔三十卷　(清)陸燿輯　清同治八年(1869)金陵錢氏刻本　十一冊　存二十七卷(一至二十四、二十八至三十)

360000－1902－0003150　4188
忠雅堂評選四六法海八卷　(清)蔣士銓評選　清同治十年(1871)刻朱墨套印本　十冊

360000－1902－0003151　4190
註釋九家詩十一卷　(清)冒銘注　清嘉慶十四年(1809)刻本　二冊

360000－1902－0003152　4190
九家詩讀本一卷　(清)李錫瓚評注　清嘉慶十七年(1812)刻本　與360000－1902－0003151合冊

360000－1902－0003153　4191
註釋九家詩十一卷　(清)冒銘注　清嘉慶十四年(1809)刻本　二冊

360000－1902－0003154　4191
九家詩讀本一卷　(清)李錫瓚評注　清嘉慶十七年(1812)刻本　與360000－1902－0003153合冊

360000－1902－0003155　4192
十家詩詳註七卷　(清)毛履謙　(清)吳涵一評注　清三餘堂刻本　四冊

360000－1902－0003156　4193
八家四六文鈔　(清)吴鼒編　清會文堂刻本　五冊　存七種八卷(玉芝堂文集一卷、有正味齋文集二卷、西溪漁隱外集一卷、卷施閣文乙集一卷、問字堂外集一卷、儀振堂遺稿一卷、思補堂文集一卷)

360000－1902－0003157　4194
同館賦續鈔十八卷　(清)徐桐編選　清光緒十六年(1890)翰林院刻本　十六冊

360000－1902－0003158　4195
同館賦鈔二十六卷　(清)法式善編　清嘉慶元年(1796)詩龕刻本(卷二十五至二十六原注未梓)　十一冊　存二十三卷(一至二十三)

360000－1902－0003159　4196
同館賦鈔三十二卷　(清)法式善編　**同館賦鈔二集三十卷**　(清)朱鳳標等輯　清刻本　八冊　存五卷(同館賦鈔三十二、二集二十六至二十九)

360000－1902－0003160　4197
國朝駢體正宗十二卷　(清)曾燠輯　清嘉慶十一年(1806)賞雨茆屋刻本　六冊

360000－1902－0003161　4198
國朝駢體正宗十二卷　(清)曾燠輯　清刻本　二冊　存四卷(五至六、九至十)

360000－1902－0003162　4199
國朝駢體正宗十二卷　(清)曾燠輯　清刻本　三冊　存九卷(一至三、七至十二)

360000－1902－0003163　4200
國朝駢體正宗十二卷　(清)曾燠輯　清嘉慶十一年(1806)賞雨茆屋刻本　四冊

360000－1902－0003164　4201
國朝駢體正宗十二卷　(清)曾燠輯　**續編八卷**　(清)張鳴珂輯　清光緒二十一年(1895)湖南崇德書局刻本　十冊

360000－1902－0003165　4202
國朝駢體正宗十二卷　(清)曾燠輯　清光緒十九年(1893)善化章氏鴻運樓刻本　六冊

360000－1902－0003166　4203
國朝駢體正宗十二卷　(清)曾燠輯　清同治十三年(1874)刻本　五冊　存十卷(一至二、五至十二)

360000－1902－0003167　4204
國朝駢體正宗十二卷　(清)曾燠輯　清同治十三年(1874)刻本　六冊

360000－1902－0003168　4205
駢文類纂四十六卷　王先謙輯　清光緒二十八年(1902)湖南思賢書局刻本　十一冊　存二十卷(十六至三十四、四十六)

360000－1902－0003169　4206
國朝駢體正宗評本十二卷補編一卷　(清)曾燠選　(清)姚燮評　清光緒十一年(1885)花雨樓刻朱墨套印本　三冊　存七卷(國朝駢體正宗評本七至十二、補編一卷)

360000－1902－0003170　4207
國朝駢體正宗續編八卷　(清)張鳴珂輯　清光緒十四年(1888)寒松閣刻本　四冊

360000－1902－0003171　4208
國朝文匯甲前集二十卷　上海國學扶輪社編　清宣統元年(1909)上海國學扶輪社石印本　四冊　存八卷(三至四、十一至十二、十五至十六、十九至二十)

360000－1902－0003172　4209
國朝文匯甲前集二十卷　上海國學扶輪社編　清宣統元年(1909)上海國學扶輪社石印本　十冊

360000－1902－0003173　4210
國朝文匯甲集六十卷乙集七十卷丙集三十卷丁集二十卷　上海國學扶輪社編　清宣統元年(1909)上海國學扶輪社石印本　七十五冊　存一百五十卷(甲集三至三十、四十一至四十四、四十七至六十,乙集一至二十八、三十一至三十八、四十一至六十二、六十五至七十,丙集七至三十,丁集一至六、九至十八)

360000－1902－0003174　4211
註釋九家詩十一卷　(清)冒銘注　**九家詩讀本一卷**　(清)李錫瓚評　清道光十年(1830)文德堂刻本　二冊

360000－1902－0003175　4212
隨園女弟子詩選六卷　(清)袁枚輯　清嘉慶元年(1796)新安汪穀刻本　一冊

360000－1902－0003176　4213
續編諮餘錄□□卷　(清)俞傳聲續輯　(清)吳耿煒彙編　清乾隆五十一年至嘉慶四年(1786－1799)刻本　一冊　存二卷(三至四)

360000－1902－0003177　4215
二家詞鈔五卷　(清)樊增祥輯　清末民國初上海會文堂書局石印本　二冊

360000－1902－0003178　4217
應試五排精選五卷　(清)周大樞選釋　(清)吳昌宗　(清)申贊皇箋　清乾隆二十六年(1761)刻本　二冊

360000－1902－0003179　4218
嶺南三大家詩選二十四卷　(清)王隼選　清刻本　五冊

360000－1902－0003180　4219
國朝文雅正所見集十六卷　(清)林有席評輯　清刻本　二冊　存四卷(三至六)

360000－1902－0003181　4220
同館賦鈔三十二卷　(清)法式善編　清嘉慶十七年(1812)刻本　十六冊　存十八卷(一至十一、二十三至二十九)

360000－1902－0003182　4221
批點八家詩選注釋八卷　(清)張熙宇輯評　清同治五年(1866)小西山房刻朱墨套印本　二冊

360000－1902－0003183　4222
心香閣墨商一卷　(清)郁鼎鐘評選　清道光十年(1830)刻本　三冊

360000－1902－0003184　4225(1)

狀元策(清嘉慶十六年至光緒十八年)不分卷 (清)謝蘭生輯 清道光十三年(1833)刻光緒續刻本(光緒三年、光緒十六年文廷式原注未刻) 十一冊 存嘉慶十六年至光緒二年、十五年至十六年

360000-1902-0003185 4225(2)
狀元策(清道光十三年至二十一年)不分卷 (清)謝蘭生輯 清道光刻本 一冊

360000-1902-0003186 4226
國朝名家試律詩鈔四十卷 (清)周壽昌評選 (清)王紹曾注釋 清同治十二年(1873)長沙王氏刻本 六冊

360000-1902-0003187 4227
湖南四先生詩鈔四卷 (清)吳恭亨選輯 清光緒十八年(1892)刻本 二冊

360000-1902-0003188 4228
浩氣吟一卷 (清)趙烱輯 清道光十四年(1834)刻本 一冊

360000-1902-0003189 4229
國朝二十四家文鈔二十四卷 (清)徐斐然輯評 清刻本 七冊 存二十一卷(一至二十、二十四)

360000-1902-0003190 4230
硃批七家詩選箋注七卷 (清)張熙宇輯評 清刻朱墨套印本 四冊

360000-1902-0003191 4231
七家試帖輯注彙鈔 (清)張熙宇輯評 (清)王植桂輯注 清刻本 七冊 存六種八卷(樫花館試帖輯注一卷、桐雲閣試帖輯注二卷、尚絅堂試帖輯注一卷、修竹齋試帖輯注一卷、簡學齋試帖輯注一卷、西漚試帖輯注二卷)

360000-1902-0003192 4232
七家試帖輯注彙鈔 (清)張熙宇輯評 (清)王植桂輯注 清光緒二十二年(1896)經綸元記刻本 八冊

360000-1902-0003193 4233
國朝文雅正所見集十六卷 (清)林有席評輯 清道光十年(1830)刻本 十二冊

360000-1902-0003194 4234
國朝十家四六文鈔 王先謙輯 清光緒十五年(1889)長沙王氏刻本 四冊

360000-1902-0003195 4235
國朝名稿彙選不分卷 (清)□□編 清石印本 十冊

360000-1902-0003196 4236
新律拔萃不分卷新策拔萃不分卷 (清)陸麟書輯 清刻本 一冊

360000-1902-0003197 4237
天崇合鈔不分卷 (清)祝松雲輯 清光緒刻本 一冊 存下論

360000-1902-0003198 4238
友聲集文二卷詩五卷 (清)賴鯤升等輯 清刻本 一冊 存一卷(詩一)

360000-1902-0003199 4239
神交集三卷 (清)趙潤等撰 清光緒三十三年(1907)金陵湯明林印書局鉛印本 一冊

360000-1902-0003200 4240
本朝館閣賦前集十二卷 (清)葉抱松 (清)程琰編 清乾隆二十九年(1764)困學齋刻本 一冊 存二卷(一至二)

360000-1902-0003201 4241
國朝試賦彙海前集十卷後集二卷 (清)黃爵滋輯 清道光十年(1830)刻本 八冊

360000-1902-0003202 4242
四賦體裁箋註十二卷 (清)盧抱經輯 (清)何秀毓等箋注 清乾隆刻本 四冊

360000-1902-0003203 4243
天崇文選集初集補刻不分卷二集補刻不分卷 (清)孫見龍編 清刻本 九冊

360000-1902-0003204 4246
皇朝駢文類苑十四卷首一卷 (清)姚燮選 清光緒十二年(1886)刻本 二十冊

360000－1902－0003205　4251(1)

新喻三劉文集六卷首一卷　(清)暨用其校訂　清乾隆十五年(1750)水西劉氏刻本　五册　存五卷(一至四、首一卷)

360000－1902－0003206　4251(2)

春秋權衡十七卷　(宋)劉敞撰　清乾隆十六年(1751)水西劉氏刻公是遺書本　三册　存十二卷(三至十四)

360000－1902－0003207　4252(1)

新喻三劉文集六卷首一卷　(清)暨用其校訂　清乾隆十五年(1750)水西劉氏刻本　四册　存四卷(一至三、首一卷)

360000－1902－0003208　4252(2)

公是遺書四種　(宋)劉敞撰　清乾隆十六年(1751)水西劉氏刻本　九册

360000－1902－0003209　4253

永新詩徵三十三卷首一卷附錄九卷　(清)尹繼隆輯　清同治六年(1867)刻本　十册

360000－1902－0003210　4254

江西試牘四卷　(清)龍湛霖選　清光緒十七年(1891)刻本　三册　存三卷(一至三)

360000－1902－0003211　4255

江西試牘不分卷　(清)福申輯　清刻本　十一册

360000－1902－0003212　4256

江西詩徵九十四卷補遺一卷　(清)曾燠編輯　清嘉慶九年(1804)刻光緒五年(1879)棣華書屋印本　四十一册　存七十八卷(江西詩徵一至六十八、八十六至九十四,補遺一卷)

360000－1902－0003213　4257

江西詩徵九十四卷補遺一卷　(清)曾燠編輯　清嘉慶九年(1804)賞雨茅屋刻本　十四册　存二十一卷(三至四、十五、二十二至二十三、四十五至四十六、五十一至五十六、六十一至六十二、六十八至六十九、八十一至八十二、八十七至八十八)

360000－1902－0003214　4258

湖南文徵一百九十卷姓氏傳四卷　(清)羅汝懷編　清同治十年(1871)刻本　六十七册　存一百三十二卷(元明文一至二、七至八,國朝文九至二十三、二十六至一百三十六,姓氏傳三至四)

360000－1902－0003215　4259

湖南文徵一百九十卷　(清)羅汝懷編　清同治十年(1871)刻本　二十五册　存五十二卷(元明文九至二十二、二十五至五十四,國朝文一至八)

360000－1902－0003216　4261

學海堂初集十六卷　(清)吳蘭修編　清道光五年(1825)啟秀山房刻本　六册

360000－1902－0003217　4262

學海堂二集二十二卷　(清)吳蘭修編　清道光十八年(1838)啟秀山房刻本　十册

360000－1902－0003218　4263

學海堂三集二十四卷　(清)張維屏編　清咸豐九年(1859)啟秀山房刻本　八册

360000－1902－0003219　4264

學海堂初集十六卷　(清)吳蘭修編　清道光五年(1825)啟秀山房刻本　六册

360000－1902－0003220　4264

學海堂二集二十二卷　(清)吳蘭修編　清道光十八年(1838)啟秀山房刻本　十册　與360000－1902－0003219合函

360000－1902－0003221　4264

學海堂三集二十四卷　(清)張維屏編　清咸豐九年(1859)啟秀山房刻本　八册　與360000－1902－0003219合函

360000－1902－0003222　4264

學海堂四集二十八卷　(清)金錫齡編　清光緒十二年(1886)啟秀山房刻本　十六册　與360000－1902－0003219合函

360000－1902－0003223　4265

江右古文選四十卷　(清)應麟輯評　清乾隆三十一年(1766)屏山堂刻本　二十册

360000－1902－0003224　4266

桃花潭文徵六卷　(清)翟大程編輯　清乾隆四十年(1775)抱甕齋刻本　六冊

360000－1902－0003225　4267

關中書院賦不分卷　(清)谷逢鈞等撰　清刻本　一冊

360000－1902－0003226　4270

鄉黨文正編不分卷　(清)江永等編　清刻本　六冊

360000－1902－0003227　4273

湘中校士錄六卷　(清)夏獻雲輯　清光緒八年(1882)宜園刻本　六冊

360000－1902－0003228　4274

淥江詩存二十四卷　(清)陳昌廣等編　清光緒二十年(1894)刻本　八冊

360000－1902－0003229　4275

三蘇經史策論四十卷　(宋)蘇洵　(宋)蘇軾　(宋)蘇轍撰　清光緒二十八年(1902)文運書局刻本　六冊

360000－1902－0003230　4276

三蘇全集　(清)弓翊青校　清道光十二年(1832)眉州三蘇祠刻本　八十二冊

360000－1902－0003231　4277

三蘇全集　(清)弓翊青校　清道光十二年(1832)眉州三蘇祠刻本　六十四冊

360000－1902－0003232　4278

寧都三魏全集　(清)林時益輯　清易堂刻本　四十二冊　存三種五十九卷(魏伯子文集十卷,魏叔子文集二十二卷、日錄三卷、詩集八卷,魏季子文集十六卷)

360000－1902－0003233　4279

寧都三魏全集　(清)林時益輯　清易堂刻本　四十二冊　存三種五十九卷(魏伯子文集十卷,魏叔子文集二十二卷、日錄三卷、詩集八卷,魏季子文集十六卷)

360000－1902－0003234　4280

旌表節孝唐母屈太孺人徵詩彙刊不分卷　(清)唐九齡編　清同治三年(1864)刻本　一冊

360000－1902－0003235　4281

歸田集一卷　(清)沈德潛撰　清乾隆刻本　二冊

360000－1902－0003236　4282

寧都三魏全集　(清)林時益輯　清易堂刻本　二十一冊　存六種四十三卷[魏伯子文集六至十;魏叔子文集外篇一、八、十二至十三、十六、十八,日錄一;魏季子文集三至七、九、十四;附魏興士文集(梓室文稿)六卷;魏昭士文集(耕廡文稿)十卷;魏敬士文集(為谷文稿)八卷]

360000－1902－0003237　4283(1)

寧都三魏全集　(清)林時益輯　清易堂刻本　八冊　存三種二十四卷(附魏興士文集六卷、魏昭士文集十卷、魏敬士文集八卷)

360000－1902－0003238　4283(2)

魏興士文集(梓室文稿)六卷　(清)魏世傑撰　清易堂刻寧都三魏全集本　一冊

360000－1902－0003239　4284

河南二程全書　(宋)程顥　(宋)程頤撰　清康熙呂氏寶誥堂刻本　九冊　存四種三十七卷(河南程氏遺書一至十七、河南程氏外書十二卷、伊川文集四至八、周易程氏傳二至四)

360000－1902－0003240　4285

司馬文正公傳家集八十卷目錄二卷　(宋)司馬光撰　**附錄一卷年譜一卷**　(清)陳宏謀(陳弘謀)編　清乾隆六年(1741)培遠堂刻本　十一冊　存六十五卷(五至九、十五至十八、二十五至八十)

360000－1902－0003241　4286

疏香閣附錄一卷　(明)葉小鸞撰　清光緒二十二年(1896)羊城秋夢龕刻本　一冊

360000－1902－0003242　4287

桐城方氏時文不分卷　(清)韓菼評選　清光緒十二年(1886)刻本　六冊　存方百川稿,方椒涂稿,方望希稿之論語、大學、中庸

360000－1902－0003243　4288
話陶窗遺稿二卷　(清)曾衍先撰　**在山草二卷**　(清)曾興仁撰　清道光十四年至二十二年(1834－1842)善化曾氏刻羅卷彙編本　一册

360000－1902－0003244　4289
帥氏清芬集　(清)帥之憲輯　清同治元年至光緒十四年(1862－1888)奉新帥氏刻本　二十八册　存十五種

360000－1902－0003245　4292
東坡尺牘一卷東坡詞鈔一卷　(宋)蘇軾撰
山谷尺牘一卷山谷詞鈔一卷　(宋)黄庭堅撰　清宣統元年(1909)上海中華圖書館石印本　四册

360000－1902－0003246　4294
音注小倉山房尺牘八卷補遺一卷　(清)袁枚撰　(清)胡光斗箋釋　清光緒四年(1878)蘭言書屋刻本　四册

360000－1902－0003247　4296
陳文恭公手札節要三卷　(清)陳弘謀撰　清道光二十六年(1846)刻本　一册

360000－1902－0003248　4297
惜抱先生尺牘八卷　(清)姚鼐撰　清刻本　二册

360000－1902－0003249　4298
李文忠公朋僚函稿二十四卷　(清)李鴻章撰　清光緒二十八年(1902)保定蓮池書社鉛印本　十二册

360000－1902－0003250　4300
名賢手札不分卷　(清)郭慶藩輯　清光緒十年(1884)湘陰郭氏岵瞻堂刻本　二册

360000－1902－0003251　4301
半園尺牘二十五卷補遺六卷　(清)静福山人撰　清咸豐十年(1860)刻同治四年(1865)校印本　二十册

360000－1902－0003252　4302
曾文正公家書十卷家訓二卷　(清)曾國藩撰　清光緒五年(1879)傳忠書局刻曾文正公全集本　十二册

360000－1902－0003253　4303
曾文正公書札二十七卷首一卷　(清)曾國藩撰　(清)李鴻章編輯　清光緒二年(1876)傳忠書局刻曾文正公全集本　七册　存十五卷(一至十四、首一卷)

360000－1902－0003254　4305
弢園尺牘十二卷　(清)王韜撰　清光緒六年(1880)天南遯窟鉛印本　四册

360000－1902－0003255　4315
天崇讀本不分卷　(清)八銘主人輯　清末抄本　一册

360000－1902－0003256　4317
鄂渚同聲集三編八卷　(清)胡鳳丹輯　清光緒二年(1876)退補齋刻本　一册　存五卷(四至八)

360000－1902－0003257　4318
時藝階不分卷　(清)路德評選　清道光十九年(1839)刻仁在堂全集本　一册

360000－1902－0003258　4323
鄉會元魁新墨(光緒癸卯科)八卷首一卷附會試闈墨(光緒甲辰恩科)一卷　(清)上海同文書社編　清光緒三十年(1904)上海同文書社鉛印本　四册　存八卷(鄉會元魁新墨一、四至八,首一卷,會試闈墨一卷)

360000－1902－0003259　4324
直省闈藝大全(光緒壬寅補行庚子辛丑恩正并科)八卷　(清)久敬齋主人輯　清光緒二十九年(1903)上海久敬齋石印本　八册

360000－1902－0003260　4325
[塾課小題分編]八集　(清)王步青評　(清)王士釐編　清三讓堂刻本　七册　存四集(四集參變下、五集精詣下、六集大觀上下、七集老境下)

360000－1902－0003261　4328
唐宋八家文讀本三十卷　(清)沈德潛評點

清乾隆十五年(1750)小鬱林刻本　十二冊

360000－1902－0003262　4332

棣榮堂課藝酌存稿四卷　(清)吳啟南撰　清道光二十三年(1843)刻本　四冊

360000－1902－0003263　4333

桐城吳氏古文讀本十三卷　(清)吳汝綸評選　清光緒三十一年(1905)上海文明書局鉛印本　四冊

360000－1902－0003264　4334

四書文不分卷　(清)方苞輯　清光緒十五年(1889)刻本　二十冊

360000－1902－0003265　4335

小題正鵠三集附訓蒙草一卷養正草一卷　(清)李元度編輯　清光緒刻本　七冊

360000－1902－0003266　4336(1)

小題正鵠三集　(清)李元度編輯　清道光二十六年(1846)李氏家塾刻本　五冊

360000－1902－0003267　4336(2)

小題正鵠三集　(清)李元度編輯　清道光二十六年(1846)李氏家塾刻本　一冊　存一集(三)

360000－1902－0003268　4337

小題正鵠三集　(清)李元度編輯　清道光二十六年(1846)李氏家塾刻本　六冊

360000－1902－0003269　4339

家塾蒙求三卷　(清)唐仲冕撰　清光緒九年(1883)刻本　三冊

360000－1902－0003270　4340

持志編五卷首一卷　(清)楊念先輯　清光緒十七年(1891)刻本　二冊

360000－1902－0003271　4341

少室山房精選試帖三百首二卷　(清)蔡嵩年　(清)蔡逢年輯　清光緒七年(1881)刻本　二冊

360000－1902－0003272　4342

京師大學堂講義二編　(清)京師大學堂輯　清光緒鉛印本　八冊

360000－1902－0003273　4345

小學弦歌八卷　(清)李元度輯　清光緒八年(1882)群玉閣刻本　三冊　存六卷(一至四、七至八)

360000－1902－0003274　4346

小學弦歌八卷　(清)李元度輯　清末無恙抄本　五冊

360000－1902－0003275　4347

會試闈墨(光緒甲辰科)二卷　(清)譚廷闓等撰　清光緒三十年(1904)成都文倫書局鉛印本　一冊

360000－1902－0003276　4348(1)

癸卯直墨采真不分卷　(清)京都大學堂評選　清光緒三十年(1904)蓉城文倫書局鉛印本　三冊　存順天、江南、山東、山西、浙江、江西、湖北

360000－1902－0003277　4348(2)

癸卯直墨采真不分卷　(清)京都大學堂評選　清光緒三十年(1904)蓉城文倫書局鉛印本　一冊　存浙江、江西、湖北

360000－1902－0003278　4348(3)

癸卯恩科山西闈墨不分卷　清光緒二十九年(1903)蓉城文倫書局鉛印本　一冊

360000－1902－0003279　4349

賦學指南十卷　(清)余丙照編輯　清道光七年(1827)刻本　二冊

360000－1902－0003280　4350

八銘堂塾鈔二集　(清)吳懋政編次　清乾隆四十八年(1783)刻本　七冊　存初集,二集之上论、下论、上孟、下孟

360000－1902－0003281　4353

張百川先生塾課八卷　(清)張百川撰　清錫環堂刻本　三冊　存四卷(一至四)

360000－1902－0003282　4354

格致書院課藝三集　(清)王韜輯　清光緒弢園遯叟鉛印本　四冊

360000－1902－0003283　4355

尋常小學堂普通問答二編　(清)劉翰芬　(清)黄英編　清光緒二十九年(1903)益元書局刻本　一册

360000－1902－0003284　4356
問答四種　(清)張一鵬　(清)陸基撰　清光緒二十九年(1903)益元書局刻本　一册

360000－1902－0003285　4357
新訂目耕齋讀本初集不分卷　(清)徐楷評注　清光緒三年(1877)刻本　一册　存學庸、上論、下論

360000－1902－0003286　4358
註釋典制文琳五集　(清)許籛編次　清嘉慶十二年(1807)同文堂刻本　五册　存四集(初集、二集、四集、五集)

360000－1902－0003287　4359
格致書院課藝不分卷　(清)王韜輯　清光緒二十四年(1898)上海富強齋書局石印本　十册

360000－1902－0003288　4360
七家試帖輯註彙鈔　(清)張熙宇輯評　清同治九年(1870)刻本　八册

360000－1902－0003289　4361
史鑑節要便讀六卷　(清)鮑東里編輯　清光緒二十八年(1902)經倫森寶刻本　二册

360000－1902－0003290　4362
孝弟忠義圖説四卷　(□)□□編繪　清光緒三十二年(1906)金陵江楚編譯官書局石印本　一册　存二卷(一至二)

360000－1902－0003291　4363
古文筆法百篇二十卷　(清)李扶九選　(清)黄仁黼撰　清光緒二十八年(1902)昭陵經元書室刻本　六册

360000－1902－0003292　4364
詩句題解韻編六卷　(清)陳維屏纂輯　清道光刻本　一册　存一卷(四)

360000－1902－0003293　4365
讀書作文譜十二卷父師善誘法二卷　(清)唐彪輯著　清芸生堂刻本　一册　存八卷(作文譜一至八)

360000－1902－0003294　4366
實學文導二卷　(清)傅雲龍撰　清光緒二十一年(1895)石印本　二册

360000－1902－0003295　4368
地球韻言四卷　(清)張士瀛撰　清光緒二十四年(1898)湘省益衆學會刻本　一册　存二卷(一至二)

360000－1902－0003296　4369
初學辨體不分卷　(清)徐與橋輯評　清刻本　七册　存經部之春秋哀公、襄公,史部之史記、漢書、後漢書

360000－1902－0003297　4372
天文歌略一卷　(清)葉蘭撰　**地學歌略一卷**　(清)葉瀚　(清)葉蘭撰　清刻本　一册

360000－1902－0003298　4373
天文歌略一卷　(清)葉蘭撰　**地學歌略一卷**　(清)葉瀚　(清)葉蘭撰　清刻本　一册

360000－1902－0003299　4374
韻史二卷　(清)許遯翁撰　**韻史補一卷**　(清)李玉岑撰　清同治五年(1866)皖城藩署刻本　一册

360000－1902－0003300　4375
塾課分編註釋八集　(清)王步青論次　(清)于惺介注釋　清大經堂刻本　十六册

360000－1902－0003301　4376
塾課分編註釋八集　(清)王步青論次　(清)于惺介注釋　清道光二十三年(1843)三讓堂刻本　二十册

360000－1902－0003302　4377
補學軒批選時文讀本二卷　(清)鄭獻甫撰　清同治八年(1869)貴州臬署刻本　三册

360000－1902－0003303　4377
補學軒詩集十二卷　(清)鄭獻甫撰　清光緒五年(1879)黔南節署刻本　四册　與360000－1902－0003302合函

360000－1902－0003304　4377
制藝雜話一卷補學軒制藝四卷　(清)鄭獻甫撰　清同治十年(1871)黔南臬署刻本　四册　與360000－1902－0003302合函

360000－1902－0003305　4378
勸學篇二卷　(清)張之洞撰　清光緒二十四年(1898)京都擷華書局鉛印本　二册

360000－1902－0003306　4379
勸學篇二卷　(清)張之洞撰　清光緒二十四年(1898)江西書局刻本　一册

360000－1902－0003307　4380
賦學正鵠集釋四卷　(清)李元度輯　清光緒二十三年(1897)上海文寶閣石印本　二册

360000－1902－0003308　4381
賦學正鵠十卷　(清)李元度輯　清光緒十一年(1885)文昌書局刻本　五册

360000－1902－0003309　4382
回文類聚四卷首一卷　(宋)桑世昌纂次　**織錦回文圖一卷**　(清)玉山仙史(朱象賢)摹集　**回文續編十卷**　(清)朱象賢集　清刻本　四册

360000－1902－0003310　4383
唐宋八家文讀本三十卷　(清)沈德潛評點　清刻本　二册　存五卷(十一至十三、十七、二十五)

360000－1902－0003311　4384
朱飲山千金譜二十九卷三韻易知十卷　(清)朱燮撰　清乾隆三十七年(1772)楊廷茲刻五十五年(1790)新安王氏印本　八册　存二十九卷(千金譜二十九卷)

360000－1902－0003312　4385
朱飲山千金譜二十九卷三韻易知十卷　(清)朱燮撰　清乾隆三十七年(1772)楊廷茲刻五十五年(1790)新安王氏印本　三册　存十七卷(千金譜一至十七)

360000－1902－0003313　4391
楚辭八卷附楚辭後語六卷楚辭辨證二卷　(宋)朱熹集注　清同治十年(1871)刻本　四册

360000－1902－0003314　4392
楚辭十七卷　(戰國)屈原撰　(漢)劉向集　(漢)王逸章句　清同治十一年(1872)金陵書局刻本　四册

360000－1902－0003315　4393
屈原賦二十五篇　(戰國)屈原撰　清光緒十六年(1890)退想齋石印本　二册

360000－1902－0003316　4394
屈子章句七卷　(戰國)屈原撰　(清)劉夢鵬訂　清嘉慶五年(1800)藜青堂刻本　二册

360000－1902－0003317　4395
屈子章句七卷　(戰國)屈原撰　(清)劉夢鵬訂　清乾隆五十四年(1789)藜青堂刻本　一册　存三卷(五至七)

360000－1902－0003318　4396
屈子章句七卷　(戰國)屈原撰　(清)劉夢鵬訂　清乾隆五十四年(1789)藜青堂刻本　二册

360000－1902－0003319　4397
楚辭十七卷　(戰國)屈原撰　(漢)劉向集　(漢)王逸章句　清光緒二十一年(1895)昭陵經畬主人刻本　四册

360000－1902－0003320　4398
楚辭聽直八卷　(戰國)屈原撰　(明)黄文煥聽直　明崇禎十六年(1643)刻本　三册

360000－1902－0003321　4398
楚辭聽直合論一卷　(清)黄文煥撰　清順治十四年(1657)刻本　一册　與360000－1902－0003320合函

360000－1902－0003322　4399
楚辭釋十一卷　(漢)王逸章句　王闓運注　清光緒十二年(1886)成都尊經書院刻本　二册

360000－1902－0003323　4400
屈辭精義六卷　(戰國)屈原撰　(清)陳本禮

箋訂　清嘉慶刻本　一册　存一卷(四)

360000－1902－0003324　4403
靖節先生集十卷首一卷末二卷　(晉)陶潛撰　(清)陶澍集注　清光緒九年(1883)江蘇書局刻本　四册

360000－1902－0003325　4404
靖節先生集十卷首一卷末二卷　(晉)陶潛撰　(清)陶澍集注　清光緒九年(1883)江蘇書局刻本　四册

360000－1902－0003326　4405
陶淵明集八卷首一卷末一卷　(晉)陶潛撰　清光緒五年(1879)廣州翰墨園刻朱墨套印本　二册

360000－1902－0003327　4406
陶淵明詩集十卷　(晉)陶潛撰　清道光二十二年(1842)刻本　二册

360000－1902－0003328　4407
陶淵明集八卷首一卷末一卷　(晉)陶潛撰　清光緒刻朱墨套印本　二册

360000－1902－0003329　4408
陶淵明集八卷首一卷末一卷　(晉)陶潛撰　清光緒五年(1879)廣州翰墨園刻朱墨套印本　四册

360000－1902－0003330　4409
諸葛忠武侯兵法六卷首一卷　(三國蜀)諸葛亮撰　(清)張澍輯　清刻本　二册　存四卷(一至三、首一卷)

360000－1902－0003331　4410
忠武侯諸葛孔明先生文集一卷忠武侯諸葛孔明先生火攻一卷首一卷　(三國蜀)諸葛亮撰　清刻本　二册

360000－1902－0003332　4411
諸葛忠武侯故事五卷　(清)張澍纂輯　清嘉慶十七年(1812)刻本　三册

360000－1902－0003333　4413
諸葛忠武侯文集六卷首一卷　(三國蜀)諸葛亮撰　清茶陵譚福壽堂刻本(卷四原缺)　三册

360000－1902－0003334　4414
諸葛武侯集四卷首一卷　(三國蜀)諸葛亮撰　清同治七年(1868)楚醴景萊書屋刻本　四册

360000－1902－0003335　4415
諸葛武侯集四卷首一卷　(三國蜀)諸葛亮撰　清同治七年(1868)楚醴景萊書屋刻本　三册

360000－1902－0003336　4417
鹽鐵論不分卷　(漢)桓寬撰　(明)張運泰等彙評　清刻漢魏六十名家本　一册

360000－1902－0003337　4418
蔡中郎集二卷　(漢)蔡邕撰　(明)張溥評　清光緒十八年(1892)善化章經濟堂刻本　二册

360000－1902－0003338　4419
徐孝穆全集六卷　(南朝陳)徐陵撰　(清)吳兆宜箋注　清光緒二年(1876)廣東翰墨園刻本　三册

360000－1902－0003339　4420
才調集十卷　(五代)韋縠輯　清康熙四十三年(1704)垂雲堂刻本　六册

360000－1902－0003340　4422
潛夫論十卷　(漢)王符撰　清乾隆十九年(1754)刻本　二册

360000－1902－0003341　4423
庾子山集十六卷　(北周)庾信撰　(清)倪璠注釋　**庾子山年譜一卷庾集總釋一卷**　(清)倪璠撰　清光緒二十年(1894)儒雅堂刻本　十二册

360000－1902－0003342　4424
庾子山集十六卷　(北周)庾信撰　(清)倪璠注釋　**庾子山年譜一卷庾集總釋一卷**　(清)倪璠撰　清刻本　十二册

360000－1902－0003343　4425
庾子山集十六卷　(北周)庾信撰　(清)倪璠

注釋　清刻本　一冊　存二卷(四至五)

360000－1902－0003344　4426
庾子山集十六卷　(北周)庾信撰　(清)倪璠注釋　**庾子山年譜一卷庾集總釋一卷**　(清)倪璠撰　清刻本　十二冊

360000－1902－0003345　4427
庾子山集十六卷　(北周)庾信撰　(清)倪璠注釋　**庾子山年譜一卷庾集總釋一卷**　(清)倪璠撰　清刻本　十二冊

360000－1902－0003346　4432
李太白文集三十六卷　(唐)李白撰　(清)王琦輯注　清乾隆刻本　八冊

360000－1902－0003347　4434
李太白文集三十卷　(唐)李白撰　清光緒元年(1875)湖北崇文書局刻本　四冊

360000－1902－0003348　4435
李太白文集三十卷　(唐)李白撰　清光緒元年(1875)湖北崇文書局刻本　四冊

360000－1902－0003349　4436
分類補注李太白詩二十五卷　(唐)李白撰　(宋)楊齊賢注　(元)蕭士贇補注　(明)許自昌校　**唐翰林李太白年譜一卷**　(宋)薛仲邕編　明萬曆許自昌刻本　十冊

360000－1902－0003350　4437
李太白文集三十六卷　(唐)李白撰　(清)王琦輯　清乾隆刻本　十冊

360000－1902－0003351　4438
李太白文集三十六卷　(唐)李白撰　(清)王琦輯注　清刻本　八冊　存十七卷(六至十、二十三至二十八、三十一至三十六)

360000－1902－0003352　4440
李太白文集□□卷　(唐)李白撰　(清)王琦輯注　清刻本　六冊　存十九卷(二至三、十五至三十一)

360000－1902－0003353　4441
李太白文集三十六卷　(唐)李白撰　(清)王琦編輯　清乾隆刻本　十六冊

360000－1902－0003354　4442
李太白文集三十六卷　(唐)李白撰　(清)王琦編輯　清乾隆刻本　七冊　存二十一卷(二至四、十二至二十六、三十四至三十六)

360000－1902－0003355　4443
分類補注李太白詩二十五卷　(唐)李白撰　(宋)楊齊賢注　(元)蕭士贇補注　(明)許自昌校　**唐翰林李太白年譜一卷**　(宋)薛仲邕編　明萬曆許自昌刻清雲林五雲堂印本　十二冊

360000－1902－0003356　4444
杜詩論文五十六卷　(唐)杜甫撰　(清)吴見思注　清康熙十一年(1672)常州岱淵堂刻本　十冊

360000－1902－0003357　4445
讀杜心解六卷首二卷　(清)浦起龍講解　清雍正二年至三年(1724－1725)浦氏寧我齋刻本　六冊

360000－1902－0003358　4446
讀杜心解六卷首二卷　(清)浦起龍講解　清刻本　五冊　存四卷(一之一至四、二之三、三之一、五之一至二)

360000－1902－0003359　4447
讀杜心解六卷首二卷　(清)浦起龍講解　清刻本　二冊　存二卷(一之一至二、五之一至三)

360000－1902－0003360　4448
讀杜心解六卷首二卷　(清)浦起龍講解　清刻本　一冊　存一卷(一之五至六)

360000－1902－0003361　4449
杜詩鏡銓二十卷附錄一卷附年譜一卷　(唐)杜甫撰　(清)楊倫編輯　**讀書堂杜工部文集注解二卷**　(清)張溍評注　清同治十一年(1872)望三益齋刻本　八冊

360000－1902－0003362　4450
杜詩鏡銓二十卷附錄一卷附年譜一卷　(唐)杜甫撰　(清)楊倫編輯　**讀書堂杜工部文集注解二卷**　(清)張溍評注　清同治十一年

(1872)望三益齋刻本　八冊

360000－1902－0003363　4451

杜詩詳註三十一卷首一卷附編二卷　(唐)杜甫撰　(清)仇兆鰲輯注　清刻本(卷二十六至三十一原注嗣刻)　二十七冊　存二十七卷(一至三、五至二十五,首一卷,附編二卷)

360000－1902－0003364　4452

杜詩詳註□□卷首一卷附編二卷　(唐)杜甫撰　(清)仇兆鰲輯注　清刻本　十三冊　存十五卷(七至十三、二十至二十五,附編二卷)

360000－1902－0003365　4453

杜詩詳註二十五卷首一卷附編二卷　(唐)杜甫撰　(清)仇兆鰲輯注　清刻本　十二冊

360000－1902－0003366　4454

杜詩詳註□□卷首一卷附編二卷　(唐)杜甫撰　(清)仇兆鰲輯注　清刻本　十二冊　存二十三卷(二至二十四)

360000－1902－0003367　4455

杜工部集二十卷首一卷　(唐)杜甫撰　清光緒二年(1876)粵東翰墨園刻六色套印本　十冊

360000－1902－0003368　4458

杜詩分類全集五卷　(唐)杜甫撰　(清)張縉彥　(清)谷應泰輯　清初刻本　一冊　存一卷(二)

360000－1902－0003369　4459

杜詩詳註三十一卷首一卷附編二卷　(唐)杜甫撰　(清)仇兆鰲輯注　清道光刻本(卷二十六至三十一原注嗣刻)　二十四冊

360000－1902－0003370　4461

杜詩詳註三十一卷首一卷附編二卷　(唐)杜甫撰　(清)仇兆鰲輯注　清道光刻本(卷二十六至三十一原注嗣刻)　十一冊　存二十二卷(一至九、十二至十九、二十二至二十三,首一卷,附編二卷)

360000－1902－0003371　4463

白香山詩長慶集二十卷後集十七卷別集一卷補遺二卷附年譜一卷　(唐)白居易撰　(清)汪立名編訂　清康熙古歙汪立名一隅草堂刻本　八冊　缺一卷(後集五)

360000－1902－0003372　4464(1)

白香山詩長慶集二十卷後集十七卷別集一卷補遺二卷附年譜一卷　(唐)白居易撰　(清)汪立名編訂　清刻本　五冊　存二十七卷(長慶集一至三、九至二十,後集一至三、七至十、十六至十七,別集一卷,補遺二卷)

360000－1902－0003373　4464(2)

白香山詩長慶集二十卷　(唐)白居易撰　(清)汪立名編訂　清康熙古歙汪立名一隅草堂刻本　二冊　存十四卷(七至二十)

360000－1902－0003374　4465

白香山詩長慶集二十卷後集十七卷別集一卷補遺二卷附年譜一卷　(唐)白居易撰　(清)汪立名編訂　清康熙古歙汪立名一隅草堂刻本　八冊

360000－1902－0003375　4466

白香山詩長慶集二十卷後集十七卷別集一卷補遺二卷附年譜一卷　(唐)白居易撰　(清)汪立名編訂　清康熙古歙汪立名一隅草堂刻本　十冊

360000－1902－0003376　4469

白香山詩長慶集二十卷後集十七卷別集一卷補遺二卷附年譜一卷　(唐)白居易撰　(清)汪立名編訂　清宣統三年(1911)影印本　一冊　存一卷(年譜一卷)

360000－1902－0003377　4471

重刊五百家註音辯昌黎先生文集四十卷　(唐)韓愈撰　(宋)魏仲舉輯注　清末民國初上海文瑞樓石印本　十二冊

360000－1902－0003378　4472

昌黎先生集四十卷外集十卷遺文一卷　(唐)韓愈撰　(唐)李漢編　**韓集點勘四卷**　(清)陳景雲撰　清宣統三年(1911)石印本　九冊　存五十卷(昌黎先生集一至五、十一至四十,外集十卷,遺文一卷,韓集點勘四卷)

360000－1902－0003379　4473

韓文四十卷　(唐)韓愈撰　明嘉靖刻本　三册　存二十六卷(十三至三十八)

360000－1902－0003380　4474

昌黎先生集四十卷外集十卷遺文一卷　(唐)韓愈撰　**朱子校昌黎先生集傳一卷**　明東吳徐氏東雅堂刻本　五册　存三十二卷(昌黎先生集一、二十二至四十,外集十卷,遺文一卷,集傳一卷)

360000－1902－0003381　4475

可之先生全集錄二卷　(唐)孫樵撰　(清)儲欣錄　清康熙四十四年(1705)刻唐宋大家全集錄本　一册

360000－1902－0003382　4477

重刊五百家註音辯昌黎先生文集四十卷　(唐)韓愈撰　(宋)魏仲舉輯注　清乾隆四十九年(1784)刻本　十二册　存三十七卷(一至三十七)

360000－1902－0003383　4478(1)

新刊五百家註音辯昌黎先生文集四十卷　(唐)韓愈撰　(宋)魏仲舉輯注　清乾隆刻本　一册　存四卷(十一至十四)

360000－1902－0003384　4478(2)

五百家註音辯昌黎先生文集四十卷　(唐)韓愈撰　(宋)魏仲舉輯注　清刻本　五册　存二十六卷(十五至四十)

360000－1902－0003385　4478(3)

五百家註音辯昌黎先生文集四十卷　(唐)韓愈撰　(宋)魏仲舉輯注　清乾隆刻本　一册　存三卷(三十八至四十)

360000－1902－0003386　4479

昌黎先生集四十卷韓集遺文一卷　(唐)韓愈撰　(唐)李漢編　清光緒十五年(1889)刻本　十二册

360000－1902－0003387　4480

昌黎先生詩增注証訛十一卷附昌黎先生年譜一卷　(唐)韓愈撰　(清)顧嗣立刪補　(清)黃鉞增注証訛并編年譜　清道光二十八年(1848)黃中民刻咸豐七年(1857)四明鮑氏印本　四册

360000－1902－0003388　4481

昌黎先生詩集注十一卷附年譜一卷　(唐)韓愈撰　(清)顧嗣立刪補　清光緒九年(1883)廣州翰墨園刻三色套印本　六册

360000－1902－0003389　4482

五百家註音辨昌黎先生文集四十卷　(唐)韓愈撰　清刻本　八册　存二十一卷(二至五、十一至二十三、三十一至三十四)

360000－1902－0003390　4483

昌黎先生全集錄八卷　(唐)韓愈撰　(清)儲欣錄　清康熙四十四年(1705)刻唐宋十大家全集錄本　四册

360000－1902－0003391　4487

李義山詩集十六卷　(唐)李商隱撰　(清)姚培謙箋　清乾隆五年(1740)姚氏松桂讀書堂刻本　四册

360000－1902－0003392　4488

李義山文集十卷　(唐)李商隱撰　(清)徐樹穀箋　(清)徐炯注　清康熙四十七年(1708)徐氏花谿草堂刻本　六册

360000－1902－0003393　4489

李義山詩集三卷　(唐)李商隱撰　(清)朱鶴齡箋　清同治九年(1870)廣州倅署刻三色套印本　三册

360000－1902－0003394　4490

李義山詩集三卷　(唐)李商隱撰　(清)朱鶴齡箋　清同治九年(1870)廣州倅署刻三色套印本　四册

360000－1902－0003395　4491

樊南文集箋注八卷首一卷　(唐)李商隱撰　(清)馮浩編訂　清刻本　二册　存五卷(一至二、五至六,首一卷)

360000－1902－0003396　4492

樊南文集箋注八卷　(唐)李商隱撰　清乾隆三十年(1765)德聚堂刻本　三册

360000－1902－0003397　4493
唐陸宣公集二十四卷　(唐)陸贄撰　清道光二十七年(1847)刻本　八册

360000－1902－0003398　4494
唐陸宣公集二十二卷　(唐)陸贄撰　清同治五年(1866)楊氏問竹軒家塾刻本　五册

360000－1902－0003399　4495
唐陸宣公集二十二卷　(唐)陸贄撰　清刻本　六册

360000－1902－0003400　4496
唐陸宣公翰苑集二十二卷　(唐)陸贄撰　清咸豐十一年(1861)崇仁謝氏刻本　六册

360000－1902－0003401　4497
唐陸宣公集二十二卷　(唐)陸贄撰　清同治五年(1866)楊氏問竹軒家塾刻本　六册

360000－1902－0003402　4499
唐陸宣公集二十二卷　(唐)陸贄撰　清刻本　四册

360000－1902－0003403　4500
唐陸宣公集二十二卷首一卷增輯一卷附錄一卷　(唐)陸贄撰　清光緒二年(1876)江蘇書局刻本　六册

360000－1902－0003404　4501
唐陸宣公集二十二卷首一卷增輯一卷附錄一卷　(唐)陸贄撰　清光緒二年(1876)江蘇書局刻本　六册

360000－1902－0003405　4502
河東先生文集六卷　(唐)柳宗元撰　清宣統二年(1910)上海會文堂粹記石印本　三册

360000－1902－0003406　4503
柳文四十三卷别集二卷外集二卷附錄一卷　(唐)柳宗元撰　(清)劉禹錫編　清同治七年(1868)刻本　三册　存十七卷(柳文二十六至三十三、四十至四十三,别集二卷,外集二卷,附錄一卷)

360000－1902－0003407　4504
河東先生全集錄六卷　(唐)柳宗元撰　(清)儲欣錄　清康熙四十四年(1705)刻唐宋大家全集錄本　三册

360000－1902－0003408　4505
柳文四十三卷别集二卷外集二卷附錄一卷　(唐)柳宗元撰　清春星閣刻本　八册

360000－1902－0003409　4518
王摩詰詩集七卷　(唐)王維撰　(宋)劉辰翁評　清光緒五年(1879)碧琳瑯館刻朱墨套印本　一册　存五卷(三至七)

360000－1902－0003410　4519
唐皮日休文藪十卷　(唐)皮日休撰　清光緒二十一年(1895)合肥李氏蘭雪堂刻本　二册

360000－1902－0003411　4520
習之先生全集錄二卷　(唐)李翱撰　(清)儲欣錄　清康熙四十四年(1705)刻唐宋大家全集錄本　一册

360000－1902－0003412　4534
溫飛卿詩集九卷　(唐)溫庭筠撰　(明)曾益箋　清宣統二年(1910)影印本　四册

360000－1902－0003413　4537
溫飛卿詩集九卷　(唐)溫庭筠撰　(明)曾益注　(清)顧予咸補注　(清)顧嗣立續注　清刻本　二册

360000－1902－0003414　4539
李長吉集四卷外卷一卷　(唐)李賀撰　(明)黄淳耀　(明)黎簡評　清光緒十八年(1892)羊城刻朱墨套印本　一册

360000－1902－0003415　4540
郭弘農集二卷　(晉)郭璞撰　清光緒十八年(1892)善化章經濟堂刻漢魏六朝百三名家集本　二册

360000－1902－0003416　4543
林和靖詩集四卷拾遺一卷附錄一卷　(宋)林逋撰　清同治十二年(1873)長洲朱氏刻本　二册

360000－1902－0003417　4544
林和靖先生詩集四卷附省心錄一卷　(宋)林

逋撰　清光緒二十一年(1895)婺源俞氏清蔭堂刻本　二冊

360000－1902－0003418　4545
文恭集四十卷　(宋)胡宿撰　清乾隆刻本　十冊

360000－1902－0003419　4546
廬陵歐陽文忠公全集一百五十三卷首一卷附錄五卷　(宋)歐陽修撰　清嘉慶二十四年(1819)歐陽衡刻本　二十四冊

360000－1902－0003420　4548
廬陵歐陽文忠公全集一百五十三卷首一卷附錄五卷　(宋)歐陽修撰　清嘉慶二十四年(1819)歐陽衡刻本　二十三冊　存一百五十卷(一至二十五、三十五至一百五十三,首一卷,附錄五卷)

360000－1902－0003421　4549
歐陽文忠公全集一百五十三卷首一卷附錄五卷　(宋)歐陽修撰　**附廬陵歐陽文忠公年譜一卷**　(宋)胡柯撰　清乾隆五十一年(1786)刻五十七年(1792)重修本　二十四冊

360000－1902－0003422　4550
六一居士全集錄五卷外集錄二卷　(宋)歐陽修撰　(清)儲欣錄　清刻唐宋十大家全集錄本　一冊　存二卷(外集錄二卷)

360000－1902－0003423　4552
六一居士全集錄五卷外集錄二卷　(宋)歐陽修撰　(清)儲欣錄　清康熙四十四年(1705)刻唐宋大家全集錄本　三冊

360000－1902－0003424　4553
廬陵歐陽文忠公全集一百五十三卷附錄五卷首一卷　(宋)歐陽修撰　清嘉慶二十四年(1819)歐陽衡刻本　二十四冊

360000－1902－0003425　4554
歐陽文忠公全集一百五十三卷附錄五卷　(宋)歐陽修撰　**附廬陵歐陽文忠公年譜一卷**　(宋)胡柯撰　清乾隆十一年(1746)孝思堂刻本　四十二冊　存一百四十四卷(一至十一、十七至五十二、五十四至五十六、六十至六十三、六十六至一百十五、一百十八至一百四十三、一百四十六至一百五十三,附錄五卷,年譜一卷)

360000－1902－0003426　4555
蘇學士文集十六卷　(宋)蘇舜欽撰　清宣統三年(1911)龍文閣書局石印本　四冊　存十二卷(二至十三)

360000－1902－0003427　4559
老泉先生全集錄五卷　(宋)蘇洵撰　(清)儲欣錄　清康熙四十四年(1705)刻唐宋大家全集錄本　一冊

360000－1902－0003428　4560
周子全書二十二卷首一卷　(宋)周敦頤撰　(清)董榕輯　清乾隆刻本　二冊　存五卷(十二至十三、十八至二十)

360000－1902－0003429　4561
欒城先生全集錄六卷　(宋)蘇轍撰　(清)儲欣錄　清康熙四十四年(1705)刻唐宋大家全集錄本　二冊

360000－1902－0003430　4564
曾南豐文集四卷　(宋)曾鞏撰　清宣統二年(1910)上海會文堂書局石印本　二冊

360000－1902－0003431　4565
元豐類稿五十卷首一卷　(宋)曾鞏撰　清光緒十六年(1890)慈利漁浦書院刻本　十冊

360000－1902－0003432　4566
南豐先生全集錄二卷　(宋)曾鞏撰　(清)儲欣錄　清康熙四十四年(1705)刻唐宋大家全集錄本　二冊

360000－1902－0003433　4567
元豐類稿五十卷　(宋)曾鞏撰　清康熙四十九年(1710)長嶺曾國光刻本　二冊　存十五卷(二至七、二十七至三十五)

360000－1902－0003434　4568
南豐先生元豐類稿五十三卷　(宋)曾鞏撰　清末豐城熊氏影印本　二冊　存九卷(十至十三、二十九至三十三)

360000－1902－0003435　4569
元豐類稿五十卷　(宋)曾鞏撰　清乾隆二十八年(1763)查溪刻本　十二册

360000－1902－0003436　4570
南豐先生元豐類稿五十三卷　(宋)曾鞏撰　清末豐城熊氏影印本　十一册　存四十五卷(一至三十二、四十一至五十三)

360000－1902－0003437　4571
南豐先生元豐類稿五十三卷　(宋)曾鞏撰　清末豐城熊氏影印本　十二册

360000－1902－0003438　4573
公是集五十四卷　(宋)劉敞撰　清光緒三年(1877)刻本　十二册

360000－1902－0003439　4574
公是集五十四卷　(宋)劉敞撰　清光緒三年(1877)刻本　十二册

360000－1902－0003440　4575
彭城集四十卷首一卷　(宋)劉攽撰　清光緒三年(1877)刻本　八册

360000－1902－0003441　4576
彭城集四十卷首一卷　(宋)劉攽撰　清光緒三年(1877)刻本　八册

360000－1902－0003442　4577
彭城集四十卷首一卷　(宋)劉攽撰　清光緒三年(1877)刻本　八册

360000－1902－0003443　4578
彭城集四十卷首一卷　(宋)劉攽撰　清光緒三年(1877)刻本　二册　存十一卷(六至十一、十六至二十)

360000－1902－0003444　4579
司馬文正公傳家集八十卷目錄二卷　(宋)司馬光撰　**附錄一卷年譜一卷**　(清)陳宏謀(陳弘謀)編　清乾隆六年(1741)陳氏培遠堂刻本　二十册

360000－1902－0003445　4580
王臨川全集一百卷目錄二卷　(宋)王安石撰　清光緒九年(1883)刻本　二十四册

360000－1902－0003446　4581
王臨川全集二十四卷　(宋)王安石撰　清宣統三年(1911)掃葉山房石印本　十二册

360000－1902－0003447　4584
王臨川全集一百卷目錄二卷　(宋)王安石撰　清刻本　十二册　存八十一卷(二十至一百)

360000－1902－0003448　4585
王臨川文集四卷　(宋)王安石撰　清宣統二年(1910)上海會文堂粹記石印本　四册

360000－1902－0003449　4587
臨川先生全集錄四卷　(宋)王安石撰　(清)儲欣錄　清康熙四十四年(1705)刻唐宋大家全集錄本　一册

360000－1902－0003450　4588
王臨川全集一百卷目錄二卷　(宋)王安石撰　清光緒九年(1883)溧陽繆氏小岯山館刻本　二十册

360000－1902－0003451　4589
蘇文忠公詩集五十卷目錄二卷　(宋)蘇軾撰　(清)紀昀評點　清同治八年(1869)韞玉山房刻朱墨套印本　十二册

360000－1902－0003452　4590
[蘇東坡詩集]不分卷　(宋)蘇軾撰　清小嵋山房抄本　七册

360000－1902－0003453　4592
蘇文忠公詩集五十卷目錄二卷　(宋)蘇軾撰　(清)紀昀評點　清同治八年(1869)韞玉山房刻朱墨套印本　十二册

360000－1902－0003454　4593
蘇文忠公詩集五十卷目錄二卷　(宋)蘇軾撰　(清)紀昀評點　清道光十四年(1834)兩廣節署刻朱墨套印本　十二册

360000－1902－0003455　4594
東坡先生全集錄九卷　(宋)蘇軾撰　(清)儲欣錄　清康熙四十四年(1705)刻唐宋大家全集錄本　三册

360000－1902－0003456　4595

蘇文忠詩合注五十卷首一卷　(宋)蘇軾撰　(清)馮應榴輯訂　清乾隆六十年(1795)桐鄉馮氏踵息齋刻本　十一册　存三十五卷(一至四、八至十、十八至二十、二十四至三十八、四十二至五十,首一卷)

360000－1902－0003457　4596

蘇文忠詩合注五十卷首一卷　(宋)蘇軾撰　(清)馮應榴輯訂　清乾隆六十年(1795)桐鄉馮氏踵息齋刻同治九年(1870)增修本　二十册

360000－1902－0003458　4597

東坡先生全集七十五卷　(宋)蘇軾撰　明崇禎刻本　十三册　存三十卷(二至六、九至十七、二十九至三十、五十至五十一、六十二至七十一、七十四至七十五)

360000－1902－0003459　4598

蘇文忠公詩編注集成四十六卷總案四十五卷首一卷附諸家雜綴酌存一卷蘇海識餘四卷牋詩圖一卷　(宋)蘇軾撰　(清)王文誥編注　清嘉慶二十四年(1819)武林王氏韻山堂刻本　二十四册

360000－1902－0003460　4600

蘇文忠詩合注五十卷首一卷　(宋)蘇軾撰　(清)馮應榴輯　清乾隆六十年(1795)桐鄉馮氏踵息齋刻本　二十四册

360000－1902－0003461　4601

東坡先生編年詩五十卷年表一卷蘇詩補註采輯書目一卷　(宋)蘇軾撰　(清)查慎行補注　清乾隆二十六年(1761)查開香雨齋刻本　十九册　存四十九卷(編年詩一至四十七、年表一卷、書目一卷)

360000－1902－0003462　4602

山谷詩集注内集二十卷　(宋)黄庭堅撰　(宋)任淵注　**外集十七卷**　(宋)黄庭堅撰　(宋)史容注　**别集二卷**　(宋)黄庭堅撰　(宋)史季温注　清光緒二十六年(1900)義甯陳三立刻宣統二年(1910)印本　十六册　存三十三卷(内集二十卷,外集一、六至七、十至十七,别集二卷)

360000－1902－0003463　4603(1)

山谷詩集注内集二十卷　(宋)黄庭堅撰　(宋)任淵注　**外集十七卷**　(宋)黄庭堅撰　(宋)史容注　**别集二卷**　(宋)黄庭堅撰　(宋)史季温注　清光緒二十六年(1900)義甯陳三立刻本　二十册

360000－1902－0003464　4603(2)

山谷詩集注内集二十卷　(宋)黄庭堅撰　(宋)任淵注　**外集十七卷**　(宋)黄庭堅撰　(宋)史容注　**别集二卷**　(宋)黄庭堅撰　(宋)史季温注　清光緒二十六年(1900)義甯陳三立刻宣統二年(1910)印本　二十册

360000－1902－0003465　4604

山谷老人刀筆二十卷　(宋)黄庭堅撰　清同治十二年(1873)刻本　四册

360000－1902－0003466　4605

黄詩全集五十八卷　(宋)黄庭堅撰　(宋)任淵等注　清光緒二年(1876)刻本　二十四册

360000－1902－0003467　4606

重刻黄文節山谷先生文集三十卷　(宋)黄庭堅撰　明萬曆三十二年(1604)周希令刻本　六册

360000－1902－0003468　4607

宋黄文節公文集正集三十二卷首四卷外集二十四卷别集十九卷　(宋)黄庭堅撰　**附伐檀集二卷**　(宋)黄庶撰　清乾隆三十年(1765)江右寧州緝香堂刻本　五册　存十卷(正集二十六至三十二、首一至三)

360000－1902－0003469　4608

山谷詩集注内集二十卷外集十七卷别集二卷　(宋)黄庭堅撰　(宋)任淵注内集　(宋)史容注外集　(宋)史季温注别集　清光緒二十六年(1900)義甯陳三立刻宣統二年(1910)印本　二十二册

360000－1902－0003470　4609

山谷詩集注内集二十卷外集十七卷别集二卷　(宋)黄庭堅撰　(宋)任淵注内集　(宋)

史容注外集　（宋）史季溫注別集　清光緒二十六年（1900）義甯陳三立刻宣統二年（1910）印本　二十冊

360000 – 1902 – 0003471　4610
山谷題跋三卷　（宋）黄庭堅撰　（清）溫一貞錄　清南潯寧遠堂刻本　一冊　存一卷（三）

360000 – 1902 – 0003472　4614
淮海集十七卷後集二卷詞一卷　（宋）秦觀撰　**補遺一卷**　（清）王敬之等纂輯　清道光十七年（1837）刻本　五冊　存十一卷（淮海集十一至十七、後集二卷、詞一卷、補遺一卷）

360000 – 1902 – 0003473　4614
淮海文集考證一卷　（清）王敬之等撰　清道光二十一年（1841）刻本　與 360000 – 1902 – 0003472 合冊

360000 – 1902 – 0003474　4615
上蔡謝先生語錄三卷考證一卷附錄一卷　（宋）謝良佐撰　清光緒十八年（1892）江夏陳氏刻本　一冊　存四卷（語錄二至三、考證一卷、附錄一卷）

360000 – 1902 – 0003475　4616
楊龜山先生集四十二卷首一卷　（宋）楊時撰　清康熙四十六年（1707）楊氏家祠刻光緒五年（1879）重修本　九冊　存四十二卷（楊龜山先生集四十二卷）

360000 – 1902 – 0003476　4617
楊龜山先生集四十二卷首一卷末一卷　（宋）楊時撰　清光緒九年（1883）古燕張國正刻本（卷末原注嗣刻）　十冊

360000 – 1902 – 0003477　4623
羅豫章先生集十二卷首一卷末一卷年譜一卷　（宋）羅從彥撰　清光緒八年（1882）盱江刻本　四冊

360000 – 1902 – 0003478　4624
羅豫章先生集十二卷首一卷末一卷年譜一卷　（宋）羅從彥撰　清光緒八年（1882）盱江刻本　四冊

360000 – 1902 – 0003479　4625
屏山全集二十卷　（宋）劉子翬撰　清道光十八年（1838）刻本　六冊

360000 – 1902 – 0003480　4627
胡澹庵先生文集三十二卷　（宋）胡銓撰　清乾隆二十二年（1757）練月樓刻本　十冊

360000 – 1902 – 0003481　4628
岳忠武王文集八卷首一卷末一卷　（宋）岳飛撰　（清）黄邦寧纂修　清乾隆三十五年（1770）刻本　六冊

360000 – 1902 – 0003482　4629
岳忠武王文集八卷首一卷末一卷　（宋）岳飛撰　（清）黄邦寧纂修　清乾隆三十五年（1770）刻本　四冊

360000 – 1902 – 0003483　4630
宋岳忠武王集八卷末一卷　（宋）岳飛撰　清同治四年（1865）鳩江戎幄刻本　一冊　存四卷（一至四）

360000 – 1902 – 0003484　4631
楊文節公文集四十三卷首一卷末一卷　（宋）楊萬里撰　清乾隆五十九年（1794）帶經軒刻本　十二冊

360000 – 1902 – 0003485　4632
楊文節公詩集四十二卷　（宋）楊萬里撰　清乾隆六十年（1795）帶經軒刻本　十二冊

360000 – 1902 – 0003486　4633
楊文節公文集四十三卷首一卷末一卷　（宋）楊萬里撰　清乾隆五十九年（1794）帶經軒刻本　十四冊

360000 – 1902 – 0003487　4634
劍南詩稿八十五卷　（宋）陸遊撰　明末毛氏汲古閣刻本　二十九冊　存七十七卷（一至十二、十五至六十九、七十六至八十五）

360000 – 1902 – 0003488　4638
劍南詩鈔不分卷　（宋）陸遊撰　（清）楊大鶴選　清康熙二十四年（1685）武進楊大鶴刻本　五冊

360000－1902－0003489　4639

陸放翁全集　(宋)陸遊撰　明海虞毛氏汲古閣刻本　五冊　存五種四十三卷(放翁逸稿二卷、家世舊聞一卷、齋居紀事一卷、渭南文集十九至五十、南唐書十二至十八)

360000－1902－0003490　4640

張子全書十五卷　(宋)張載撰　明萬曆四十六年(1618)刻清順治十年至乾隆二十八年(1653－1763)遞修本　七冊

360000－1902－0003491　4641

廬陵周益國文忠公集二百卷首一卷附錄五卷末一卷　(宋)周必大撰　清道光二十八年(1848)歐陽棨瀛塘別墅刻咸豐元年(1851)續刻本　四十冊

360000－1902－0003492　4642

朱子文集大全類編一百十一卷首一卷　(宋)朱熹撰　(清)朱玉訂補　清雍正八年(1730)紫陽書院刻乾隆十五年(1750)朱氏采芝山房印本　四十四冊

360000－1902－0003493　4643

晦庵先生朱文公文集一百卷續集五卷別集七卷目錄二卷　(宋)朱熹撰　清康熙刻本　二十冊　存九十五卷(文集五至二十一、二十七至三十五、四十四至一百,續集五卷,別集七卷)

360000－1902－0003494　4644

朱子全書一百四卷首一卷目錄二卷　(宋)朱熹撰　清咸豐十年(1860)刻本　四十冊

360000－1902－0003495　4645

朱子古文讀本二卷　(宋)朱熹撰　清光緒七年(1881)同文堂刻本　四冊

360000－1902－0003496　4646

朱子古文六卷　(宋)朱熹撰　(清)周大璋輯　清道光二十八年(1848)長沙小瑯嬛山館刻本　六冊

360000－1902－0003497　4647

朱子古文六卷　(宋)朱熹撰　(清)周大璋輯　清刻本　五冊　存五卷(一至三、五至六)

360000－1902－0003498　4648

淵鑒齋御纂朱子全書十九卷　(宋)朱熹撰　清刻本　八冊

360000－1902－0003499　4649

南軒文集四十四卷論語解十卷孟子說七卷　(宋)張栻撰　清咸豐四年(1854)綿邑南軒祠刻本　十一冊

360000－1902－0003500　4650

呂東萊先生文集二十卷首一卷　(宋)呂祖謙撰　(清)王宗炳編　清雍正元年(1723)金華陳思臚刻本　八冊

360000－1902－0003501　4651

呂東萊先生文集二十卷首一卷　(宋)呂祖謙撰　(清)王宗炳編　清雍正元年(1723)金華陳思臚刻本　十六冊

360000－1902－0003502　4653

陸象山先生文集三十六卷　(宋)陸九淵撰　(清)李紱編　**附少湖徐先生學則辨一卷**　(明)徐階撰　清道光三年(1823)刻本　十冊

360000－1902－0003503　4654

陸象山先生文集三十六卷　(宋)陸九淵撰　(清)李紱點次　清同治十年(1871)大儒家廟刻本　九冊　存三十五卷(一至三十四、三十六)

360000－1902－0003504　4655

陸象山先生文集三十六卷　(宋)陸九淵撰　(清)李紱編　**附少湖徐先生學則辨一卷**　(明)徐階撰　清道光三年(1823)刻本　十冊

360000－1902－0003505　4656

陸象山先生全集三十六卷　(宋)陸九淵撰　(清)李紱點次　清宣統二年(1910)江左書林鉛印本　八冊

360000－1902－0003506　4657

陸象山先生全集三十六卷　(宋)陸九淵撰　(清)李紱點次　清宣統二年(1910)江左書林鉛印本　八冊

360000－1902－0003507　4658

陸象山先生集節要六卷首一卷 （清）方宗誠撰 清同治七年(1868)皖城撫署刻本 一册 存四卷(一至三、首一卷)

360000－1902－0003508 4659
象山先生全集三十六卷 （宋）陸九淵撰 清康熙刻本 六册 存三十一卷(四至二十、二十二至三十五)

360000－1902－0003509 4660
陸子學譜二十卷 （清）李紱編 清雍正十年(1732)無怒軒刻本 八册

360000－1902－0003510 4661
陸象山先生文集三十六卷附陸梭山公家訓一卷 （宋）陸九淵撰 （清）李紱點次 **附少湖徐先生學則辨一卷** （明）徐階撰 清同治十年(1871)大儒家廟刻本 十册

360000－1902－0003511 4661
陸象山先生文集校勘略一卷 清光緒七年(1881)素位堂刻本 與360000－1902－0003510合册

360000－1902－0003512 4664
稼軒集鈔存四卷首一卷末一卷詞四卷詞補遺一卷 （宋）辛棄疾撰 （清）辛啟泰編 **附稼軒先生年譜一卷** （清）梅臣敬編 清嘉慶十六年(1811)刻本 三册 存九卷(稼軒集鈔存一至二、首一卷、末一卷,詞二至四,詞補遺一卷,年譜一卷)

360000－1902－0003513 4665
水心先生别集十六卷 （宋）葉適撰 清同治九年(1870)金陵刻本 四册

360000－1902－0003514 4666
絜齋集二十四卷末一卷 （宋）袁燮撰 清乾隆刻本 七册 存二十二卷(一至七、十一至二十四,末一卷)

360000－1902－0003515 4667
絜齋集二十四卷末一卷 （宋）袁燮撰 清乾隆刻本 十册

360000－1902－0003516 4668
鶴山文鈔三十二卷附周禮折中四卷師友雅言一卷 （宋）魏了翁撰 清望三益齋刻本 十册

360000－1902－0003517 4669
謝疊山先生集九卷首一卷 （宋）謝枋得撰 （清）陳喬從編次 清道光二十九年(1849)刻本 二册 存六卷(二至七)

360000－1902－0003518 4670
真西山先生集八卷 （宋）真德秀撰 清康熙四十八年(1709)正誼堂刻本 一册

360000－1902－0003519 4671
文章正宗復刻三十卷 （宋）真德秀輯 清乾隆三十三年(1768)刻本 十四册 存二十二卷(一至二十二)

360000－1902－0003520 4672
西山先生真文忠公文集五十五卷目錄二卷 （宋）真德秀撰 （明）楊鶚重修 **西山真文忠公年譜一卷** （清）真采等訂 清乾隆刻本 二十三册 存五十三卷(一至四十、四十六至五十五,目錄二卷,年譜一卷)

360000－1902－0003521 4673
廬陵宋丞相信國公文忠烈先生全集 （宋）文天祥撰 清光緒刻本(卷十二至十三配清道光刻本) 四册 存七卷(三至六、十一至十三)

360000－1902－0003522 4674
宋少保信國公文文山先生全集十六卷首一卷 （宋）文天祥撰 清道光二十五年(1845)萍鄉文晟刻本 十册

360000－1902－0003523 4675
文信國公集二十卷首一卷 （宋）文天祥撰 清同治七年(1868)楚醴景萊書室刻本 十四册

360000－1902－0003524 4676
廬陵宋丞相信國公文忠烈先生全集 （宋）文天祥撰 （清）文攀丹等編輯 清道光榮秩堂刻本 五册 存九卷(一至三、六至七、十一至十三、十六)

360000－1902－0003525　4677
廬陵宋丞相信國公文忠烈先生全集十六卷　(宋)文天祥撰　(清)文有煥等編輯　清雍正三年(1725)五桂堂刻本　八册

360000－1902－0003526　4678(1)
文信國公集二十卷首一卷　(宋)文天祥撰　清同治七年(1868)楚醴景萊書室刻本　一册　存二卷(二至三)

360000－1902－0003527　4678(2)
廬陵宋丞相信國公文忠烈先生全集十六卷　(宋)文天祥撰　(清)文有煥等編輯　清雍正三年(1725)五桂堂刻本　一册　存一卷(四)

360000－1902－0003528　4678(3)
宋少保信國公文文山先生全集十六卷首一卷　(宋)文天祥撰　清道光二十五年(1845)萍鄉文晟刻本　二册　存三卷(九至十、十六)

360000－1902－0003529　4679
文信國公集二十卷首一卷　(宋)文天祥撰　清同治七年(1868)楚醴景萊書室刻本　十六册

360000－1902－0003530　4680
廬陵宋丞相信國公文忠烈先生全集　(宋)文天祥撰　清道光文五桂堂刻本　十册

360000－1902－0003531　4681
箋釋梅亭先生四六標準四十卷　(宋)李劉撰　(明)孫雲翼箋　清乾隆五年(1740)刻本　十六册

360000－1902－0003532　4682
箋釋梅亭先生四六標準四十卷　(宋)李劉撰　(明)孫雲翼箋　清乾隆六年(1741)刻本　十六册

360000－1902－0003533　4687
祠部集三十五卷　(宋)強至撰　清刻武英殿聚珍版書本　七册　存三十一卷(一至八、十三至三十五)

360000－1902－0003534　4689
舒文靖集二卷　(宋)舒璘撰　清光緒二十二年(1896)四明孫氏七千卷樓刻本　一册　存一卷(一)

360000－1902－0003535　4690
海瓊白真人全集八卷　(宋)白玉蟾撰　清乾隆五十七年(1792)刻本　四册　存四卷(一至三、八)

360000－1902－0003536　4701
施注蘇詩四十二卷　(宋)蘇軾撰　(宋)施元之注　(清)顧嗣立等刪補　清康熙刻本　一册　存四卷(二十八至三十一)

360000－1902－0003537　4702
斜川集六卷　(宋)蘇過撰　清道光七年(1827)眉州三蘇祠刻本　三册

360000－1902－0003538　4703
道園學古錄五十卷　(元)虞集撰　清乾隆四十一年(1776)陳氏賜書堂刻本　二十册

360000－1902－0003539　4704
元遺山詩集八卷　(金)元好問撰　清乾隆四十三年(1778)南昌萬廷蘭刻本　二册

360000－1902－0003540　4712
剡源集三十卷　(元)戴表元撰　**附重刻札記一卷**　(清)郁松年撰　清道光二十年(1840)上海郁氏刻宜稼堂叢書本　八册

360000－1902－0003541　4713
歐陽文公圭齋集十五卷首一卷附錄一卷　(元)歐陽玄撰　清道光十四年(1834)刻本　六册

360000－1902－0003542　4714
鐵厓三種　(明)楊維禎撰　清宣統二年(1910)掃葉山房石印本　十册

360000－1902－0003543　4719
新喻梁石門先生集十卷首一卷末一卷　(明)梁寅撰　清光緒十五年(1889)射洪鍾體志刻本　六册

360000－1902－0003544　4720
新喻梁石門先生集十卷首一卷末一卷　(明)梁寅撰　清光緒十五年(1889)射洪鍾體志刻

本　六冊

360000－1902－0003545　4721
陶學士先生文集二十卷　(明)陶安撰　**年譜一卷**　(明)張祐編　清同治六年(1867)永寗官廨刻本　六冊

360000－1902－0003546　4722
芻蕘集六卷　(明)周是修(周德)撰　清道光八年(1828)桂林使署刻本　三冊

360000－1902－0003547　4723
解文毅公集十六卷附錄一卷後集六卷　(明)解縉撰　清乾隆三十二年(1767)吉水解氏刻本　九冊　存二十二卷(解文毅公集十六卷、附錄一卷、後集一至五)

360000－1902－0003548　4724
解文毅公集十六卷首一卷附錄一卷　(明)解縉撰　清乾隆三十二年(1767)吉水解氏刻本　六冊

360000－1902－0003549　4725
康齋先生集十二卷首一卷　(明)吳與弼撰　清道光十五年(1835)山左王魯齋刻本　六冊

360000－1902－0003550　4726
西昌王抑庵集四十卷　(明)王直撰　清同治六年(1867)王啟鑠刻本　十冊

360000－1902－0003551　4730
劉文安公全集(呆齋全集)　(明)劉定之撰　清乾隆至咸豐永新劉氏刻本　二十冊

360000－1902－0003552　4731
丘文莊公集十卷　(明)丘濬撰　(清)賈棠等選定　清乾隆刻本　四冊　存八卷(三至十)

360000－1902－0003553　4732
讀書錄十一卷讀書續錄十二卷　(明)薛瑄撰　清乾隆二十五年(1760)刻本　四冊

360000－1902－0003554　4736
文敬胡先生集三卷　(明)胡居仁撰　清乾隆刻本　一冊　存二卷(二至三)

360000－1902－0003555　4737
胡敬齋先生居業錄十二卷　(明)胡居仁撰　(明)余祐編　清乾隆二十二年(1757)刻本　三冊　存十卷(一至二、五至十二)

360000－1902－0003556　4738
擬古樂府二卷　(明)李東陽撰　清李光遠等刻本　一冊　存一卷(二)

360000－1902－0003557　4739
王陽明先生全集十六卷目錄二卷　(明)王守仁撰　清道光六年(1826)刻本　十六冊

360000－1902－0003558　4746
王陽明先生全集十六卷目錄二卷　(明)王守仁撰　清道光六年(1826)刻本　十一冊　存九卷(一下至二、八至十二、十四至十五)

360000－1902－0003559　4747
王陽明先生全集十六卷目錄二卷　(明)王守仁撰　清道光六年(1826)刻本　十六冊

360000－1902－0003560　4750
陽明先生文集十六卷目錄二卷　(明)王守仁撰　清刻本　十四冊　存十六卷(一至二、四至九、十一至十六,目錄二卷)

360000－1902－0003561　4751
兩厓集十一卷首一卷　(明)朱廷立撰　清道光元年(1821)刻本　一冊　存一卷(首一卷)

360000－1902－0003562　4752
李空同詩集三十三卷附錄一卷　(明)李夢陽撰　清宣統二年(1910)上海掃葉山房石印本　一冊　存四卷(十一至十四)

360000－1902－0003563　4753
何大復先生集三十八卷附錄一卷　(明)何景明撰　清乾隆十五年(1750)何氏賜策堂刻本　八冊

360000－1902－0003564　4754
總纂升庵合集二百四十卷　(明)楊慎撰　(清)鄭寶琛輯　清光緒八年(1882)刻本　五十冊

360000－1902－0003565　4755
升庵外集一百卷　(明)楊慎撰　清道光二十四年(1844)影明刻本　三十一冊　存九十八

卷(一至七十九、八十二至一百)

360000－1902－0003566　4756
太史升庵全集八十一卷目錄二卷　(明)楊慎撰　**年譜一卷**　(□)□□編　清乾隆六十年(1795)新都周氏養拙山房刻本　三十二冊

360000－1902－0003567　4757
歐陽南野先生文集五卷　(明)歐陽德撰　(明)李春芳選編　清道光十五年(1835)刻本　四冊

360000－1902－0003568　4758
鈐山堂集四十卷　(明)嚴嵩撰　清嘉慶十一年(1806)刻本　六冊　存二十三卷(一至二十三)

360000－1902－0003569　4759
鈐山堂集四十卷　(明)嚴嵩撰　清刻本　八冊

360000－1902－0003570　4760
鈐山堂集四十卷　(明)嚴嵩撰　清嘉慶十一年(1806)刻民國二十二年(1933)印本　十冊

360000－1902－0003571　4761
鈐山堂集四十卷　(明)嚴嵩撰　清嘉慶十一年(1806)刻本　一冊　存四卷(三十七至四十)

360000－1902－0003572　4762
鈐山堂集四十卷　(明)嚴嵩撰　清嘉慶十一年(1806)刻本　九冊　存三十六卷(一至三十二、三十七至四十)

360000－1902－0003573　4765
震川先生集三十卷別集十卷附錄一卷　(明)歸有光著　清康熙十年至十四年(1671－1675)歸莊、歸玠等刻乾隆四十八年(1783)歸景灝、歸景洴重修本　十二冊

360000－1902－0003574　4766
歸震川先生全集四十卷　(明)歸有光撰　清光緒六年(1880)常熟歸氏刻本　十六冊

360000－1902－0003575　4767
歸震川先生尺牘二卷　(明)歸有光撰　清康熙三十八年(1699)虞山如月樓刻本　一冊

360000－1902－0003576　4769
徐文長集三十卷　(明)徐渭撰　清宣統三年(1911)石印本　八冊

360000－1902－0003577　4770
得閒山館集八卷文集二卷　(明)鄭佶撰　**附曉園吟一卷**　(清)鄭岳撰　清道光八年(1828)賨研齋刻本　六冊

360000－1902－0003578　4771
楊忠愍公集五卷首一卷末一卷　(明)楊繼盛撰　清同治七年(1868)楚醴景萊書室刻本　三冊

360000－1902－0003579　4772
楊忠愍公集五卷首一卷末一卷　(明)楊繼盛撰　清同治七年(1868)楚醴景萊書室刻本　三冊

360000－1902－0003580　4773
滄溟先生集十四卷附錄一卷　(明)李攀龍撰　清光緒二十一年(1895)長沙張氏湘雨樓刻本　四冊

360000－1902－0003581　4774
重刊校正唐荊川先生文集十二卷外集三卷補遺三卷　(明)唐順之撰　清光緒三十年(1904)江南書局刻本　九冊

360000－1902－0003582　4775
金忠節公文集八卷　(明)金聲撰　清道光七年(1827)刻本　六冊

360000－1902－0003583　4776
陶庵集二十二卷首一卷末一卷　(明)黃淳耀撰　清光緒五年(1879)刻上海時中書局印本　八冊

360000－1902－0003584　4777
陶庵集二十二卷首一卷末一卷　(明)黃淳耀撰　清光緒五年(1879)刻本　八冊

360000－1902－0003585　4780
楊忠烈公文集五卷　(明)楊漣撰　清宣統三年(1911)文盛書局石印本　四冊

360000－1902－0003586　4781
左忠毅公集二卷　(明)左光斗撰　清道光十八年(1838)刻本　一冊

360000－1902－0003587　4782
呻吟語六卷附錄一卷　(明)呂坤撰　清道光刻本　六冊

360000－1902－0003588　4784
黃梨洲遺書　(明)黃宗羲撰　清光緒三十一年(1905)杭州群學社石印本　九冊　存七種三十四卷(南雷文定前集十一卷,南雷文定後集四卷,南雷文定三集三卷、附錄一卷,南雷文案四卷、外卷一卷,明儒學案三至八,明夷待訪錄一卷,黃梨洲先生年譜三卷)

360000－1902－0003589　4786
傃菴野抄□□卷　(明)蔡士順纂　清刻本　二冊　存六卷(三至八)

360000－1902－0003590　4787
史忠正公集四卷首一卷末一卷　(明)史可法撰　(明)史山清輯　清道光二十九年(1849)醴陵尊經閣刻本　二冊

360000－1902－0003591　4788
史忠正公集四卷首一卷末一卷　(明)史可法撰　清同治七年(1868)楚醴景萊書室刻本　二冊

360000－1902－0003592　4789
史忠正公集四卷首一卷末一卷　(明)史可法撰　清同治七年(1868)楚醴景萊書室刻本　三冊

360000－1902－0003593　4790;4801
海昌叢載　(清)羊復禮輯　清光緒海昌羊氏傳卷樓粵東刻本　二冊　存五種九卷(止谿文鈔一卷、詩集鈔一卷,乾初先生文鈔二卷、遺詩鈔一卷,補庵遺稿一卷、詩鈔一卷,敬齋詩鈔一卷,雲怡詩鈔一卷)

360000－1902－0003594　4791
返生香(疏香閣遺集)一卷附錄一卷　(明)葉小鸞撰　**附窈聞一卷續窈聞一卷**　(清)葉紹袁撰　清光緒二十二年(1896)番禺葉衍蘭羊城秋夢盦刻本　二冊

360000－1902－0003595　4793
石筍山房題詠集二卷　(清)何夔　(清)楊書霖編　清光緒三年(1877)城步學署刻本　一冊

360000－1902－0003596　4794
石筍山房題詠集二卷　(清)何夔　(清)楊書霖編　清光緒三年(1877)城步學署刻本　一冊

360000－1902－0003597　4795
陳臥子先生安雅堂稿十五卷　(明)陳子龍撰　清宣統元年(1909)上海時中書局鉛印本　四冊　存九卷(一至二、六至七、十一至十五)

360000－1902－0003598　4796
陳忠裕全集三十卷末一卷　(明)陳子龍撰　清嘉慶八年(1803)刻本　十一冊

360000－1902－0003599　4797
潞水客談一卷　(明)徐貞明撰　清道光二年(1822)刻本　一冊

360000－1902－0003600　4798
新刻張太岳先生文集四十七卷　(明)張居正撰　清刻本　十六冊

360000－1902－0003601　4800
初學集二十卷　(清)錢謙益撰　(清)錢曾箋注　**牧翁先生年譜一卷**　(清)葛萬里輯　清宣統三年(1911)上海國學扶輪社石印本　十二冊

360000－1902－0003602　4802
陳處士遺書　(清)陳貞慧撰　清光緒二十六年(1900)宜興任光奇弇山鐸署刻本　一冊

360000－1902－0003603　4803
吳詩集覽二十卷補注二十卷談藪二卷拾遺一卷　(清)吳偉業撰　(清)靳榮藩注并輯　清乾隆四十年(1775)淩雲亭刻本　十二冊　存二十二卷(集覽二十卷、談藪二卷)

360000－1902－0003604　4804
吳詩集覽二十卷補注二十卷談藪二卷拾遺一

卷　(清)吳偉業撰　(清)靳榮藩注并輯　清乾隆四十年(1775)凌雲亭刻本　十四册

360000－1902－0003605　4809
二曲集錄要四卷首一卷附歷年紀略一卷　(清)李顒撰　(清)倪元坦輯　清光緒十年(1884)簡易齋刻本　二册

360000－1902－0003606　4812
亭林詩集五卷　(清)顧炎武撰　清光緒刻本　一册　存三卷(三至五)

360000－1902－0003607　4813
亭林詩集五卷　(清)顧炎武撰　清光緒刻本　二册

360000－1902－0003608　4814
亭林遺書　(清)顧炎武撰　清刻本　六册　存九種二十二卷(左傳杜解補正三卷、九經誤字一卷、石經攷一卷、金石文字記六卷、韻補正一卷、昌平山水記二卷、譎觚十事一卷、顧氏譜系攷一卷、亭林文集六卷)

360000－1902－0003609　4815
西堂全集　(清)尤侗撰　清康熙刻本(明史志傳二十卷、年譜一卷未刻)　二十册

360000－1902－0003610　4816
林蕙堂文集十二卷　(清)吳綺撰　清乾隆三十九年(1774)刻本　四册　存八卷(三至四、七至十二)

360000－1902－0003611　4816
林蕙堂文集續刻六卷　(清)吳綺撰　清乾隆四十一年(1776)刻本　二册　與360000－1902－0003610合函　存四卷(一至四)

360000－1902－0003612　4820
託素齋文集六卷　(清)黎士弘撰　清康熙刻雍正二年(1724)增刻本　四册　存四卷(三至六)

360000－1902－0003613　4821
託素齋詩集四卷　(清)黎士弘撰　清康熙刻雍正二年(1724)增刻本　二册　存二卷(三至四)

360000－1902－0003614　4822
寄嶽雲齋初稿十卷補遺一卷　(清)聶銑敏撰　清嘉慶二十一年(1816)刻本　四册

360000－1902－0003615　4823
金聖嘆全集八卷　(清)金人瑞撰　清末民國初上海錦文堂石印本　八册

360000－1902－0003616　4826
南嶽近草二卷　(清)釋明哲撰　清康熙六十一年(1722)刻本　二册

360000－1902－0003617　4827
庸書二十卷唾居隨筆四卷王山遺響六卷附正氣錄三卷崇祀錄一卷　(清)張貞生撰　清康熙廬陵張氏刻本　十四册　存三十一卷(庸書二十卷、隨筆四卷、王山遺響六卷、崇祀錄一卷)

360000－1902－0003618　4828
徐氏雜著四種　(清)徐大椿撰　清光緒二十二年(1896)珍藝書局鉛印本　一册　存三種四卷(道德經註二卷、陰符經註一卷、樂府傳聲一卷)

360000－1902－0003619　4829
本朝文讀本不分卷　(清)袁枚輯　清刻本　一册　存嚴蔽至書麻城獄

360000－1902－0003620　4833
雲谷詩餘二卷竹枝詞一卷雲谷詩抄一卷　(清)熊榮撰　清乾隆三十八年(1773)刻本　一册

360000－1902－0003621　4835
述記　(清)任兆麟撰　清乾隆五十三年(1788)忠敏家塾刻本　一册　存十五種

360000－1902－0003622　4836
浣青詩草八卷　(清)錢孟鈿撰　清乾隆刻本　一册　存四卷(五至八)

360000－1902－0003623　4837
聽雨齋詩集十二卷　(清)吳照撰　清乾隆五十九年(1794)南昌刻本　二册

360000－1902－0003624　4838

有正味齋駢體文二十四卷首一卷 （清）吳錫麒撰 （清）王廣業箋 （清）葉聯芬注 清光緒十五年(1889)上海蜚英館石印本 一册 存五卷(一至四、首一卷)

360000－1902－0003625 4839
有正味齋駢文十六卷 （清）吳錫麒撰 （清）葉聯芬箋注 清同治刻本 二册 存四卷(五、十至十二)

360000－1902－0003626 4840
有正味齋詩集十六卷駢體文二十四卷詞集八卷外集五卷 （清）吳錫麒撰 清嘉慶刻本 十二册

360000－1902－0003627 4841
有正味齋詩集十六卷詩續集八卷駢體文二十四卷駢體文續集八卷詞集八卷詞續集二卷外集五卷外集南北曲二卷 （清）吳錫麒撰 清刻本 十二册 存五十七卷(詩集五至八、詩續集八卷、駢體文二十四卷、駢體文續集一至四、詞集八卷、詞續集二卷、外集五卷、南北曲二卷)

360000－1902－0003628 4842
有正味齋詩集十六卷駢體文二十四卷詞集八卷外集五卷 （清）吳錫麒撰 清嘉慶刻本 十二册

360000－1902－0003629 4843
有正味齋集十六卷 （清）吳錫麒撰 清刻本 二册

360000－1902－0003630 4844
山陽藝文志八卷 （清）□□輯 清末刻本 一册 存一卷(五)

360000－1902－0003631 4845
有竹居集十六卷 （清）任兆麟撰 清嘉慶二十四年(1819)兩廣節署刻本 五册 存十三卷(一至十三)

360000－1902－0003632 4846
敬堂遺書 （清）辛紹業撰 清嘉慶二十一年(1816)經笥齋刻本 五册 存五種八卷(敬堂文稿二卷、敬堂詩稿二卷、易圖存是二卷、律吕考一卷、九歌解一卷)

360000－1902－0003633 4847
李厚岡集 （清）李榮陛撰 清嘉慶二十年(1815)亙古齋刻本 二十册

360000－1902－0003634 4848
劉氏遺書八卷 （清）劉台拱撰 清光緒十五年(1889)刻廣雅書局叢書本 二册

360000－1902－0003635 4853
船山遺書 （清）王夫之撰 清道光二十二年(1842)湘潭王氏守遺經書屋刻本 十八册 存六種三十四卷(春秋稗疏二卷,春秋家說三卷,春秋世論五卷,禮記章句一至三、七至二十二,詩經稗疏一至三,書經稗疏一至二)

360000－1902－0003636 4854
張子正蒙注九卷 （清）王夫之撰 清同治四年(1865)湘鄉曾氏金陵刻船山遺書本 三册 存六卷(一至六)

360000－1902－0003637 4855
船山詩草選六卷 （清）張問陶撰 （清）石韞玉録 清嘉慶二十二年(1817)刻士禮居黄氏叢書本 三册

360000－1902－0003638 4857
王船山經史論八種 （清）王夫之撰 清光緒二十七年(1901)簡青書局石印本 十三册 存七種三十卷(尚書引義六卷、詩廣傳五卷、春秋家說三卷、春秋世論五卷、續春秋左氏傳博義二卷、讀通鑑論一至六、宋論一至三)

360000－1902－0003639 4858
船山史論 （清）王夫之撰 清光緒二十六年(1900)刻湖南益友書局印本 十九册

360000－1902－0003640 4860
重刊船山遺書 （清）王夫之撰 清同治四年(1865)湘鄉曾氏金陵刻光緒十三年(1887)船山書院補刻本 八十一册 存五十七種

360000－1902－0003641 4862
重刊船山遺書 （清）王夫之撰 清同治四年(1865)湘鄉曾氏金陵刻光緒十三年(1887)船

山書院補刻本　九十九册　存五十九種

360000－1902－0003642　4863(1)
船山遺書　(清)王夫之撰　清同治四年(1865)湘鄉曾氏金陵刻本　七册　存四種十八卷(尚書引義一至四,詩經稗疏一至三,春秋家說二,讀通鑑論一至七、二十一至二十三)

360000－1902－0003643　4863(2)
晏子春秋校勘二卷　(清)黄以周記　**音義二卷**　(清)孫星衍撰　清末刻本　二册　存三卷(校勘二、音義二卷)

360000－1902－0003644　4864
重刊船山遺書　(清)王夫之撰　清同治四年(1865)湘鄉曾氏金陵刻本　一百十册

360000－1902－0003645　4865
重刊船山遺書　(清)王夫之撰　清同治四年(1865)湘鄉曾氏金陵刻光緒十三年(1887)船山書院補刻本　一百二十册

360000－1902－0003646　4866
重刊船山遺書　(清)王夫之撰　清同治四年(1865)湘鄉曾氏金陵刻光緒十三年(1887)船山書院補刻本　一百册

360000－1902－0003647　4872
巳山先生文集十卷別集四卷　(清)王步青撰　清乾隆十七年(1752)敦復堂刻本　三册　存十卷(文集一至三、八至十,別集四卷)

360000－1902－0003648　4873
巳山先生文集十卷別集四卷　(清)王步青撰　清乾隆十七年(1752)敦復堂刻本　四册

360000－1902－0003649　4874
巳山先生文集十卷別集四卷　(清)王步青撰　清乾隆十七年(1752)敦復堂刻本　二册　存八卷(文集一至四、別集四卷)

360000－1902－0003650　4875
懷葛堂文集八卷外集附録一卷　(清)梁份撰　清光緒三年(1877)木活字印本　四册

360000－1902－0003651　4878
陳檢討集二十卷　(清)陳維崧撰　(清)程師恭注　清道光二年(1822)金閶步月樓刻本　三册

360000－1902－0003652　4879
湖海樓儷體文集十二卷　(清)陳維崧撰　清乾隆刻本　一册　存三卷(一至三)

360000－1902－0003653　4881
松桂堂全集三十七卷南泩集三卷延露詞三卷　(清)彭孫遹撰　清宣統三年(1911)上海掃葉山房石印本　十二册

360000－1902－0003654　4882
曝書亭集詩注二十四卷　(清)朱彝尊撰　(清)楊謙注　**附朱竹垞先生年譜一卷**　(清)楊謙撰　清乾隆楊氏木山閣刻本(卷二十三至二十四嗣出)　六册

360000－1902－0003655　4883
曝書亭集八十卷附録一卷　(清)朱彝尊撰　清康熙刻本　十五册

360000－1902－0003656　4884
曝書亭集八十卷附録一卷　(清)朱彝尊撰　清康熙刻本　十册　存五十五卷(一至十八、三十六至七十二)

360000－1902－0003657　4892
板橋集六卷　(清)鄭燮撰　清乾隆清暉書屋刻本　四册

360000－1902－0003658　4893
板橋集六卷　(清)鄭燮撰　清刻本　一册　存三卷(一至三)

360000－1902－0003659　4897
望溪集不分卷　(清)方苞撰　(清)王兆符　(清)程崟輯　清乾隆十一年(1746)程崟刻本　五册

360000－1902－0003660　4898
望溪集不分卷　(清)方苞撰　(清)王兆符　(清)程崟輯　清乾隆十一年(1746)程崟刻本　一册　存書

360000－1902－0003661　4899

戴南山文鈔六卷首一卷 （清）戴名世撰 清宣統二年（1910）上海國學扶輪社鉛印本 一冊 存三卷（一至二、首一卷）

360000－1902－0003662 4900
白田草堂存稿二十四卷附錄一卷 （清）王懋竑撰 清乾隆刻本 六冊

360000－1902－0003663 4901
漁洋山人精華錄箋注十二卷補注一卷附錄一卷附年譜一卷 （清）王士禛撰 （清）金榮箋注 清乾隆金氏鳳翽堂刻本 六冊

360000－1902－0003664 4904
漁洋集二十二卷 （清）王士正（王士禛）撰 清乾隆七略書堂刻帶經堂集本 三冊 存十九卷（四至二十二）

360000－1902－0003665 4905
漁洋續詩十六卷 （清）王士正（王士禛）撰 清乾隆七略書堂刻帶經堂集本 三冊 存十三卷（一至九、十三至十六）

360000－1902－0003666 4906
漁洋山人精華錄箋注十二卷 （清）王士禛撰 （清）金榮箋注 清乾隆金氏鳳翽堂刻本 八冊 存八卷（二至七、十一至十二）

360000－1902－0003667 4907
漁洋山人精華錄箋注十二卷補注一卷附年譜一卷 （清）王士禛撰 （清）金榮箋注 清乾隆金氏鳳翽堂刻本 六冊

360000－1902－0003668 4908
朱文端公集四卷 （清）朱軾撰 清乾隆刻本 一冊 存二卷（一至二）

360000－1902－0003669 4909
朱文端公藏書十三種 （清）朱軾撰 清光緒二十三年（1897）朱衡等刻本 八十冊

360000－1902－0003670 4910
樊榭山房集十卷文集八卷續集十卷 （清）厲鶚撰 清乾隆刻本 六冊

360000－1902－0003671 4911
樊榭山房集十卷文集八卷 （清）厲鶚撰 清乾隆刻本 二冊 存九卷（樊榭山房集六至十、文集五至八）

360000－1902－0003672 4912
樊榭山房集十卷文集八卷續集十卷 （清）厲鶚撰 清光緒嶺南雲林閣刻本 五冊 存二十三卷（樊榭山房集六至十、文集八卷、續集十卷）

360000－1902－0003673 4913
欽定國朝詩別裁集三十二卷 （清）沈德潛纂評 清刻本 八冊 存二十五卷（八至三十二）

360000－1902－0003674 4914
歸愚文鈔二十卷餘集八卷 （清）沈德潛撰 清乾隆刻本 二冊 存五卷（文鈔十五至十七、餘集一至二）

360000－1902－0003675 4915
明詩別裁集十二卷 （清）沈德潛 （清）周準輯 清乾隆四年（1739）刻本 四冊

360000－1902－0003676 4916
穆堂別稿五十卷 （清）李紱撰 清乾隆十二年（1747）刻本 十六冊

360000－1902－0003677 4917
穆堂初稿四十卷 （清）李紱撰 清乾隆刻本（卷二十、二十二原注未刻） 十冊

360000－1902－0003678 4918
戒庵詩草六卷 （清）張晉撰 清乾隆五十四年（1789）狄道後學刻本 二冊

360000－1902－0003679 4919
尹文端公詩集十卷 （清）尹繼善撰 清嘉慶二十年（1815）刻本 三冊

360000－1902－0003680 4920
脩史試筆二卷 （清）藍鼎元撰 （清）曠敏本評 清雍正十年（1732）刻鹿洲全集本 一冊 存一卷（一）

360000－1902－0003681 4921
鹿洲全集 （清）藍鼎元撰 清雍正十年（1732）刻光緒五年（1879）漳浦藍謙補刻本

二十四冊

360000－1902－0003682　4922
思綺堂文集十卷　(清)章藻功撰注　清康熙六十一年(1722)刻本　十冊

360000－1902－0003683　4923
思綺堂文集十卷　(清)章藻功撰注　清康熙六十一年(1722)刻本　五冊　存五卷(五至七、九至十)

360000－1902－0003684　4924
思綺堂文集十卷　(清)章藻功撰注　清康熙六十一年(1722)刻本　十冊

360000－1902－0003685　4925
思綺堂文集十卷　(清)章藻功撰注　清康熙六十一年(1722)刻本　六冊　存六卷(一至六)

360000－1902－0003686　4926
思綺堂文集十卷　(清)章藻功撰注　清康熙六十一年(1722)刻本　十冊

360000－1902－0003687　4927
思綺堂文集十卷　(清)章藻功撰注　清康熙六十一年(1722)刻本　十冊

360000－1902－0003688　4928
船山詩草二十卷　(清)張問陶撰　清道光元年(1821)刻本　四冊

360000－1902－0003689　4929
船山詩草二十卷　(清)張問陶撰　清嘉慶刻本　八冊

360000－1902－0003690　4930
船山詩草二十卷　(清)張問陶撰　清嘉慶二十年(1815)刻本　三冊　存十四卷(一至五、十二至二十)

360000－1902－0003691　4931
船山詩草二十卷　(清)張問陶撰　清同治十三年(1874)刻本　六冊

360000－1902－0003692　4932
水田居文集五卷　(清)賀貽孫撰　清刻本　三冊　存三卷(三至五)

360000－1902－0003693　4933
水田居存詩三卷　(清)賀貽孫撰　**附眠雲館詩集一卷**　(清)賀稺圭撰　清同治九年(1870)敕書樓刻水田居全集本　三冊

360000－1902－0003694　4934
水田居激書二卷　(清)賀貽孫撰　清咸豐三年(1853)敕書樓刻水田居全集本　一冊　存一卷(一)

360000－1902－0003695　4935
水田居激書不分卷　(清)賀貽孫撰　清宣統二年(1910)刻本　一冊　存貴因至寶啬

360000－1902－0003696　4937
楚蒙山房集　(清)晏斯盛撰　清刻本　四十九冊

360000－1902－0003697　4938
楚蒙山房集　(清)晏斯盛撰　清乾隆刻本　四十九冊

360000－1902－0003698　4939
楚蒙山房集　(清)晏斯盛撰　清乾隆刻本　三十九冊　存四種四十卷(楚蒙山房易經解之翼說一至三、五至八,易翼宗二至三、五至六,學易初津二卷;楚蒙山房詩五卷;楚蒙山房禹貢解一至三、五至八;楚蒙山房文集二至九、十二至十七、二十)

360000－1902－0003699　4940
笠翁一家言全集　(清)李漁撰　清刻本　十六冊

360000－1902－0003700　4941
笠翁一家言全集　(清)李漁撰　清雍正八年(1730)芥子園刻本　二十四冊

360000－1902－0003701　4942
十三經客難　(清)龔元玠撰　清道光二十六年(1846)刻本　七冊　存六種七卷(畏齋四書客難四、畏齋爾雅客難一卷、附畏齋文集四、黄淮安瀾編二卷、經學策一卷、史學策一卷)

360000－1902－0003702　4943

畏齋文集四卷經學策一卷史學策一卷 （清）龔元玠撰　清刻十三經客難本　五冊

360000－1902－0003703　4944
島孫集鈔十二卷 （清）陳之駓撰　清乾隆刻本　五冊

360000－1902－0003704　4945
得樹齋詩一卷 （清）張謙撰　**律陶一卷集杜一卷琵琶十七變一卷** （清）張晉撰　清乾隆刻本　一冊

360000－1902－0003705　4946
鮚埼亭集外篇五十卷 （清）全祖望撰　清嘉慶十六年（1811）刻本　六冊

360000－1902－0003706　4947
觀劇絕句三卷 （清）金德瑛撰　清光緒三十四年（1908）葉氏觀古堂刻本　一冊

360000－1902－0003707　4948
觀劇絕句三卷 （清）金德瑛撰　清光緒三十四年（1908）葉氏觀古堂刻本　一冊

360000－1902－0003708　4948
木皮散人鼓詞一卷萬古愁曲一卷 （明）賈凫西撰　清光緒三十三年（1907）葉氏觀古堂刻本　與360000－1902－0003707合冊

360000－1902－0003709　4950
靜廉齋詩集二十四卷 （清）金甡撰　清嘉慶二十五年（1820）刻本　八冊

360000－1902－0003710　4951
蘀石齋詩集四十九卷 （清）錢載撰　清乾隆刻本　四冊

360000－1902－0003711　4952
文章尚論集二十八卷 （清）夏一理集解　清刻本　九冊　存二十五卷（一至二十五）

360000－1902－0003712　4953
四知堂文集三十六卷 （清）楊錫紱撰　清嘉慶十一年（1806）刻本　八冊

360000－1902－0003713　4954
袁文箋正十六卷補注一卷 （清）袁枚撰　（清）石韞玉箋　清同治四年（1865）刻本　六冊

360000－1902－0003714　4955
小倉山房詩集三十一卷補遺一卷附錄一卷 （清）袁枚撰　清刻本　五冊

360000－1902－0003715　4957
紀曉嵐詩註釋四卷 （清）紀昀撰　（清）郭斌注　清經綸堂刻本　一冊

360000－1902－0003716　4958
紀曉嵐詩註釋四卷 （清）紀昀撰　（清）郭斌注　清三讓堂刻本　二冊

360000－1902－0003717　4959
紀文達公遺集三十二卷 （清）紀昀撰　清嘉慶十七年（1812）刻本　六冊

360000－1902－0003718　4960
紀文達公遺集三十二卷 （清）紀昀撰　清嘉慶十七年（1812）紀樹馥刻本　二冊　存三卷（文集一、七至八）

360000－1902－0003719　4961
隨園三十種 （清）袁枚撰　清乾隆至嘉慶刻本　四十九冊　存二十一種

360000－1902－0003720　4962
隨園三十種 （清）袁枚撰　清刻本　六十三冊　存二十四種

360000－1902－0003721　4963
隨園三十種 （清）袁枚撰　清乾隆至嘉慶刻本　十三冊　存六種三十八卷（小倉山房文集三十四至三十五；小倉山房詩集十九至二十二、二十六至二十八，補遺二卷；隨園隨筆一至七、十二至十四、十八至二十六；隨園詩話九至十二；袁太史時文不分卷；續同人集十一至十三）

360000－1902－0003722　4964
隨園三十種 （清）袁枚撰　清乾隆至嘉慶隨園刻光緒十五年（1889）文奎堂重修本　七十冊　存二十八種

360000－1902－0003723　4965
忠雅堂文集十二卷詩集三十卷 （清）蔣士銓

撰　清嘉慶刻本　十冊　存三十一卷（文集三至四、七至十二，詩集五至十三、十七至三十）

360000－1902－0003724　4966
忠雅堂詩集二十七卷補遺二卷詞集二卷　（清）蔣士銓撰　清存仁堂刻本　六冊

360000－1902－0003725　4967
忠雅堂文集十二卷　（清）蔣士銓撰　清刻本　六冊

360000－1902－0003726　4968
蔣氏四種　（清）蔣士銓撰　清咸豐刻本　十八冊　存二種四十三卷（文集十二卷，詩集二十七卷、補遺二卷；詞集二卷）

360000－1902－0003727　4969
忠雅堂集三十卷　（清）蔣士銓撰　清刻本　十二冊

360000－1902－0003728　4970
忠雅堂詩集三十卷　（清）蔣士銓撰　清嘉慶二十二年（1817）刻本　十冊

360000－1902－0003729　4971
忠雅堂文集十二卷　（清）蔣士銓撰　清刻本　六冊

360000－1902－0003730　4972
忠雅堂詩集三十卷　（清）蔣士銓撰　清刻本　六冊

360000－1902－0003731　4973
樂善堂全集定本三十卷　（清）高宗弘曆撰　清乾隆二十三年（1758）刻本　二冊　存四卷（十二至十五）

360000－1902－0003732　4974
甌北全集　（清）趙翼撰　清乾隆五十五年至嘉慶十七年（1790－1812）刻本　五冊　存二種二十二卷（陔餘叢考十至十八、二十八至三十一、四十至四十三，甌北集三十三至三十七）

360000－1902－0003733　4975
甌北全集　（清）趙翼撰　清乾隆五十五年至嘉慶十七年（1790－1812）湛貽堂刻本　三十冊　存六種一百十九卷（陔餘叢考四十三卷，簷曝雜記六卷，皇朝武功紀盛四卷，甌北詩鈔不分卷，甌北詩話十二卷，甌北集五十卷、續增詩集三卷）

360000－1902－0003734　4976
甌北詩鈔不分卷　（清）趙翼撰　清乾隆五十六年（1791）湛貽堂刻甌北全集本　七冊　存五言古三至四、七言古、五言律、七言律、絕句

360000－1902－0003735　4977
甌北全集　（清）趙翼撰　清乾隆五十五年至嘉慶十七年（1790－1812）湛貽堂刻本　二十五冊　缺四十六卷（廿二史劄記三至三十六、補遺一卷，甌北集三十七至四十七）

360000－1902－0003736　4978
甌北詩鈔不分卷　（清）趙翼撰　清乾隆五十六年（1791）湛貽堂刻甌北全集本　八冊

360000－1902－0003737　4979
甌北全集七種一百七十五卷　（清）趙翼撰　清光緒二年至三年（1876－1877）刻本　四十冊

360000－1902－0003738　4980
甌北集五十三卷　（清）趙翼撰　清嘉慶十七年（1812）刻甌北全集本　十四冊

360000－1902－0003739　4981
簷曝雜記六卷　（清）趙翼撰　清嘉慶刻甌北全集本　二冊

360000－1902－0003740　4982
白華後稿四十卷年譜一卷　（清）吳省欽撰　清嘉慶十五年（1810）刻本　六冊

360000－1902－0003741　4983
後村雜著三卷　（清）王文治等撰　清康熙四十七年（1708）刻本　三冊

360000－1902－0003742　4984
恩餘堂經進初稿十二卷續稿二十二卷三稿十一卷恩餘堂策問存課二卷知聖道齋讀書跋尾二卷　（清）彭元瑞撰　清刻本　八冊

360000－1902－0003743　4988
惜抱軒文集十六卷後集十卷首一卷　(清)姚鼐撰　清光緒九年(1883)桐城徐氏刻本　六冊

360000－1902－0003744　4989
知味軒稾言四卷啟事二卷　(清)陳毓靈撰　清咸豐十年(1860)刻本　六冊

360000－1902－0003745　4990
成均課士詩三卷　(清)國學司成編　清嘉慶七年(1802)益善堂刻本　一冊

360000－1902－0003746　4991
百美新詠一卷集詠一卷　(清)顏希源輯　清同治九年(1870)三益堂刻本　一冊

360000－1902－0003747　4992
百美新詠圖傳不分卷　(清)顏希源輯　(清)王翽圖　清嘉慶十年(1805)刻本　一冊

360000－1902－0003748　4993
玉耕堂詩二卷　(清)何在田撰　清嘉慶五年(1800)刻本　一冊

360000－1902－0003749　4994
碧玉壺纂杜詩鈔二卷　(清)金元恩撰　清道光二十二年(1842)刻本　一冊

360000－1902－0003750　4995
平園雜著内編十四卷　(清)林有席撰　清嘉慶十八年(1813)刻本　六冊

360000－1902－0003751　4996
吉堂文稿十二卷附錄一卷　(清)欽善撰　清嘉慶二十五年(1820)刻本　二冊

360000－1902－0003752　4997
畫石軒詩集四卷　(清)朱逢泰撰　清嘉慶四年(1799)刻本　一冊

360000－1902－0003753　4997
畫石軒臥遊隨錄四卷　(清)朱逢泰撰　清嘉慶三年(1798)刻本　一冊　與360000－1902－0003752合函

360000－1902－0003754　4998
篔山堂詩鈔十六卷　(清)王賡言撰　清嘉慶刻本　五冊　存十四卷(三至十六)

360000－1902－0003755　5000
蘇庵詩稿十七卷　(清)任昌詩撰　清嘉慶二十三年(1818)來青樓刻本　四冊

360000－1902－0003756　5001
蘇庵詩稿十八卷外集一卷　(清)任昌詩撰　清道光十一年(1831)刻本　五冊

360000－1902－0003757　5002
紅葉山房集十二卷　(清)鄭祖球撰　清道光元年(1821)刻本　四冊

360000－1902－0003758　5003
養默山房詩稿三十二卷　(清)謝元淮撰　清道光十五年(1835)刻本　十冊

360000－1902－0003759　5004
拾慧餘吟一卷山館雜詠一卷　(清)周作楫撰　清道光十四年(1834)刻本　四冊

360000－1902－0003760　5007
平平錄十卷　(清)楊芳撰　清道光十三年(1833)華陽王文運潼橋刻本　四冊

360000－1902－0003761　5008
平平錄十卷附錄一卷　(清)楊芳撰　清道光十三年(1833)華陽王文運潼橋刻本　四冊

360000－1902－0003762　5009
慎獨齋吟賸四卷　(清)童鳳三撰　清道光四年(1824)刻本　一冊

360000－1902－0003763　5010
慎獨齋吟賸四卷　(清)童鳳三撰　清道光四年(1824)刻本　一冊

360000－1902－0003764　5011
遜敏堂詩鈔一卷　(清)余觀懋撰　清道光十四年(1834)刻本　一冊

360000－1902－0003765　5012
率真子偶存七卷續編七卷　(清)伍紹曾撰　清道光二十七年至二十八年(1847－1848)刻本　二冊

360000－1902－0003766　5013

思補過齋遺稿六卷 （清）辛師雲撰　清道光三十年（1850）刻本　二册

360000－1902－0003767　5014
小滄溟館詩集初集六卷二集九卷三集十二卷四集六卷 （清）朱瀚撰　清道光十三年至咸豐八年（1833－1858）刻本　五册　存二十八卷（初集六卷、二集九卷、三集一至七、四集六卷）

360000－1902－0003768　5015
鐵泉詩鈔一卷 （清）岑澂撰　清道光十六年（1836）刻本　二册

360000－1902－0003769　5016
孺廬全集十四卷 （清）萬承蒼撰　清道光三年（1823）臨川李秉綬刻本　五册　存十二卷（一至六、九至十四）

360000－1902－0003770　5017
鶴影樓遺草一卷 （清）丁鶴貞撰　清道光二年（1822）刻本　一册

360000－1902－0003771　5018
蓮潔詩翰釋文一卷蓮潔詩存一卷 （清）謝綸撰　清咸豐六年（1856）刻本　一册

360000－1902－0003772　5019
拜經堂集十二卷附錄一卷 （清）賀德宗撰　清道光三十年（1850）養雲吟榭刻本　五册　存十一卷（一至八、十一至十二，附錄一卷）

360000－1902－0003773　5020
鐵樹堂詩鈔四卷 （清）李光昭撰　清嘉慶十九年（1814）刻本　二册

360000－1902－0003774　5020
鐵樹堂詩附鈔二卷鐵樹堂庸言集一卷 （清）李光昭撰　清道光三年（1823）刻本　二册　與360000－1902－0003773合函

360000－1902－0003775　5021
方川遺稿一卷 （清）胡增齡撰　清道光二十三年（1843）刻本　二册

360000－1902－0003776　5022
澍棠軒詩課偶存二卷首一卷 （清）福申撰　清道光六年（1826）江西督學使者福申刻本　一册

360000－1902－0003777　5023
澍棠軒詩課偶存二卷首一卷 （清）福申撰　清道光六年（1826）江西督學使者福申刻本　一册

360000－1902－0003778　5024
澍棠軒律賦偶存一卷 （清）福申撰　清道光六年（1826）江西督學使者福申刻本　一册

360000－1902－0003779　5025
鄒叔子遺書 （清）鄒漢勛撰　清光緒刻本　八册　存四種十七卷（讀書偶識十卷、附一卷，南高平物產記二卷，顓頊麻攷二卷，紅崖碑釋文一卷、附斅藝齋外集一卷）

360000－1902－0003780　5026
詩筏一卷騷筏一卷 （清）賀貽孫撰　清道光二十六年（1846）敕書樓刻水田居全集本　二册

360000－1902－0003781　5027
闡道堂遺稿十二卷 （清）雲茂琦撰　清刻本　八册

360000－1902－0003782　5028
韞山堂時文初集一卷二集二卷三集一卷 （清）管世銘撰　清光緒六年（1880）湖南書局刻本　四册

360000－1902－0003783　5029
樹經堂詠史詩八卷 （清）謝啟昆撰　清嘉慶刻本　二册

360000－1902－0003784　5030
樹經堂詠史詩八卷 （清）謝啟昆撰　清嘉慶刻本　二册

360000－1902－0003785　5031
二林居集二十四卷 （清）彭紹升撰　清光緒七年（1881）刻本　六册

360000－1902－0003786　5032
御製詩四集一百卷目錄十二卷 （清）高宗弘曆撰　清乾隆刻本　二册　存四卷（三十一

至三十二、三十五至三十六)

360000－1902－0003787　5033
御製詩初集四十四卷目錄四卷　(清)高宗弘曆撰　清乾隆刻本　十六册

360000－1902－0003788　5039
梅村集四十卷目錄二卷　(清)吳偉業撰　清康熙刻本　十四册

360000－1902－0003789　5043
二娱小廬詩鈔五卷詞鈔二卷　(清)尤維熊撰　清嘉慶十七年(1812)刻本　一册

360000－1902－0003790　5044
遣戍伊犁日記一卷天山客話一卷外家紀聞一卷　(清)洪亮吉著　清宣統三年(1911)上海國學扶輪社鉛印古今説部叢書本　一册

360000－1902－0003791　5045
卷施閣文乙集八卷續編一卷更生齋文乙集四卷　(清)洪亮吉撰　清光緒二十一年(1895)善化章氏經濟堂刻孔孱軒洪北江兩先生駢體文合刻本　五册

360000－1902－0003792　5046
澗東詩鈔十卷　(清)歐陽輅撰　清道光十年(1830)刻本　三册

360000－1902－0003793　5047
紅杏山房詩鈔五卷漢書摘詠一卷後漢書摘詠一卷同館賦鈔一卷紅杏山房試詩一卷紅杏山房試帖詩一卷　(清)宋湘撰　清嘉慶二十五年(1820)刻本　二册

360000－1902－0003794　5048
韋廬詩外集四卷首一卷末一卷　(清)李秉禮撰　清嘉慶二十四年(1819)知稼堂刻本　二册

360000－1902－0003795　5049
兩當軒詩鈔十四卷悔存詞鈔二卷　(清)黄景仁撰　清嘉慶二十二年(1817)刻本　四册

360000－1902－0003796　5050
卷施閣詩二十卷　(清)洪亮吉撰　清刻本　一册　存三卷(一至三)

360000－1902－0003797　5051
真率齋初稿十卷詞二卷　(清)楊芳燦撰　清乾隆四十四年(1779)刻本　二册

360000－1902－0003798　5052
芙蓉山館詩稿十六卷　(清)楊芳燦撰　清嘉慶六年(1801)刻本　二册

360000－1902－0003799　5053
香蘇山館詩鈔三十六卷　(清)吳嵩梁撰　清道光刻本　十册

360000－1902－0003800　5054
香蘇山館詩鈔三十六卷　(清)吳嵩梁撰　清光緒二十三年(1897)三益文社刻本　七册

360000－1902－0003801　5055
香蘇山館詩鈔三十卷　(清)吳嵩梁撰　清嘉慶二十三年(1818)刻本　八册

360000－1902－0003802　5056
知恥齋文集二卷　(清)謝振定撰　清刻本　二册

360000－1902－0003803　5057
簡莊文鈔六卷續編二卷河莊詩鈔一卷　(清)陳鱣撰　清光緒十四年(1888)海昌羊氏刻本　二册

360000－1902－0003804　5058
壹齋集四十卷賦一卷二十四畫品一卷畫友錄一卷游黄山記一卷泛槳錄一卷蕭湯二老遺詩合編二卷奏御集二卷兩朝恩賚記一卷　(清)黄鉞撰輯　清咸豐九年(1859)蕪湖許氏廣東南海縣丞署刻本　十册

360000－1902－0003805　5059
孫淵如先生全集　(清)孫星衍撰　清光緒二十年(1894)湖南思賢書局刻本　十册　存二種十九卷(芳茂山人文集十二卷;詩錄一至五、九,附長離閣集一卷)

360000－1902－0003806　5060
儀鄭堂駢儷文三卷　(清)孔廣森撰　清光緒二十一年(1895)章氏經濟堂刻孔孱軒洪北江兩先生駢體文合刻本　一册

360000－1902－0003807　5061

留春草堂詩鈔七卷　(清)伊秉綬撰　清光緒六年(1880)刻本　二册

360000－1902－0003808　5062

賞雨茅屋詩集二十二卷外集一卷　(清)曾燠撰　清道光三年(1823)刻本　七册

360000－1902－0003809　5063

寄思齋藏稿十四卷首一卷補遺一卷公孫龍子注一卷附辛筠谷年譜一卷吴中遺愛録一卷　(清)辛從益撰　(清)辛桂雲等輯　清咸豐元年(1851)萬載辛氏刻本　九册　存十六卷(寄思齋藏稿十四卷、首一卷、補遺一卷)

360000－1902－0003810　5064

寄思齋藏稿十四卷首一卷補遺一卷公孫龍子注一卷附辛筠谷年譜一卷吴中遺愛録一卷　(清)辛從益撰　(清)辛桂雲等輯　清咸豐元年(1851)萬載辛氏刻本　九册　缺二卷(寄思齋藏稿十四、補遺一卷)

360000－1902－0003811　5066

初月樓文鈔十卷　(清)吴德旋撰　清道光三年(1823)刻本　一册　存六卷(一至六)

360000－1902－0003812　5067

初月樓文鈔十卷詩鈔四卷聞見録十卷續聞見録十卷　(清)吴德旋撰　**附程子香文鈔二卷**　(清)程德賚撰　清道光三年(1823)刻本　五册　存三十卷(文鈔七至十、詩鈔四卷、聞見録十卷、續聞見録十卷、程子香文鈔二卷)

360000－1902－0003813　5068

小謨觴館詩集八卷附詩餘附録一卷文集四卷　(清)彭兆蓀撰　清嘉慶十一年(1806)韓江寓舍刻本　二册　存九卷(詩集八卷、附録一卷)

360000－1902－0003814　5069

靜娱室偶存稿二卷首一卷末一卷　(清)李宗瀚撰　清道光刻本　一册

360000－1902－0003815　5070

左海全集十種　(清)陳壽祺撰　**左海續集(小琅嬛館叢書)十種**　(清)陳喬從撰　清嘉慶至同治三山陳氏刻光緒八年(1882)林國新補刻本　六十五册　缺一卷(五經異義疏證三)

360000－1902－0003816　5071

安吴四種三十六卷　(清)包世臣撰　(清)包世榮　(清)包慎言注　清同治十一年(1872)注經堂刻本　十一册　存四種二十六卷(中衢一勺三卷,藝舟雙楫論文三至四、附録三卷,管情三義賦三卷、詩三卷、詞一卷、濁泉編一卷,齊民四術農三卷、禮三卷、刑二卷、兵三至四)

360000－1902－0003817　5072

退庵隨筆二十卷　(清)梁章鉅編　清刻本　六册

360000－1902－0003818　5073

制義叢話二十四卷　(清)梁章鉅撰　清咸豐九年(1859)知足知不足齋刻本　八册

360000－1902－0003819　5074

制義叢話二十四卷　(清)梁章鉅撰　清咸豐九年(1859)刻本　八册

360000－1902－0003820　5075

碧城僊館詩鈔十卷文鈔二卷　(清)陳文述撰　清嘉慶十年(1805)刻本　四册　存十一卷(詩鈔十卷、文鈔一)

360000－1902－0003821　5076

寸心知室存稿六卷　(清)湯金釗撰　清咸豐元年(1851)刻本　四册

360000－1902－0003822　5077

癸巳類稿十五卷　(清)俞正燮撰　清道光十三年(1833)求日益齋刻本　八册

360000－1902－0003823　5078

癸巳存稿十五卷　(清)俞正燮撰　清光緒十年(1884)刻本　六册

360000－1902－0003824　5079

東溟文集六卷外集四卷　(清)姚瑩撰　清道光刻本　二册　存六卷(文集四至五、外集四卷)

360000－1902－0003825　5080
東溟文後集十四卷外集二卷　(清)姚瑩撰　清道光刻本　五冊

360000－1902－0003826　5081
愚一錄十二卷　(清)鄭獻甫撰　清光緒二年(1876)黔南道署刻本　五冊

360000－1902－0003827　5082
補學軒文集四卷　(清)鄭獻甫撰　清光緒八年(1882)黔南節署刻本　四冊

360000－1902－0003828　5083
補學軒文集四卷駢體二卷　(清)鄭獻甫撰　清光緒二年(1876)桂林楊鴻文堂刻本　十冊

360000－1902－0003829　5083
補學軒文集續刻散體四卷駢體二卷　(清)鄭獻甫撰　清同治十一年(1872)桂林楊鴻文堂刻本　二冊　與360000－1902－0003828合函

360000－1902－0003830　5084
南村草堂文鈔二十卷　(清)鄧顯鶴撰　清咸豐元年(1851)刻本　六冊

360000－1902－0003831　5084
南村草堂詩鈔二十四卷　(清)鄧顯鶴撰　清道光九年(1829)刻本　六冊　與360000－1902－0003830合函

360000－1902－0003832　5085
校正定盦全集　(清)龔自珍撰　清光緒二十九年(1903)文瑞樓石印本　四冊

360000－1902－0003833　5088
精刊龔定盦全集　(清)龔自珍撰　清宣統元年(1909)上海國學扶輪社鉛印本　四冊　存四種十卷(文集補編四卷、續集四卷、文集補不分卷、附年譜一卷)

360000－1902－0003834　5089
定盦文集三卷餘集附少作一卷　(清)龔自珍撰　清道光三年(1823)刻本　一冊

360000－1902－0003835　5090
晚學齋文集十二卷　(清)姚椿撰　清咸豐二年(1852)刻本　三冊

360000－1902－0003836　5090
通藝閣詩錄八卷　(清)姚椿撰　清道光刻本　一冊　與360000－1902－0003835合函　存四卷(一至四)

360000－1902－0003837　5091
後湘詩集九卷二集五卷後湘續集七卷　(清)姚瑩撰　清道光刻中復堂全集本　四冊

360000－1902－0003838　5092
柏梘山房集三十一卷　(清)梅曾亮撰　清咸豐六年(1856)刻同治三年(1864)補刻本　六冊　存二十四卷(文集八至十六、續一卷、詩集十卷、續二卷、駢體文二卷)

360000－1902－0003839　5093
愈愚錄六卷　(清)劉寶楠撰　清光緒十五年(1889)刻廣雅書局叢書本　二冊

360000－1902－0003840　5094
懷古田舍詩節鈔六卷　(清)徐榮撰　清刻本　一冊　存一卷(五)

360000－1902－0003841　5095
紀慎齋先生全集　(清)紀大奎撰　清嘉慶至咸豐刻本　四十一冊　存十六種

360000－1902－0003842　5096
厚岡文集二十卷　(清)李榮陛撰　清嘉慶刻本　二冊　存六卷(十至十二、十八至二十)

360000－1902－0003843　5097
李厚岡集　(清)李榮陛撰　清嘉慶二十年(1815)亘古齋刻本　十四冊　存七種三十三卷(周易篇二至三,易考二卷、續考二卷,尚書篇一、首一卷,尚書考六卷,書經補篇一卷,四書解細論四卷,厚岡文集一至四、七至九、十二至十四、十七至二十)

360000－1902－0003844　5098
李恭毅公詩遺稿一卷補一卷　(清)李湖撰　清刻本　一冊

360000－1902－0003845　5099
李恭毅公詩遺稿一卷補一卷　(清)李湖撰

清刻本　一冊

360000－1902－0003846　5100
多歲堂詩載賡集二卷　（清）成書撰　清道光刻本　一冊

360000－1902－0003847　5101
多歲堂詩集四卷載賡集二卷附集一卷　（清）成書撰　清道光刻本　二冊　存五卷（詩集四卷、附集一卷）

360000－1902－0003848　5102
重刊章氏遺書　（清）章學誠撰　清光緒三年（1877）貴陽刻本　四冊

360000－1902－0003849　5103
重訂西青散記八卷文略附一卷附錄一卷　（清）史震林手定　清光緒四年（1878）天南遯窟鉛印本　四冊

360000－1902－0003850　5104
西雲札記五卷　（清）李枝青撰　清光緒六年（1880）刻十二年（1886）續刻本　二冊

360000－1902－0003851　5106
海秋制藝後集一卷　（清）湯鵬撰　清道光十八年（1838）刻本　三冊

360000－1902－0003852　5107
移芝室古文讀本十三卷首一卷末一卷詩集讀本三卷思舊集一卷　（清）楊彝珍撰　清光緒刻本　六冊

360000－1902－0003853　5108
羅忠節公遺集（羅山遺集）　（清）羅澤南撰　清咸豐至同治刻本　八冊

360000－1902－0003854　5109
句溪雜箸六卷　（清）陳立撰　清光緒十四年（1888）刻廣雅書局叢書本　二冊

360000－1902－0003855　5110
訓蒙草注釋合編一卷　（清）路德撰　清道光刻本　一冊

360000－1902－0003856　5111
守約堂稿不分卷　（清）謝階樹著　清咸豐十一年（1861）刻本　三冊　存論語之樊遲退見子夏曰至不知命無以為君子也、中庸、孟子

360000－1902－0003857　5112
守約堂稿不分卷　（清）謝階樹著　清咸豐十一年（1861）刻本　二冊

360000－1902－0003858　5113
守約堂稿不分卷　（清）謝階樹著　清咸豐十一年（1861）刻本　一冊　存大學、論語、中庸之能尽人之性則能尽物之性

360000－1902－0003859　5114
檉花館試帖輯註一卷　（清）路德撰　（清）張熙宇輯注　（清）王植桂輯錄　清刻本　一冊

360000－1902－0003860　5115
餞秋試詩一卷　（清）路德撰　清光緒八年（1882）江西撫署刻本　一冊

360000－1902－0003861　5116
壯學齋文集十二卷　（清）周樹槐撰　清咸豐二年（1852）刻本　六冊

360000－1902－0003862　5117
安心竟齋詩鈔四卷　（清）黃玉衡撰　清道光五年（1825）刻本　二冊

360000－1902－0003863　5118
味餘書室全集定本四十卷目錄四卷隨筆二卷　（清）仁宗顒琰撰　清嘉慶五年（1800）刻本　二十五冊　存三十五卷（一至二、五至八、十三至十六、十八、二十一至二十四、二十七至四十，目錄四卷，隨筆二卷）

360000－1902－0003864　5119
校郊廬抗議二卷附特科奏牘一卷湘士條誡一卷輶軒今語一卷　（清）馮桂芬撰　清光緒二十四年（1898）湖南新學書局刻本　二冊

360000－1902－0003865　5120
賜葛堂文集六卷　（清）岳震川撰　清光緒刻本　一冊　存二卷（四至五）

360000－1902－0003866　5121
賜葛堂文集六卷　（清）岳震川撰　清光緒刻本　二冊　存二卷（二至三）

360000－1902－0003867　5122

御製詩初集四十八卷目錄六卷　(清)仁宗顒琰撰　(清)慶桂等編　清嘉慶八年(1803)刻本　三十冊

360000－1902－0003868　5125(1)
經史百家雜鈔二十六卷　(清)曾國藩纂　清光緒三十二年(1906)上海商務印書館鉛印本　五冊　存十一卷(一至四、九至十五)

360000－1902－0003869　5129
曾文正公全集　(清)曾國藩撰　(清)李鴻章輯　清同治至光緒傳忠書局刻本　一百二十八冊

360000－1902－0003870　5131
曾文正公全集　(清)曾國藩撰　(清)李鴻章輯　清同治至光緒傳忠書局刻民國二十四年至二十五年(1935－1936)湖南省立圖書館印本　一百二十八冊

360000－1902－0003871　5132
曾文正公全集　(清)曾國藩撰　(清)李鴻章輯　清同治至光緒傳忠書局刻本　四十二冊　存七種五十八卷(首一卷,奏稿一至二、六至七、十至十二、十六、二十一、二十六、二十九至三十,經史百家雜鈔二、五至九、十二、十四、十七至十八、二十一至二十三、二十五,經史百家簡編下,詩集一至三、文集二,書札一至八、二十至二十三、二十六至三十三,批牘一至三、五至六,雜著一)

360000－1902－0003872　5133
十八家詩鈔二十八卷　(清)曾國藩纂　清同治十三年(1874)傳忠書局刻曾文正公全集本　十二冊　存十二卷(十七至二十八)

360000－1902－0003873　5134
十八家詩鈔二十八卷　(清)曾國藩纂　清同治十三年(1874)傳忠書局刻曾文正公全集本　十六冊　存十六卷(一至十六)

360000－1902－0003874　5141
鳴原堂論文二卷　(清)曾國藩撰　清同治十二年(1873)勵志齋刻本　一冊

360000－1902－0003875　5142
曾文正公雜著四卷曾文正公楹聯一卷　(清)曾國藩撰　(清)李瀚章編次　清光緒四年(1878)上海醉六堂刻本　四冊

360000－1902－0003876　5143
曾文正公雜著四卷　(清)曾國藩撰　(清)李瀚章編次　清同治十三年(1874)傳忠書局刻本　二冊

360000－1902－0003877　5145
倭文端公遺書十一卷首二卷　(清)倭仁撰　清刻本　八冊

360000－1902－0003878　5146
左文襄公全集　(清)左宗棠撰　**附左文襄公年譜十卷**　(清)羅正鈞撰　清光緒刻本　一百二十八冊

360000－1902－0003879　5147
左文襄公全集　(清)左宗棠撰　清光緒刻本　八十九冊　存六種九十四卷(首一卷,奏稿一至十五、十七至二十七、二十九至三十五、三十七、三十九至四十五、四十八至六十、六十二至六十四,書牘一至九、十一至二十一、二十三至二十六,咨札一卷、告示一卷,謝摺二卷,文集五卷、詩集一卷、聯語一卷,附張大司馬奏稿一)

360000－1902－0003880　5148
江忠烈公遺集　(清)江忠源撰　清光緒十二年(1886)吳縣槐廬藂刻本　四冊

360000－1902－0003881　5150
江忠烈公遺集二卷首一卷附錄一卷　(清)江忠源撰　清同治十二年(1873)刻本　二冊

360000－1902－0003882　5152
浣月山房詩集五卷　(清)龍啟瑞撰　清光緒四年(1878)京師刻本　二冊

360000－1902－0003883　5153
守柔齋詩鈔初集四卷續集四卷　(清)蘇廷魁撰　清同治三年(1864)都門刻本　二冊

360000－1902－0003884　5154
守柔齋詩鈔初集四卷續集四卷　(清)蘇廷魁

撰　清同治三年(1864)都門刻本　二冊

360000－1902－0003885　5155
槐軒全書一百七十八卷　(清)劉沅輯注　清光緒三十一年(1905)刻本　六十四冊

360000－1902－0003886　5156
曲園襍纂五十卷　(清)俞樾撰　清光緒刻本　七冊　存三十九卷(五至四十三)

360000－1902－0003887　5161
思益堂集十九卷　(清)周壽昌撰　清光緒十四年(1888)刻本　四冊　存十三卷(詩鈔四至六、日札四至十、古文二卷、詞鈔一卷)

360000－1902－0003888　5162
思益堂集十九卷　(清)周壽昌撰　清光緒十四年(1888)刻本　六冊

360000－1902－0003889　5163
焦桐集三卷　(清)何栻著　清咸豐八年(1858)刻悔餘庵集本　一冊

360000－1902－0003890　5164
劍光集四卷　(清)何栻著　清咸豐九年(1859)刻悔餘庵集本　一冊

360000－1902－0003891　5165
悔餘庵集　(清)何栻著　清咸豐至同治刻本　五冊　存四種十七卷(寒灰集五卷、文波集六卷、真氣集三卷、餘辛集三卷)

360000－1902－0003892　5166
悔餘庵集　(清)何栻著　清咸豐至同治刻本　五冊　存三種十一卷(寒灰集五卷、我媿之集一卷、江風集五卷)

360000－1902－0003893　5167
養知書屋文集二十八卷詩集十五卷　(清)郭嵩燾著　清光緒十八年(1892)刻本　十六冊

360000－1902－0003894　5168
養知書屋文集二十八卷詩集十五卷　(清)郭嵩燾著　清光緒十八年(1892)刻本　八冊　存十九卷(文集一至十二、十五至十七,詩集十二至十五)

360000－1902－0003895　5169
養知書屋文集二十八卷詩集十五卷　(清)郭嵩燾著　清光緒十八年(1892)刻本　十冊　存二十八卷(文集一至十二、十七、二十五至二十八,詩集一至十一)

360000－1902－0003896　5170
養知書屋遺集五十五卷　(清)郭嵩燾著　清光緒十八年(1892)刻本　二十八冊

360000－1902－0003897　5171
秋聲館遺集八卷　(清)歐陽勳撰　清咸豐八年(1858)刻本　二冊

360000－1902－0003898　5172
六一山房詩集十卷　(清)董沛著　清同治十三年(1874)刻本　二冊

360000－1902－0003899　5172
六一山房續集十卷　(清)董沛著　清光緒五年(1879)刻十年(1884)續刻本　二冊　與360000－1902－0003898合函

360000－1902－0003900　5173
存吾春齋詩鈔十二卷文鈔十卷　(清)劉繹撰　清同治刻本　八冊

360000－1902－0003901　5174
存吾春齋文鈔十卷續鈔二卷詩鈔十卷續鈔二卷　(清)劉繹撰　清同治至光緒刻本　七冊　存二十一卷(文鈔十卷、文續鈔二卷、詩鈔一至九)

360000－1902－0003902　5175
劉孟塗集四十四卷　(清)劉開撰　清道光六年(1826)姚氏檗山草堂刻本(後集卷八原缺)　五冊　存二十六卷(文集十卷、後集九至二十二、駢體文二卷)

360000－1902－0003903　5176
劉孟塗集四十四卷　(清)劉開撰　清道光六年(1826)姚氏檗山草堂刻本(後集卷八原缺)　八冊

360000－1902－0003904　5177
寶韋齋類稿八十二卷　(清)李桓撰　清光緒刻本　十五冊　存八十卷(三至八十二)

360000－1902－0003905　5178

心白日齋集六卷　(清)尹耕雲著　清光緒二十一年(1895)刻本　四册

360000－1902－0003906　5179

白華絳柎閣詩集十卷　(清)李慈銘撰　清光緒十六年(1890)刻本　一册　存六卷(一至六)

360000－1902－0003907　5180

湘綺樓全集三十卷　王闓運撰　清光緒三十三年(1907)墨莊劉氏長沙刻本　七册　存二十卷(文集一至二、五至八,詩集十四卷)

360000－1902－0003908　5181

湘綺樓詩八卷　王闓運撰　清光緒二十六年(1900)東州講舍刻本　四册

360000－1902－0003909　5181

夜雪集一卷　王闓運著　清光緒十七年(1891)多文堂刻本　與360000－1902－0003908合册

360000－1902－0003910　5182

湘綺樓全集三十卷　王闓運撰　清宣統二年(1910)上海國學扶輪社石印本　十二册

360000－1902－0003911　5183

湘綺樓詩十四卷　王闓運著　清光緒三十三年(1907)長沙刻本　四册

360000－1902－0003912　5184

湘綺樓全集三十卷　王闓運撰　清光緒三十三年(1907)墨莊劉氏長沙刻本　八册　存二十二卷(文集八卷、詩集十四卷)

360000－1902－0003913　5186

雪青閣詩集四卷　(清)謝維藩撰　清光緒九年(1883)開封官廨刻本　二册　存二卷(一、三)

360000－1902－0003914　5187

庸庵全集　(清)薛福成撰　清光緒二十三年(1897)上海醉六堂石印本　八册　存五種十四卷(文編四卷、續編二卷、外編一至三、海外文編四卷、籌洋芻議一卷)

360000－1902－0003915　5188

庸庵全集　(清)薛福成撰　清光緒二十三年(1897)上海醉六堂石印本　十册

360000－1902－0003916　5189

冬暄草堂遺詩二卷　(清)陳豪撰　清宣統三年(1911)刻本　二册

360000－1902－0003917　5190

後樂堂文鈔續編九卷　(清)陳玉澍撰　清光緒二十七年(1901)鉛印本　六册

360000－1902－0003918　5191

譚復生文鈔二卷　(清)譚嗣同著　清宣統二年(1910)上海國學扶輪社鉛印本　一册

360000－1902－0003919　5192

虚受堂文集十六卷　王先謙撰　清光緒二十六年(1900)刻本　六册

360000－1902－0003920　5193

明宫雜詠二十卷　(清)饒智元撰　清光緒刻湘淥館叢書本　六册

360000－1902－0003921　5194

明宫雜詠二十卷　(清)饒智元撰　清光緒刻湘淥館叢書本　四册　存十三卷(一至七、十二至十七)

360000－1902－0003922　5199

朱子文集大全類編一百十一卷首一卷　(宋)朱熹撰　(清)朱玉訂補　清雍正八年(1730)紫陽書堂刻本　一册　存二卷(朱文公年譜事實一至二)

360000－1902－0003923　5201

陳厚甫詩文不分卷　(清)陳鍾麟撰　清刻本　二册

360000－1902－0003924　5202

尋古齋文集四卷　(清)李繼聖著　清乾隆刻本　一册　存二卷(三至四)

360000－1902－0003925　5203

鮑參軍集辨僞考異二卷庾開府集辨僞考異二卷　(清)胡鳳丹纂述　清刻本　一册

360000－1902－0003926　5205

王壯武公遺集二十四卷首一卷　(清)王鑫撰　清光緒十八年(1892)湘鄉王氏江甯刻本　十一冊　存二十三卷(一至七、十至二十四,首一卷)

360000－1902－0003927　5206
道生堂全稿三集　(清)鍾聲撰　清光緒五年(1879)邵陵霽月山房刻本　五冊　存三集(初集大學,論語上,論語下数仞、猶天之不可階而升也,中庸,孟子;二集;三集)

360000－1902－0003928　5207
道生堂全稿三集　(清)鍾聲撰　清光緒十五年(1889)兩儀書局刻本　六冊

360000－1902－0003929　5208
道生堂全稿三集　(清)鍾聲撰　清光緒十五年(1889)兩儀書局刻本　六冊

360000－1902－0003930　5210
樊山集二十四卷　(清)樊增祥撰　清光緒十九年(1893)渭南縣署刻本　六冊

360000－1902－0003931　5213
自西徂東五卷　(德國)花之安撰　清光緒十年(1884)廣東小書會真寶堂刻本　五冊

360000－1902－0003932　5214
藕香館遺詩一卷　(清)饒運璵撰　清光緒二十一年(1895)刻湘淥館叢書本　一冊

360000－1902－0003933　5215
萬山草堂詩集六卷　(清)李登雲撰　清光緒三十三年(1907)武林刻本　二冊

360000－1902－0003934　5216
養正詩選四卷　(清)鍾永定編　清光緒二十三年(1897)刻本　三冊

360000－1902－0003935　5217
鬱華閣遺集四卷　(清)盛昱撰　清光緒三十四年(1908)留垞武昌刻本　一冊

360000－1902－0003936　5218
暫留軒文鈔八卷　(清)尹繼隆撰　清光緒五年(1879)簃荆書屋刻本　四冊

360000－1902－0003937　5218
暫留軒詩鈔八卷二刻四卷　(清)尹繼隆撰　清咸豐四年(1854)暫留軒刻本　四冊　與360000－1902－0003936合函

360000－1902－0003938　5219
鷗跡集二十一卷　(清)蔡受撰　清光緒三年(1877)刻本　四冊

360000－1902－0003939　5220
珠泉草廬詩鈔四卷　(清)廖樹蘅撰　清光緒二十七年(1901)烝陽刻本　二冊

360000－1902－0003940　5221
覆瓿齋試帖二卷　(清)楊書霖撰　清光緒十七年(1891)刻本　二冊

360000－1902－0003941　5222
郁騏山房詩存八卷駢文二卷文略二卷疏草二卷　(清)趙樹吉撰　清光緒十年(1884)汗青簃刻本　五冊

360000－1902－0003942　5223
新註得月樓賦不分卷　(清)張元灝選評　(清)耿覲文　(清)茅謙箋注　清光緒十三年(1887)翠筠山房刻本　十六冊

360000－1902－0003943　5224
增訂畊餘瑣錄十二卷　(清)馮世瀛撰　(清)雪樵輯　清同治刻本　二冊　存八卷(一至四、九至十二)

360000－1902－0003944　5225
錢牧齋文鈔不分卷　(清)錢謙益撰　清宣統元年(1909)上海國學扶輪社鉛印本　四冊

360000－1902－0003945　5226
鐵瓶詩鈔九卷　(清)張岳齡撰　清光緒刻本　三冊　存七卷(一至七)

360000－1902－0003946　5227
月塘書屋詩存十一卷　(清)楊延亮著　清同治十二年(1873)娜嬛別館刻本　二冊

360000－1902－0003947　5228
靈洲山人詩錄六卷　(清)徐灝撰　清同治三年(1864)刻本　二冊

360000－1902－0003948　5229

百孝圖詩傳合編一卷　（清）黄小坪編　清同治二年（1863）刻本　一冊

360000－1902－0003949　5230
子良詩錄二卷　（清）馮詢著　清同治二年（1863）廣州寶華坊刻本　一冊　存一卷（一）

360000－1902－0003950　5231
新安先集二十卷　（清）朱之榛輯　清同治十三年（1874）蘇州刻本　七冊

360000－1902－0003951　5232
餐花館多事篇一卷補遺一卷效顰篇一卷　（清）王彦撰　清同治三年（1864）刻本　一冊

360000－1902－0003952　5233
心鐵石齋存稿三十卷附聯句詩一卷　（清）宋鳴琦撰　清道光十二年（1832）刻本　三冊　存十六卷（一至五、二十一至三十，聯句詩一卷）

360000－1902－0003953　5234
禮耕制藝不分卷　（清）陳學修著　清道光二十二年（1842）刻本　二冊

360000－1902－0003954　5235
石帆遺稿二卷　（清）周韞祥著　清道光二十年（1840）秦中官舍刻本　一冊

360000－1902－0003955　5236
慎思堂文存二卷附錄一卷　（清）徐芝撰　清道光二十七年（1847）刻本　一冊

360000－1902－0003956　5237
玉池山樵遺稿二卷　（清）周燮祥著　清道光二十年（1840）秦中官舍刻本　一冊

360000－1902－0003957　5238
煙霞萬古樓文集六卷　（清）王雲撰　清道光二十年（1840）刻本　二冊

360000－1902－0003958　5239
煙霞萬古樓文集六卷　（清）王雲撰　清光緒二十一年（1895）上海鴻文書局石印本　二冊

360000－1902－0003959　5240
煙霞萬古樓詩選二卷　（清）王雲撰　清光緒二十一年（1895）上海鴻文書局石印本　一冊

360000－1902－0003960　5242
弢園文錄外編十二卷　（清）王韜撰　清光緒二十三年（1897）弢園老民滬上刻本　六冊

360000－1902－0003961　5243
春霆集註釋不分卷　（清）潘炳綱撰　清三讓堂刻本　三冊

360000－1902－0003962　5244
桐雲閣試帖輯註二卷　（清）楊庚著　（清）張熙宇輯評　（清）王植桂輯注　清光緒刻本　二冊

360000－1902－0003963　5245
天岳山館文鈔四十卷　（清）李元度撰　清光緒六年（1880）爽谿精舍刻本　二十冊

360000－1902－0003964　5246
唾餘草一卷　（清）徐樹藩（徐瑞五）撰　清光緒十七年（1891）刻本　一冊

360000－1902－0003965　5247
唾餘草一卷　（清）徐樹敏（徐瑞五）撰　清光緒十七年（1891）刻本　一冊

360000－1902－0003966　5248
小壺天集九卷　（清）曾傳贊輯錄　清光緒十一年（1885）刻本　二冊

360000－1902－0003967　5249
悔言六卷悔言辨正六卷首一卷　（清）夏震武撰　清光緒刻富陽夏氏叢刻本　一冊

360000－1902－0003968　5250
星辛龕賦四卷　（清）楊鳳藻撰　清光緒二十三年（1897）天津刻本　二冊

360000－1902－0003969　5251
張文達公遺集四卷　（清）張之萬撰　清光緒二十六年（1900）京師同文館鉛印本　一冊　存二卷（一至二）

360000－1902－0003970　5253
長興學記一卷　康有為撰　清光緒十七年（1891）廣州萬木草堂刻本　一冊

360000－1902－0003971　5255
燕蘭小譜五卷　（清）西湖安樂山樵（吴長元）

撰　**附海漚小譜一卷**　(清)秋谷老人(趙執信)撰　清宣統三年(1911)長沙葉氏刻本　一冊

360000－1902－0003972　5256
燕蘭小譜五卷　(清)西湖安樂山樵(吳長元)撰　**附海漚小譜一卷**　(清)秋谷老人(趙執信)撰　清宣統三年(1911)長沙葉氏刻本　一冊

360000－1902－0003973　5257
求己錄三卷　(清)蘆涇遯士(陶葆廉)編　清光緒二十七年(1901)刻知聖教齋叢書本　三冊

360000－1902－0003974　5258
六是堂詩選一卷文稿略編一卷附錄一卷　(清)顧如華著　清光緒十八年(1892)刻本　一冊

360000－1902－0003975　5259
雪青閣詩集四卷　(清)謝維藩撰　清光緒九年(1883)開封官廨刻本　二冊　存二卷(二、四)

360000－1902－0003976　5260
八指頭陀詩集三卷詩集述一卷　(清)釋敬安撰　清光緒刻本　一冊

360000－1902－0003977　5261
續刻退一步軒雜鈔三卷　(清)李元善撰　清光緒十八年(1892)長沙官舍刻本　一冊

360000－1902－0003978　5262
存吾園偶錄一卷　(清)王世章撰　清道光二十八年(1848)砥南書屋刻本　一冊

360000－1902－0003979　5263
求可堂自記一卷　(清)廖冀亨撰　清光緒刻本　一冊

360000－1902－0003980　5266
玉笥山房要集四卷文坿一卷　(清)顧廷綸著　清光緒十二年(1886)刻本　一冊

360000－1902－0003981　5267
誌別錄一卷　(清)謝光綺輯　清光緒十五年(1889)桂林書肆刻本　一冊

360000－1902－0003982　5268
雲臥山莊詩集八卷首一卷末一卷　(清)郭崑燾撰　清光緒十一年(1885)湘陰郭氏岵瞻堂刻本　三冊

360000－1902－0003983　5269
寶德堂詩鈔十卷附存二卷　(清)周衡撰　清光緒二年(1876)刻本　三冊

360000－1902－0003984　5270
楚天樵話二卷　(清)張清標著　清光緒十八年(1892)刻本　一冊

360000－1902－0003985　5271
澤古齋文鈔三卷補遺一卷　(清)吳士模著　清光緒十九年(1893)刻本　一冊

360000－1902－0003986　5272
椒園居士集六卷　(清)王定柱撰　清光緒三十二年(1906)刻本　二冊

360000－1902－0003987　5273
劉武慎公遺書　(清)劉長佑撰　清光緒刻本　十二冊　存一種十五卷(奏稿一至十四、首一卷)

360000－1902－0003988　5275
探本錄二十三卷　(清)雲茂琦著　清末刻本　七冊

360000－1902－0003989　5277
秋風辭一卷　(清)朱文通撰　清光緒八年(1882)長沙刻本　一冊

360000－1902－0003990　5277
寓無竟室悼亾艸一卷　陳三立撰　清光緒七年(1881)大梁刻本　與360000－1902－0003989合冊

360000－1902－0003991　5278
岳麓文集八卷附養正編一卷　(清)蔣勵常撰　清咸豐九年(1859)刻本　六冊

360000－1902－0003992　5279
椒生續草六卷　(清)王之春撰　清光緒刻本　一冊　存三卷(四至六)

360000－1902－0003993　5280
芙蓉山館詩鈔□□卷　（清）夏紀釗撰　清光緒十二年（1886）刻本　一册　存一卷（一）

360000－1902－0003994　5282
二黄合稿二卷　（清）黄崇惺　（清）黄家鼎撰　（清）廷愷編　清光緒八年（1882）刻本　一册

360000－1902－0003995　5283
蟄廬遺集一卷　（清）俞文詔著　清光緒二十一年（1895）婺源俞氏清蔭堂刻本　一册

360000－1902－0003996　5284
鶴巢詩存一卷　（清）顧涫慶（顧淳慶）著　**附介卿遺艸一卷**　（清）顧家樹撰　清光緒十二年（1886）刻本　一册

360000－1902－0003997　5285
彭剛直公詩集八卷　（清）彭玉麟撰　（清）俞樾輯　清光緒十七年（1891）吳下刻本　一册

360000－1902－0003998　5286
彭剛直公詩集八卷　（清）彭玉麟撰　（清）俞樾輯　清光緒十七年（1891）吳下刻本　二册

360000－1902－0003999　5291
章太炎文鈔四卷　章絳著　清宣統二年（1910）上海國學扶輪社鉛印本　二册

360000－1902－0004000　5319
飲冰室壬寅文集十八卷　梁啟超撰　清光緒二十九年（1903）上海維新學社石印本　十五册　存十六卷（一至十四、十七至十八）

360000－1902－0004001　5330
國朝詞綜四十八卷　（清）王昶纂　清嘉慶七年（1802）三泖漁莊刻本　八册

360000－1902－0004002　5331
詞源二卷　（宋）張炎編　**詞旨一卷**　（元）陸輔之撰　**樂府指迷一卷**　（宋）沈義父撰　清道光八年（1828）刻本　一册

360000－1902－0004003　5335
宋四家詞選一卷　（清）周濟輯　清道光十二年（1832）刻本　一册

360000－1902－0004004　5336
詩餘偶鈔六卷　王先謙輯　清光緒十六年（1890）長沙王氏刻本　一册

360000－1902－0004005　5337
詞館試律清華集□□卷　（清）蔣義彬輯　清刻本　一册　存一卷（二）

360000－1902－0004006　5339
全史宫詞二十卷　（清）史夢蘭撰　清咸豐六年（1856）樂亭史氏刻本　三册　存十四卷（一至六、十三至二十）

360000－1902－0004007　5340
詞綜三十八卷　（清）朱彝尊輯　（清）汪森增定　（清）王昶增輯　清刻本　八册

360000－1902－0004008　5349
斷腸漱玉詞合刊二卷　（明）毛晉輯　清光緒二十六年（1900）石印本　一册

360000－1902－0004009　5353
秋影山房詞一卷　（清）李翮撰　清嘉慶二十五年（1820）揚州刻本　一册

360000－1902－0004010　5354
聊齋詞一卷　（清）蒲松齡著　清宣統二年（1910）上海國學扶輪社鉛印本　一册

360000－1902－0004011　5355
茂陵秋雨詞四卷　（清）王錫振撰　清咸豐九年（1859）刻本　一册

360000－1902－0004012　5358
古今詞話八卷　（清）沈雄編纂　（清）江尚質增輯　清澄暉堂刻本　一册　存四卷（詞品二卷、詞辨二卷）

360000－1902－0004013　5359
賭棋山莊集詞話十二卷續五卷　（清）謝章鋌撰　清光緒十年（1884）閩縣陳寶璐南昌使廨刻賭棋山莊全集本　六册

360000－1902－0004014　5363
明詞綜十二卷　（清）王昶纂　清嘉慶七年（1802）三泖漁莊刻本　二册

360000－1902－0004015　5364

國朝詞綜二集八卷　(清)王昶纂　清嘉慶八年(1803)三泖漁莊刻本　二册

360000－1902－0004016　5369
詞律二十卷　(清)萬樹論次　清康熙二十六年(1687)堆絮園刻本　五册　存十一卷(五至六、十二至二十)

360000－1902－0004017　5370
一笠菴北詞廣正譜十八卷附南戲北詞正謬一卷　(清)徐于室(徐慶卿)原稿　(清)李玄玉更定　(清)鈕少雅樂句　清末石印本(卷十二至十三、十五原缺)　十册

360000－1902－0004018　5372
一笠菴北詞廣正譜十八卷　(清)徐于室(徐慶卿)原稿　(清)李玄玉更定　(清)鈕少雅樂句　清青蓮書屋刻本(卷十二至十三、十五原注缺)　三册　存十一卷(三至十一、十四、十六)

360000－1902－0004019　5373
一笠菴北詞廣正譜十八卷附南戲北詞正謬一卷　(清)徐于室(徐慶卿)原稿　(清)李玄玉更定　(清)鈕少雅樂句　清康熙青蓮書屋刻文靖書院印本(卷十二至十三、十五原注缺)　三册　存十卷(一至二、九至十一、十四、十六至十八,正謬一卷)

360000－1902－0004020　5375
協律鈎元四卷外集一卷　(唐)李賀撰　(清)陳本禮箋注　清嘉慶刻本　一册　存二卷(協律鈎元四、外集一卷)

360000－1902－0004021　5378
新刻出相音注勸善目連救母行孝戲文三卷　(明)鄭之珍編　清經國堂刻本　三册

360000－1902－0004022　5380
桂林霜(賜衣記)二卷　(清)蔣士銓填詞　(清)張三禮評文　(清)楊迎鶴正譜　清刻本　一册

360000－1902－0004023　5381
清容外集　(清)蔣士銓撰　清乾隆紅雪樓刻本　十二册

360000－1902－0004024　5382
清容外集　(清)蔣士銓撰　清刻本　六册　存八種八卷(一片石一卷、第二碑一卷、香祖樓二、雪中人一卷、四絃秋一卷、桂林霜一卷、冬青樹一卷、空谷香傳奇一卷)

360000－1902－0004025　5384
春蕪記二卷　(明)汪錂撰　明虞山毛氏汲古閣刻繡刻演劇十本本　一册

360000－1902－0004026　5385
玉鏡台記二卷　(明)朱鼎撰　明虞山毛氏汲古閣刻繡刻演劇十本本　一册

360000－1902－0004027　5386
鸞鎞記二卷　(明)葉憲祖撰　明虞山毛氏汲古閣刻繡刻演劇十本本　一册

360000－1902－0004028　5387
紅梨記二卷　(明)徐復祚撰　明虞山毛氏汲古閣刻繡刻演劇十本本　一册

360000－1902－0004029　5388
西樓記二卷　(清)袁于令撰　明虞山毛氏汲古閣刻繡刻演劇十本本　一册

360000－1902－0004030　5389
千金記二卷　(明)沈采撰　明虞山毛氏汲古閣刻繡刻演劇十本本　二册

360000－1902－0004031　5390
贈書記二卷　(明)□□撰　明虞山毛氏汲古閣刻繡刻演劇十本本　一册

360000－1902－0004032　5391
四賢記二卷　(明)□□撰　明虞山毛氏汲古閣刻繡刻演劇十本本　一册

360000－1902－0004033　5392
秣陵春傳奇(雙影記)二卷　(清)灌隱主人(吳傳業)編次　清初振古齋刻本　二册

360000－1902－0004034　5393
玉合記二卷　(明)梅鼎祚撰　明虞山毛氏汲古閣刻繡刻演劇十本本　一册

360000－1902－0004035　5394
蕉帕記二卷　(明)單本撰　明虞山毛氏汲古

閣刻繡刻演劇十本本　一冊

360000－1902－0004036　5395

玉玦記二卷　(明)鄭若庸撰　明虞山毛氏汲古閣刻繡刻演劇十本本　一冊

360000－1902－0004037　5396

琴心記二卷　(明)孫柚撰　明虞山毛氏汲古閣刻繡刻演劇十本本　一冊　存一卷(一)

360000－1902－0004038　5397

鳴鳳記二卷　(明)王世貞撰　明虞山毛氏汲古閣刻繡刻演劇十本本　二冊

360000－1902－0004039　5398

青衫記二卷　(明)顧大曲撰　明虞山毛氏汲古閣刻繡刻演劇十本本　一冊

360000－1902－0004040　5399

殺狗記二卷　(明)徐畛撰　(明)龍子猶(馮夢龍)訂定　明虞山毛氏汲古閣刻繡刻演劇十本本　一冊

360000－1902－0004041　5400

白兔記二卷　(明)□□撰　明虞山毛氏汲古閣刻繡刻演劇十本本　一冊

360000－1902－0004042　5401

紫簫記二卷　(明)湯顯祖撰　明虞山毛氏汲古閣刻繡刻演劇十本本　一冊

360000－1902－0004043　5402

雙烈記二卷　(明)張四維撰　明虞山毛氏汲古閣刻繡刻演劇十本本　一冊　存一卷(二)

360000－1902－0004044　5403

浣紗記二卷　(明)梁辰魚撰　明虞山毛氏汲古閣刻繡刻演劇十本本　二冊

360000－1902－0004045　5404

琵琶記二卷　(明)高明撰　明虞山毛氏汲古閣刻繡刻演劇十本本　二冊

360000－1902－0004046　5405

西廂記二卷　(明)李日華撰　明虞山毛氏汲古閣刻繡刻演劇十本本　一冊

360000－1902－0004047　5406

幽閨記二卷　(元)施惠撰　明虞山毛氏汲古閣刻繡刻演劇十本本　一冊

360000－1902－0004048　5407

還魂記二卷　(明)湯顯祖撰　明虞山毛氏汲古閣刻繡刻演劇十本本　二冊

360000－1902－0004049　5410

繪像第六才子書西廂記八卷　(元)王實甫撰　清刻朱墨套印本　一冊　存三卷(一至三)

360000－1902－0004050　5415

念一史彈詞註二卷　(明)楊慎纂　(清)吳如珩注　清乾隆六年(1741)玲瓏山館刻本　一冊

360000－1902－0004051　5416

廿一史彈詞註十一卷　(明)楊慎編著　(清)張三異增定　(清)張仲璜注　清乾隆五十一年(1786)視履堂刻本　八冊

360000－1902－0004052　5417

新刻玉釧緣全傳三十二卷　(清)西湖居士撰　清末石印本　二十四冊

360000－1902－0004053　5418

聊齋志異十六卷　(清)蒲松齡著　(清)王士正(王士禛)評　清乾隆刻本　十四冊　存十四卷(二至十二、十四至十六)

360000－1902－0004054　5421

詳註聊齋志異圖詠十六卷首一卷　(清)蒲松齡著　(清)呂湛恩注　清宣統三年(1911)上海天寶書局石印本　六冊　存十三卷(一至十、十三至十四,首一卷)

360000－1902－0004055　5423

池北偶談二十六卷　(清)王士禛著　清文粹堂刻本　八冊

360000－1902－0004056　5424(1)

東周列國全志二十三卷一百八回　(清)蔡界評點　清築野書屋刻本　五冊　存十卷(二至三、十二至十五、十八至十九、二十二至二十三)

360000－1902－0004057　5424(2)

東周列國全志二十三卷一百八回 （清）蔡界評點 清刻本 二冊 存六卷（三至五、十五至十七）

360000－1902－0004058 5425
東周列國全志二十三卷一百八回 （清）蔡界評點 清刻本 七冊 存十四卷（二至十三、十六至十七）

360000－1902－0004059 5426
增像全圖東周列國志二十七卷一百八回 （清）蔡界評點 清末中新書局鉛印本 二冊 存四卷（十四至十五、二十六至二十七）

360000－1902－0004060 5429
東周列國全志二十三卷一百八回 （清）蔡界評點 清乾隆刻本（卷二至三配清築野書屋刻本） 九冊 存十七卷（一至五、八至十五、十八至十九、二十二至二十三）

360000－1902－0004061 5430
後西遊記四十回 （清）□□撰 清刻本 四冊 存三十一回（十至四十）

360000－1902－0004062 5431
鐫玉茗堂批點殘唐五代史演義傳二卷六十回 （明）羅本編輯 清經元堂刻本 二冊

360000－1902－0004063 5432
紅樓夢一百二十卷一百二十回 （清）曹雪芹 （清）高鶚撰 （清）王希廉評 清刻本 三冊 存十三卷（一至二、二十一至三十一）

360000－1902－0004064 5433
增評加批金玉緣圖說十二卷一百二十回首一卷 （清）曹雪芹 （清）高鶚撰 （清）蝶薌仙史評訂 清光緒三十二年（1906）上海桐蔭軒石印本 十二冊 存十一卷（一至十、首一卷）

360000－1902－0004065 5436
鏡花緣二十卷一百回 （清）李汝珍撰 （清）謝葉梅繪像 清道光二十二年（1842）刻本 十冊

360000－1902－0004066 5438
新刻鍾伯敬先生批評封神演義二十卷一百回 （明）許仲琳撰 （明）鍾惺評 清刻本 八冊 存十六卷（五至二十）

360000－1902－0004067 5439
新鐫全像武穆精忠傳八卷 題（明）余應鰲撰 （明）李贄評 清刻本 四冊

360000－1902－0004068 5442
新刻劍嘯閣批評西漢演義傳八卷東漢演義傳十卷 （明）甄偉撰 （明）鍾惺評 清初啟元堂刻本 七冊 存十七卷（西漢演義傳二至八、東漢演義傳十卷）

360000－1902－0004069 5443
新刻異說南唐演義十卷一百回 （清）如蓮居士編次 清會友堂刻本 四冊

360000－1902－0004070 5446
新鐫玉茗堂批點按鑑參補楊家將傳十卷五十回 （明）研石山樵訂正 清同治十一年（1872）經綸堂刻本 四冊

360000－1902－0004071 5447
新鐫玉茗堂批評按鑑參補南宋志傳十卷五十回 （明）研石山樵訂正 清同治十一年（1872）經綸堂刻本 四冊

360000－1902－0004072 5448
四大奇書第一種六十卷一百二十回 （明）羅貫中撰 （清）毛宗崗評 清刻本（卷十二至十五配清築野書屋刻本） 四冊 存十六卷（十二至十五、三十七至四十八）

360000－1902－0004073 5454
四大奇書第一種五十一卷一百二十回 （明）羅貫中撰 （清）毛宗崗評 清芸生堂刻本 十冊 存三十一卷（一至九、十四至十七、二十二至二十五、三十至三十八、四十四至四十五、四十七至四十九）

360000－1902－0004074 5459
文心雕龍十卷 （南朝梁）劉勰撰 （清）黃叔琳輯注 清乾隆三年（1738）養素堂刻本 二冊

360000－1902－0004075　5460
文心雕龍十卷　(南朝梁)劉勰撰　(清)黄叔琳輯注　清乾隆六年(1741)養素堂刻本　二册

360000－1902－0004076　5461
文心雕龍十卷　(南朝梁)劉勰撰　(清)黄叔琳注　(清)紀昀評　清道光十三年(1833)兩廣節署刻朱墨套印本　三册　存八卷(三至十)

360000－1902－0004077　5462
文心雕龍十卷　(南朝梁)劉勰撰　(清)黄叔琳注　(清)紀昀評　清道光十三年(1833)兩廣節署刻朱墨套印本　二册

360000－1902－0004078　5463
文心雕龍十卷　(南朝梁)劉勰撰　(清)黄叔琳注　(清)紀昀評　清道光十三年(1833)兩廣節署刻朱墨套印本　四册

360000－1902－0004079　5464
文心雕龍十卷　(南朝梁)劉勰撰　(清)黄叔琳注　(清)紀昀評　清道光十三年(1833)兩廣節署刻朱墨套印本　四册

360000－1902－0004080　5465
文心雕龍十卷　(南朝梁)劉勰撰　(清)黄叔琳注　(清)紀昀評　清光緒十九年(1893)思賢講舍刻本　四册

360000－1902－0004081　5466
文心雕龍十卷　(南朝梁)劉勰撰　(清)黄叔琳注　(清)紀昀評　清道光十三年(1833)兩廣節署刻朱墨套印本　二册

360000－1902－0004082　5467
文心雕龍十卷　(南朝梁)劉勰撰　(明)楊慎批點　(清)張松孫輯注　清乾隆五十六年(1791)長洲張氏刻本　四册

360000－1902－0004083　5468(1)
文心雕龍十卷　(南朝梁)劉勰撰　(清)黄叔琳注　(清)紀昀評　清道光十三年(1833)兩廣節署刻朱墨套印本　一册　存二卷(三至四)

360000－1902－0004084　5468(2)
文心雕龍十卷　(南朝梁)劉勰撰　(清)黄叔琳注　(清)紀昀評　清道光十三年(1833)兩廣節署刻朱墨套印本　一册　存二卷(四至五)

360000－1902－0004085　5470
重訂文選集評十五卷首一卷末一卷　(清)于光華編　清乾隆刻本　十五册　存十六卷(一至七、九至十五,首一卷,末一卷)

360000－1902－0004086　5471
重訂文選集評十五卷首一卷末一卷　(清)于光華編　清經元升刻本　四册

360000－1902－0004087　5473
增補古文合評十二卷　(清)王步青手定　(清)徐東升等編次　清乾隆十年(1745)刻本　五册　存八卷(一至二、四至九)

360000－1902－0004088　5474
增補古文合評十二卷　(清)王步青手定　(清)徐東升等編次　清乾隆十年(1745)刻本　八册　存八卷(一至四、七至十)

360000－1902－0004089　5477
文苑英華辨證十卷首一卷　(宋)彭叔夏撰　清刻本　二册

360000－1902－0004090　5478
重訂文選集評十五卷首一卷末一卷　(清)于光華編　清刻本　十三册　存十六卷(重訂文選集評十五卷、末一卷)

360000－1902－0004091　5479
續古文奇賞三十四卷　(明)陳仁錫選評　明刻本　九册

360000－1902－0004092　5483
文章緣起一卷　(南朝梁)任昉撰　(明)陳懋仁注　(清)方熊補　清光緒刻朱印本　一册

360000－1902－0004093　5484
忠雅堂評選四六法海八卷　(清)蔣士銓評選　清刻朱墨套印本　四册　存四卷(二至三、五、七)

360000－1902－0004094　5485
古文分編集評初集五卷二集五卷三集八卷四集四卷　(清)于光華編輯　清乾隆五十二年(1787)友于堂刻本　二十册

360000－1902－0004095　5486
兩漢鴻文二十卷　(明)顧瑞屏評選　明崇禎刻本　八册　存十六卷(五至二十)

360000－1902－0004096　5487
先秦鴻文五卷　(明)顧瑞屏評選　明崇禎刻本　二册

360000－1902－0004097　5488
隨園詩話十六卷補遺十卷　(清)倉山居士(袁枚)撰　清乾隆、嘉慶刻隨園三十種本　八册

360000－1902－0004098　5489
隨園詩話十六卷　(清)倉山居士(袁枚)撰　清乾隆五十七年(1792)小倉山房刻本　五册

360000－1902－0004099　5489
隨園詩話補遺四卷　(清)倉山居士(袁枚)撰　清乾隆六十年(1795)小倉山房刻本　一册　與360000－1902－0004098合函

360000－1902－0004100　5491
隨園詩話十六卷補遺十卷　(清)倉山居士(袁枚)撰　清道光七年(1827)刻本　八册

360000－1902－0004101　5493
滇南草堂詩話十四卷　(清)檀萃輯　清嘉慶五年(1800)刻本　六册

360000－1902－0004102　5496
雨村詩話十六卷　(清)李調元撰　清嘉慶十一年(1806)刻本　三册　存十四卷(一至十四)

360000－1902－0004103　5497
全唐詩話六卷　(明)毛晉訂　清宣統三年(1911)上海三樂堂石印本　二册　存二卷(一、三)

360000－1902－0004104　5499
平等閣詩話二卷　平等閣主人(狄葆賢)撰　清宣統二年(1910)上海有正書局鉛印本　二册

360000－1902－0004105　5506
滄浪詩話註五卷　(宋)嚴羽撰　(清)胡鑑注　清光緒七年(1881)廣州刻本　二册

360000－1902－0004106　5507
說詩樂趣類編二十卷　(清)伍涵芬定　清刻本　三册　存十一卷(三至五、十三至二十)

360000－1902－0004107　5508
甌北詩話十卷續詩話二卷　(清)趙翼撰　清嘉慶七年(1802)湛貽堂刻甌北全集本　二册

360000－1902－0004108　5509
批點七家試帖輯注彙鈔　(清)張熙宇輯評　(清)王植桂輯注　清光緒六年(1880)刻朱墨套印本　八册

360000－1902－0004109　5510
七家試帖輯注彙鈔　(清)張熙宇輯評　(清)王植桂輯注　清同治九年(1870)刻本　四册　存四種四卷(澹香齋試帖輯注一卷、尚絅堂試帖輯注一卷、西漚試帖輯注一、簡學齋試帖輯注一卷)

360000－1902－0004110　5511
國朝駢體正宗評本十二卷補編一卷　(清)曾燠選　(清)姚燮評　清光緒十年(1884)花雨樓刻朱墨套印本　三册　存六卷(一至六)

360000－1902－0004111　5512
彙纂詩法度鍼三十三卷首一卷　(清)徐文弼輯　清乾隆刻本　三册　存十九卷(一至三、十九至三十三,首一卷)

360000－1902－0004112　5513
彙纂詩法度鍼三十三卷首一卷　(清)徐文弼輯　清聚錦堂刻本　八册

360000－1902－0004113　5514
詩林韶濩選評二十卷　(清)顧嗣立選　(清)周煌重選　(清)金甡評點　清乾隆三十一年(1766)刻本　四册

360000－1902－0004114　5519

談藝珠叢　(清)王啟原輯　清光緒十一年(1885)長沙玉尺山房刻本　十二冊

360000－1902－0004115　5520
文選旁證四十六卷　(清)梁章鉅撰　清道光十八年(1838)刻本　十二冊

360000－1902－0004116　5521
欽定國朝詩別裁集三十二卷　(清)沈德潛纂評　清刻本　十一冊　存二十四卷(一至二、六至七、十一至二十七、三十至三十二)

360000－1902－0004117　5524
雨村詩話十六卷　(清)李調元撰　清乾隆六十年(1795)刻本　六冊

360000－1902－0004118　5528
紫陽書院題解一卷　(清)廖鴻章評　清光緒永定廖氏刻求世堂兩世遺書本　一冊

360000－1902－0004119　5540
增訂漢魏叢書九十六種　(清)王謨輯　(清)黃元壽增輯　清光緒二十一年(1895)古越黃氏石印本　十六冊

360000－1902－0004120　5541
增訂漢魏叢書九十種　(清)王謨輯　清光緒六年(1880)三餘堂刻本　七十六冊　存八十種

360000－1902－0004121　5542
增訂漢魏叢書　(清)王謨輯　清刻本　五十一冊　存五十七種

360000－1902－0004122　5543
唐代叢書六集一百六十四種　(清)王文誥輯　清嘉慶刻本　二十五冊　存一百十八種

360000－1902－0004123　5544
唐代叢書六集一百六十四種　(清)王文誥輯　清嘉慶刻本　二十冊　存一百五十七種

360000－1902－0004124　5545
唐代叢書十二集　(清)蓮塘居士(陳世熙)輯　清末石印本　六冊　存六集九十九種

360000－1902－0004125　5546
唐代叢書(唐人說薈)二十卷一百六十四種　(清)蓮塘居士(陳世熙)輯　清乾隆五十七年(1792)刻本　二十冊

360000－1902－0004126　5547
唐宋叢書　(明)鍾人傑　(明)張遂辰輯　清經德堂刻本　三十冊

360000－1902－0004127　5548
函海　(清)李調元輯　清乾隆綿州李氏萬卷樓刻嘉慶十四年(1809)李鼎元重校道光五年(1825)李朝夔補刻本　一百八十九冊　存一百三十三種

360000－1902－0004128　5549
函海一百五十九種　(清)李調元輯　清光緒七年至八年(1881－1882)廣漢鍾登甲樂道齋刻本　一百六十冊

360000－1902－0004129　5550
續函海　(清)李調元輯　清嘉慶六年(1801)刻本　十九冊

360000－1902－0004130　5551
知不足齋叢書　(清)鮑廷博輯　清乾隆至道光長塘鮑氏刻同治十一年(1872)補刻本　二百四十冊

360000－1902－0004131　5552
知不足齋叢書　(清)鮑廷博輯　清乾隆至道光長塘鮑氏刻本　一百四十二冊　存一百十七種

360000－1902－0004132　5553
玉函山房輯佚書　(清)馬國翰輯　清光緒九年(1883)長沙嫏嬛館刻本　九十九冊

360000－1902－0004133　5554
玉函山房輯佚書　(清)馬國翰輯　清光緒九年(1883)長沙嫏嬛館刻本　八十九冊　存五百六種

360000－1902－0004134　5555
粵雅堂叢書　(清)伍崇曜輯　清道光至光緒南海伍氏刻本　一百五十一冊　存一百種

360000－1902－0004135　5556
粵雅堂叢書　(清)伍崇曜輯　清道光至光緒

南海伍氏刻本　二百十六冊　存一百二十五種

360000－1902－0004136　5557
粵雅堂叢書　(清)伍崇曜輯　清道光至光緒南海伍氏刻本　七冊　存四種二十一卷(國朝漢學師承記八卷、國朝經師經義目錄一卷、國朝宋學淵源記二卷、附記一卷,顧亭林年譜四卷,述學内篇三卷、别錄一卷,黔學一)

360000－1902－0004137　5558
粵雅堂叢書　(清)伍崇曜輯　清道光至光緒南海伍氏刻本　三百二十冊

360000－1902－0004138　5559
宜稼堂叢書　(清)郁松年輯　清道光上海郁氏刻本　四十九冊

360000－1902－0004139　5560
宜稼堂叢書　(清)郁松年輯　清道光上海郁氏刻本　三十二冊　存五種一百十四卷(數學九章十八卷、附札記四卷,詳解九章算法一卷、纂類一卷、附札記一卷,楊輝纂法六卷、附札記一卷,剡源集三十卷、附札記一卷,清容居士集五十卷、附札記一卷)

360000－1902－0004140　5562
武英殿聚珍版書　(清)紀昀輯　清乾隆四十二年(1777)福建刻道光同治遞修光緒增刻本　三百四十四冊　存七十六種

360000－1902－0004141　5563;3373
稗海　(明)商濬輯　明刻本(王子年拾遺記十卷配明萬曆新安程氏刻漢魏叢書本)　一百二冊　存六十九種

360000－1902－0004142　5564
海山仙館叢書　(清)潘仕成輯　清道光至咸豐番禺潘氏刻光緒補刻本　一百二十二冊

360000－1902－0004143　5565
正誼堂全書　(清)張伯行輯　清同治五年(1866)福州正誼書院刻八年至光緒十三年(1869－1887)續刻本　一百二十冊　存五十八種

360000－1902－0004144　5567
富強齋叢書正全集　(清)袁俊德輯　清光緒二十五年(1899)小蒼山房石印本　五十三冊　存六十六種

360000－1902－0004145　5568(1)
槐廬叢書　(清)朱記榮輯　清光緒吳縣朱氏槐廬家塾刻本　三十三冊　存二十二種

360000－1902－0004146　5568(2)
平津讀碑記八卷續記一卷　(清)洪頤煊撰　清光緒十二年(1886)吳縣朱氏槐廬家塾刻槐廬叢書本　四冊

360000－1902－0004147　5569
積學齋叢書　徐乃昌輯　清光緒南陵徐氏刻本　十六冊

360000－1902－0004148　5570
述古叢鈔　(清)劉晚榮輯　清同治至光緒古岡劉氏藏修書屋刻本　二十冊　存二集十九種

360000－1902－0004149　5571
廣雅書局叢書　(清)廣雅書局輯　清光緒廣雅書局刻本　十三冊　存十二種

360000－1902－0004150　5572
學海堂叢刻(啟秀山房叢書)　(清)□□輯　清光緒刻本　十四冊　存十二種

360000－1902－0004151　5573
式訓堂叢書初集　(清)章壽康輯　清光緒會稽章氏刻本(乾道臨安志原缺卷四至十五)　九冊　存九種三十七卷(乾道臨安志十五卷、附札記一卷,拜經樓藏書題跋記五卷、附錄一卷,弟子職集解一卷,呂子校補二卷,經籍跋文一卷,溉亭述古錄二卷,誌銘廣例二卷,金石例補二卷,晉書地理志新補正五卷)

360000－1902－0004152　5574
靈鶼閣叢書　(清)江標輯　清光緒元和江氏湖南使院刻本　十三冊　存三集二十一種

360000－1902－0004153　5575
式訓堂叢書初集　(清)章壽康輯　清光緒會

稽章氏刻本　三冊　存三種六卷(古易音訓二卷,傳經表一卷、通經表一卷,漢書西域傳補注二卷)

360000－1902－0004154　5576
遜敏堂叢書　(清)黄秩模輯　清道光至咸豐宜黄黄氏刻暨木活字印本　六冊

360000－1902－0004155　5577
明辨齋叢書　(清)余肇鈞輯　清咸豐至同治長沙余氏刻本　二冊　存二種四卷(今水經一卷、表一卷,屈宋古音攷一卷、附錄一卷)

360000－1902－0004156　5578
求實齋叢書　(清)蔣德鈞輯　清光緒湘鄉蔣氏求實齋刻本　十五冊　存十七種

360000－1902－0004157　5579(1)
漸學廬叢書第一集　(清)胡祥鑅輯　清光緒元和胡氏石印本　十一冊

360000－1902－0004158　5579(2)
漸學廬叢書第一集　(清)胡祥鑅輯　清光緒元和胡氏石印本　二冊　存七種七卷(塞北紀行一卷、西北域記一卷、寧古塔紀略一卷、西游記金山以東釋一卷、帕米爾圖說一卷、帕米爾輯略一卷、澳大利亞志譯本一卷)

360000－1902－0004159　5580
仰視千七百二十九鶴齋叢書　(清)趙之謙輯　清光緒六年(1880)會稽趙氏刻本　四冊　存七種十一卷(第一集韓詩遺說二卷、訂譌一卷,九經學殘三卷,赤廬札記一卷,從古堂款識學一卷,汰存錄一卷,俩陽雜錄一卷,英吉利廣東入城始末一卷)

360000－1902－0004160　5596
豫章叢書　(清)陶福履編　清光緒新建陶氏刻本　十八冊

360000－1902－0004161　5597
嶺南遺書　(清)伍元薇　(清)伍崇曜輯　清道光十一年至同治二年(1831－1863)南海伍氏粤雅堂文字歡娱室刻本　二十六冊　存二集十五種

360000－1902－0004162　5598
嶺南遺書　(清)伍元薇　(清)伍崇曜輯　清道光十一年至同治二年(1831－1863)南海伍氏粤雅堂文字歡娱室刻本　二十四冊　存三集十九種

360000－1902－0004163　5600
台州叢書二集　(清)宋世犖輯　清嘉慶至道光臨海宋氏刻本　十一冊　存五種三十五卷(甲集廣志繹一至三、石屏詩集十卷、見聞隨筆二卷,乙集赤城集十八卷、滇考二卷)

360000－1902－0004164　5601
重刊校正笠澤叢書四卷補遺一卷續補遺一卷　(唐)陸龜蒙撰　清刻本　二冊

360000－1902－0004165　5602
重刊校正笠澤叢書四卷補遺一卷續補遺一卷　(唐)陸龜蒙撰　清刻本　二冊

360000－1902－0004166　5604
番禺陳氏東塾叢書初函四種附一種　(清)陳澧撰　清咸豐至光緒刻本　九冊

360000－1902－0004167　5605
番禺陳氏東塾叢書初函四種附一種　(清)陳澧撰　清咸豐至光緒刻本　六冊　存四種二十五卷(漢儒通義七卷、聲律通考十卷、漢書地理志水道圖說七卷、考正德清胡氏禹貢圖一卷)

360000－1902－0004168　5606
番禺陳氏東塾叢書初函四種附一種　(清)陳澧撰　清咸豐至光緒刻本　十冊

360000－1902－0004169　5608
[**湖海樓全集**]□□**卷**　(清)陳維崧撰　清刻本　五冊　存十六卷(詞集四卷、詩集四至九、文集一至三、儷體文七至九)

360000－1902－0004170　5609
春在堂全書　(清)俞樾撰　清同治至光緒刻本　三十八冊　存十六種

360000－1902－0004171　5610
[**謝蘭生叢書**]　(清)謝蘭生撰輯　清道光刻

本　七册　存八種二十四卷(鵝湖客話四卷,讀禮偶鈔一卷,重建黄洲橋志六卷、圖一卷,鵝湖遊草二卷,美人揉碎梅花回文圖讀法一卷,音律指迷二卷,大清通禮品官士庶儀纂六卷,耕心錄一卷)

360000－1902－0004172　5615(1)
廣漢魏叢書　(明)何允中輯　清嘉慶刻本　九十七册　存六十種

360000－1902－0004173　5615(2)
增訂漢魏叢書　(清)王謨輯　清刻本　二十册　存十六種

360000－1902－0004174　5616
昭代叢書　(清)張潮輯　清康熙三十六年至三十九年(1697－1700)刻本　三册　存十七種

360000－1902－0004175　5617
玉函山房輯佚書　(清)馬國翰輯　清光緒九年(1883)長沙嫏嬛館刻本　三十册　存一百七十八種

360000－1902－0004176　5618
漢魏遺書鈔　(清)王謨輯　清嘉慶三年(1798)金溪王氏刻本　十一册　存六十四種

360000－1902－0004177　5619
祕書廿一種　(清)汪士漢輯　清嘉慶六年(1801)文秀堂刻本　十二册

360000－1902－0004178　5620
祕書廿一種　(清)汪士漢輯　清乾隆七年(1742)文盛堂刻本　二十册

360000－1902－0004179　5621(1)
檀几叢書　(清)王晫　(清)張潮輯　清刻本　二册　存三十一種

360000－1902－0004180　5621(2)
檀几叢書　(清)王晫　(清)張潮輯　清康熙新安張氏霞舉堂刻本　四册　存三十四種

360000－1902－0004181　5622
宗經齋易圖說四卷　(清)姚象申編　清咸豐八年(1858)贛城集文堂、利文堂刻本　四册

360000－1902－0004182　5623
宗經齋易圖說四卷　(清)姚象申編　清咸豐八年(1858)贛城集文堂、利文堂刻本　四册

360000－1902－0004183　5624
宗經齋易圖說四卷　(清)姚象申編　清咸豐八年(1858)贛城集文堂、利文堂刻本　四册

360000－1902－0004184　5625
周易傳義合纂不分卷　(清)鄧嗣禹輯　清乾隆抄本　二册

360000－1902－0004185　5626
周易會歸不分卷　(清)鄧霽彙纂　(清)鄧嗣禹輯注　清康熙五十一年(1712)龍南學署刻本　十一册　存上經,下經咸至益、革至歸妹,繫辭上傳,繫辭下傳

360000－1902－0004186　5627
春秋三傳彙抄九卷　(清)王道興輯　清道光五年(1825)高邵堂刻本　六册

360000－1902－0004187　5628
大學中庸意讀不分卷　(清)蕭光浩撰　清道光二十二年(1842)刻本　二册

360000－1902－0004188　5629
大學中庸意讀不分卷　(清)蕭光浩撰　清道光二十二年(1842)刻本　二册

360000－1902－0004189　5630
[周禮]不分卷　清抄本　一册

360000－1902－0004190　5631
[乾隆]萍鄉縣志十二卷　(清)胥繩武修　(清)歐陽鶴鳴纂　清乾隆四十九年(1784)刻本　八册

360000－1902－0004191　5632
[乾隆]萍鄉縣志十二卷　(清)胥繩武修　(清)歐陽鶴鳴纂　清乾隆四十九年(1784)刻本　八册

360000－1902－0004192　5633
[乾隆]萍鄉縣志十二卷　(清)胥繩武修　(清)歐陽鶴鳴纂　清乾隆四十九年(1784)刻本　十二册

360000－1902－0004193　5634
[乾隆]萍鄉縣志十二卷　(清)胥繩武修　(清)歐陽鶴鳴纂　清乾隆四十九年(1784)刻本　八册

360000－1902－0004194　5635
[乾隆]萍鄉縣志十二卷　(清)胥繩武修　(清)歐陽鶴鳴纂　清乾隆四十九年(1784)刻本　六册　存十卷(二、四至十二)

360000－1902－0004195　5636
[乾隆]萍鄉縣志十二卷　(清)胥繩武修　(清)歐陽鶴鳴纂　清乾隆四十九年(1784)刻本　二册　存四卷(七至八、十一至十二)

360000－1902－0004196　5637
[嘉慶]萍鄉縣志二十卷　(清)周繼炘等修　(清)陳建勳等纂　清嘉慶十六年(1811)刻本　五册　存八卷(十一至十六、十九至二十)

360000－1902－0004197　5638
[道光]萍鄉縣志十六卷　(清)黄濬纂修　清道光三年(1823)刻本　四册

360000－1902－0004198　5639
[道光]萍鄉縣志十六卷附欒輸姓氏冊　(清)黄濬纂修　清道光三年(1823)刻本　五册

360000－1902－0004199　5640
[道光]萍鄉縣志十六卷　(清)黄濬纂修　清道光三年(1823)刻本　四册

360000－1902－0004200　5641
[道光]萍鄉縣志十六卷　(清)黄濬纂修　清道光三年(1823)刻本　二册　存七卷(五至九、十五至十六)

360000－1902－0004201　5642
[同治]萍鄉縣志十卷首一卷　(清)錫榮　(清)王明璠纂修　清同治十一年(1872)刻本　八册

360000－1902－0004202　5643
[同治]萍鄉縣志十卷首一卷　(清)錫榮　(清)王明璠纂修　清同治十一年(1872)刻本　八册

360000－1902－0004203　5644
[同治]萍鄉縣志十卷首一卷　(清)錫榮　(清)王明璠纂修　清同治十一年(1872)刻本　八册

360000－1902－0004204　5645
[同治]萍鄉縣志十卷首一卷　(清)錫榮　(清)王明璠纂修　清同治十一年(1872)刻本　八册

360000－1902－0004205　5646
[同治]萍鄉縣志十卷首一卷　(清)錫榮　(清)王明璠纂修　清同治十一年(1872)刻本　七册　存十卷(萍鄉縣志十卷)

360000－1902－0004206　5647
[同治]萍鄉縣志十卷首一卷　(清)錫榮　(清)王明璠纂修　清同治十一年(1872)刻本　七册　存十卷(萍鄉縣志十卷)

360000－1902－0004207　5648
[同治]萍鄉縣志十卷首一卷　(清)錫榮　(清)王明璠纂修　清同治十一年(1872)刻本　七册　存十卷(萍鄉縣志十卷)

360000－1902－0004208　5649
[同治]萍鄉縣志十卷首一卷　(清)錫榮　(清)王明璠纂修　清同治十一年(1872)刻本　八册

360000－1902－0004209　5650
[同治]萍鄉縣志十卷首一卷　(清)錫榮　(清)王明璠纂修　清同治十一年(1872)刻本　五册　存七卷(一至二、六上、七至十)

360000－1902－0004210　5651
[同治]萍鄉縣志十卷首一卷　(清)錫榮　(清)王明璠纂修　清同治十一年(1872)刻本　三册　存六卷(一至二、七至九、十下)

360000－1902－0004211　5652
[同治]萍鄉縣志十卷首一卷　(清)錫榮　(清)王明璠纂修　清同治十一年(1872)刻本　四册　存七卷(一至二、六上、七至十上)

360000－1902－0004212　5670

五代史記七十四卷 (宋)歐陽修撰 (宋)徐無黨注 (清)彭元瑞補注 (清)劉鳳誥排次 清道光八年(1828)刻本 四十册

360000-1902-0004213 5671

五代史記七十四卷 (宋)歐陽修撰 (宋)徐無黨注 (清)彭元瑞補注 (清)劉鳳誥排次 清道光八年(1828)刻本 三十九册 存七十二卷(一至五十五、五十八至七十四)

360000-1902-0004214 5672

五代史記七十四卷 (宋)歐陽修撰 (宋)徐無黨注 (清)彭元瑞補注 (清)劉鳳誥排次 清道光八年(1828)刻本 二十九册 存五十一卷(一至五、六下至三十四、五十三至五十五、六十一至七十四)

360000-1902-0004215 5673

遼史紀事本末四十卷首一卷末一卷金史紀事本末五十二卷首一卷末一卷 (清)李有棠編纂 清光緒二十九年(1903)李移鄂樓刻本 二十册

360000-1902-0004216 5674

遼史紀事本末四十卷首一卷金史紀事本末五十二卷首一卷 (清)李有棠編纂 清光緒十九年(1893)上海同文書局石印本 九册 存八十六卷(遼史紀事本末四十卷、首一卷,金史紀事本末一至四十四、首一卷)

360000-1902-0004217 5675

遼史紀事本末四十卷首一卷末一卷 (清)李有棠編纂 清光緒二十九年(1903)李移鄂樓刻本 八册

360000-1902-0004218 5676

遼史紀事本末四十卷首一卷末一卷 (清)李有棠編纂 清光緒二十九年(1903)李移鄂樓刻本 八册

360000-1902-0004219 5677(1)

遼史紀事本末四十卷首一卷末一卷 (清)李有棠編纂 清光緒二十九年(1903)李移鄂樓刻本 七册 存三十七卷(一、七至四十,首一卷,末一卷)

360000-1902-0004220 5677(2)

遼史紀事本末四十卷 (清)李有棠編纂 清光緒十九年(1893)李移鄂樓刻本 一册 存六卷(一至六)

360000-1902-0004221 5678

遼史紀事本末四十卷首一卷末一卷 (清)李有棠編纂 清光緒二十九年(1903)李移鄂樓刻本 八册

360000-1902-0004222 5679

遼史紀事本末四十卷首一卷末一卷 (清)李有棠編纂 清光緒二十九年(1903)李移鄂樓刻本 八册

360000-1902-0004223 5680

金史紀事本末五十二卷首一卷末一卷 (清)李有棠編纂 清光緒二十九年(1903)李移鄂樓刻本 十二册

360000-1902-0004224 5681

金史紀事本末五十二卷首一卷末一卷 (清)李有棠編纂 清光緒二十九年(1903)李移鄂樓刻本 十二册

360000-1902-0004225 5682

金史紀事本末五十二卷首一卷末一卷 (清)李有棠編纂 清光緒二十九年(1903)李移鄂樓刻本 十二册

360000-1902-0004226 5683(1)

遼史紀事本末四十卷首一卷末一卷 (清)李有棠編纂 清光緒二十九年(1903)李移鄂樓刻本 四册 存十八卷(一、十一至十七、二十四至三十二,首一卷)

360000-1902-0004227 5683(2)

遼史紀事本末四十卷 (清)李有棠編纂 清光緒十九年(1893)李移鄂樓刻本 三册 存三十四卷(七至四十)

360000-1902-0004228 5684

遼史紀事本末四十卷 (清)李有棠編纂 清光緒十九年(1893)李移鄂樓刻本(卷二十四至二十五配清光緒二十九年李移鄂樓刻本) 三册 存二十四卷(七至十四、二十四至二

十五、二十七至四十）

360000－1902－0004229　5685（1）
金史紀事本末五十二卷首一卷末一卷　（清）李有棠編纂　清光緒二十九年（1903）李移鄂樓刻本（卷二十七至三十四配清光緒十九年李移鄂樓刻本）　十冊　存四十九卷（一至三十四、三十六至四十九，首一卷）

360000－1902－0004230　5685（2）
金史紀事本末五十二卷　（清）李有棠編纂　清光緒十九年（1893）李移鄂樓刻本　一冊　存九卷（四十四至五十二）

360000－1902－0004231　5686（1）
金史紀事本末五十二卷首一卷末一卷　（清）李有棠編纂　清光緒二十九年（1903）李移鄂樓刻本（卷十五至二十六配清光緒十九年李移鄂樓刻本）　十冊　存五十卷（一至十、十五至五十二，首一卷，末一卷）

360000－1902－0004232　5686（2）
金史紀事本末五十二卷　（清）李有棠編纂　清光緒十九年（1893）李移鄂樓刻本　一冊　存八卷（七至十四）

360000－1902－0004233　5687
金史紀事本末五十二卷首一卷末一卷　（清）李有棠編纂　清光緒二十九年（1903）李移鄂樓刻本　十二冊

360000－1902－0004234　5688（1）
金史紀事本末五十二卷首一卷末一卷　（清）李有棠編纂　清光緒二十九年（1903）李移鄂樓刻本（卷七至十四配清光緒十九年李移鄂樓刻本）　六冊　存三十五卷（七至十四、十九至二十六、三十一至四十九）

360000－1902－0004235　5688（2）
金史紀事本末五十二卷　（清）李有棠編纂　清光緒十九年（1893）李移鄂樓刻本　三冊　存二十九卷（十五至三十四、四十四至五十二）

360000－1902－0004236　5689（1）
金史紀事本末五十二卷首一卷末一卷　（清）李有棠編纂　清光緒二十九年（1903）李移鄂樓刻本（卷一至六配清光緒十九年李移鄂樓刻本）　四冊　存二十三卷（一至六、十九至二十六、三十六至三十九、四十五至四十九）

360000－1902－0004237　5689（2）
金史紀事本末五十二卷　（清）李有棠編纂　清光緒十九年（1893）李移鄂樓刻本　一冊　存九卷（三十五至四十三）

360000－1902－0004238　5690
金史紀事本末五十二卷首一卷末一卷　（清）李有棠編纂　清光緒二十九年（1903）李移鄂樓刻本　二冊　存十二卷（十九至二十六、三十六至三十九）

360000－1902－0004239　5691
金史紀事本末五十二卷首一卷　（清）李有棠編纂　清光緒十九年（1893）上海同文書局石印本　三冊　存三十一卷（十四至四十四）

360000－1902－0004240　5692
補晉書藝文志六卷　（清）文廷式撰　清宣統元年（1909）鉛印本　六冊

360000－1902－0004241　5694
丁未東游日記（清光緒三十三年）六卷　（清）彭銘恭撰　清光緒三十三年（1907）刻本　一冊　存三卷（四至六）

360000－1902－0004242　5695
丁未東游日記（清光緒三十三年）六卷　（清）彭銘恭撰　清光緒三十三年（1907）刻本　一冊　存三卷（四至六）

360000－1902－0004243　5696
扶桑紀游六卷　（清）黄應和撰　清光緒三十四年（1908）鉛印本　一冊

360000－1902－0004244　5697
鄧氏家傳一卷　（清）鄧錫禮撰　清乾隆寫樣稿本　一冊

360000－1902－0004245　5703
保甲事宜摘要五卷　（清）李有棻撰　清光緒十三年（1887）武昌府署刻本　一冊

360000－1902－0004246　5704

江西要覽二十卷　(清)陳炳星纂輯　清光緒五年(1879)刻漱芳齋印本　四冊

360000－1902－0004247　5705

江西要覽二十卷　(清)陳炳星纂輯　清光緒五年(1879)刻十荊草堂印本　四冊

360000－1902－0004248　5706

江西要覽二十卷　(清)陳炳星纂輯　清光緒五年(1879)刻十荊草堂印本　四冊

360000－1902－0004249　5707

江西要覽二十卷　(清)陳炳星纂輯　清光緒五年(1879)刻十荊草堂印本　四冊

360000－1902－0004250　5713

籌辦萍鄉鐵路公牘四卷首一卷附萍醴鐵路始末記一卷　(清)顧家相撰　清光緒三十年(1904)刻本　二冊

360000－1902－0004251　5714

萍鄉史事雜抄不分卷　(清)□□輯　清抄本　一冊

360000－1902－0004252　5723

[江西萬載]李氏族譜四卷　(清)李廷謀　(清)李廷玕纂修　清咸豐八年(1858)木活字印本　四冊

360000－1902－0004253　5724

[江西萬載]李氏族譜四卷　(清)李廷謀　(清)李廷玕纂修　清咸豐八年(1858)木活字印本　四冊

360000－1902－0004254　5725

[江西萬載]李氏族譜四卷　(清)李廷謀　(清)李廷玕纂修　清咸豐八年(1858)木活字印本　二冊　存二卷(一、四)

360000－1902－0004255　5726

[江西萬載]李氏族譜四卷　(清)李廷謀　(清)李廷玕纂修　清咸豐八年(1858)木活字印本　二冊　存二卷(三至四)

360000－1902－0004256　5727

[江西萬載]李氏族譜四卷　(清)李□□纂修　清光緒三十四年(1908)萬邑黄矛黄寶林堂木活字印本(卷四配清咸豐八年木活字印本)　三冊　存三卷(一、三至四)

360000－1902－0004257　5728

[江西萬載]上雙山李氏族譜一卷首一卷　(清)李□□纂修　清末木活字印本　一冊

360000－1902－0004258　5729

[湖南瀏陽]李氏重修支譜□□卷　(清)李懷卿纂修　清光緒二十八年(1902)隴西堂木活字印本　二冊　存三卷(一至二、五)

360000－1902－0004259　5730

李氏牌位冊一卷　(清)李炅陽　(清)李清華纂修　清光緒十四年(1888)刻本　一冊

360000－1902－0004260　5731

柏樹街陳大祠丁享總冊不分卷　(清)□□撰　清光緒刻本　六冊

360000－1902－0004261　5732

[江西萍鄉]蕭家灣上蕭氏族譜五卷　(清)蕭玉銓纂修　清同治六年(1867)敦本堂木活字印本　四冊　存四卷(一至三、五)

360000－1902－0004262　5733

[江西萍鄉]蕭家灣上蕭氏族譜□□卷　(清)蕭□□纂修　清敦本堂木活字印本　三冊　存三卷(二、四、六)

360000－1902－0004263　5736

[江西萍鄉]萍鄉南源梁氏族譜不分卷　(清)梁柄魁等纂修　清光緒六年(1880)瑞露堂木活字印本　六冊

360000－1902－0004264　5737

[江西長寧]江西省贛州府長寧縣壙田曾氏二修族譜八卷　(清)曾心泉纂修　清道光二十五年(1845)木活字印本　一冊　存一卷(一)

360000－1902－0004265　5738

[江西]前溪劉氏總譜□□卷　(清)劉□□纂修　清木活字印本　二冊　存二卷(三、十一)

360000－1902－0004266　5739

［江西萍鄉］羅氏族譜不分卷　（清）羅炳蔚等纂修　清嘉慶木活字印本　一冊

360000－1902－0004267　5741
［江西萍鄉］鳳崗彭氏六修族譜□□卷末一卷　（清）彭鴻錦纂修　清光緒二十六年（1900）敦本堂木活字印本　一冊　存一卷（末一卷）

360000－1902－0004268　5742
［江西萍鄉］清溪十甲喻氏宗譜□□卷首一卷　（清）喻□□纂修　清光緒二十九年（1903）清溪蒼梧堂木活字印本　一冊　存一卷（首一卷）

360000－1902－0004269　5746
萍鄉文氏所刻醫書六種（六種新編）　（清）文晟輯　清同治四年（1865）萍鄉文延慶堂刻本　六冊

360000－1902－0004270　5756
順生編二卷　（清）陳本忠撰　清道光十三年（1833）刻本　一冊

360000－1902－0004271　5762
陳滄然書送文芸閣詩并序　陳滄然撰并書　稿本　一冊

360000－1902－0004272　5764
白賁堂制藝不分卷　（清）鄧錫禮撰　清乾隆三十三年（1768）中州刻本　四冊

360000－1902－0004273　5765
白賁堂詩集二卷　（清）鄧錫禮撰　清乾隆寫樣稿本　二冊

360000－1902－0004274　5766
鄧悔庵文稿不分卷　（清）鄧錫禮撰　清光緒十三年（1887）白賁堂刻本　四冊

360000－1902－0004275　5767
鄧悔庵文稿不分卷　（清）鄧錫禮撰　清光緒十三年（1887）白賁堂刻本　四冊

360000－1902－0004276　5768
鄧悔庵雜著不分卷　（清）鄧錫禮撰　清抄本　一冊

360000－1902－0004277　5769
畫脂軒詩鈔五卷　（清）歐陽涵撰　（清）易樹年　（清）段若春編　清道光二十九年（1849）刻本　五冊

360000－1902－0004278　5770
畫脂軒詩鈔五卷　（清）歐陽涵撰　清道光二十九年（1849）刻本　四冊　存四卷（詩一、三，試帖二卷）

360000－1902－0004279　5771
畫脂軒詩鈔五卷　（清）歐陽涵撰　清道光二十九年（1849）刻本　四冊

360000－1902－0004280　5772
畫脂軒詩鈔五卷　（清）歐陽涵撰　清道光二十九年（1849）刻本　二冊　存二卷（詩一、試帖一）

360000－1902－0004281　5773
存悔齋集二十八卷外集四卷　（清）劉鳳誥撰　清道光十年至十七年（1830－1837）刻本　八冊

360000－1902－0004282　5774
存悔齋集二十八卷外集四卷　（清）劉鳳誥撰　清道光十年至十七年（1830－1837）刻本　八冊

360000－1902－0004283　5775
存悔齋集二十八卷外集四卷　（清）劉鳳誥撰　清道光十年至十七年（1830－1837）刻本　六冊

360000－1902－0004284　5776
存悔齋集二十八卷外集四卷　（清）劉鳳誥撰　清道光十年至十七年（1830－1837）刻本　四冊　存十五卷（一至六、十一至十二、二十一至二十七）

360000－1902－0004285　5777
存悔齋集鈔存十二卷　（清）劉鳳誥撰　清道光二十七年（1847）刻本　四冊　存十卷（三至十二）

360000－1902－0004286　5778
存悔齋集二十八卷　（清）劉鳳誥撰　清咸豐

八年至同治十年(1858－1871)積朱堂抄本　五冊　存十四卷(一至十四)

360000－1902－0004287　5780
纍纍齋賦一卷　(清)文㩦撰　清道光十五年(1835)刻本　一冊

360000－1902－0004288　5781
纍纍齋賦一卷　(清)文㩦撰　清道光十五年(1835)刻本　一冊

360000－1902－0004289　5782
纍纍齋賦一卷　(清)文㩦撰　清道光十五年(1835)刻本　一冊

360000－1902－0004290　5783
味滄軒詩草十卷　(清)文鴻撰　清道光十七年(1837)刻本　一冊

360000－1902－0004291　5784
味滄軒詩草十卷　(清)文鴻撰　清道光十七年(1837)刻本　一冊

360000－1902－0004292　5785
雲錦集十卷首一卷末一卷　(清)彭銓集句　清道光二十一年(1841)古香閣刻本　四冊　存十一卷(雲錦集十卷、首一卷)

360000－1902－0004293　5786
雲錦集十卷首一卷末一卷　(清)彭銓集句　清道光二十一年(1841)古香閣刻本　四冊

360000－1902－0004294　5787
雲錦集十卷首一卷末一卷　(清)彭銓集句　清道光二十一年(1841)刻本　一冊　存四卷(八至十、末一卷)

360000－1902－0004295　5788
綠淨山莊詩草六卷　(清)彭烱著　清道光二十五年(1845)刻本　四冊

360000－1902－0004296　5789
綠淨山莊詩草六卷　(清)彭烱著　清道光二十五年(1845)刻本　一冊　存一卷(二)

360000－1902－0004297　5790
綠淨山莊楹帖三卷　(清)彭烱著　清道光刻本　一冊

360000－1902－0004298　5791
詒穀堂詩草不分卷　(清)文槐著　清道光二十五年(1845)刻本　一冊

360000－1902－0004299　5792
吟紅山房詩集六卷　(清)鄧樹標撰　清道光二十七年(1847)刻本　二冊

360000－1902－0004300　5793(1)
吟紅山房試帖不分卷　(清)鄧樹標撰　稿本　一冊

360000－1902－0004301　5793(2)
吟紅山房詩六卷　(清)鄧樹標撰　清抄本　一冊　存三卷(四至六)

360000－1902－0004302　5794
亦得軒遺草不分卷　(清)甘鴻舉著　清道光刻本　一冊

360000－1902－0004303　5795
宜亭詩草二卷　(清)文晟撰　清道光刻本　一冊

360000－1902－0004304　5796
宜亭詩草二卷　(清)文晟撰　清道光刻本　一冊

360000－1902－0004305　5797
係言摘存不分卷　(清)文晟撰　清咸豐刻本　一冊

360000－1902－0004306　5798
四塞紀略賦一卷　(清)文守元撰　清嘉慶刻本　一冊

360000－1902－0004307　5799
四塞紀略賦一卷　(清)文守元撰　清嘉慶刻本　一冊

360000－1902－0004308　5800
融谷詩草二卷補遺一卷附試帖一卷　(清)文守元撰　清道光刻本　一冊

360000－1902－0004309　5801
融谷詩草二卷補遺一卷附試帖一卷　(清)文守元撰　清道光刻本　一冊

360000－1902－0004310　5802
融谷詩草二卷補遺一卷附刻一卷　(清)文守元撰　清道光刻本　一册

360000－1902－0004311　5803
嘯劍山房詩鈔十二卷　(清)文星瑞撰　清同治九年(1870)羊城刻本　四册

360000－1902－0004312　5803
嘯劍山房試帖秋鐙課草一卷　(清)文星瑞撰　清同治十二年(1873)刻本　與360000－1902－0004311合册

360000－1902－0004313　5806
澹香齋遺稿十卷　(清)喻增高撰　清咸豐四年(1854)刻本　六册

360000－1902－0004314　5807
澹香齋遺稿十卷　(清)喻增高撰　清咸豐四年(1854)刻本　一册　存二卷(試帖三至四)

360000－1902－0004315　5808
養正集二卷　(清)黄本崑撰　清同治元年(1862)德裕堂木活字印本　二册

360000－1902－0004316　5809
閑閑山房稿十二卷　(清)黄本崑撰　清同治七年(1868)木活字印本　二册

360000－1902－0004317　5810
小蒼翠軒詩草八卷首一卷　(清)劉元璜撰　清同治五年(1866)寶善堂刻本　四册

360000－1902－0004318　5811
小蒼翠軒詩草八卷首一卷　(清)劉元璜撰　清同治五年(1866)寶善堂刻本　二册　存五卷(一至二、七至八,首一卷)

360000－1902－0004319　5812
引逸山房試帖一卷文稿一卷　(清)陳紫崙撰　清光緒三年(1877)木活字印本　二册

360000－1902－0004320　5813
學半齋初集一卷次集一卷　(清)胡振榮手定　(清)胡照等編次　清光緒四年(1878)刻本　三册

360000－1902－0004321　5814
稟宿堂時藝四卷　(清)蕭玉銓撰　清光緒五年(1879)善山家塾刻本　四册

360000－1902－0004322　5815
稟宿堂時藝四卷　(清)蕭玉銓撰　清光緒五年(1879)善山家塾刻本　四册

360000－1902－0004323　5816
稟宿堂時藝四卷　(清)蕭玉銓撰　清光緒五年(1879)善山家塾刻本　四册

360000－1902－0004324　5817
稟宿堂時藝四卷　(清)蕭玉銓撰　清光緒五年(1879)善山家塾刻本　四册

360000－1902－0004325　5818
稟宿堂時藝四卷　(清)蕭玉銓撰　清光緒五年(1879)善山家塾刻本　四册

360000－1902－0004326　5819
稟宿堂時藝四卷　(清)蕭玉銓撰　清光緒五年(1879)善山家塾刻本　四册

360000－1902－0004327　5820
稟宿堂時藝四卷　(清)蕭玉銓撰　清光緒五年(1879)善山家塾刻本　四册

360000－1902－0004328　5821
稟宿堂時藝四卷　(清)蕭玉銓撰　清光緒五年(1879)善山家塾刻本　四册

360000－1902－0004329　5822
稟宿堂時藝四卷　(清)蕭玉銓撰　清光緒五年(1879)善山家塾刻本　四册

360000－1902－0004330　5823
稟宿堂時藝四卷　(清)蕭玉銓撰　清光緒五年(1879)善山家塾刻本　四册

360000－1902－0004331　5824
養拙山莊試帖不分卷　(清)蕭玉銓撰　清光緒刻本　一册

360000－1902－0004332　5825
養拙山莊試帖不分卷　(清)蕭玉銓撰　清光緒刻本　一册

360000－1902－0004333　5826

養拙山莊試帖不分卷　(清)蕭玉銓撰　清光緒刻本　一册

360000－1902－0004334　5827
養拙山莊試帖不分卷　(清)蕭玉銓撰　清光緒刻本　一册

360000－1902－0004335　5828
養拙山莊試帖不分卷　(清)蕭玉銓撰　清光緒刻本　一册

360000－1902－0004336　5829
養拙山莊試帖不分卷　(清)蕭玉銓撰　清光緒刻本　一册

360000－1902－0004337　5830
養拙山莊試帖不分卷　(清)蕭玉銓撰　清光緒刻本　一册

360000－1902－0004338　5831
養拙山莊試帖不分卷　(清)蕭玉銓撰　清光緒刻本　一册

360000－1902－0004339　5833
循理堂全集六卷　(清)黄家駿撰　清光緒三十年(1904)刻本　六册

360000－1902－0004340　5834
循理堂全集六卷　(清)黄家駿撰　清光緒三十年(1904)刻本　四册　存四卷(一至四)

360000－1902－0004341　5835
野趣軒稿十二卷　(清)梁柄魁撰　清光緒八年(1882)錦苔書館刻本　三册

360000－1902－0004342　5836
野趣軒稿　(清)梁柄魁撰　清光緒九年至二十七年(1883－1901)錦苔書館刻本　十三册　存三十九卷(古文二十六卷、古今體詩一至十、附讀史論略一卷、讀史續論一卷、夢花紀一卷)

360000－1902－0004343　5837
鏡芙軒集不分卷　(清)喻增偉著　清光緒十四年(1888)刻本　五册

360000－1902－0004344　5838
鏡芙軒集不分卷　(清)喻增偉著　清光緒十四年(1888)刻本　五册

360000－1902－0004345　5839
鏡芙軒集不分卷　(清)喻增偉著　清光緒十四年(1888)刻本　五册

360000－1902－0004346　5840
鏡芙軒集不分卷　(清)喻增偉著　清光緒十四年(1888)刻本　四册　存詩鈔、賦鈔、駢體文、近體詩

360000－1902－0004347　5841
尺木山房詩集六卷首一卷　(清)許茂光著　清光緒二十年(1894)上海點石齋石印本　四册

360000－1902－0004348　5842
尺木山房詩集六卷首一卷　(清)許茂光著　清光緒二十年(1894)上海點石齋石印本　四册

360000－1902－0004349　5843
尺木山房詩集六卷首一卷　(清)許茂光著　清光緒二十年(1894)上海點石齋石印本　四册

360000－1902－0004350　5844
静中吟遺稿一卷　(清)張惠宜著　清光緒二十一年(1895)刻本　一册

360000－1902－0004351　5845
静中吟遺稿一卷　(清)張惠宜著　清光緒二十一年(1895)刻本　一册

360000－1902－0004352　5846
粲花山房遺稿三卷　(清)吴夢勳撰　清光緒二十三年(1897)刻本　一册

360000－1902－0004353　5847
隨安山館詩草四卷　(清)劉慧撰　清光緒二十三年(1897)刻本　一册　存二卷(一至二)

360000－1902－0004354　5848
隨安山館詩草四卷　(清)劉慧撰　清光緒二十三年(1897)刻本　一册　存二卷(一至二)

360000－1902－0004355　5849
芝山詩草二卷　(清)□□撰　清抄本　一册

360000－1902－0004356　5883
萍川詩鈔初集五卷　(清)羅凌雲輯　清道光七年(1827)刻本　一冊　存一卷(一)

360000－1902－0004357　5884
崑山玉六卷　(清)李道輯　清同治九年(1870)劉文煊刻本　二冊　存二卷(一、六)

360000－1902－0004358　5885
近事錄真二卷　(清)黃啟衡編　清道光十九年(1839)樹根書屋刻本　二冊

360000－1902－0004359　5893
袁州唐集内編八卷外錄八卷道林寺攷一卷三徐事實一卷　(清)袁寧珍輯　**稽神錄四卷徐鼎臣詩集四卷附錄詩一卷**　(宋)徐鉉著　(清)袁寧珍輯　**主客圖一卷圖考一卷**　(唐)張為撰　(清)袁寧珍輯　**逸史三卷**　(唐)盧肇子著　(清)袁寧珍輯　清嘉慶二十年(1815)尋根書屋刻本　十冊

360000－1902－0004360　5894
袁州唐集内編八卷外錄八卷道林寺攷一卷三徐事實一卷　(清)袁寧珍輯　**稽神錄四卷徐鼎臣詩集四卷附錄詩一卷**　(宋)徐鉉著　(清)袁寧珍輯　**主客圖一卷圖考一卷**　(唐)張為撰　(清)袁寧珍輯　**逸史三卷**　(唐)盧肇子著　(清)袁寧珍輯　清嘉慶二十年(1815)尋根書屋刻本　十冊

360000－1902－0004361　5895
萍礦節略不分卷　(清)張贊宸編　清宣統抄本　一冊

360000－1902－0004362　5896
萍礦土法煉焦詳説一卷　(清)俞燮堃撰　清光緒三十三年(1907)刻本　一冊

360000－1902－0004363　5897
創設萍鄉礦務局官錢號大概章程　(清)張贊宸編　清光緒二十五年(1899)刻本　一冊

360000－1902－0004364　5898
[光緒三十二年十二月萍礦總局銀錢流水帳]不分卷　(清)萍礦總局財務科編　稿本　一冊

360000－1902－0004365　5899
[萍鄉黃家瑜虧欠公款售產抵債簿據]不分卷　(清)□□撰　清宣統抄本　一冊

360000－1902－0004366　5902
宗濂新老橋續修尚義錄不分卷　(清)修橋值年首士續編　清光緒二年(1876)刻本　一冊

360000－1902－0004367　5903
[道光十二年至光緒二十年]江西鄉試硃卷不分卷　(清)柳思誠等撰　清光緒刻本　五冊

360000－1902－0004368　5905
養拙山莊試帖不分卷　(清)蕭玉銓撰　清光緒刻本　一冊

360000－1902－0004369　5910(1)
遼史紀事本末四十卷首一卷末一卷　(清)李有棠編纂　清光緒二十九年(1903)李移鄂樓刻本　七冊　存三十七卷(一、七至四十,首一卷,末一卷)

360000－1902－0004370　5910(2)
遼史紀事本末四十卷　(清)李有棠編纂　清光緒十九年(1893)李移鄂樓刻本　一冊　存六卷(一至六)

360000－1902－0004371　5911
江西要覽二十卷　(清)陳炳星纂輯　清光緒五年(1879)刻十荊草堂印本　二冊　存八卷(一至八)

360000－1902－0004372　5912
江西要覽二十卷　(清)陳炳星纂輯　清光緒五年(1879)刻本　一冊　存五卷(一至五)

360000－1902－0004373　5913
聖廟誕祭圖冊不分卷　(清)蕭玉銓編　清光緒五年(1879)崇禮堂刻本　一冊

360000－1902－0004374　5914
樂英堂圖冊不分卷　(清)易樹年等編　清咸豐刻本　二冊　存章程、經理、捐戶、觀化鄉至欽風鄉捐冊

360000－1902－0004375　5915
勸賢堂圖冊不分卷　(清)蕭玉銓　(清)易樹

年編　清同治十一年(1872)刻本　四册

360000－1902－0004376　5916
勸賢堂圖册不分卷　(清)蕭玉銓　(清)易樹年編　清同治十一年(1872)刻本　一册　存輪年值事、經理、觀化鄉至大安鄉捐戶

360000－1902－0004377　5917
勸賢堂圖册不分卷　(清)蕭玉銓　(清)易樹年編　清同治十一年(1872)刻本　二册　存輪年值事、經理、觀化鄉至欽風鄉捐戶、東路捐戶、南路捐戶

360000－1902－0004378　5918
[江西萍鄉]宗閭王氏族譜十二卷　(清)王增曙等纂修　清光緒三十四年(1908)四柏堂木活字印本　四册　存四卷(一、六、九、十一)

360000－1902－0004379　5919
[江西萍鄉]萍北紹溪程氏族譜四卷　(清)程貴榮等纂修　清光緒十六年(1890)明德堂木活字印本　四册

360000－1902－0004380　5920
[江西萍鄉]昭萍城南譚氏續修族譜八卷　(清)譚志清纂修　清光緒三十年(1904)敦本堂木活字印本　一册　存一卷(一)

360000－1902－0004381　5922
[光緒二十九年]江西鄉試三卷　(清)□□編　清光緒刻本　一册　存一卷(中)

360000－1902－0004382　5923
[乾隆]萍鄉縣志十二卷　(清)胥繩武修　(清)歐陽鶴鳴纂　清乾隆四十九年(1784)刻本　三册　存四卷(三、七至八、十二編甲)

360000－1902－0004383　5924
樂英莊圖册不分卷　(清)易樹年等編　清咸豐刻本　三册　存東路、西路、南路、北路捐戶

360000－1902－0004384　5928
[江西萍鄉]萍東泉塘鍾氏宗譜不分卷　(清)鍾采蒲纂修　清同治八年(1869)木活字印本　一册

360000－1902－0004385　5931
[江西萍鄉]昭萍何氏族譜不分卷　(清)何□□纂修　清宣統木活字印本　三册　存金生派、水生派、火生派

360000－1902－0004386　5932
[江西萍鄉]嵐山原程氏族譜不分卷　(清)程世勳等纂修　清光緒十六年(1890)安定堂木活字印本　一册

360000－1902－0004387　5934
袁州漢後七代集略內編二卷外錄六卷　(清)袁錫光考輯　清道光元年(1821)尋根書屋刻本　五册　存五卷(內編二卷、外錄三至五)

360000－1902－0004388　5935
遼史紀事本末四十卷首一卷　(清)李有棠編纂　清光緒十九年(1893)上海同文書局石印本　一册　存十四卷(二十七至四十)

360000－1902－0004389　5942
遼史紀事本末四十卷首一卷末一卷　(清)李有棠編纂　清光緒二十九年(1903)李栘鄂樓刻本　一册　存五卷(二至六)

360000－1902－0004390　5943
金史紀事本末五十二卷首一卷末一卷　(清)李有棠編纂　清光緒二十九年(1903)李栘鄂樓刻本　三册　存十七卷(十九至二十六、四十至四十四、五十至五十二,末一卷)

360000－1902－0004391　5944
文星瑞手札墨蹟　(清)文星瑞書　稿本　一册

360000－1902－0004392　5945
忠武誌八卷　(清)張鵬翮輯　清康熙冰雪堂刻本　四册　存四卷(二至三、六、八)

360000－1902－0004393　5946
胡忠烈遺事四卷　(清)史珥編　清乾隆四十年(1775)藝潤書屋刻本　一册

360000－1902－0004394　5947
廿一史約編八卷首一卷　(清)鄭元慶述　清康熙三十六年(1697)魚計亭刻本　八册

360000－1902－0004395　5948

東萊先生音註唐鑒二十四卷　(宋)范祖禹撰　(宋)吕祖謙注　清康熙天蓋樓刻本　四冊

360000－1902－0004396　5949

隨筆八卷支離漫語三卷　(明)楊慎撰　明刻本　二冊

360000－1902－0004397　5950

[王茂蔭奏稿]不分卷　(清)王茂蔭撰　清光緒毛慶蕃抄本　三冊

360000－1902－0004398　5951

歷代名臣奏議三百五十卷　(明)黄淮　(明)楊士奇輯　明永樂刻本　六十九冊　存一百六十五卷(四至五、八至十三、四十至四十三、四十七至五十三、五十六至五十八、六十八至八十七、九十三至九十五、一百十至一百十九、一百二十三至一百二十五、一百二十九至一百三十、一百三十三至一百三十五、一百五十二至一百五十三、一百五十九至一百六十二、一百六十七至一百六十八、一百七十八至一百八十三、一百八十七至一百八十八、一百九十三至一百九十六、二百十至二百十二、二百十五至二百十六、二百二十六至二百三十、二百三十三至二百三十七、二百四十三至二百四十八、二百五十一至二百五十三、二百五十七至二百六十二、二百六十九至二百七十七、二百八十一至二百九十三、三百四至三百八、三百十四至三百十六、三百十九至三百三十、三百三十五至三百三十八、三百四十五至三百五十)

360000－1902－0004399　5952

[乾隆]廣德州志三十卷　(清)李國相纂修　清乾隆四年(1739)刻本　八冊

360000－1902－0004400　5953

江西考古錄十卷　(清)王謨著　清乾隆三十二年(1767)刻本　四冊

360000－1902－0004401　5954

棲霞寺志二卷附一卷　(清)趙烱纂修　清康熙刻本　二冊　存二卷(棲霞寺志二卷)

360000－1902－0004402　5955

[河防事宜]不分卷　(清)□□撰　清翰寶齋抄本　一冊

360000－1902－0004403　5956

黄淮安瀾編二卷　(清)龔元玠著　清嘉慶二十三年(1818)黎立基刻本　二冊

360000－1902－0004404　5957

泊如齋重修宣和博古圖錄三十卷　(宋)王黼等撰　(明)吳左千　(明)丁南羽繪圖　明萬曆十六年(1588)泊如齋刻本　二十冊

360000－1902－0004405　5958

寶古堂重考古玉圖二卷　(元)朱德潤撰　明萬曆三十年(1602)吳萬化刻本　一冊

360000－1902－0004406　5959

宋四子抄釋二十一卷　(明)吕柟撰　明嘉靖十六年(1537)汪克儉等刻本　七冊　存十八卷(周子抄釋三卷、張子抄釋六卷、二程子抄釋一至七、朱子抄釋二卷)

360000－1902－0004407　5960

高山醫案四卷　(清)張鵬翥撰　清道光二十三年(1843)蟠龍書屋刻本　二冊　存二卷(一至二)

360000－1902－0004408　5961

新刊正文對音捷要琴譜真傳六卷　(明)楊表正撰　明萬曆元年(1573)唐富春刻本　六冊

360000－1902－0004409　5962

博物典彙二十卷　(明)黄道周纂　明崇禎八年(1635)刻本　五冊

360000－1902－0004410　5963

博物典彙二十卷　(明)黄道周纂　明崇禎八年(1635)刻本　十二冊

360000－1902－0004411　5964

秇林伐山二十卷　(明)楊慎著　明萬曆三年(1575)許嶽刻本　四冊

360000－1902－0004412　5965

國朝名世類苑四十六卷　(明)凌迪知輯　明萬曆刻本　十二冊

360000－1902－0004413　5966
天隱和尚語錄七卷　(明)釋圓修撰　(清)釋通問等輯　清初抄本　二册

360000－1902－0004414　5967
法界安立圖三卷　(明)釋仁潮集錄　明萬曆三十五年(1607)刻本　二册

360000－1902－0004415　5968
古今萬姓統譜一百四十卷歷代帝王姓系統譜六卷氏族博考十四卷　(明)淩迪知編　明萬曆七年(1579)刻本　三十九册　存一百五十四卷(古今萬姓統譜一百四十卷、氏族博考十四卷)

360000－1902－0004416　5969
説略三十卷　(明)顧起元輯　明萬曆四十一年(1613)吳德聚刻本　六册

360000－1902－0004417　5970
增訂二三場群書備考四卷　(明)袁黄著　(明)袁儼注　明崇禎大觀堂刻本　三册

360000－1902－0004418　5971
詩紀一百五十六卷目錄三十四卷　(明)馮惟訥彙編　明萬曆吳琯刻本　三十八册　存一百八十五卷(一至一百五十一、目錄三十四卷)

360000－1902－0004419　5972
金詩選四卷　(清)顧奎光選輯　清乾隆十六年(1751)刻本　一册

360000－1902－0004420　5973
國朝詩選十四卷　(清)彭廷梅選　(清)張大法　(清)易祖愉輯　清乾隆十二年(1747)據經樓刻金陵書坊印本　十二册

360000－1902－0004421　5974
集千家注杜工部詩集二十卷文集二卷　(唐)杜甫撰　明萬曆許自昌刻本　十一册　存二十卷(詩集一至十八、文集二卷)

360000－1902－0004422　5975
新刻臨川王介甫先生詩文集一百卷目錄二卷　(宋)王安石著　明萬曆四十年(1612)王鳳翔光啟堂刻本　十五册

360000－1902－0004423　5976
蘇長公文集六卷　(明)張溥選定　明崇禎四年(1631)刻本　九册

360000－1902－0004424　5977
竹齋先生詩集四卷　(宋)裘萬頃撰　清康熙四十六年(1707)裘奏刻本　二册

360000－1902－0004425　5978
高季迪先生大全集十八卷　(明)高啟撰　清康熙竹素園刻本　四册　存九卷(一至九)

360000－1902－0004426　5979
文肅公圭峰羅先生文集三十七卷附錄一卷　(明)羅玘著　明崇禎七年(1634)羅氏代文堂刻本　十册

360000－1902－0004427　5980
太函集一百二十卷目錄六卷　(明)汪道昆著　明萬曆十九年(1591)刻本　十九册　存一百二十卷(一至七十八、八十五至一百二十，目錄六卷)

360000－1902－0004428　5981
太史升庵遺集二十六卷　(明)楊慎著　(明)楊金吾輯　明萬曆三十四年(1606)湯日昭刻本　四册

360000－1902－0004429　5982
蒼峴山人集五卷微雲集一卷　(清)秦松齡著　清康熙挺秀堂刻本　三册

360000－1902－0004430　5983
蕭亭詩選六卷　(清)張實居撰　(清)王士禛批點　清康熙刻本　二册

360000－1902－0004431　5984
賴古堂集二十四卷附錄一卷　(清)周亮工著　清康熙十四年(1675)周在浚刻本　十二册

360000－1902－0004432　5985
蓮龕集十六卷　(清)李來泰著　清雍正十三年(1735)李澈等刻本　五册

360000－1902－0004433　5986
潛庵文正公家書不分卷　(清)湯斌撰　清乾

隆十六年(1751)刻本　一册

360000－1902－0004434　5987
擁雙艷三種　(清)萬樹撰　清康熙粲花别墅刻本　二册　存二種四卷(風流棒傳奇二卷、空青石傳奇二卷)

360000－1902－0004435　6424
鄉黨應酬六卷　(清)鄧炳震編輯　清光緒二十五年(1899)刻本　六册

360000－1902－0004436　6438
籌濟編三十二卷首一卷　(清)楊景仁輯　清光緒九年(1883)武昌書局刻本　八册

360000－1902－0004437　6536
太醫院增補青囊藥性賦直解二卷醫方捷徑二卷　(明)太醫院編　清令德堂刻本　一册

360000－1902－0004438　6537
中西匯通醫經精義二卷　(清)唐宗海撰　清光緒三十四年(1908)上海千頃堂書局石印中西匯通醫書五種本　一册

360000－1902－0004439　7222
尺木堂綱鑑易知録□□卷　(清)吳乘權等輯　清刻本　一册　存二卷(五十一至五十二)

360000－1902－0004440　7650
西學考略二卷　(美國)丁韙良著　(清)貴榮　(清)時雨化譯　清光緒九年(1883)同文館鉛印本　二册

360000－1902－0004441　7691
日本政俗擷要一卷附録一卷　(清)蕭鴻鈞纂輯　清光緒三十一年(1905)鉛印本　一册

360000－1902－0004442　7692－93
太西教育史二篇　(日本)能勢榮撰　葉瀚譯　清光緒二十八年(1902)京都文明書莊鉛印本　二册

360000－1902－0004443　7716
日本法規解字　(清)錢恂　(清)董鴻禕輯　清光緒三十三年(1907)商務印書館鉛印本　一册

360000－1902－0004444　7717
新譯日本法規大全　劉崇傑等譯　清光緒三十三年(1907)上海商務印書館鉛印本　八十册

360000－1902－0004445　7718
日本議會史十二期　(日本)工藤武重撰　汪有齡譯　清光緒三十年至三十一年(1904－1905)江蘇通州翰墨林書局鉛印本　十册　存十期(一至四、七至十二)

360000－1902－0004446　7719
公法會通十卷　(德國)步倫撰　(美國)丁韙良譯　清光緒二十四年(1898)長沙南學會刻本　五册　存九卷(一至九)

360000－1902－0004447　7720
日本源流考二十二卷　王先謙撰　清光緒二十八年(1902)刻本　九册　存二十一卷(一至十四、十六至二十二)

360000－1902－0004448　7721
西學通攷三十六卷　(清)胡兆鸞輯　清光緒二十三年(1897)長沙刻本　十二册

360000－1902－0004449　7722
歐洲財政史　(日本)小林丑三郎著　胡宗瀛譯述　清光緒二十八年(1902)上海商務印書館鉛印政學叢書本　一册

360000－1902－0004450　7723
萬國官制志三卷　(清)馮斯欒編　清光緒二十八年(1902)上海廣智書局鉛印萬國通志本　一册

360000－1902－0004451　7724
丁未和會類要四卷　(清)外務部編　清光緒鉛印本　三册

360000－1902－0004452　7725
十九世紀外交史十七章　(日本)平田久著　(清)張相譯　清光緒二十八年(1902)杭州史學齋刻本　四册

360000－1902－0004453　7726
歐美政治要義　(清)戴鴻慈　(清)端方編　清光緒三十三年(1907)上海商務印書館石印

本　四册

360000－1902－0004454　7727

英法德俄四國志略　(清)沈敦和輯譯　清光緒二十二年(1896)上海圖書集成印書局鉛印本　一册

360000－1902－0004455　7728

德國軍制述要　(德國)來春石泰述　(清)沈敦和　(德國)錫樂巴譯　清光緒上海圖書集成局鉛印本　一册

360000－1902－0004456　7729

日本維新三十年史十二編附錄一卷　(日本)東京博文館編輯　清光緒二十八年(1902)鉛印本　六册

360000－1902－0004457　7730

泰西新史攬要二十四卷　(英國)馬懇西撰　(英國)李提摩太譯　蔡爾康述稿　清光緒二十二年(1896)上海廣學會刻本　五册　存十六卷(九下至二十四)

360000－1902－0004458　7731

西學通攷三十六卷　(清)胡兆鸞輯　清光緒二十三年(1897)長沙刻本　八册　存二十一卷(一至三、八至十五、十七至二十、二十六至二十八、三十二至三十四)

360000－1902－0004459　7732

西學通攷三十六卷　(清)胡兆鸞輯　清光緒石印本　十册　存三十卷(一至三十)

360000－1902－0004460　7734

五大洲各國政治考八卷　(清)錢恂輯　清光緒二十八年(1902)古餘書局刻本　四册　存五卷(一至二、五至七)

360000－1902－0004461　7735

俄史輯譯四卷　(清)徐景羅譯　清光緒二十三年(1897)湖南新學書局刻西史匯函本　三册

360000－1902－0004462　7736

萬國史記二十卷　(日本)岡本監輔撰　清光緒二十三年(1897)上海六先書局鉛印本　五册　存十七卷(四至二十)

360000－1902－0004463　7737

萬國史記二十卷　(日本)岡本監輔撰　清光緒二十三年(1897)上海六先書局鉛印本　一册　存三卷(十五至十七)

360000－1902－0004464　7738

西洋史要　(日本)小川銀次郎撰　(清)樊炳清　(清)薩端譯　清光緒二十九年(1903)金粟齋譯書社鉛印本　二册

360000－1902－0004465　7739

日本新史攬要七卷　(日本)石村貞一撰　(清)游瀛主人譯　清光緒二十五年(1899)石印本　二册　存二卷(二、六)

360000－1902－0004466　7740

和文漢譯讀本八卷　(日本)坪內雄藏撰　(清)沙頌虞　(清)張肇熊譯　清光緒二十八年(1902)上海商務印書館鉛印本　三册　存三卷(一、五、七)

360000－1902－0004467　7741

時務通藝錄四卷　(清)唐才常等撰　清光緒二十四年(1898)刻本　三册

360000－1902－0004468　7742

日本維新三十年史十二編附錄一卷　(日本)東京博文館編輯　上海廣智書局譯　清光緒二十八年(1902)上海廣智書局鉛印本　三册　存八卷(三至四、八至十二,附錄一卷)

360000－1902－0004469　7743

中西紀事二十四卷首一卷　(清)江上蹇叟(夏燮)撰　清同治七年(1868)刻本　六册

360000－1902－0004470　7744

和文奇字解十二集　清木活字印本　二册

360000－1902－0004471　7745

東洋史要二卷　(日本)桑原騭藏撰　(清)樊炳清譯　清光緒二十五年(1899)東文學社石印本　一册　存一卷(一)

360000－1902－0004472　7746

易經體注會解一卷　(清)來爾繩纂輯　清末

刻本　一冊

360000－1902－0004473　7747
江漢書院課藝不分卷　(清)萬賓等撰　清刻本　四冊　存試帖、古今體詩、賦

360000－1902－0004474　7748
陽明先生南贛書三卷　(明)王守仁撰　清刻本　一冊　存一卷(一)

360000－1902－0004475　7749
三教正鵠□□卷　清光緒三十年(1904)宣化文社刻本　一冊　存一卷(六)

360000－1902－0004476　7750
唐文粹一百卷　(宋)姚鉉撰　清光緒九年(1883)江蘇書局刻本　七冊　存五十二卷(三十四至七十九、八十七至九十二)

360000－1902－0004477　7751
選訂詳注古文初集□□卷　(清)王相選注　清末三讓堂刻本　一冊　存一卷(六)

360000－1902－0004478　7752
皖江校士錄後編不分卷　(清)白貴恒編　清光緒十四年(1888)太平節署刻本　一冊

360000－1902－0004479　7753
法界聖凡水陸普度大齋勝會儀軌會本六卷　(南朝梁)釋志公撰　(宋)釋志磐重訂　(明)釋袾宏補儀　清同治八年(1869)刻本　一冊　存二卷(三至四)

360000－1902－0004480　7764
日本維新三十年史十二編附表　(日本)東京博文館編輯　上海廣智書局譯　清光緒二十九年(1903)上海廣智書局鉛印本　六冊

360000－1902－0004481　7765
和文奇字解十二集　清木活字印本　二冊

360000－1902－0004482　7766
日本維新三十年史十二編附錄一卷　(日本)東京博文館編輯　上海廣智書局譯　清光緒二十九年(1903)上海廣智書局鉛印本　六冊

360000－1902－0004483　7767
天演論二卷　(英國)赫胥黎造論　嚴復達恉　清光緒二十八年(1902)浙江石印總局石印本　二冊

360000－1902－0004484　7768
仁在堂賦不分卷　(清)閻敬銘等撰　清刻仁在堂全集本　二冊　存焦尾琴賦至望雲思雪賦

360000－1902－0004485　7770
商書□□卷　(□)□□撰　清刻本　一冊　存一卷(三)

360000－1902－0004486　7771
簡易體操法九章　(日本)澀江保編纂　清光緒吳縣汪氏石印蒙學叢書本　一冊

360000－1902－0004487　7772
日本維新政治彙編十二卷　(清)劉慶汾集譯　清光緒二十八年(1902)蓉城刻本　二冊　存四卷(七至十)

360000－1902－0004488　7773
楚辭評註十卷　(清)王萌評注　(清)王遠攷音　(清)王僨修校定　清刻本　一冊　存七卷(四至十)

360000－1902－0004489　7774
原板幼學珠璣□□卷　(□)□□撰　清末民國初刻本　一冊　存一卷(二)

360000－1902－0004490　7775
譯書公會報　(清)譯書公會編譯　清光緒上海譯書公會鉛印本　二冊

360000－1902－0004491　7776
[譯書公會報分類彙訂本]　(清)譯書公會報編　清光緒二十三年(1897)鉛印本　三冊

360000－1902－0004492　7777
禮耕制藝不分卷　(清)陳學修著　清刻本　一冊　存學庸至論語之大哉堯之為君也

360000－1902－0004493　7778
新敦分類文編六類　(清)江標評選　清光緒二十四年(1898)勁草主人刻本　一冊　存三類十卷(商學二、格致學六卷、交涉學一至三)

360000－1902－0004494　7779

轉蕙軒駢文稿不分卷 （清）謝質卿撰　清同治刻本　一冊　存惲彥生罷釣圖序至冬日游可園序

360000－1902－0004495　7780
資治通鑑二百九十四卷 （宋）司馬光編集（元）胡三省音注　清刻本　一冊　存三卷（七十九至八十一）

360000－1902－0004496　7781
電學十卷首一卷 （英國）瑙挨德著　（英國）傅蘭雅口譯　（清）徐建寅筆述　清末刻本　五冊

360000－1902－0004497　7782
屈子七卷 （戰國）屈原撰　（漢）劉向編集（漢）王逸章句　（明）毛晉參定　**評一卷**（明）毛晉輯　**楚譯二卷參疑一卷** （明）毛晉參定　明萬曆四十六年（1618）毛氏綠君亭刻本　一冊

360000－1902－0004498　7783
紅竹山房試律□□卷 （清）盧謙著　（清）楊鑒泉評點　（清）何士謌　（清）林汝瀛注　清刻本　一冊　存二卷（三至四）

360000－1902－0004499　7784
日本維新政治彙篇十二卷 （清）劉慶汾集譯　清光緒二十八年（1902）蓉城刻本　六冊

360000－1902－0004500　7785
日本維新政治彙篇十二卷 （清）劉慶汾集譯　清光緒二十八年（1902）蓉城刻本　六冊

360000－1902－0004501　7786
日本維新政治彙篇十二卷 （清）劉慶汾集譯　清光緒二十八年（1902）蓉城刻本　六冊

360000－1902－0004502　7787
日本維新政治彙篇十二卷 （清）劉慶汾集譯　清光緒二十八年（1902）蓉城刻本　六冊

360000－1902－0004503　7788
宋四六選二十四卷 （清）曹振鏞編　清刻本　七冊　存十四卷（九至十、十三至二十四）

360000－1902－0004504　7789
春秋左傳五十卷 （晉）杜預　（宋）林堯叟注釋　（唐）陸德明音義　（明）鍾惺等評點　清刻本　一冊　存十四卷（三十六至四十九）

360000－1902－0004505　7790
五洲各國政治攷十卷 （清）錢恂輯　清末刻本　一冊　存二卷（九至十）

360000－1902－0004506　7791
節本泰西新史攬要八卷 （英國）李提摩太譯（清）周慶雲節錄　清光緒二十七年（1901）上海書局石印本　四冊

360000－1902－0004507　7792
詩韻集成十卷 （清）余照輯　清末石印本　一冊　存一卷（三）

360000－1902－0004508　7793
御纂性理精義十二卷 （清）李光地等撰　清刻本　一冊　存二卷（八至九）

360000－1902－0004509　7794
性理論□□卷 （□）□□撰　清刻本　一冊　存三卷（四至六）

360000－1902－0004510　7795
四書題鏡三十六卷 （清）汪鯉翔纂述　清刻本　一冊　存一卷（上孟一）

360000－1902－0004511　7796
洗冤錄歌訣一卷 （清）寶鑒編　**檢驗雜說歌訣一卷附七殺式一卷** （清）剛毅輯　清光緒五年（1879）湖北書局刻本　一冊

360000－1902－0004512　7797
賢良詞一卷 （□）□□撰　清宣統二年（1910）刻本　一冊

360000－1902－0004513　7798
重訂廣事類賦四十卷 （清）華希閔著　（清）華希閎重訂　清刻本　三冊　存十一卷（十一至二十一）

360000－1902－0004514　7799
筆算數學三卷 （美國）狄考文輯　（清）鄒立文述　清光緒三十一年（1905）上海華美書館鉛印本　二冊　存二卷（上、中）

360000－1902－0004515　7801

注釋第六才子書□□卷　(元)王實甫撰　(清)金聖歎評　清末刻本　一册　存一卷(四)

360000－1902－0004516　7802

李長吉歌詩四卷首一卷外集一卷　(唐)李賀撰　(清)王琦彙解　清末石印本　二册　存三卷(李長吉歌詩三至四、外集一卷)

360000－1902－0004517　7803

新譯列國歲計政要三編附錄一卷　(清)傅運森譯纂　清光緒二十七年(1901)海上譯社鉛印本　一册　存一卷(上編)

360000－1902－0004518　7804

古唐詩合解十二卷　(清)王堯衢注　清光緒石印本　一册　存二卷(一至二)

360000－1902－0004519　7805

四裔編年表四卷　(美國)林樂知　(清)嚴良勳譯　(清)李鳳苞編　清光緒二十三年(1897)石印本　四册

360000－1902－0004520　7806

近科制藝春霆集不分卷　(清)李鳴謙　(清)吳承緒輯　清道光九年(1829)刻本　三册

360000－1902－0004521　7807

國朝名文春霆集不分卷　(清)李鳴謙　(清)吳承緒輯　清刻本　一册　存上論、下論

360000－1902－0004522　7808

近科制藝春霆集不分卷　(清)李鳴謙　(清)吳承緒輯　清道光九年(1829)刻本　一册　存孟子

360000－1902－0004523　7809

皖江校士錄前編不分卷　(清)白貴恒編　清光緒十三年(1887)太平節署刻本　一册　存生之者至有之桓文章

360000－1902－0004524　7810

御賜詩章一卷　(清)朱軾撰　**江西節孝朱貞女傳一卷**　(清)蔡世遠撰　**墓誌銘一卷**　(清)鄂爾泰撰　**墓表一卷文端顯考可亭府君行述一卷**　(清)張廷玉撰　清康熙至乾隆刻朱文端公藏書本　一册

360000－1902－0004525　7811

鹿忠節公集二十一卷　(明)鹿善繼著　清道光二十八年(1848)涇縣潘氏袁江節署刻乾坤正氣集本　一册　存六卷(八至十三)

360000－1902－0004526　7812

仁在堂全集十四集　(清)路德評選　清刻本　十二册　存九集(三、五至十一、十四)

360000－1902－0004527　7813

江西闈墨一卷　(清)□□著　清奎宿堂刻本　一册

360000－1902－0004528　7814

浙江試牘立誠編不分卷　(清)□□撰　清刻本　一册　存大師摯適至春雪賦

江西省萍鄉中學圖書館古籍普查登記目録

全國古籍普查登記目録

國家圖書館出版社
National Library of China Publishing House

360000－1951－0000001　0001
御批歷代通鑑輯覽一百二十卷　(清)傅恆等撰　清刻本　四十八册　存九十六卷(一至八、十一至十二、十五至二十、二十三至三十二、三十五至五十二、五十五至六十、六十三至六十六、七十一至八十、八十三至八十四、八十七至九十、九十三至一百十四、一百十七至一百二十)

360000－1951－0000002　0002
通典二百卷附考證一卷　(唐)杜佑纂　清光緒二十七年(1901)上海圖書集成局鉛印九通本　十六册

360000－1951－0000003　0003
康熙字典十二集檢字一卷辨似一卷等韻一卷總目一卷備考一卷補遺一卷　(清)張玉書等纂　清道光七年(1827)刻本　四十册

360000－1951－0000004　0004
康熙字典十二集檢字一卷辨似一卷等韻一卷總目一卷備考一卷補遺一卷　(清)張玉書等纂　清光緒三十三年(1907)上海鴻文書局石印本　六册

360000－1951－0000005　0007
朱子原訂近思錄十四卷　(清)江永集注　清同治七年(1868)楚北崇文書局刻本　六册

360000－1951－0000006　0010
宋四名家詩選　(清)周之麟　(清)柴升選　清同治五年(1866)刻本　六册

360000－1951－0000007　0011
重刊五百家注音辨昌黎先生文集四十卷　(唐)韓愈撰　清刻本　八册　存二十一卷(一、四至二十三)

360000－1951－0000008　0013
漁洋山人古詩選三十二卷　(清)王士禎選　**惜抱軒今體詩鈔十八卷**　(清)姚鼐選　清同治五年(1866)金陵書局刻本　九册　存四十六卷(五言詩十七卷,七言詩一至四、九至十五,五言今體詩九卷,七言今體詩九卷)

360000－1951－0000009　0015
望溪先生文集十八卷望溪先生集外文十卷集外文補遺二卷　(清)方苞撰　(清)戴鈞衡編　**方望溪先生年譜二卷**　(清)蘇惇元輯　清咸豐元年(1851)桐城戴鈞衡刻本　十三册　存二十九卷(方望溪先生文集十八卷,集外文一至二、六至十,集外文補遺二卷,年譜二卷)

360000－1951－0000010　0016
樂府詩集一百卷目錄二卷　(宋)郭茂倩編　清初毛氏汲古閣刻本　二十册

360000－1951－0000011　0020
袁文箋正十六卷增訂袁文箋正四卷　(清)袁枚撰　清光緒十四年(1888)上海蜚英館石印本　五册

360000－1951－0000012　0027
八家四六文注八卷　(清)孫星衍著　(清)許貞幹注　清光緒十八年(1892)上海圖書集成印書局鉛印本　八册

360000－1951－0000013　0030
小學彙函十四種　(清)鍾謙鈞等輯　清光緒十五年(1889)湖南書局刻本　二十九册　缺一卷(大宋重修廣韻三)

360000－1951－0000014　0031
海國圖志一百卷首一卷　(清)魏源撰　清光緒六年(1880)邵陽急當務齋刻本　三十二册

360000－1951－0000015　0033
柳文四十三卷別集二卷外集二卷附錄一卷　(唐)柳宗元撰　(唐)劉禹錫編　清同治七年(1868)刻本　六册

360000－1951－0000016　0034
皇朝通典一百卷　(清)嵇璜等纂　清光緒二十七年(1901)上海圖書集成局鉛印九通本　十一册　存八十九卷(一至八十九)

360000－1951－0000017　0037
皇朝文獻通考三百卷　(清)嵇璜等纂　清光緒二十七年(1901)上海圖書集成局鉛印九通本　四十八册

360000－1951－0000018　0038

聖武記十四卷 (清)魏源撰 清道光二十六年(1846)刻本 十二册

360000－1951－0000019 0039
寄傲山房塾課纂輯書經備旨蔡注捷錄七卷 (清)鄒聖脈纂輯 (清)鄒廷猷編次 清刻本 二册 存四卷(二至五)

360000－1951－0000020 0040
新鐫增補周易備旨一見能解六卷 (清)黄淳耀原本 (清)嚴而寬增補 清三讓堂刻本 四册

360000－1951－0000021 0041
附釋音尚書注疏二十卷 (漢)孔安國傳 (唐)陸德明音義 (唐)孔穎達疏 **附校勘記二十卷** (清)阮元撰 (清)盧宣旬摘錄 清嘉慶二十年(1815)南昌府學刻道光六年(1826)重校印重刊宋本十三經注疏本 五册 存二十卷(附釋音尚書注疏十一至二十、校勘記十一至二十)

360000－1951－0000022 0042
附釋音毛詩注疏七十卷 (漢)毛亨傳 (漢)鄭玄箋 (唐)陸德明音義 (唐)孔穎達疏 **附校勘記七十卷** (清)阮元撰 (清)盧宣旬摘錄 清嘉慶二十年(1815)南昌府學刻道光六年(1826)重校印重刊宋本十三經注疏本 二十三册 存三十八卷(附釋音毛詩注疏一至十三、十五至二十,校勘記一至十三、十五至二十)

360000－1951－0000023 0043
附釋音周禮注疏四十二卷 (漢)鄭玄注 (唐)陸德明音義 (唐)賈公彦疏 **附校勘記四十二卷** (清)阮元撰 (清)盧宣旬摘錄 清嘉慶二十年(1815)南昌府學刻道光六年(1826)重校印重刊宋本十三經注疏本 二十四册

360000－1951－0000024 0044
儀禮注疏五十卷 (漢)鄭玄注 (唐)陸德明音義 (唐)賈公彦疏 **附校勘記五十卷** (清)阮元撰 (清)盧宣旬摘錄 清嘉慶二十年(1815)南昌府學刻道光六年(1826)重校印重刊宋本十三經注疏本 二十册 存九十四卷(儀禮注疏一至三十、三十四至五十,校勘記一至三十、三十四至五十)

360000－1951－0000025 0045
附釋音禮記注疏六十三卷 (漢)鄭玄注 (唐)陸德明音義 (唐)孔穎達疏 **附校勘記六十三卷** (清)阮元撰 (清)盧宣旬摘錄 清嘉慶二十年(1815)南昌府學刻道光六年(1826)重校印重刊宋本十三經注疏本 三十六册

360000－1951－0000026 0046
詞學集成八卷 (清)江順詒纂輯 清光緒七年(1881)刻本 一册

360000－1951－0000027 0049
六朝唐賦讀本 (清)馬傳庚選注 清同治十三年(1874)京都馬氏玉燕書巢刻本 二册

360000－1951－0000028 0050
論語注疏解經二十卷 (三國魏)何晏集解 (宋)邢昺疏 **附校勘記二十卷** (清)阮元撰 (清)盧宣旬摘錄 清嘉慶二十年(1815)南昌府學刻道光六年(1826)重校印重刊宋本十三經注疏本 八册

360000－1951－0000029 0051
孟子注疏解經十四卷 (漢)趙岐注 (宋)孫奭疏并撰音義 **附校勘記十四卷** (清)阮元撰 (清)盧宣旬摘錄 清嘉慶二十年(1815)南昌府學刻道光六年(1826)重校印重刊宋本十三經注疏本 八册

360000－1951－0000030 0052
孝經注疏九卷 (唐)玄宗李隆基注 (宋)邢昺校 **附校勘記九卷** (清)阮元撰 (清)盧宣旬摘錄 清嘉慶二十年(1815)南昌府學刻道光六年(1826)重校印重刊宋本十三經注疏本 二册

360000－1951－0000031 0053
爾雅注疏十卷 (晉)郭璞注 (宋)邢昺校定 (□)□□音 **附校勘記十卷** (清)阮元撰 (清)盧宣旬摘錄 清嘉慶二十年(1815)南

昌府學刻道光六年(1826)重校印重刊宋本十三經注疏本　八册

360000－1951－0000032　0061
附釋音春秋左傳注疏六十卷　(晉)杜預注　(唐)陸德明音義　(唐)孔穎達疏　**附校勘記六十卷**　(清)阮元撰　(清)盧宣旬摘錄　清末石印十三經注疏本　二册　存四十五卷(附釋音春秋左傳注疏四十六至六十、校勘記一至三十)

360000－1951－0000033　0064
尺木堂綱鑑易知錄九十二卷　(清)吳乘權等輯　清培遠堂刻本　二十七册　存四十九卷(一至二、六至七、十至二十三、二十八至三十、三十四至三十五、五十七至五十八、六十一至六十六、七十、七十二至七十五、七十八至八十四、八十七至九十二)

360000－1951－0000034　0065
綱鑑易知錄九十二卷　(清)吳乘權等輯　清咸豐八年(1858)寶慶經綸堂刻本　四十册

360000－1951－0000035　0065
尺木堂明鑑易知錄十五卷　(清)吳乘權等輯　清同治二年(1863)寶慶經綸堂刻本　八册　與360000－1951－0000034合函

360000－1951－0000036　0070
文獻通考詳節二十四卷　(元)馬端臨撰　(清)嚴虞惇節錄　清光緒二十四年(1898)匯文書局鉛印本　九册

360000－1951－0000037　0072
半窗史略四十二卷　(清)龍體剛纂　清刻本　一册　存二卷(四十一至四十二)

360000－1951－0000038　0073
歷代世系紀年編　(清)沈炳震撰　清刻寓意於物齋叢書本　一册

360000－1951－0000039　0084
陳書三十六卷　(唐)姚思廉撰　清光緒三十四年(1908)上海集成圖書公司鉛印二十四史本　一册　存八卷(二十九至三十六)

360000－1951－0000040　0085
前漢書一百卷　(漢)班固撰　(唐)顔師古注　清光緒三十四年(1908)上海集成圖書公司鉛印二十四史本　十六册　存七十五卷(一至六、十六至四十、五十七下至一百)

360000－1951－0000041　0086
舊唐書二百卷　(五代)劉昫等撰　清光緒三十四年(1908)上海集成圖書公司鉛印二十四史本　十八册　存一百六卷(一至五、十二至四十六、七十九至一百四、一百十五至一百二十四、一百四十三至一百五十二、一百六十四至一百七十一、一百七十九至一百九十中)

360000－1951－0000042　0087
魏書一百十四卷　(北齊)魏收撰　清光緒三十四年(1908)上海集成圖書公司鉛印二十四史本　十册　存六十六卷(十五至五十、五十九至六十六、七十六至八十四、一百二至一百十四)

360000－1951－0000043　0088
晉書一百三十卷　(唐)房玄齡等撰　**附音義三卷**　(唐)何超撰　清光緒三十四年(1908)上海集成圖書公司鉛印二十四史本　十二册　存一百二卷(一至十三、二十至二十六、三十四至四十二、六十一至一百三十,音義三卷)

360000－1951－0000044　0089
三國志六十五卷　(晉)陳壽撰　(南朝宋)裴松之注　清光緒三十四年(1908)上海集成圖書公司鉛印二十四史本　六册　存四十九卷(一至六、二十三至六十五)

360000－1951－0000045　0090
後漢書一百二十卷　(南朝宋)范曄撰　(唐)李賢注　(晉)司馬彪撰志　(南朝梁)劉昭注補　清光緒三十四年(1908)上海集成圖書公司鉛印二十四史本　十一册　存七十九卷(一至四、三十三至六十九、七十七至一百四、一百十一至一百二十)

360000－1951－0000046　0091
周書五十卷　(唐)令狐德棻等撰　清光緒三

十四年(1908)上海集成圖書公司鉛印二十四史本　三册　存三十八卷(十三至五十)

360000－1951－0000047　0092
五代史七十四卷　(宋)歐陽修撰　(宋)徐無黨注　清光緒三十四年(1908)上海集成圖書公司鉛印二十四史本　三册　存四十三卷(一至四十三)

360000－1951－0000048　0093
宋書一百卷　(南朝梁)沈約撰　清光緒三十四年(1908)上海集成圖書公司鉛印二十四史本　十一册　存八十四卷(一至三、十至九十)

360000－1951－0000049　0094
唐書二百二十五卷　(宋)歐陽修　(宋)宋祁等撰　清光緒三十四年(1908)上海集成圖書公司鉛印二十四史本　十二册　存八十八卷(五至十、二十三至二十八、七十二中至七十三、九十七至一百二十七、一百六十五至一百七十五、一百八十八至二百十五、二百二十二至二百二十五)

360000－1951－0000050　0095
南史八十卷　(唐)李延壽撰　清光緒三十四年(1908)上海集成圖書公司鉛印二十四史本　六册　存四十卷(一至十六、三十七至六十)

360000－1951－0000051　0096
北史一百卷　(唐)李延壽撰　清光緒三十四年(1908)上海集成圖書公司鉛印二十四史本　十册　存五十九卷(一至十七、二十四至四十五、五十二至六十四、九十四至一百)

360000－1951－0000052　0097
遼史一百十六卷　(元)脱脱等撰　清光緒三十四年(1908)上海集成圖書公司鉛印二十四史本　四册　存六十五卷(一至十二、三十一至四十三、四十七至六十二、七十一至九十四)

360000－1951－0000053　0098
舊五代史一百五十卷　(宋)薛居正等撰　清光緒三十四年(1908)上海集成圖書公司鉛印二十四史本　八册　存一百三卷(三十四至一百十二、一百二十七至一百五十)

360000－1951－0000054　0099
宋史四百九十六卷　(元)脱脱等撰　清光緒三十四年(1908)上海集成圖書公司鉛印二十四史本　十六册　存一百四十八卷(三十七至五十四、八十三至一百十六、三百十四至三百二十九、三百九十八至四百八、四百十八至四百七十六、四百八十七至四百九十六)

360000－1951－0000055　0100
南齊書五十九卷　(南朝梁)蕭子顯撰　清光緒三十四年(1908)上海集成圖書公司鉛印二十四史本　六册

360000－1951－0000056　0101
北齊書五十卷　(唐)李百藥撰　清光緒三十四年(1908)上海集成圖書公司鉛印二十四史本　三册　存二十四卷(一至七、三十四至五十)

360000－1951－0000057　0102
金史一百三十五卷　(元)脱脱等撰　清光緒三十四年(1908)上海集成圖書公司鉛印二十四史本　十一册　存九十卷(一至四十一、五十九至八十四、一百十三至一百三十五)

360000－1951－0000058　0103
史記一百三十卷　(漢)司馬遷撰　(南朝宋)裴駰集解　(唐)司馬貞索隱　(宋)張守節正義　清光緒三十四年(1908)上海集成圖書公司鉛印二十四史本　十册　存九十四卷(一至四、十五至十八、三十三至一百十、一百二十三至一百三十)

360000－1951－0000059　0104
前漢書一百卷　(漢)班固撰　(唐)顔師古注　清光緒二十六年(1900)煥文書局石印本　四册　存三十二卷(十八至二十六、三十一至四十五、五十七至六十四)

360000－1951－0000060　0105
後漢書一百二十卷　(南朝宋)范曄撰　(唐)

李賢注　（晉）司馬彪撰志　（南朝梁）劉昭注補　清光緒二十六年（1900）煥文書局石印本　六冊　存八十七卷（一至三十二、五十一至九十三、一百九至一百二十）

360000－1951－0000061　0107
欽定續通典一百五十卷　（清）嵇璜等纂　清光緒二十七年（1901）上海圖書集成局鉛印九通本　十二冊

360000－1951－0000062　0109
欽定續文獻通考二百五十卷　（清）嵇璜等纂　清光緒二十七年（1901）上海圖書集成局鉛印九通本　三十六冊

360000－1951－0000063　0110
欽定續通志六百四十卷　（清）嵇璜等纂　清光緒二十七年（1901）上海圖書集成局鉛印九通本　四十三冊　存三百八十六卷（十一至三百八十、三百八十二至三百九十七）

360000－1951－0000064　0111
通志二百卷附考證三卷　（宋）鄭樵纂　清光緒二十七年（1901）上海圖書集成局鉛印九通本　六十冊

360000－1951－0000065　0112
明史三百三十二卷目錄四卷　（清）張廷玉等撰　清光緒三十四年（1908）上海集成圖書公司鉛印二十四史本　十九冊　存一百七十一卷（十三至三十六、四十三至六十二、七十三至八十一、一百二十四至一百八十九、二百八至二百十五、二百四十五至二百六十、二百八十一至二百九十七、三百二十六至三百三十二，目錄四卷）

360000－1951－0000066　0113
元史二百十卷　（明）宋濂　（明）王禕等撰　清光緒三十四年（1908）上海集成圖書公司鉛印二十四史本　十二冊　存一百四卷（二十六至三十四、四十八至五十三、五十九至六十四、七十四至八十二、八十九至九十五、一百三十三至一百七十九、一百九十一至二百十）

360000－1951－0000067　0118
二十四史論贊七十八卷　（清）陳闓編　清光緒二十八年（1902）文淵山房石印本　十二冊

360000－1951－0000068　0119
二十四史分類輯要十二卷　（清）沈桐生輯　清光緒石印本　六冊　存六卷（二至六、十）

360000－1951－0000069　0122
讀史方輿紀要一百三十卷附方輿全圖總說五卷　（清）顧祖禹輯著　清光緒二十七年（1901）上海圖書集成局鉛印本　三十二冊

360000－1951－0000070　0123
前漢書一百卷　（漢）班固撰　（唐）顏師古注　清光緒十年（1884）上海同文書局石印本　二十一冊　存五十二卷（一至五十二）

360000－1951－0000071　0125
廿二史劄記三十六卷　（清）趙翼撰　清光緒二十五年（1899）湖南書局刻本　十二冊　存二十八卷（一至二十八）

360000－1951－0000072　0126
廿二史劄記三十六卷　（清）趙翼撰　清光緒三年（1877）滇南唐氏刻甌北全集本　十一冊

360000－1951－0000073　0127
後漢書九十卷　（南朝宋）范曄撰　（唐）李賢注　**續漢書八志三十卷**　（晉）司馬彪撰　（南朝梁）劉昭注補　清同治八年（1869）金陵書局刻本　十五冊　存一百二卷（後漢書九十卷、續漢書八志一至十二）

360000－1951－0000074　0128
初學行文語類二卷　（清）孫埏編輯　清刻本　一冊

360000－1951－0000075　0129
監本附音春秋穀梁注疏二十卷　（晉）范甯集解　（唐）陸德明音義　（唐）楊士勛疏　**附校勘記二十卷**　（清）阮元撰　（清）盧宣旬摘錄　清光緒十八年（1892）湖南寶慶務本書局刻本　九冊

360000－1951－0000076　0130
附釋音春秋左傳注疏六十卷　（晉）杜預注

（唐）陸德明音義　（唐）孔穎達疏　**附校勘記六十卷**　（清）阮元撰　（清）盧宣旬摘錄　清嘉慶二十年（1815）南昌府學刻道光六年（1826）重校印重刊宋本十三經注疏本　三十一冊

360000－1951－0000077　0132
韓非子集解二十卷首一卷　（清）王先慎撰　清光緒二十二年（1896）刻本　三冊　存九卷（一至三、七至十二）

360000－1951－0000078　0133
監本附音春秋公羊注疏二十八卷　（漢）何休撰　（唐）陸德明音義　（□）□□疏　**附校勘記二十八卷**　（清）阮元撰　（清）盧宣旬摘錄　清嘉慶二十年（1815）南昌府學刻道光六年（1826）重校印重刊宋本十三經注疏本　八冊　存二十三卷（六至二十八）

360000－1951－0000079　0135
歷代名臣言行錄二十四卷　（清）朱桓編輯　清嘉慶十二年（1807）刻本　二十冊　存二十二卷（一至四、七至二十四）

360000－1951－0000080　0136
御撰資治通鑑綱目三編二十卷　（清）張廷玉等編　清刻本　三冊　存十四卷（一至九、十六至二十）

360000－1951－0000081　0141
五代史七十四卷　（宋）歐陽修撰　（宋）徐無黨注　明崇禎琴川毛氏汲古閣刻十七史本　八冊

360000－1951－0000082　0142
舊五代史二百五十卷　（宋）薛居正等撰　清掃葉山房刻本　十五冊　存二百四十八卷（三至二百五十）

360000－1951－0000083　0143
周書五十卷　（唐）令狐德棻等撰　明崇禎五年（1632）琴川毛氏汲古閣刻十七史本　八冊

360000－1951－0000084　0144
漢魏六朝名家集一百十種　丁福保輯　清宣統三年（1911）上海文明書局石印本　二十九冊　存一百五種

360000－1951－0000085　0151
天下郡國利病書一百二十卷　（清）顧炎武輯　清光緒二十七年（1901）上海圖書集成局鉛印本　二十八冊

360000－1951－0000086　0159
三國志六十五卷　（晉）陳壽撰　（南朝宋）裴松之注　清光緒十年（1884）成都書局刻本　十六冊

360000－1951－0000087　0190
四教考略八章　（英國）季理斐輯著　清宣統二年（1910）上海廣學會鉛印本　一冊

360000－1951－0000088　0193
明夷待訪錄一卷　（清）黃宗羲著　清光緒二十四年（1898）湖南新學書局刻本　一冊

360000－1951－0000089　0194
詩韻集成十卷　（清）余照輯　清同治十二年（1873）刻本　一冊　存二卷（一至二）

360000－1951－0000090　0195
梨洲遺著彙刊　（清）黃宗羲著　清宣統二年（1910）上海時中書局鉛印本　二冊　存一種一卷（南雷文約四）

360000－1951－0000091　0196
文史通義八卷校讎通義三卷　（清）章學誠著　清道光十二年至十三年（1832－1833）章華紱刻章氏遺書本　五冊

360000－1951－0000092　0199
遼史紀事本末四十卷首一卷末一卷　（清）李有棠編纂　清光緒二十九年（1903）李移鄂樓刻本　五冊　存二十六卷（一、十八至四十，首一卷，末一卷）

360000－1951－0000093　0201
律賦鳴盛箋注　清刻本　一冊

360000－1951－0000094　0203
皇朝通志一百二十六卷　（清）嵇璜等纂　清光緒二十七年（1901）上海圖書集成局鉛印九通本　三冊　存二十九卷（一至十七、一百十

五至一百二十六）

360000－1951－0000095　0206
五百家注音辨昌黎先生文集四十卷　（唐）韓愈撰　清刻本　四册　存十九卷（二至三、二十四至四十）

360000－1951－0000096　0207
續資治通鑑二百二十卷　（清）畢沅編集　清光緒二十九年（1903）珠江同聲書局刻本　一百册

360000－1951－0000097　0212
高僧傳初集十五卷首一卷　（南朝梁）釋慧皎撰　清光緒十年（1884）金陵刻經處刻本　四册

360000－1951－0000098　0217
古經解彙函二十三種　（清）鍾謙鈞等輯　清光緒十五年（1889）湖南書局刻本　三十三册　缺二種十三卷（易緯乾坤鑿度二卷，易緯乾鑿度二卷，易緯稽覽圖上，春秋釋例一至二、八至十三）

360000－1951－0000099　0218
欽定詩經傳説彙纂二十一卷首二卷詩序二卷　（清）王鴻緒等撰　清刻本　二十二册

360000－1951－0000100　0219
説文解字句讀三十卷　（漢）許慎記　（清）王筠撰集　清光緒八年（1882）餘姚朱逌然四川刻本　十四册　存二十六卷（一至二十六）

360000－1951－0000101　0220
金史紀事本末五十二卷首一卷末一卷　（清）李有棠編纂　清光緒二十九年（1903）李移鄂樓刻本　十二册

360000－1951－0000102　0221
前漢書一百卷　（漢）班固撰　（唐）顔師古注　清刻本　十五册　存四十八卷（五十三至一百）

360000－1951－0000103　0226
隋書八十五卷　（唐）長孫無忌等撰　清光緒三十四年（1908）上海集成圖書公司鉛印二十四史本　一册　存六卷（二十五至三十）

360000－1951－0000104　0227
文獻通考三百四十八卷附考證三卷　（元）馬端臨撰　清光緒二十七年（1901）上海圖書集成局鉛印九通本　四十二册　存三百三十四卷（一至九十、九十二至一百十九、一百二十八至一百三十三、一百四十二至三百四十八，考證三卷）

360000－1951－0000105　0228
文光堂重訂古文釋義新編八卷　（清）余誠評注　清刻本　四册

360000－1951－0000106　0229
皇清經解一千四百八卷首一卷　（清）阮元輯　清道光九年（1829）廣東學海堂刻咸豐十一年（1861）補刻本　三百五十七册　存一千三百九十八卷（一至四百三十四上、四百三十四下至四百五十四、四百六十二至五百十三、五百十九至一千四百八，首一卷）

江西省萍鄉市蘆溪縣圖書館古籍普查登記目録

全國古籍普查登記目録

國家圖書館出版社
National Library of China Publishing House

360000－7909－0000001　0001
周易四卷　(宋)朱熹本義　清刻本　二册

360000－7909－0000002　0002
詩經集註八卷　(宋)朱熹集傳　清道光四年(1824)崇讓堂刻本　三册　存四卷(一至四)

360000－7909－0000003　0003
詩經精華十卷　(清)薛嘉穎撰　清刻本　二册　存五卷(六至十)

360000－7909－0000004　0004
論語十卷　(宋)朱熹集注　清刻本　二册

360000－7909－0000005　0005
論語集註大全二十卷　(清)汪份輯　清康熙長洲汪份遄喜齋刻四書大全本　三册　存八卷(十三至二十)

360000－7909－0000006　0006
孟子七卷　(宋)朱熹集注　清刻本　三册　存七卷(一至七)

360000－7909－0000007　0007
孟子七卷　(宋)朱熹集注　清刻本　一册　存三卷(一至三)

360000－7909－0000008　0008
孟子集註大全十四卷　(清)汪份輯　清康熙長洲汪份遄喜齋刻四書大全本　四册　存八卷(一至四、九至十二)

360000－7909－0000009　0009
尚書離句六卷　(清)錢在培輯解　清兩儀堂刻本　一册

360000－7909－0000010　0010
大學章句大全三卷　(清)汪份輯　清康熙長洲汪份遄喜齋刻四書大全本　二册

360000－7909－0000011　0011
中庸章句大全三卷　(清)汪份輯　清康熙長洲汪份遄喜齋刻四書大全本　二册　存二卷(一至二)

360000－7909－0000012　0012
禮記集說三十卷　(元)陳澔撰　明刻本　一册　存五卷(二十六至三十)

360000－7909－0000013　0013
春秋體註大全合參四卷　(清)徐寅賓纂　(清)解志元參訂　清雍正十二年(1734)刻本　四册

360000－7909－0000014　0014
春秋左傳綱目杜林詳註十四卷　(清)張岐然編　清刻本　二册　存二卷(八、十)

360000－7909－0000015　0015
五代史七十四卷　(宋)歐陽修撰　(宋)徐無黨注　清刻本　一册　存十一卷(九至十九)

360000－7909－0000016　0016
明史論四卷　(清)谷應泰論正　清刻本　一册

360000－7909－0000017　0017
算法指明二卷　(清)俞嘉會校訂　清光緒二十年(1894)慎詒書局刻本　一册

360000－7909－0000018　0018
楚辭十七卷　(戰國)屈原等撰　(漢)王逸章句　清光緒二十一年(1895)昭陵經畬主人刻本　二册　存三卷(一至三)

360000－7909－0000019　0019
書經四卷　(宋)蔡沈集傳　清刻本　一册　存一卷(三)

360000－7909－0000020　0020
羣經字詁七十二卷　(清)段諤廷撰　(清)黄本驥編訂　清刻本　二册　存八卷(四至八、四十六至四十八)

360000－7909－0000021　0021
周禮精華六卷　(清)陳龍標編輯　清咸豐九年(1859)刻本　二册　存三卷(一、五至六)

360000－7909－0000022　0022
增定課兒鑑畧妥註善本五卷　(明)李廷機著　清刻本　一册　存二卷(一至二)

360000－7909－0000023　0023
困學紀聞二十卷　(宋)王應麟撰　清嘉慶刻本　四册　存四卷(一、五至六、十八)

360000－7909－0000024　0024

古文析義□□卷 (清)林雲銘評注 清刻本 一冊 存一卷(八)

360000－7909－0000025 0025
詩學含英十四卷 (清)劉文蔚輯 清三讓堂刻本 二冊 存四卷(一至四)

360000－7909－0000026 0026
詩韻含英四卷 (清)劉文蔚輯 清三讓堂刻本 二冊

360000－7909－0000027 0027
地理鉛彈子□□卷 (清)張九儀著 清刻本 一冊 存一卷(五)

360000－7909－0000028 0028
嚴陵張九儀增釋地理琢玉斧巒頭歌括不分卷 (清)張廷楨等撰 清青藜閣刻本 一冊

360000－7909－0000029 0029
增補地理直指原真三卷首一卷 (清)釋如玉撰 清刻本 四冊

360000－7909－0000030 0030
醫門法律六卷 (清)喻昌著 清刻本 一冊 存一卷(一)

360000－7909－0000031 0031
達生編一卷首一卷 (清)亟齋居士編 廣達生編一卷 (清)周毓齡增著 清刻本 一冊 存一卷(首一卷)

360000－7909－0000032 0032
續廣達生編五卷 (清)周登庸纂輯 清刻本 四冊 存四卷(二至五)

360000－7909－0000033 0033
馮氏錦囊秘錄 (清)馮兆張纂輯 清刻本 四冊 存二種七卷(痘疹全集四至六、十四至十五,雜症大小合参五、十一)

360000－7909－0000034 0034
[傷寒雜證鈔本]不分卷 (□)□□撰 清末抄本 一冊

360000－7909－0000035 0035
增廣本草綱目五十二卷圖三卷 (明)李時珍撰 清末石印本 一冊 存一卷(圖一)

360000－7909－0000036 0036
增補本草備要八卷重校舊本湯頭歌訣一卷經絡歌訣一卷 (清)汪昂著輯 清末石印本 一冊

360000－7909－0000037 0037
增補事類統編九十三卷首一卷 (清)黃葆真增輯 清刻本 二十三冊 存五十八卷(二至十四、十六至十九、二十二至二十三、二十五至二十八、三十至三十九、四十八至四十九、五十二至五十七、六十至六十二、七十二至八十一、八十三至八十四、八十七至八十八)

360000－7909－0000038 0038
三角數理十二卷 (英國)海麻士輯 (英國)傅蘭雅口譯 (清)華衡芳筆述 清光緒刻本 一冊 存二卷(十至十一)

360000－7909－0000039 0039
青雲集分韻試帖詳注四卷 (清)楊逢春 (清)蕭應槐輯 清道光五年(1825)刻本 四冊

360000－7909－0000040 0040
文獻通考二十四卷 (元)馬端臨纂 清末石印本 十冊 存十二卷(一至四、十一至十二上、十四、十七、十八中下至十九、二十二至二十三)

360000－7909－0000041 0041
景岳全書六十四卷 (明)張介賓著 清刻本 一冊 存三卷(四十三至四十五)

360000－7909－0000042 0042
嵩厓尊生書十五卷 (清)景日昣纂著 清刻本 四冊 存十卷(一至八、十四至十五)

360000－7909－0000043 0043
大題文府不分卷 (清)□□輯 清刻本 六冊 存上論、下論、上孟、下孟

360000－7909－0000044 0044
古今圖書集成一萬卷目錄三十二卷 (清)陳夢雷 (清)蔣廷錫等編 清光緒鉛印本 五冊 存三十一卷(六百九至六百二十六、六百

三十四至六百四十六）

360000－7909－0000045　0045
鑄史駢言十二卷　（清）孫玉田撰　清刻本　一册　存三卷（三至五）

360000－7909－0000046　0046
地藏菩薩本願經三卷　（唐）釋實叉難陀譯　清道光十二年（1832）陳青雲抄本　一册　存一卷（二）

360000－7909－0000047　0047
捷課須知□□卷　（清）□□輯　清刻本　一册　存二卷（七至八）

360000－7909－0000048　0048
文選□□卷　（南朝梁）蕭統輯　清末石印本　五册　存五卷（一至五）

360000－7909－0000049　0049
利試英小題英雅集不分卷　（清）求志堂選　清刻本　一册　存下論、大學、中庸、上孟

360000－7909－0000050　0050
濬靈秘書　（清）樓渢輯評　清乾隆刻本　一册

360000－7909－0000051　0051
易簡新編六卷　（清）龔自璋　（清）黄統編　清刻本　一册　存二卷（四至五）

360000－7909－0000052　0052
初學行文語類三卷　（清）孫埏編輯　清刻本　一册　存一卷（下）

360000－7909－0000053　0053
再重訂傷寒集注十卷　（清）舒詔撰　清刻本　一册　存一卷（三）

360000－7909－0000054　0054
增訂應世便書□□卷　（清）書堂著　清刻本　一册　存二卷（五至六）

360000－7909－0000055　0055
化學類筆記　抄本　一册

江西省萍鄉市蓮花縣圖書館古籍普查登記目録

全國古籍普查登記目録

國家圖書館出版社
National Library of China Publishing House

360000－1931－0000001　0001

困知記二卷　(明)羅欽順撰　清乾隆二十一年(1756)刻嘉慶四年(1799)闕城房補刻本　二册

360000－1931－0000002　0002

唐陸宣公奏議讀本四卷首一卷　(唐)陸贄撰　(清)汪銘謙編輯　(清)馬傳庚評點　清光緒二十六年(1900)會稽馬氏石印本　二册

360000－1931－0000003　0003

中西醫學十二種　(清)馮步蟾輯　清光緒三十四年(1908)贊化文社刻本　四册　存四種八卷(中西匯通醫經精義下、醫學折衷勸讀篇三卷、痎瘧論疏一卷、傷寒論浅註補正五至七)

360000－1931－0000004　0004

水田居文集五卷　(清)賀貽孫著　(清)賀稺恭編　清道光至同治敕書樓刻水田居全集本　二册　存二卷(一至二)

360000－1931－0000005　0005

麻姑山誌□□卷　(明)左宗郢　(明)蕭韻原編　(明)嚴著令删靡增補　清康熙五十六年(1717)刻本　四册　存十卷(一至十)

360000－1931－0000006　0006

三國志六十五卷　(晉)陳壽撰　(南朝宋)裴松之注　清光緒十三年(1887)江南書局刻本　八册

360000－1931－0000007　0007

正字通十二集首一卷　(明)張自烈撰　(清)廖文英輯　清康熙刻本　三十五册

360000－1931－0000008　0008

詩經觸義六卷　(清)賀貽孫著　清咸豐二年(1852)刻本　三册　存三卷(一、三、五)

360000－1931－0000009　0009

新鐫玉茗堂批點按鑑恭補出像南宋志傳十卷五十回　(明)研石山樵訂正　(明)織里畸人校閲　清刻本　一册　存三卷(八至十)

360000－1931－0000010　0010

國朝先正事略六十卷　(清)李元度纂　清同治五年(1866)循陔草堂刻本　三十五册

360000－1931－0000011　0011

水田居激書二卷　(清)賀貽孫著　(清)賀稺恭编　清咸豐三年(1853)敕書樓刻水田居全集本　一册　存一卷(二)

360000－1931－0000012　0012

春在堂襍文二卷續編五卷三編四卷　(清)俞樾撰　清刻本　四册　存七卷(襍文二卷、續編一、三編四卷)

360000－1931－0000013　0013

古詩源十四卷　(清)沈德潛選　清刻本　一册　存三卷(九至十一)

360000－1931－0000014　0014

東里文續集□□卷　(明)楊士奇著　清蕭敷教、蕭敷政刻本　一册　存三卷(二十一至二十三)

360000－1931－0000015　0015

古文未曾有集八卷　(清)王甫白評選　清刻本　一册　存二卷(一至二)

360000－1931－0000016　0016

古文釋義新編八卷　(清)余誠評注　清刻本　一册　存一卷(二)

360000－1931－0000017　0017

禮記節本十卷　(清)汪基鈔譔　清宣統元年(1909)上海會文學社石印本　一册　存三卷(八至十)

360000－1931－0000018　0018

續廣事類賦□□卷　(清)王鳳喈撰注　清刻本　一册　存二卷(十八至十九)

江西省萍鄉博物館古籍普查登記目録

全國古籍普查登記目録

國家圖書館出版社
National Library of China Publishing House

360000－1983－0000001　03300

[道光]萍鄉縣志十六卷　(清)黄濬纂修　清道光三年(1823)刻本　四册

360000－1983－0000002　03301

[同治]萍鄉縣志十卷首一卷　(清)錫榮(清)王明璠纂修　清同治十一年(1872)刻本　八册

360000－1983－0000003　03315

血證論八卷　(清)唐宗海撰　清光緒三十四年(1908)上海千頃堂書局石印中西匯通醫書五種本　二册

360000－1983－0000004　03316

金匱要略淺注補正九卷　(清)唐宗海撰　清光緒三十四年(1908)上海千頃堂書局石印中西匯通醫書五種本　二册

360000－1983－0000005　03317

中西匯通醫經精義二卷　(清)唐宗海撰　清光緒三十四年(1908)上海千頃堂書局石印中西匯通醫書五種本　二册

360000－1983－0000006　03342

地理前後五十段　(清)李德貞著　清刻本　一册

360000－1983－0000007　04252

多福通書　清刻本　一册

360000－1983－0000008　04253

點石齋畫報　(清)點石齋編　清光緒十年至十一年(1884－1885)石印本　一册

360000－1983－0000009　04254

[清末鄉人手抄本]　清末抄本　一册

江西省萍鄉市檔案局古籍普查登記目錄

全國古籍普查登記目錄

國家圖書館出版社
National Library of China Publishing House

360000－4989－0000001　5－8

[道光]萍鄉縣志十六卷　(清)黄濬纂修　清道光三年(1823)刻本　四册

360000－4989－0000002　9－22

[乾隆]萍鄉縣志十二卷　(清)胥繩武修　(清)歐陽鶴鳴纂　清乾隆四十九年(1784)刻本　十四册

360000－4989－0000003　23－24

[同治]萍鄉縣志十卷首一卷　(清)錫榮　(清)王明璠纂修　清同治十一年(1872)刻本　二册　存二卷(一、六)

江西省萍鄉市安源區寶積寺古籍普查登記目録

全國古籍普查登記目録

國家圖書館出版社
National Library of China Publishing House

360000－4996－0000001　023650
金剛般若波羅蜜經一卷　（後秦）釋鳩摩羅什譯　清末長沙善書刻經處刻本　一册

《江西省萍鄉市圖書館古籍普查登記目録》
書名筆畫字頭索引

一畫

二畫

三畫

四畫

五畫

六畫

七畫

八畫

九畫

十畫

十一畫

十二畫

十三畫

十四畫

十五畫

十六畫

十七畫

十八畫

十九畫

二十畫

二十一畫

二十二畫

二十三畫

二十四畫

二十九畫

三十畫

《江西省萍鄉市圖書館古籍普查登記目録》
書名筆畫索引

一畫

二畫

三畫

四畫

五畫

六畫

七畫

八畫

九畫

十畫

十一畫

十二畫

十三畫

十四畫

十五畫

十六畫

十七畫

十八畫

十九畫

二十畫

二十一畫

二十二畫

二十三畫

二十四畫

二十九畫

三十畫

《江西省萍鄉中學圖書館古籍普查登記目録》
書名筆畫字頭索引

二畫

三畫

四畫

五畫

六畫

七畫

八畫

九畫

十畫

十一畫

十二畫

十三畫

十四畫

十五畫

十六畫

十七畫

二十一畫

二十二畫

《江西省萍鄉中學圖書館古籍普查登記目録》
書名筆畫索引

二畫

三畫

四畫

五畫

六畫

七畫

八畫

九畫

十七畫

二十一畫

二十二畫

《江西省萍鄉市蘆溪縣圖書館古籍普查登記目録》
書名筆畫字頭索引

十八畫

二十畫

二十一畫

二十二畫

《江西省萍鄉市蘆溪縣圖書館古籍普查登記目録》
書名筆畫索引

三畫

四畫

五畫

六畫

七畫

八畫

九畫

十一畫

十二畫

十三畫

十四畫

十五畫

十七畫

十八畫

二十畫

二十一畫

二十二畫

《江西省萍鄉市蓮花縣圖書館古籍普查登記目録》
書名筆畫字頭索引

《江西省萍鄉市蓮花縣圖書館古籍普查登記目録》
書名筆畫索引

三畫

四畫

五畫

七畫

八畫

九畫

十畫

十一畫

十三畫

十七畫

二十一畫

《江西省萍鄉博物館古籍普查登記目録》
書名筆畫字頭索引

四畫

六畫

八畫

十一畫

十七畫

《江西省萍鄉博物館古籍普查登記目録》
書名筆畫索引

四畫

六畫

八畫

十一畫

十七畫

《江西省萍鄉市檔案局古籍普查登記目録》
書名筆畫字頭索引

十一畫

《江西省萍鄉市檔案局古籍普查登記目録》
書名筆畫索引

十一畫

《江西省萍鄉市安源區寶積寺古籍普查登記目録》
書名筆畫字頭索引

八畫

《江西省萍鄉市安源區寶積寺古籍普查登記目録》
書名筆畫索引

八畫